녹색국가

지속가능한
대한민국을 위한
이론과 전략

지속가능한
대한민국을 위한
이론과 전략

녹색국가

정규호 지음

기후위기 시대, 국가를 다시 생각한다

기후위기가 던지는 질문

어느새 우리는 폭염과 한파, 가뭄, 홍수, 태풍 등 기상 상태가 '관측 이래' 최고, 최장, 최대의 기록을 수시로 갈아치우는 시대에 살아가고 있다. 이제 는 기후 온난화 보다는 열대화이고, 기후위기를 너머 지구 생명체의 대량멸 종 사태로 가는 기후재앙의 비상사태라는 말이 더 어울린다. 더 이상 우물 쭈물하지 말고 비상한 각오로 특단의 대책을 내놔야 할 때다.

그런데 막상 지금의 현실을 들여다보면 깊은 의문이 생긴다. 기후 문제 의 심각성은 이미 모두가 체감하고 있는데, 왜 우리의 대응은 이토록 더디 고 느긋해 보이기까지 할까? 이보다 더 집중해야 할 다른 중요한 문제가 과 연 어떤 것일까? 기후 문제에 대응하는 그동안의 노력들은 왜 현실의 변화 로 나타나지 않을까? 준비된 만큼 시행착오를 통해 조금씩 노력해 가면 지 금의 기후위기 문제가 과연 해결될 수 있을까?

많은 사람들이 지금을 '전환의 시대'로 부른다. 우리가 지금 어떤 선택과 행동을 하느냐에 따라 전혀 다른 미래를 맞이하게 될 것이라는 이야기도 곳곳에서 들린다. 하지만 우리의 희망과 달리 전환은 저절로 이루어지지 않는다. 사회 제도적 관성과 기득권 질서에서 비롯된 상당한 저항과 갈등을 지혜롭게 극복해 내야 한다. 전환에서 '시간'은 매우 중요한 변수다. 체감할 수 있는 변화를 제때 만들어내지 못한 채 위기 상황에 오래 노출될수록 위기에 대한 인식마저 무뎌지게 된다. 사회-생태적으로 회복 불가능한 붕괴의 임계점을 넘어서기 전에 지속가능한 미래를 향한 전환의 임계점을 앞당길 수 있도록 우리가 가진 모든 지혜와 역량을 모아내야 할 때다.

녹색전환과 국가 역할 다시 보기

어떻게 해야 할까? 필자는 총체적 지속가능성 위기에 대응하는 다양한 방안 가운데, 녹색전환을 효과적이고 책임 있게 이끌어낼 수 있는 '국가'의 역할에 주목하고자 한다. 이 책에서 '녹색국가'를 중심 주제로 삼아 그 의미와 역할을 살피고, 우리 현실에 적용할 수 있는 방안을 다루려 하는 이유이다.

녹색국가는 기존의 국가에 대한 인식과 접근을 새롭게 하면서 대안을 찾으려 한다. 사실 국가는 오늘날 누구도 부정할 수 없는 실체적 존재다. 지구상에는 유엔 기준 195개 국가(정회원국 193, 참관 회원국 2)가 있듯이, 오늘날 대다수 사람들은 특정 국가에 속해서 정체성과 소속감을 갖고 살아간다. 하지만 국가가 인류가 만든 정치제도 중 가장 영향력이 큰 존재임에도 국가 역할 강화론에서부터 국가의 쇠퇴 및 소멸론까지 국가를 바라보는 시선은 다양했다. 녹색 진영 또한 예외가 아니었다. 환경·생태 문제 해결을 위한 국가의 강제적 역할을 강조하는 생태권위주의부터 근대국가 자체가 생태 문제에 인식론적으로 '무감각'하고, 실천적으로 '무능력'하며, 생태계 파괴에 '무책임'하다고 비판하는 반(反)국가적 생태무정부주의까지 다양한 인식들이 서로 긴장 관계를 유지해 왔다.

그런데 기후 문제를 비롯해 지속가능성 위기가 전면에 등장하면서 국가의 전환적 역할이 주목받게 되었다. 국가는 법과 행정 수단을 통해 강제력을 행사하고 규칙을 부과할 뿐만 아니라, 자원을 모으고 재분배하는 권한을 통해 정치, 경제, 사회적 상호작용을 매개하고 집합적 행동을 이끌어내는 가장 강력한 힘을 가지고 있다. 또한 국가는 국제사회에서 자국의 입장을 공포하고 국제 질서에 영향력을 행사하는 역할을 한다. 이것은 시민사회나 시장의 주체들이 가지지 못한 국가만의 고유한 권능으로서, 이점을 적극 살려서 지속가능성 위기를 효과적으로 해결하자는 것이다. 이런 입장과 문제의식을 같이하는 필자는 경제와 사회, 자연과의 관계를 재조정하고, 민주적인 과정을 통해 사회 전체적인 역량을 모으고 연결시켜, 녹색전환의 시너지 효과를 높이는 것을 녹색국가의 기본 역할이라고 보고 있다.

녹색국가, 아직 생소하지만 매우 중요한

'녹색국가'는 의미 여부를 떠나 사람들에게 아직은 생소하고 익숙지 않다. 녹색국가에 대한 연구 및 논의는 20여 년 전부터 서구 학계를 중심으로 녹색정치와 녹색대안 영역에서 계속 있어 왔지만, 국내에서는 아직 관련된 논의가 그리 많지 않다. 그러다 보니 녹색 진영에서조차 국가에 대한 인식의 차이로 녹색국가를 형용모순처럼 받아들이기도 한다. '녹색'과 '국가'는 그 자체로 서로 어울리지 않는다는 것이다.

그런데 지속가능성 위기와 녹색전환의 문제를 본격적으로 다루기 위해서는 강력한 행위자인 국가의 역할을 더 이상 부정하거나 회피 해서는 안

된다는 것이 필자의 주장이다. 국가 문제를 소홀히 하면 지속가능성을 위한 각종 녹색 대안의 실천은 결국 기존 국가 시스템 속으로 흡수, 편입 되거나 또는 비제도 영역에서 명맥만 유지할 가능성이 크다. 국가론의 부재로 말미암은 문제는 지속가능성을 위한 과제를 환경부 수준의 정책이나 정부 차원의 녹색성장 수단으로 다루게 하고, 각종 녹색 대안 실천들을 전환 전략으로 연결시키지 못한 채 총체적 위기에 대한 각론적 대응에 따른 실패에 빠지게 된다. 따라서 이 책에서 녹색국가를 강조하는 데는 이런 현실을 정면 비판하는 의미도 있다.

물론 당면한 지속가능성 위기에 기존의 국가가 원인을 제공한 경우가 적지 않은 데다, 모든 문제를 '국가를 향해, 국가를 통해' 해결하려는 '국가주의'적 접근은 마땅히 경계해야 할 부분이다. 따라서 필자는 녹색국가를 '국가 활용론'의 입장에서 접근하고자 한다. 활용(活用)은 말 그대로 '살려서 쓸모 있게 만들어 잘 이용한다'는 의미다. 국가의 부작용이 크다고 외면해서도 안 되지만, 국가의 역할을 강조하면서 국가에 전적으로 의존해서도 안될 일이다. 활용론은 우리가 국가의 수혜자나 이용자 수준을 넘어서 능동적 주체라는 인식을 기반으로 한 것이다. 녹색국가는 녹색전환을 위한 국가의 필요성을 인식한 주체들이 주도하여 정치 및 사회적 과정을 통해 국가를 보다 쓸모 있게 만들고, 이것을 통해 녹색전환의 시너지 효과를 만들어내는 것이다.

한국에서 녹색국가, 어디서부터 어떻게?

필자는 녹색국가를 지금의 대한민국을 지속가능하게 만들어가는 중요한 지렛대이자 연결고리로 생각한다. 하지만 이것을 가능하게 하기 위한 녹색국가 연구는 많이 부족하다. 그동안 국내 일부 연구자들이 '녹색국가'를 주제로 다루기는 했으나, 해외의 관련 담론과 사례를 소개하는 데 그치고, 우리 현실에 대한 제안도 추상적인 수준에 머무는 경우가 많았다. 필자는 이렇게 된 이유 중 하나로 우리 한국의 국가발전 과정 특성과 이로 인한 현실적 조건 및 과제에 대한 심도 있는 검토가 부족했던 점을 들고자 한다. 대한민국의 녹색국가는 우리가 가진 현실적 조건과 특성에 대한 심도 있는 분석과 진단을 통해 나올 수밖에 없다.

녹색국가가 목표로 하는 녹색전환을 '다이어트' 과정에 비유하자면, 다이어트를 하기에 앞서 자기 인체의 신진대사와 에너지 소비 패턴(성별, 연령별, 건강 상태별 등)에 대해 잘 알수록 자신의 특성에 맞는 효과적인 방법을 찾을 수 있는 반면에, 이러한 기본 이해와 준비 과정 없이 음식 에너지 섭취량을 무리하게 줄이면 다이어트 효과는커녕 오히려 건강을 잃을 수도 있는 것과 같은 이치다. 따라서 대한민국의 녹색국가는 우리의 발전 경로에 따른 구조적 특성과 물질과 에너지 소비 패턴 및 흐름에 대한 이해를 바탕으로 전환의 가능성과 장애 요인을 잘 파악해 낼 때, 충격과 저항을 최소화하면서 목표로 하는 녹색전환도 효과적으로 실현해 낼 수 있을 것이다.

이런 점에서 돌이켜보면 지난 시절 우리나라의 근대화 과정을 이끌어 온 발전 좌표는 우리보다 앞서 경제발전을 이룬 미국을 비롯한 선진국가였고, '선진국 따라잡기'에 초점을 맞춘 '추격국가'가 우리의 국가발전 전략이었다. 그런데 오늘날 기후위기를 비롯한 지속가능성 문제는 기존의 발전 양식 전반에 대해 근본적인 물음을 던진다. 국민의 생명 및 재산 보호와 안전, 복지, 행복 보장이 지금까지의 국가 정당화 논리였는데, 지속가능성 위기로 그 정당화 기반 자체가 흔들리고 있다. 그런데 지금 우리에게는 지속가능성 위기 시대에 걸맞은 합의된 국가 발전 모델과 전략이 아직 없다. 그러다 보니 정책의 연속성은 사라지고, 사전예방적 대책을 세우기도 어렵고, 정부 역할에 대한 평가나 선거를 통한 책임을 묻기도 쉽지 않다. 이런 가운데 정치적 책임의 초점은 개인적 자질이나 도덕성 같은 문제로 좁혀져 버리고, 나머지 빈자리를 낡은 이념을 기반으로 한 기득권 집단들의 권력 다툼이 차지해 버렸다. 이런 상황에서 기후위기 시대의 총체적 전환이라는 절실한 문제는 제대로 다뤄지기 어렵다. 국가 전체 과제로 등장한 지속가능성 위기 문제를 책임 있게 다룰 수 있는 시스템은 아직 마련되어 있지 않은 가운데, 한편에서 지속 불가능성을 부추기는 모순적인 대책을 계속 내놓으면서 아까운 시간만 허비하고 있다.

녹색국가는 녹색전환을 위한 국가의 확장된 역할과 책임을 강조하는 것으로, 환경친화적 정부나 환경관리 국가의 수준을 넘어선다. 녹색국가는 전통국가로의 회귀가 아니라 국가의 성격과 역할을 창조적으로 재구성하는 것이다. 또한 복지국가를 배경으로 제기된 서구의 녹색국가와 개발국가의 유산이 여전히 강하게 작용하고 있는 한국에서의 녹색국가는 접근 방식 또한 달라야 한다. 녹색국가를 중심으로 대한민국의 지속가능한 미래를 위한 논의를 발전시키고 우리 현실을 기반으로 한 맞춤형 전환 전략이 다양하게 나와야 한다.

녹색국가 접근 방법론에 대하여

녹색국가로 가기 위해서는 '국가의 녹색화'와 '국가를 통한 녹색화'라는 이중적 과제를 함께 다루어야 한다. 이를 위해 필자는 전환 담론에서 강조하는 규범적, 분석적, 전략적 접근을 녹색국가 논의와 연결시켜 적용 해보고자 한다. '규범적 접근'은 가치와 방향성이 내재된 바람직함(desirability)을 다루는 것으로, '녹색국가는 왜 필요한가?'에 대한 질문에 대해 시대 진단과 문제 정의를 통해 녹색전환의 방향을 설정하고 녹색국가의 비전과 목표, 역할과 대안을 탐색하는 것이다. '분석적 접근'은 현실성(viability)에 초점을 맞춰 지속 불가능성이 만들어지는 구조 및 과정과 전환의 핵심 과제를 밝힘으로써 '녹색국가의 실현 조건과 가능성, 핵심 과제는 무엇인가?'에 대한 해답을 찾는 것이다. '전략적 접근'은 달성 가능성(achievability)에 초점을 맞추고 '녹색국가를 현실에서 어떻게 실현할 것인가?'하는 물음의 답을 찾아가는 것이다. 이를 위해 녹색국가의 구성 및 역할이 해당 사회 특성에 맞게 맞춤형으로 다뤄지고, 녹색국가로의 이행 단계 및 수준별 실천 방안과 전환의 주체 및 역량 강화 방안을 입체적으로 제시하는 것이다.

이 책에서 다루는 주제의 이론적 자원은 국가론, 전환이론, 탈성장론, 생태민주주의, 정치생태학, 사회적 신진대사론, 대안경제론 등 매우 다양한데, 이론 자체에 대한 소개보다는 녹색전환 및 녹색국가와 관련된 내용을 중심으로 다루고자 한다. 또한 국가의 역할이 포괄적인 만큼, 다루는 주제 영역도 법과 제도, 정부 조직, 정치 및 경제, 시민사회 등 다양한데, 이 역시 녹색국가의 내용을 구체화하는 방향에서 정리해 볼 계획이다.

한편 이 책에서 다루는 녹색국가 대한민국의 공간적 범주는 한반도 남쪽의 한국 사회로 한다. 헌법상 영토 조항에서 대한민국을 한반도 전체로 하고 있으나, 현실적으로 북한 사회에 대한 정보의 제한과 필자 역량의 한계로 남북한 전체를 아우르는 녹색국가 전망과 모색은 이후 과제로 남겨 두고, 이 책에서는 녹색의 관점에서 분단국가의 구조적 특성과 평화녹색국가의 의미 정도를 살펴볼 계획이다.

책의 구성에 대하여

이 책은 전체적으로 녹색전환과 녹색국가의 의미와 특성을 이론적으로 검토하는 1부와 녹색국가 논의를 한국 현실에 적용하기 위한 진단과 구상을 담고 있는 2부로 구성되어 있다.

1부는 1장에서 국내외 문헌 자료를 활용해 녹색국가의 개념과 특성, 관련 논의 동향을 소개하는 것으로 시작한다. 녹색국가를 둘러싼 개념 정리가 아직 충분치 않은 만큼, '녹색'과 '국가'의 의미부터 살펴본다. 2장에서는 녹색전환이 가진 시대적 의미와 국가론이 부재한 전환 담론의 한계를 지적하면서 녹색국가 논의의 필요성을 설명한다. 이어진 3장에서는 녹색전환을 위한 국가의 역할로서 반드시 짚어봐야 할 핵심 과제로 '국가주의'와 '성장주의', '소비주의', '민주주의' 문제를, 4장에서는 녹색국가로서 능동적이고 책임 있는 역할이 필요한 주요 영역으로서 '복지'와 '과학기술', '농업'과 '인구' 문제를 전환적 관점에서 다룬다.

2부는 해당 국가나 사회가 처한 맥락과 문제의 성격에 따라 국가의 역할 내용과 방식 또한 달라질 수밖에 없다는 점에서 한국의 현실에 주목해서 방안을 찾는다. 5장에서는 한국의 근대국가 발전 과정 전반에 대한 진단을 통해 한국 현실에서 녹색국가의 조건과 가능성을 살펴본다. 이어진 장에서는 한국의 녹색국가 실현 방안을 구체적으로 살펴본다. 먼저 6장에서는 국가의 역할이 법과 제도, 조직을 통해 이루어진다는 점에서 '국가의 녹색화' 방안으로 정부와 헌법의 문제를 다룬다. 7장에서는 녹색화된 국가 기반을 활용한 '국가를 통한 녹색화'로 경제와 농업, 지역과 한반도, 지구적 차원까지 국가의 역할 방향과 과제를 다룬다. 8장에서는 인간에 대한 이해와 함께 시민사회와 정치 영역의 녹색화 통해 녹색국가로 가기 위한 전환 주체와 역량의 문제를 다룬다. 마지막 9장에서는 대한민국이 녹색국가로 이행하기 위한 구체적인 실행 전략과 과제를 제시해 볼 계획이다.

  권위주의 개발국가, 케인즈주의 복지국가, 신자유주의 경쟁국가 등 다양한 국가 모델 논의가 혼재된 상태에서 합의된 국가 발전 모델은 아직 없는 것이 지금 대한민국의 현실이다. 따라서 이 책에서 다루는 녹색국가 논의가 비록 아직은 생소한 면도 있겠지만 지속가능성 위기 시대를 헤쳐 나가는 데 필요한 국가의 역할을 새롭게 모색하는데 도움이 될 수 있기를 바란다. 녹색국가가 대한민국의 미래지향적인 국가 발전 모델로 자리매김하여 다양한 대안적 구상과 실천을 유기적으로 연결해 녹색전환의 시너지 효과를 만들어낼 수 있기를 기대해 본다.

차례

녹색국가

녹색국가

제1부 — 녹색전환과 녹색국가에 대한 탐색

제1장 녹색국가란 무엇인가?

—

인류문명과 지구생태계의 지속가능성 위기가 구체화 되면서 녹색전환을 효과적이고 책임 있게 실행할 수 있는 '국가'의 역할에 관심이 커지고 있다. '녹색국가'(green state) 논의도 이런 배경 속에서 등장했다.

녹색국가의 개념과 역할, 특성을 바라보는 관점과 강조하는 바는 다양하다. 녹색국가, 환경국가, 생태국가, 지속가능한 국가 등 비슷한 용어들이 혼란스럽게 쓰이고 있다. 동일한 용어라도 쓰는 사람에 따라 뜻이 다르거나, 비슷한 내용과 문제의식을 서로 다른 용어로 표현하기도 한다. 그만큼 '녹색국가란 무엇인가?'라는 질문에 답하기가 간단치는 않다. 따라서 녹색국가를 구성하는 핵심 개념어인 '녹색'과 '국가'의 의미부터 먼저 살펴본 다음, 이 책에서 다루고자 하는 녹색국가의 이론적 기반과 특성 및 역할, 관련 논의 동향들을 소개하고자 한다.

1절 녹색과 국가 다시 보기

1. 녹색과 녹색'들'

'녹색'은 일반적으로 자연 친화적이고 환경 우호적인 지향성을 의미한다. 사전적으로 '녹색'(green)은 '자란다'(grow)와 연관되어, 불모의 겨울을 지나 초목이 싹트고 자라는 것을 상징하며, 재생, 부활, 소생, 활력, 풍요 등 생명의 가치를 담고 있다. 따라서 '녹색'이라는 말은 산업혁명으로 자연환경이 파괴되던 시기에 등장한 낭만주의 사조와 '자연보호운동' 등과 만나면서 사람들에게 많은 영감을 주었다.

녹색은 상징과 은유의 차원을 넘어 현실 세계에 개입하는 수단이 되기도 했다. 급속한 도시 팽창의 문제를 해결하고자 등장한 '그린벨트'(green belt) 정책이 대표적이다. 도시의 무질서한 확대로 자연환경('그린')이 파괴되는 것을 막기 위해 개발 제한선('벨트')으로 설정한 것이 그린벨트다. 그린벨트는 일찍이 영국에서 처음 도입되었다.[1] 우리나라도 영국의 경험을 참조해

---

[1] 그린벨트 개념은 1902년 에베네저 하워드(Ebenezer Howard)가 저술한 『내일의 전원도시』(Garden Cities of Tommow)에서 비롯되었으며, 실제 도시를 대상으로 이 개념을 적용한 것은 1929년 런던대도시권계획위원회 수석 계획가 레이먼드 언윈(Raymond Unwin)이 도심 안 녹지대 '그린 거들(Green Girdle)'을 제안하면서다.

1971년에 그린벨트 제도를 도입하여, 한때 해외에 성공 사례로 소개되기도 했다. 그린벨트 지역 내 토지 분할과 형질변경, 건축물 신·증축과 용도변경 등 각종 개발 행위를 제한하는 이 제도가 효력을 발휘한 데는 당시 권위주의 국가 체제의 공권력이 강하게 작동한 영향도 컸다.

하지만 이 제도는 공익적 가치를 이유로 헌법상 기본권인 사유재산권을 제한한다는 비판을 받았고, 결국 민주화와 지방화 과정을 통해 권위주의 국가의 정당성이 약해지자 그린벨트 정책도 완화되기 시작했다. 우리나라의 그린벨트 지역은 1971년 도입 이래 50여 년 동안 신규 지정 없이 계속 해제 과정을 거쳐왔으며, 그 결과 초창기 전 국토의 5.4%를 차지하던 것이 2022년 말 기준 3.7%로 줄어들었다. 해제 면적을 놓고 보면, 소위 민주주의 가치를 표방한 김대중, 노무현 두 정부에서 이루어진 것이 전체 해제 면적의 92.4%를 차지하는 점은 주목할 부분이다.[2] 그린벨트 제도의 도입과 해제 과정의 경험은 우리 현실에서 녹색국가를 모색해 가는 데 중요한 시사점을 제공해 준다.

자연보호, 환경보존의 측면에서 강조되었던 녹색 개념은 지금까지 이어지고 있는데, 저탄소녹색성장기본법에서 다루는 '녹색성장', '녹색기술', '녹색산업', '녹색제품', '녹색생활', '녹색경영' 등의 개념은 주로 에너지와 자원의 절약과 효율적 사용, 온실가스 및 오염물질 배출 최소화와 관련된 것으로 되어 있다.

---

2 그린벨트 해제 면적을 보면, 김대중정부 793.6㎢, 노무현 정부 654㎢, 이명박정부 88㎢, 박근혜정부 16㎢, 문재인정부 15㎢로, 대도시 주택공급을 이유로 그린벨트를 풀어왔는데, 지금도 선거 때면 지역 민원 해결과 개발 이익 추구 사이에서 그린벨트에 대한 이야기가 약방의 감초처럼 등장하고 있다. 이런 가운데 윤석열정부는 최근 그린벨트 해제 기준 전면 개편을 규제 혁신 방안으로 추진하고 있다.

그런데 이 책에서 다루는 녹색국가 논의에서 녹색은 자연보호, 환경보존에 초점을 맞추었던 기존의 녹색 개념을 새로운 차원으로 확장시킨 것이다. 이는 녹색국가의 위상과 역할을 환경부의 기능 확대나 환경친화적 정부의 차원을 넘어서는 것으로 설정하려는 것과도 연결된다. 녹색국가에서 녹색은 '새로움과 대안', '차원 변화와 전환'의 의미를 담은 정치적[3] 개념이다. 즉 오늘날 녹색은 지속가능성, 민주주의, 순환과 다양성, 공존과 상생 등을 중심 가치로 삼아서, 인간과 자연, 사회와 생태계가 관계 맺는 방식과 생산-소비-생활 양식을 바꾸려는 비전과 열망을 담고 있다.

이런 관점에서 볼 때 한때 우리 사회에서 녹색이 전혀 상반된 의미로 사용되던 시절도 있었다. 비민주적인 인권 탄압 행위와 생태 파괴적 생산 방식을 정당화하는 차원에서 녹색이 사용되기도 했는데, 군사독재 정권하에서 정권 비판 세력과 비협조자들을 강제로 교화하려는 행위가 '녹화사업'(綠化事業)이란 이름으로 이루어졌고, 다른 한편에서는 식량 증산을 위한 품종 개량과 다량의 비료와 농약, 농기계 투입이 '녹색 혁명'(綠色革命)[4]이란 이름으로 진행되면서 농업 생태계 파괴와 화석연료에 대한 의존성을 심화시키는 결과를 초래하기도 했다.

정치생태학자 문순홍은 '녹색은 비정치화된 것을 정치화시키고 민주주의를 심화시키는 것'이라고 이야기한 바 있다.(문순홍, 2002) 이처럼 '녹색'의 정치적 의미와 확장 가능성은 녹색당(green party) 경험을 통해서도 확인

---

3   여기서 '정치적'이란 살기 좋은 사회를 이루기 위한 권력의 획득과 사용, 공동의 약속과 책임 있는 행동을 포괄하는 의미로 쓰고 있다.
4   녹색혁명의 적용 배경에는 국제 관계에서 정치 논리도 작용했는데, 폭발적인 인구 증가에 따른 식량 문제 해결이라는 측면도 있었지만, 냉전 시대에 개발도상국의 빈곤 문제가 공산주의 확대로 이어지는 것을 막기 위한 미국의 세계 전략도 작용하였다.

이 된다. 1980년 창당된 독일 녹색당은 환경운동가, 원전 반대 주민운동가, 페미니스트, 낡은 좌파와 기득권 정치에 환멸을 느낀 사회운동가 등 다양한 세력이 '생태주의', '비폭력', '사회정의', '풀뿌리 민주주의'를 핵심 가치로 삼아 정치적 연대를 통해 통해 등장했으며,[5] 오늘날 지속가능한 사회를 모색하는 세계 각국의 정치 영역에 의미 있는 영향을 주고 있다. 우리나라 녹색당도 2012년 처음 창당된 이래 강령에 '생태적 지혜', '사회정의', '직접·참여·풀뿌리민주주의', '비폭력 평화', '지속가능성', '다양성 옹호', '지구적 행동과 국제연대'를 핵심 가치로 설정하고 있다.

오늘날 전 지구적 지속가능성 위기의 해결 방안을 모색하는 '녹색전환'과 '녹색국가'의 개념에서 녹색은 이런 역사와 문제의식을 기반으로 하고 있다. '녹색'(green)은 기존에 체제 대결을 벌여온 '청색'(blue)의 자본주의와 '적색'(red)의 사회주의 모두 생태위기를 일으킨 성장지상주의를 기반으로 한다고 비판하면서 대안적 정치와 사회 체제, 문명을 지향하는 의미로 자리 매김하고 있다.

물론 녹색의 의미를 청색 및 적색과 대비해 설명하는 방식의 장점도 있으나 정치적 의미에서 청색과 적색이 사회와 문화적 맥락에 따라 다르게 쓰이는 점은 유념할 필요가 있다.[6] 또 색깔 이미지로 녹색의 정체성을 설명할 경

5 세계 최초 녹색당은 1971년 스위스 작은 마을 노이샤텔(Neuchatel)에서 시작한 지역정당이며, 이어서 1973년에 영국에서도 녹색당이 창당되었으나, 선거제도나 정당보조금 제도 등의 한계로 독일 녹색당 만큼 성과를 거두지는 못했다.
6 일반적으로 청색은 중도 우파 또는 보수 정당을, 적색은 좌파 또는 사회주의와 공산주의를 지칭하는 색깔이었는데, 미국과 우리나라는 자유주의 정당들이 청색과 적색을 다른 방식으로 구분해서 사용하고 있다. 미국의 경우 진보 성향 노동당은 빨간색, 보수당은 파란색으로 표시한 영국 방식을 따라서 처음에는 민주당이 빨간색, 공화당은 파란색으로 표시했는데, 2000년 대선 때부터 빨간색은 공화당, 파란색은 민주당을 상징하는

우, 녹색의 다양한 정치적 스펙트럼들, 즉 녹색 좌파와 녹색 우파, 녹색사회주의와 녹색자본주의 등의 영역에 대한 비판적 검토와 활용 방안이 소홀히 다뤄질 수 있는 점도 주의해야 한다.

2. 국가의 의미

다음으로 '국가'의 개념과 특성을 살펴보자. 이는 녹색 담론 가운데서도 국가로부터 거리두기를 의식적으로 강조하는 흐름이 여전히 있는 상황에서, 왜 녹색과 국가가 서로 만나야 하는지, 그리고 '환경친화적인 정부'나 '환경국가'와 구분해서 '녹색국가'라는 용어를 왜 써야 하는지를 이해하는 데 도움이 된다.

오늘날 세계의 보편적 통치 양식으로 자리 잡은 국가는 근대의 산물이다. 근대 국가의 형성 경로는 다양하며, 국가의 성격도 시대와 지역에 따라 차이가 있다. 우리나라가 속한 동아시아의 유교문화권에서 '국가' 개념은 국가 자체가 부재했던 중세 봉건시대를 거친 서양보다 더 오래되었다.(박상섭, 2008: 147) 하지만 동양의 국가는 전통국가 형태로, 지금의 보편적 통치 체제로서 국민주권에 기반한 근대국가는 서양에서 17세기 이후 등장해서 전 세계로 확장되었다.

우리나라에 근대국가 개념이 소개된 것은 19세기 중후반부터 20세기 초

색으로 바뀌었다. 우리나라 경우 보수당인 한나라당까지 파란색을 쓰다가 새누리당으로 당명을 바꾸면서 지금까지 빨간색을 쓰고 있는 반면, 민주당은 반대로 당 색깔을 기존의 빨간색에서 파란색으로 바꿔서 지금에 이르고 있다.

반으로 알려져 있다.[7] 전통국가를 지칭하는 말로는 '나라' 또는 한자어 '국'(國)이 쓰였다. 국가를 지칭하는 우리말 '나라'는 오랜 역사를 지녔을 뿐 아니라 지금도 우리에게 익숙하다. 일찍이 훈민정음을 처음 반포한 서문(序文)에 '국지어음'(國之語音) 즉 '나라의 말씀'이라는 말이 맨 먼저 나왔고, 서구인의 시선으로 우리의 모습을 지칭했던 '고요한 아침의 나라'나 애국가의 '우리나라 만세', 그리고 근래에는 촛불 항쟁의 현장에서 '나라다운 나라'에 대한 시민들의 목소리가 광장을 채웠던 것이 그러하다.

하지만 이때 '나라'는 근대국가 자체보다는 정치공동체의 성격에 가깝다.[8] 전통적 나라 개념에는 근대국가의 주권 개념이 부재했고, 군주의 통치 대상으로서 '백성'이 '국민'의 자리를 대신했다.(김성배, 2012: 8) '나라'의 한자어 '국'(國) 역시 통치권이 미치는 범위로서의 영토를 의미하지만,[9] 주권 사상과 국민 개념은 미약해 주권국가이자 국민국가로서 근대국가와는 거리가 있다.(김성배, 2012: 18; 서신혜·이선희, 2022: 116)

현대 인류는 오늘날 보편적 통치 양식으로 자리 잡은 근대국가 체제와 밀접한 관계를 맺고 살아간다. 그러나 대부분의 사람들은 국가가 자신이 태어나기 이전부터 존재하는 당연하고도 필연적인 것으로 여겨서 국가의 존재

---

7   19세기 중후반 이후 서양제국과 조우하는 과정에서 우리의 전통국가 개념은 서양의 근대국가 개념으로 전환하게 된다. 1880년대 이후 문명개화파에 의해 서양의 주권국가, 국민국가 개념이 수용되고, 20세기에 들어서서 국가유기체설 등 독일 학파의 영향을 받아 법인격적 국가 개념이 추가되면서 근대국가를 지칭하는 말로 '국가'라는 용어가 정착하게 된다.(김성배, 2012)

8   정치공동체로서 '나라'는 서양어의 republic과 state 중 republic에 더 가까운 개념이다.(박상섭, 2008: 154)

9   '國'은 사방경계를 뜻하는 '口'와 창을 들고 나라의 경계를 지키는 의미의 '或'이 합쳐진 말이다.

적 의미와 실체를 항상 확인하면서 살아가지는 않는다. 국민으로서 국가에 대한 의무를 수행하거나,[10] 국가나 애국가 등 국가의 상징을 접하거나, 국내외에서 벌어지는 국가 대 국가의 운동경기를 접할 때, 또는 국경을 넘어 해외로 나가는 등의 특정한 순간이 되어야 비로소 국가의 존재를 느끼는 경우가 많다.[11]

하지만 우리의 체감 정도와는 무관하게 현대사회에서 국가의 역할과 영향력은 막강하다. 국가는 대내적으로 사회-정치적 공동체를 유지하기 위한 지배와 통치의 기제로, 대외적으로는 국가 간 관계에서 주권적 역할을 하는 독립된 정치체제로 작동하고 있다. 배타적 경계로서 국경을 수호하고,[12] 질서 유지를 위해 강제력을 행사하며,[13] 자국 이익을 지키기 위해 국가 간 경쟁은 물론 전쟁까지 불사하기도 한다.[14] 또한 국가는 코로나19 팬데믹과 환경 재난 같은 비상 상황에서 긴급 대응과 구호를 위해 초월적 권위를 행사하면서 존재감을 확연히 드러내기도 한다.

국가의 역할이 복잡한 만큼 영토를 기반으로 한 정치적 공동체에서부터

---

10 대한민국 헌법은 '근로의 의무'(제32조2항), '납세의 의무'(제38조), '국방의 의무'(제39조1항), '교육의 의무'(제31조2항), '환경보전 의무'(제35조1항), '재산권 행사 의무'(제23조2항) 등을 국민의 6대 의무로 규정하고 있다.

11 물론 독립운동, 민주화운동, 통일운동 등 사회 변화를 지향했던 운동(권)가들에게. '국가'는 끊임없는 물음과 열망의 대상이었으며, 일반 시민들은 세월호 참사와 촛불 혁명, 코로나19 팬데믹, 기후위기 등 커다란 사건을 통해 국가의 존재의 의미를 구체적으로 확인하게 되었다.

12 국경은 일반적으로 주권을 가진 국가들 간에 상호 승인된 경계로 존재한다.

13 이를 위해 국가는 사법 체계 및 조세 제도 운영과 함께 도량형과 화폐 체계 수립을 통해 사회 및 경제활동을 표준화하고 확실성을 부여한다.

14 국가는 전쟁을 수행하는 과정에서 군대 증강, 세금 증액, 관료제 확충, 민중지배 강화 등을 통해 국민국가 체계를 강화해 왔다.

통치력을 행사하는 지배 집단 또는 관료 기구 및 제도 등에 이르기까지 개념 구성과 범위도 다양하다. 하지만 사회 공동의 이익을 위해 강제력을 행사하는 것을 국가의 기본 속성으로 보는 점에서 인식을 같이한다. 이런 특성에 주목해서 국가를 '통치와 다스림의 체계'로 보기도 한다.(조명래, 2002: 49)[15]

이 점에서 '국가'(state)와 '정부'(government)의 역할이 유사해 보이기도 한다. 현대사회의 시민들은 국가를 비판하고 개혁을 요구하지만 실상은 정부를 대상으로 하는 경우가 많다. 그러나 정부가 국익을 명분으로 공권력을 앞세워 공공적 역할을 수행하지만 '정부가 곧 국가'는 아니다.

〈표 1〉 정부와 국가 비교

구분	정부	국가
구성	삼권(입법·사법·행정)을 포함한 통치기구, 또는 행정부	영토, 주권, 국민으로 구성된 통치조직
특성	국가 운영의 공식 기구	영속적 통치기제
부재 상태	무정부, 혼란 상태	주권 상실, 식민지배 상태
주권자 역할	시민: 정부에 대한 시민의 권리(citizen right) 요구, 자유로운 비판과 지지를 통한 정부에 대한 영향력 행사	국민: 국적(nationality)이 법률적 정체성 기준, 국익과 안보를 위한 국민의 책임과 의무 강조

정부가 국가를 대표하는 조직이기는 하나 국가에는 정부 외 다양한 공적 조직과 시민사회를 포함한 다양한 가치와 이해관계를 가진 구성원들이 있다. 정부가 행정이나 정책 운영 체계를 의미한다면, 국가는 거시적인 차원

---

15 물론 구체적으로 들여다보면, 고대 노예제 국가에서 중세 농노제 국가, 근대 자본주의 국가, 20세기 사회주의 국가에 이르기까지 시대별로 국가 유형(type of state)이 다양하고, 절대주의국가, 입헌군주제국가, 자유주의국가, 파시즘국가, 식민국가 등 국가 형태(forms of state)도 다양하다.

에서 사회 전반의 통치와 관련된 권력구조나 제도적 질서를 말한다. 따라서 선거를 통해 정권이 교체되어 정부를 새롭게 구성하고 정책 기조를 바꾼다고 해서 국가의 기본 역할과 정체성이 변했다고 보기는 어렵다.

물론 국가와 정부의 개념 구분에도 불구하고 해당 국가의 헌법 및 정치체의 특성에 따라 정부의 구성 체계는 달라진다. 정부가 입법·사법·행정의 모든 공권력 기관을 포괄할 수도 있고, 입법부와 사법부를 제외한 행정부 기관을 총칭하는 것이 될 수도 있다. 의원내각제 국가에서는 사법권을 제외하고 입법권과 행정권이 상호의존적 관계를 맺는 반면, 대통령제 국가는 입법권, 행정권, 사법권이 엄격하게 분립되어 있고, 지방분권이 발달한 국가에는 중앙정부와 함께 지방정부도 중요한 구성 주체로 역할을 한다.

우리 현실로 돌아와서 보면, 국가와 정부의 개념을 명확히 구분하지 않고 사용하는 경우가 많다. 대다수 국민이 국가와 정부를 구분 없이 인식하고 있고, 선출직 권력자나 임명직 고위 공직자들은 자신의 결정과 행위를 국익을 위한 '국가의 결정'으로 내세우면서 주권자인 국민을 설득하려 한다.(권영우, 2018) 여기에는 우리나라가 강력한 대통령중심제의 행정국가 형태를 띠고 있는 점도 영향을 주었다. 현행 우리나라 헌법은 대통령을 수반으로 하는 행정부 중심으로 정부를 구성하도록 하고 있다.[16] 또한 대통령에게 권력 분립의 원리를 초월하여 입법·행정·사법의 3권을 포괄하는 국정의 통합·조정권을 부여할 뿐 아니라,[17] 임기 5년 동안 국회의 영향으로부터 행정

---

16 헌법 제4장 '정부'에는 제1절 대통령, 제2절 행정부로 구성되어 있다.
17 대통령은 국무회의 의장으로서 국무회의 주재권만 아니라, 헌법 개정안 제안권, 국가 안위에 관한 중요 정책을 국민투표에 붙이는 권리, 국회 임시 회의 집회 요구권 등을 가진다.

부를 강력하고 안정적으로 운영할 수 있도록 하고 있다. 또한 대통령은 헌법상 국가 원수로 외국에 대해 국가를 실질적으로 대표하며, 국가의 독립, 영토의 보전, 국가의 계속성과 헌법을 수호할 책무와 조국의 평화적 통일을 위한 성실한 의무를 가진다.

이처럼 국가와 정부의 개념 구분과 우리나라 정부의 구성 체계에 대한 검토는 앞으로 다루게 될 녹색전환 전략과 녹색국가의 현실화 방안을 모색하는데 중요한 기반이 된다.

2절 녹색의 국가론 모색

'국가론'(state theory)은 국가의 기본 역할과 특성을 설명하는 이론 체계로 역사적으로 다양한 국가론이 존재해 왔다. 이는 국가를 바라보는 관점과 인식 체계가 다양하다는 것을 말해준다. 이 책에서 다루는 녹색국가 역시 마찬가지다. 기존의 '국가'에 '녹색'을 수사적으로 활용하는 수준부터 '녹색화'를 통해 질적으로 다른 차원의 국가로 전환하는 수준까지 녹색국가 자체가 다양한 스펙트럼 위에 놓여 있다. 그렇다면 녹색국가는 과연 어떤 국가론을 기반으로 하고 있으며, 기존 국가 개념과는 어떤 차별성이 있을까?

1. 국가의 특성과 국가론 유형

1) 근대국가 국가론 유형

국가는 고대 왕조국가부터 근대 민주국가에 이르기까지 시대별로 다양한 형태로 존재해 왔다. 국가는 사회와 뚜렷이 구분되는 고유의 특성을 가지고 있는데, 국가는 공사(公私)의 구분을 통해 국민에 대해 강제력을 행사하는 합법적 권한과 수단을 가진 존재로, 물리적, 상징적 자원의 독점과 배분을 통한 공공성 확보와 공공재 공급 및 재생산, 갈등 관리와 사회통합 및 질서 유지 등을 주요 역할로 한다.(Lundqvist, 2002; Heinrichs and Laws, 2014)

국가는 법적(입법, 사법), 행정적 틀을 통해 정치, 경제, 사회적 상호작용을 매개하고, 강제력을 행사하며, 자원의 재분배 권한을 가지고 집합적 행동을 이끌어내는 강력한 힘을 갖고 있다. 또한 국가는 권력 행사를 정당화하는 기반을 활용해 시민사회를 포함한 다른 조직체들의 담론과 지식 형성에 영향을 미치며, 국가가 필요로 하는 사회적이고 조직적인 환경을 만들어내기까지 한다.(Duit, et. al., 2016: 2~3)

물론 이런 특성에도 불구하고 국가의 구체적인 성격과 기본 역할, 권력 작동 방식, 국가와 사회와의 관계 등에 대한 인식의 차이로 다양한 유형의 국가론이 등장했다. 근대국가의 국가론을 크게 '다원주의 국가론', '베버주의 국가론', '마르크스주의 국가론'으로 구분한다.(조명래, 2002: 49~52) 국가의 중립성을 전제로 한 다원주의 국가론은 국가를 다양한 사회집단 간의 경쟁을 통해 특정 집단의 이익이 합법적으로 실현되는 기구이자 제도적 실체로 본다. 베버주의 국가론은 사회에 대한 국가 통치의 자율성을 전제로 하며, 전문가 관료 집단이 합법적으로 사회를 통치하기 위해 점유하는 조직적 실체로 국가를 인식한다. 한편, 마르크스주의 국가론은 도구주의 국가론으로, 국가가 자본 축적과 자본주의 재생산을 뒷받침하여 자본가 계급의 이익을 실현하는 수단으로 국가를 바라본다.

하지만 이상의 국가론들은 국가의 역할과 작동 방식 등에 대한 인식의 차이에도 불구하고 국가를 사회와 분리된 고정된 실체로 인식하는 공통점을 갖고 있다. 반면에 이와 달리 국가의 성격과 역할이 고정되어 있지 않고 국가와 사회의 긴밀한 상호 관계와 상호작용을 통해 변화 가능하다고 바라보는 '관계적 국가론'이 있다. 이러한 국가론은 국가에 대한 인식의 지평을 새롭게 넓혀줄 뿐만 아니라, 이 책에서 다루는 녹색국가론에 대해서도 시사점을 주고 있어 주목할 필요가 있다.

2) 관계적 국가론의 특성과 의미

'관계적 국가론'에서 바라보는 국가는 본래부터 주어진 존재가 아니라 사회적 관계와 맥락을 통해서 형성된다. 여기서 국가는 사회와 영향을 주고받는 유기적이고 동태적인 실체로, 국가 권력의 작동과 정당성도 이런 상호작용 과정을 통해 나온다고 본다.[18] 이러한 관계적 국가론의 관점은 국가와 사회를 둘러싼 맥락과 관계 형성 과정을 변화시키면 국가의 성격과 역할도 바뀔 수 있다는 실천적 의미도 내포하고 있다.

관계적 국가론을 주장한 대표적인 정치 이론가로 니코스 풀란차스(Nicos Poulantzas), 피에르 부르디외(Pierre Bourdieu), 안토니오 그람시(Antonio Gramsci), 밥 제숍(Bob Jessop) 등이 있다. 그리스 정치사회학자 풀란차스는

---

18 국가와 사회의 상호주의적 관계를 강조하는 '관계적 국가론'은 국가를 사회경제적 이익을 둘러싼 투쟁의 장소로 바라보는 다원주의 국가론을 '사회환원주의'로, 국가를 사회와 분리된 독립변수로 놓고 합법적 폭력을 독점하는 제도로 바라보는 베버주의 국가론을 '국가환원주의'라고 비판한다. (김종호, 2021)

마르크스주의의 도구주의적 국가론을 비판하면서 국가가 자본가 계급으로부터 상대적 자율성을 가지고 있고 사회와의 관계 속에서 이데올로기적 기제를 활용해 사회적 재생산 역할을 한다고 본다.(풀란차스, 1985) 프랑스 사회학자 부르디외는 국가 권력이 사회 전체적인 관계를 통해 작동하며, 여기에는 상징적이고 문화적인 차원의 역할이 중요하다고 본다.(조홍식, 2021) 이것은 부르디외가 국가 권력의 이중적 속성을 오른손과 왼손에 비유한 것과도 연결된다.[19] 한편, 이탈리아 철학자 그람시는 마르크스가 간과한 상부구조의 상대적 자율성에 주목하면서, 정치와 이데올로기 기능의 중요성을 강조한다. 그는 국가를 정치사회와 시민사회[20]가 조직적으로 연결된 통합적 국가(integral state) 형태로 보고, 변화 가능성도 정치사회와 시민사회의 관계에서 찾는다. 또한 영국의 정치사상가 밥 제솝은 전략 관계적 접근(strategic relational approach)을 통해 여러 사회세력들의 투쟁과 전략적 상호작용이 국가의 선택에 영향을 미친다고 본다.(박배균, 2009: 59~62)

이처럼 국가 권력이 사회와의 관계와 상호작용을 통해 행사되고 영향을 받는다고 보는 관계적 국가론은 국가 권력의 역동적인 변화 가능성을 말해주고 있다. 바로 이런 점이 사회-생태적 전환에 있어 국가의 건설적인 역할을 찾는 사람들의 주목을 끌고 있다.(Koch, 2020: 129) 그람시의 국가론을 통해 사회-생태적 전환의 가능성을 모색하거나(D'Alisa and Kallis, 2020), 밥 제솝의 전략 관계적 국가론을 토대로 '인간 너머의 국가론'에 기반한 녹색전

---

19 국가 권력의 오른손이 치안 유지, 처벌, 자원 할당 기제를 통한 '규율적 통치 권력'에 해당한다면, 왼손은 교육, 보건, 복지, 주택, 고용 등을 통한 '사회 통합 권력'을 말한다.(Koch, 2019: 5)

20 정치사회가 군대, 경찰, 사법 시스템, 관료조직, 공교육, 공중보건 시스템 등 국가 제도를 포함한다면, 시민사회는 가족, 자발적 결사체, 노조, 비정부 단체 등이 해당한다.

환의 필요성을 주장하기도 한다.(황진태, 2022)

2. 녹색의 국가론 탐색

사회주의의 실패와 신자유주의적 세계화의 확산과 함께 국가주의적 기획에 대한 불신과 반감이 커지면서, 한동안 주춤했던 국가론이 다시 조명받고 있다. 생태위기 등 글로벌 문제가 확대되고, 초국적 경제 행위자들의 영향력이 갈수록 커지는 가운데, 양극화와 사회경제적 갈등은 점점 더 심해짐에 따라 국가의 전환적 역할에 대한 요구가 커졌기 때문이다. 녹색국가 역시 이런 배경 속에서 주목받게 되었다.

녹색국가는 국가의 적극적인 역할의 필요성을 인정하고 강조한다. 녹색국가는 지속 불가능성을 야기하는 자본주의 시장의 부작용을 해결하기 위해 필요한 역할을 하고, 녹색전환의 주체 형성과 녹색대안의 영역을 보호, 육성하는 방향에서 시민사회와의 협력 관계를 적극 맺어나간다. 이 점에서 녹색국가는 국가를 사적 자본의 이해에 포위된 자본주의의 도구로 인식하는 좌파나 국가의 시장에 대한 개입 자체를 부정적으로 보는 우파적 사고는 물론, 생태아나키즘이나 생태권위주의처럼 소박한 반국가주의나 강압적 국가 역할을 강조하는 녹색의 사고와도 결을 달리한다.

관계적 국가론은 녹색국가의 개입 근거와 방식을 설명하는 데 유용하다. 관계적 국가론은 '국가'와 '사회'와의 관계와 맥락을 강조하는데, 여기에 '자연'의 차원을 더해서 국가-사회-자연 상호 간의 관계와 상호작용을 통한 공진화(共進化)의 측면에서 국가의 역할을 재검토할 수 있기 때문이다.

특히 사회와 자연의 유기적 관계에 대한 인식은 기존 국가론에서 제대로 다루지 못했던 부분에 대한 새로운 통찰을 제공해 준다.[21] 먼저 이러한 접근은 자연을 사회와 분리시키고 추상화한 채 그 자리를 경제 논리가 지배하게 된 현실의 문제를 분명하게 드러내 준다. 국가가 교환가치를 중심으로 작동하게 되면서 자연 생태계의 생명 본질의 가치가 제거된 결과 물은 수자원이 되고 땅은 부동산이 되어버린다는 것이다. 또한 시스템 차원에서 사회와 자연 간의 상호작용 관계를 밝히는 사회적 신진대사 분석에 따르면, 북반구 국가와 남반구 국가, 도시와 농촌 사이의 물질과 에너지 흐름의 심각한 불균형이 지속 불가능성을 확대시키는 문제도 명확해진다. 결국 사회와 자연의 상호 관계의 급속한 변화가 지속가능성 위기와 파괴적 공멸의 상황을 초래함으로써 현대 국가를 지탱해 온 축적과 정당성 논리 자체가 심각한 도전받게 되자, 사회와 자연 관계의 재조정과 이를 위한 국가의 재구성에 대한 요구가 높아지게 되었고, 이것이 녹색국가에 대한 관심으로 연결되었다.

　관계적 국가론은 녹색국가의 등장은 물론 전략적 역할과도 연결된다. 관계적 국가론에서 국가는 사회와 분리된 채 독립적으로 권력을 행사하는 것이 아니라 사회와의 상호작용 관계를 통해 구성되며, 국가의 행위 또한 사회로부터의 정당성 획득과 동원을 통해 작동한다고 본다. 따라서 성장 지향 국가의 지속 불가능 구조에서 벗어나기 위해서는 사회-생태적 전환을 요구하는 사회 집단의 영향력이 커져서 기존의 국가 기구가 여기에 반응하도록 만들어야 한다. 그러려면 시민사회와 정치사회 영역에서 탈성장 지향의 가치를 우선순위로 하는 상식(공통감각)과 사회적 관계, 이를 뒷받침하는 대안

21　조명래는 전통적인 국가론이 인간계 내의 지배와 피지배의 권력관계에 주목하는 나머지 인간계 종과 생태계 종간 비대칭적이고 착취적인 관계를 주목하지 못했다는 점에서 인간중심적이고 반녹색적이라고 비판한 바 있다.(조명래, 2002: 56~57)

적 공간과 제도적 영역을 만들어 내야 한다.(D'Alisa and Kallis, 2020: 6~7) 이 과정에서 전환을 가로막고 있던 유리천장도 깨지게 되는데, 녹색대안 영역의 세력화와 함께 생태위기로 기존의 가치와 시스템에 균열이 일어나면 전환은 더욱 가속화될 수 있을 것이다.

한편, 이러한 관계론적 국가론은 서구 선진국가들과 발전 경로를 달리해 온 우리나라의 특성에 맞는 녹색국가 형성 및 녹색전환을 전략을 마련하는 데도 의미하는 바가 크다. 5장에서 자세히 다루겠지만, 우리나라는 일제 식민통치에서 해방이 된 후 근대국가의 형성과 발전을 동시에 실현해야 하는 상황에서 국가 주도의 시장 형성 단계를 거쳐서 시민사회가 발전해 왔다. 따라서 국가와 사회의 관계 맺음 방식이 서구 선진국가들과 다른 만큼, 서구의 맥락에서 나온 녹색국가 담론과 전략을 우리 현실에 그대로 적용하기는 어렵다. 이는 녹색전환 전략과 녹색국가의 역할 탐색에 고려해야 할 측면이다.

3절 녹색국가의 개념과 유형

1. 녹색국가와 관련한 다양한 개념들

녹색국가는 대체로 구속력 있는 제도나 대규모 자원의 전략적 조성 및 배분 등 국가가 가진 힘과 권위를 적극 활용해서 기후 문제를 비롯한 지속가능성 위기에 총체적으로 책임 있게 효과적으로 대응하는 국가를 의미한다.

하지만 녹색국가에 대한 구체적인 이론과 실천은 지금도 진화하는 과정에 있다. 개념 정의에 대한 명확한 합의도 아직은 없고, 사람마다 중요하게 보는 국가의 특성 및 역할에 따라 다양한 유사 개념들이 녹색국가와 함께 사용되고 있다. 이 중에는 비슷한 내용을 다른 개념에 담아 표현하거나 또는 같은 개념을 초점을 달리해 설명하는 것들도 있다.

녹색국가와 유사한 개념으로 환경국가, 생태국가, 지속가능한 국가 등이 있다. '환경국가'(environmental state)는 주로 환경 관리를 위한 제도 및 실행 체계를 갖춘 현실의 국가 형태를 지칭한다.(Mol and Buttel, 2002; Mol and Spaargaren, 2002; Meadowcroft, 2005, 2012; Duit, 2016; Duit et al. 2016) 한편 국가의 의사 결정 과정에 생태적 가치를 주요하게 다루는 국가를 '생태국가'(ecostate)(Meadowcroft, 2005; Duit, 2011, 2012, 2014), '생태적 국가'(ecological state)(Lundqvist, 2001, 2002; Meadowcroft 2005; Kolasi, 2021)로 부른다. '지속가능성 국가'(sustainability state)(Heinriche and Lows, 2014)도 여기에 해당하는데, 내용을 보면 환경국가에서 녹색국가에 이르기까지 스펙트럼이 넓다.

또한 복지국가의 능력을 확장해서 생태적 불확실성에 따른 리스크를 다루는 의미에서 '사회-생태적 국가'(social-ecological state)(Larent, 2020), '생태사회적 국가'(eco-social state)(Koch and Fritz, 2014; Jakobsson et al., 2017) 또는 '생태복지국가'(eco-welfare state)(Gough, 2016)로 부르기도 한다. 글로벌 차원의 생태문제 해결을 위해 국가 간 협력에 노력하는 의미에서 '코스모폴리탄 생태국가'(cosmopolitan ecological state)(Eckersley, 2016) 개념도 나와 있다.

이러한 다양한 유사 개념들 가운데서 '녹색국가'(green state)를 구분해서 사용하는 사람들이 나타났다.(Dryzek, et al., 2003; Eckersley, 2004; Christoff, 2005; Meadowcroft, 2005, 2012; Mol, 2016; Duit et al. 2016) 이들이 말하는 녹색국가는 생태적 한계(ecological limits) 또는 지구행성적 한계(planetary boundaries)에 대한 인식을 바탕으로 생태적으로 책임 있는 국가의 역할을

강조한다는 점에서, 내용적으로 생태국가나 강한 환경국가 유형과 큰 차이가 없어 보이나, 녹색국가의 실천에 있어 생태민주주의 원리를 강조하고, 국가의 전환적 역할을 경제 및 사회 영역으로 확장하고 있는 점은 다른 개념과 구분되는 특징이라 할 수 있다.

2. 환경국가와 녹색국가

녹색국가의 특성은 환경국가와의 비교를 통해 잘 나타난다. 환경국가가 국내의 환경 질 개선을 목표로 자본주의의 공급 측면을 녹색화하는 데 초점을 맞춘다면, 녹색국가는 지속가능성을 위한 사회-생태적 전환을 적극 추진하면서 에너지와 물질의 흐름을 감소시키기 위한 수요 측면의 제한에 초점을 맞춘다.(Hausknost, 2020: 19~20) 이 점에서 환경 관련 기관과 법, 제도, 예산을 통해 환경을 관리하는 환경국가가 현실에 존재하는 국가 유형이라면, 생태적 가치를 중심에 두고 국가를 근본적으로 재구성하고자 하는 녹색국가는 규범적 이상형에 가깝다고 이야기하기도 한다.(Christoff, 2005; Hausknost and Hammond, 2020: 2; Eckersley, 2021: 246)

우리나라 경우 1970년대 이후 환경 관련 정부 예산과 조직, 인력이 계속 증가해 온 만큼 환경국가로서 모습을 점차 갖춰 왔다고 볼 수 있다. 그러나 이런 방식으로는 생태위기를 극복하고 지속가능한 미래를 열어 가는 데 한계가 있다. 특히 환경국가의 기준으로 강조되는 환경 관련 법과 정책, 조직과 인력, 예산의 증가가 실상은 심각한 환경오염 사건으로 사회적 이슈가 제기될 때마다 사후적 대응의 차원에서 이루어졌다는 점에서 녹색국가가 강조하는 '사전예방의 원칙'과는 거리가 있다. 성장경제 체제의 틀을 유지하면서 기술 혁신과 생태효율성을 활용해서 환경관리 기반을 확장해 가는 환경국가로는 행성적 경계 내에서 생산과 소비 규모를 조정하면서 사회-생태적 전환을 이끌어내는 데는 역부족이다. 환경국가에서 녹색국가로의 전환이 필요하다.

이와 관련해서 환경국가와 녹색국가의 위치를 국가의 역할과 역량의 수준 및 단계를 기준으로 살펴보는 것은 의미가 있다. 환경국가의 발전 단계를 환경오염물질 감축을 위한 1970~80년대의 1세대 환경국가에서 기후변화에 대응하기 위해 탈탄소 정책을 펼치는 1990~2010년대의 2세대 환경국가를 거쳐, 국가 정체성과 규범 자체를 재구성해야 하는 2020년대 이후의 3세대 환경국가로 구분하기도 하는데(김수진, 2020: 68~69), 이 기준에서 보면 사회-생태적 전환을 위한 녹색국가는 3세대 환경국가의 문제의식과 맞닿아 있다. 한편, 녹색국가를 생태효율성 전략을 기반으로 한 약한 녹색국가(weak green state)와 구조적 전환을 통해 높은 수준의 문제 해결 능력과 책임성을 갖춘 강한 녹색국가(storong green state)로 나누기도 하는데,(Chrestoff 2005: 41; 정규호, 2006: 33~34) 여기서 약한 녹색국가가 환경국가에 해당한다.

한편, 녹색국가는 공통된 특성에도 불구하고 실제로 적용되는 형태는 다양하다.(Backstrand and Kronsel, 2015) 국가 개념을 행정기구 중심의 정부로 보는 협의의 관점에서는 녹색국가가 녹색행정국가를 의미하고, 입법, 사법, 행정 전반을 아우르는 통치체제로서 광의의 국가 개념을 적용하면 녹색국가는 녹색당 정부, 녹색민주국가 등을 의미하게 된다. 나아가 국가의 핵심 역할을 어디에 두느냐에 따라 녹색복지국가, 녹색평화국가, 녹색연방국가 등의 유형도 가능하다. 기후위기 문제에 적극 대응하는 차원에서 모든 정책과 의사결정 과정에 탄소규제를 우선적 가치로 두는 국가를 녹색국가로,(최병두·신혜란, 2013: 306) 구체적으로 녹색탈탄소국가(green decarbonising state)로 부르기도 한다.(Hildingsson and Khan, 2015)

필자는 녹색국가의 역량과 정당성을 지속가능한 사회를 향한 전환적 역할에서 찾아야 한다는 데 생각을 같이한다.[22] 따라서 녹색국가를 생태적 위기에 직면하여 지속가능한 사회를 향한 녹색전환을 우선적 과제로 설정하고, 이것을 책임 있게 효과적으로 촉진하고 실현하는 것을 핵심 역할로 하는 국가로 정의하고자 한다. 녹색전환을 이끌어내는 역량 측면에서 보더라도 녹색국가는 환경관련 부처나 정부의 수준과는 차원을 달리한다.

〈표 2〉 녹색전환 역량과 녹색국가의 위치

녹색전환 역량			
약 ◄──────────────────────────► 강			
환경부	환경친화적 정부	환경국가	녹색국가

4절 녹색국가의 특성과 역할

1. 녹색국가 역할의 근거로서 녹색공화주의

녹색전환을 위한 국가의 역할을 강조하기 위해서는 '국가'와 '자유'의 상호 관계를 살펴볼 필요가 있다. 국가의 권위적 개입을 포함해서 그 어떤 명분으로도 자유의 가치가 침해될 수 없다는 인식이 일반화되어 있기 때문이다. 그런데 자유를 우선적 가치로 삼아 국가로부터 거리두기를 강조하는 것은 생태아나키즘(eco-anarchism) 계통의 녹색 진영은 물론이고 지속가능성

---

22 지속가능발전을 위한 녹색국가의 전환적 역할을 강조한 사람으로 에릭 히싱(Erik Hysing)을 들 수 있다.(Hysing, 2015)

위기를 초래한 시장자유주의 진영에서도 공통적이라는 점은 주목할 부분이다. 자유 개념에 대해 구체적인 검토가 필요한 대목이다.

'자유'에 대한 인식과 접근에서 자유주의와 공화주의는 차이가 있다. 자유주의는 개인 자유의 최대 확대를 목표로 함으로써, 개인의 소비 조절, 생태계 및 공공재 보호를 위한 규제, 단기적 이해관계 유보 등 지속가능성을 위한 원칙과 긴장 관계를 나타낸다. 반면, 공화주의는 개인 자유의 극대화보다는 공동의 결정을 통한 집단적 자유의 실현에 목적으로 둠으로써, 공동의 삶을 위한 시민적 책임과 의무를 이행하기 위해 개인의 자유를 제한할 수 있다고 본다.(Heidenreich, 2018) 이와 관련해서 필립 페팃(Philip Pettit)은 자유를 '비제한으로서 자유'(liberty as non-limitation)와 '비간섭으로서 자유'(liberty as non-interference), '비지배로서 자유'(liberty as non-domination)로 유형화한 바 있는데(Pettit, 2003), 이것을 프라그니에(Augustin Fragnière)는 비제한과 비간섭의 자유는 선택적 자유(option-freedom)에 해당하는 것으로, 이러한 자유와 생태적 전환을 위한 규제 또는 제약은 양립하기 어렵다고 본다. 반면에 비지배로서 자유는 행위자 자유(agency-freedom)에 해당하는 것으로, 이러한 행위자의 선택 의지에 기반한 관계적 자유는 생태적 전환과 양립 가능하다고 본다.(Fragnière, 2016: 38) 이처럼 후자의 비지배로서 자유에 기반한 공화주의 원리를 생태적 논의와 연결한 것이 녹색공화주의로, 녹색국가의 중요한 이론적 기반이 된다.

녹색공화주의(green republicanism)는 1990년대 이후 전 세계적으로 생태위기에 대한 관심이 높아짐에 따라 지속가능성을 위한 새로운 정치 철학으로 등장했다. 녹색공화주의는 공화주의의 정치적 비전과 생태위기에 대응하기 위한 녹색정치가 지속가능성 측면에서 양립가능하다는 인식을 바탕으로 한다.(Barry and Smith, 2008; Barry, 2008, 2019)

녹색공화주의는 국가의 역할과 관련해서도 권위에 대한 일방적 복종보다는 공적 의무와 책임에 대한 자발적 동의를 바탕으로 한다는 점에서 민주주의의 심화와 연결되어 있다. 녹색공화주의는 민주주의에 대한 관심과 참여의 부족이 비인간세계에 대한 관심과 배려의 부족으로 이어지는 만큼, 지속가능성 위기와 민주주의 위기는 밀접한 관계에 있다고 본다.(Barry, 2015: 335~336) 그만큼 권위주의적인 직접 관리 및 통제나 탈정치화 된 기술주의적 접근 또는 시민을 수동적인 소비자 고객으로 취급하는 자유주의적 접근에 대해 비판적이며, 집단적 학습과 성찰에 기반한 숙의 과정을 통해 공공재를 보호하고 사회 정치적 회복탄력성을 높일 것을 강조한다.(Barry, 2019) 녹색가치를 실현하는 방향에서 적시적소(適時適所)에 국가의 적극적 역할을 필요로 하되, 이것이 일상에 대한 감시와 통제가 아니라 민주적 과정을 통해 시민들의 자율적 문제 해결 역량을 강화하는 노력의 중요성을 강조한다.

이러한 녹색공화주의는 지속가능한 민주주의 모델의 가능성을 보여주는 것으로,(Barry, 2008)[23] 사회 전체의 지속가능성을 높이는 방향에서 공적 행위자로서 국가의 역할을 강조한다.[24] 이처럼 녹색공화주의는 기후위기 시대를 맞아 정의롭고 민주적인 녹색전환을 위해 국가의 적극적인 역할을 정당화함으로써 녹색국가의 역할을 이론적으로 뒷받침한다.

---

23 패트릭 커리(Patrick Curry)는 녹색공화주의 대신 생태공화주의(eco-republicanism) 개념을 사용하면서 이것을 생태적으로 지속가능한 정치를 위한 최고의 모델로 부른다.(Curry, 2020)

24 우리나라 헌법 제1조에 "대한민국은 민주공화국이다"라고 규정되어 있는데, 민주주의와 공화국은 다른 개념으로, 민주주의가 인민 주권과 인민의 지배를 의미한다면, 공화국은 구성원의 평등한 참여와 책임, 상호 의존과 연대, 공동 번영 등 공화주의 가치를 담고 있다. 이 두 개념이 상호 보완적이긴 하나,(최현, 2010: 18) 우리 현실에서는 민주주의에 비해 공화주의 논의가 상대적으로 부족했다.

2. 녹색국가의 특성

녹색국가는 '어떤 미래를 꿈꾸는가?', '그러한 미래로 어떻게 나아갈 것인가?', '미래는 지금 우리에게 무엇을 요구하고 있는가?'에 대한 질문에 대한 응답이다. 따라서 녹색국가 모델은 지속가능한 미래에 대한 현 시점에서의 청사진이자 안내 지도이며, 미래로부터 초대장 의미도 가지고 있다.

녹색국가는 국가에 대한 무정부주의적인 비판이나 녹색 리바이던(Geen Leviathan) 또는 녹색 빅브라더(Green Big Brother) 같은 명령과 통제 중심의 권위주의 모델의 한계를 지적하면서, 국가의 역할을 새롭게 소환한다. 이 점에서 녹색국가는 민주주의의 대중적 힘을 바탕으로 새롭게 개조된 국가를 의미한다. 즉 국가의 능력을 힘 있게 발휘하면서도 강제적 억압보다는 자발적 참여를 바탕으로 하는 소위 '외유내강'(外柔內剛)[25]형 국가라고 할 수 있다.

바람직한 사회 변화를 만들어내기 위해서는 인권 침해, 기업권력 남용, 생태계 파괴 등에 대한 국가의 강제력이 필요하며, 이 강제력은 공적이고 투명하며 책임 있는 방향으로 관리되어야 한다. 따라서 녹색국가는 효과적인 환경 규제를 시행하는 '강한 국가'(strong state)이자 공공의 이익과 사회 및 환경정의에 책임 있게 반응하고 대응하는 '좋은 국가'(good state)를 지향한다.(Eckersley, 2004: 11; 김근세·조규진, 2015) 강한 국가가 권위체로서 국가

---

25   이 말은 룬드크비스트(Lundqvist)가 녹색국가의 모습을 '부드러운 장갑을 낀 녹색 주먹'(green fist in a velvet glove)으로 부른데 따른 것이다. 강력한 권위를 바탕으로 한 자원 할당과 배분, 통합적 생태계획, 생산과 소비 조절 등이 국가의 '녹색 주먹'이라면, 개개인의 자발적 선택의 맥락을 변화시키기 위한 정책은 '부드러운 장갑'에 해당한다는 것이다.(Lundqvist, 2002)

의 문제 해결 역량을 말한다면, 좋은 국가는 민주적 운영을 통한 국가 권력의 정당하고 투명한 사용을 말한다.(Eckersley, 2004) 녹색국가에서는 중앙의 조정 역할과 시민들의 상호 학습 및 자발적 선택이 균형 있게 결합되어야 한다. 국가는 종합적 생태 계획 수립과 자원 이용 총량 제한 등 권위적인 직접 규제와 함께, 시민 개개인의 정보에 대한 접근성을 높이고, 학습과 토의 과정을 통한 생태시민 의식 향상과 시민들의 자발적 의사결정을 뒷받침하는 제도적 지원[26]이 이루어지도록 해야 한다.(Lundqvist, 2002: 459~460) 그리고 녹색국가가 이러한 역할을 실질적으로 해내기 위해서는 '민주화'와 '녹색화'라는 이중적 과제가 함께 해결되어야 할 것이다.(Pepper, 1993: 449; Barry, 1994)

3. 녹색국가의 역할 유형

녹색국가의 기본 역할은 녹색전환에 있다. 녹색전환을 뒷받침하기 위해서는 '녹색전환의 촉진과 전환 장벽 해소', '녹색대안 영역의 보호 및 육성과 주체의 활성화', '사전예방적이고 체계적인 위기관리' 등이 함께 수행되어야 하며, 이런 역할이 국경을 넘어 글로벌 차원으로 확장되어야 한다.

1) 녹색전환을 매개하고 촉진하는 역할
녹색국가의 기본 역할은 지속가능성 위기에 대응해서 녹색전환을 매개하고 촉진하는 데 있다. 생태적 상한선과 사회적 최저선을 기준으로 현재와

---

26   녹색 세금(과세)(green taxation), 녹색 회계(green accounting), 자연자원 쿼터(NRQs), 에코라벨링(eco laveling), 캠페인 등이 해당된다.

미래세대의 지속가능한 삶을 위한 녹색전환을 실현하는 것이 녹색국가의 존립 근거다.(Koch, 2020)

녹색전환을 위해서는 사회 및 생태적 한계를 고려한 생산과 소비의 재조정, 전환을 위한 자원의 전략적 조성과 투입, 전환의 장애 요소에 대한 체계적 관리, 전환 이행 과정에서의 갈등 및 충격 완화, 전환의 주체 및 영역의 보호와 육성, 전환 이행 과정에 대한 지속적인 모니터링과 피드백 등 다양한 부문에서 국가의 역할이 중요하다. 녹색전환에 대한 정교한 기획과 명확한 비전 및 방향 제시로 사회 구성원들로부터 전환에 대한 신뢰와 지지를 이끌어 내고, 공공과 민간 부문을 아울러 각 주체들의 역할 분담과 유기적 협력을 통해 전환의 시너지 효과를 높이는 것도 녹색국가가 해야 할 역할이다.(Hildingsson, et. al., 2019: 911; Koch, 2019: 15~16)

또한 녹색전환을 위해서는 전환 마을(transition town) 단위의 실험과 경험을 전환 국가(transition state) 차원과 연결시키는 것도 필요하다. 풀뿌리 차원의 대안 영역 창출과 공동체 간 협력을 통한 상향적 실천이 국가 차원의 종합적이고 중장기적인 계획 및 전략과 유기적으로 결합될 수 있도록 해야 한다.

2) 전환의 장애물 해결과 장벽 해소

녹색전환을 위해서는 녹색대안의 활성화 못지않게 불평등 문제를 중심으로 한 전환의 장애 요소들을 해결해야 한다. 불평등과 지속 불가능성 문제는 서로 밀접한 관계를 맺고 있다. 불평등은 불신과 갈등을 낳고 상호 신뢰를 기반으로 한 민주주의를 약화시킬 뿐만 아니라, 현세대와 미래세대, 비인간 존재까지 아우르는 녹색의 가치를 근본적으로 훼손시킨다. 따라서 녹색전환을 위해서는 사회경제적 불평등을 줄이고 방지하기 위한 국가의 높은 수준의 개입적 역할이 요구된다.(Barry, 2014) 특히 오늘날 불평등을 구조적으로 확대시키고 있는 글로벌 자본에 대한 국가 차원의 통제력을 발휘하는 것은 전환에 있어 더욱 중요한 과제가 되었다. 지난 수십 년간 세계의 경제 권력이 민주적으로 통제되지 않는 글로벌 자본 집단으로 급속히 넘어가 버렸기 때문이다. 다국적기업과 투기자본은 물론 세계은행, IMF, 스탠더드앤푸어스(S&P), 무디스 같은 국제신용평가기구 등의 국제 권력 기구가 대표적인 예다.

다시 말해 막강한 권력을 배경으로 한 글로벌 자본의 폭주가 지속가능성 위기를 앞당기고 있는 상황에서 이것을 제어할 수 있는 가장 유력한, 그리고 공적인 힘을 가진 곳은 바로 국가다. 이와 함께 세대 내, 세대 간 생태적 불평등성을 완화시키기 위한 재분배와 전략적 자원 할당을 주관하는 국가의 역할도 중요하다. 사회경제적 불평등과 생태적 지속 불가능성은 서로 밀접하게 맞물려 있다. 그만큼 불평등을 확대 재생산하는 구조적 힘을 국가 차원에서 관리, 통제해 나갈 때 녹색전환의 문턱도 한층 낮아질 것이다.

3) 녹색대안 영역의 보호 육성과 주체의 활성화

국가의 하향식 통제와 자본주의 시장경제의 영향력이 지배하고 있는 현실에서 녹색전환의 가능성과 잠재력은 지역의 생활세계 현장 가까이에 있는 녹색대안의 영역에서 주로 발견된다. 하지만 녹색의 대안 영역들이 지속가능하게 자리잡고 상호 연결을 통해 확장해 가려면 자생적인 노력만으로는 한계가 있다. 안팎의 도전과 침해로부터 대안의 영역을 보호하고 상위 단위로 연결되도록 하려면 국가 차원의 제도적인 보호와 육성 노력이 뒷받침될 필요가 있다.

녹색대안의 주체로서 녹색시민을 형성하는 데 있어도 국가의 역할이 중

요하다. 녹색 가치에 대한 시민들의 관심이 적은 상태에서는 그 어떤 민주
적 절차도 지속가능성을 실현하는 데 한계가 있다. 이런 상태에서는 녹색
전환 또한 시민적 동의와 지지를 얻기 힘들고, 민주적인 방식으로 녹색국가
를 책임 있게 구성하고 운영하기도 어렵다. 따라서 녹색시민 대중의 등장을
지지하고 지원하는 것은 녹색국가의 중요한 역할이다.(Arnold, 2018) 녹색
국가는 규제 및 인센티브 제도, 각종 교육 및 정보 인프라 등 국가의 역량을
적극 활용해서 녹색대안 영역과 주체의 활성화를 뒷받침해야 한다.(Melo-
Escrihuela, 2015: 323)

4) 사전예방적이고 체계적인 위기관리

오늘 인류 사회가 직면한 지속 가능성 위기는 높은 불확실성과 재난적 상
황을 동반한다. 기후위기가 대표적인 예로, 이 사안은 특히 '시간'이 핵심 변
수다. 생태적 한계 개념이 지구 행성적 차원으로 확장되고, 자연자원 및 생
태계의 생물물리적 차원에서 다뤄지던 문제가 시스템 자체의 붕괴 문제로
확대되면서 사전예방적 접근이 더욱 중요해졌다. 지속가능성 위기가 파국
적 재난 상황으로 나아가지 않도록, 위기의 증폭과 부정적 영향을 최소화하
기 위한 국가의 사전예방적 역할이 강조되고 있다.(Hildingsson, 2007) 녹색
전환의 문제 또한 생태적 임계점을 넘어 회복 불가능한 상태로 가기 전에
사전예방의 원칙에 따라 현실 사회의 근본적인 재구성과 재구조화를 위한
문제를 다뤄야 한다.(Sharma, 2018: 394)

또한 사전예방적 노력에도 불구하고 불가피하게 당면하게 될 재난 상황
을 체계적으로 관리하는 것도 국가의 중요한 역할이다. 기후위기 문제의 경
우 기후변화에 따른 재난의 빈도와 강도가 계속 커져온 데다가, 이미 대기
중에 배출된 온실가스의 잔존 수명을 고려할 때 앞으로 더욱 커질 전망이어

서, 재난 상황에서 희생과 피해를 최소화하고 우리의 삶을 지켜낼 수 있는 국가 차원의 적응 전략과 대응 체계 마련이 더욱 중요해졌다.

사회 전체가 위기에 처하는 비상 상황에서 모든 가용 자원을 총동원해서 긴급 대응을 할 수 있는 유일한 주체는 바로 국가다. 다만 비상 상황을 빌미로 권위주의 체제가 강하게 작동하면 오히려 녹색전환의 잠재력은 약화될 수 있다는 점은 주의해야 한다. 그만큼 녹색국가가 민주적 원칙을 지키면서 국가가 가진 권한과 역량을 효과적으로 발휘하도록 하는 데 있어 사전예방적이고 체계적인 위기관리는 매우 중요하다.

5) 지속가능성을 위한 글로벌 차원의 책임 있는 역할

오늘날 생태위기는 지구적인 차원으로 확대되어 인류 공동체의 지속가능성을 위협하고 있다. 강대국은 약소국의 자원을 채굴하면서 오염물질을 떠넘기고, 현세대의 무분별한 자원 이용은 미래세대의 필요를 훼손하는 방식으로 생태 부채(ecological debt)를 시공간적으로 확대시킨 결과다.(Hornborg, et. al., 2016; Jorgenson, 2016) 이런 상황에 대처하기에는 생태무정부주의, 생태공동체주의 같은 지역 자발적 행동을 강조하는 것만으로는 한계가 있다.[27]

같은 문제의식에서 녹색국가론자 로빈 에커슬리(Robyn Eckersley)는 "'지구적으로 생각하고 지역적으로 행동하라'가 아니라 '전 지구적으로 행동해야 한다"고 주장하면서, 국경을 초월한 문제에도 관심을 갖고 다른 국가

---

[27] 그래서 전 지구적으로 전개되는 생태위기에 대응하기 위해서는 공동체주의 (communitarianism)보다는 코스모폴리탄주의(cosmopolitanism)가 필요하다는 주장도 나온다.(Arnold, 2018)

와 협력하면서 초국적인 글로벌 거버넌스에 적극 참여하는 녹색국가의 역할을 강조한다.(Eckersley, 2004: 195) 존 드라이젝(John Dryzek)은 국가 기구의 확장보다는 글로벌 시민사회를 기반으로 초국가적 협력에 필요한 녹색국가의 역할을 제안한다.(Dryzek, et. al., 2004) 이처럼 녹색국가는 영토를 기반으로 한 배타적 관할권으로서 주권 개념을 확장한 녹색주권(green sovereignty)을 강조하면서 사회·생태적 부담을 다른 곳에 떠넘기지 않고 책임을 지고 해결하는 것을 특징으로 한다.(Eckersley, 2004)

5절 녹색국가의 등장 과정과 논의 동향

1. 환경국가를 넘어 녹색국가로

20세기 중반까지만 해도 환경문제는 자연 보존이나 공중위생의 차원에서 주로 다뤄졌고, 그만큼 국가 차원의 관심은 적은 데다 이것을 다루는 국가 조직이나 제도도 미비했다. 이런 가운데 1972년 『성장의 한계』 보고서가 나오고, 유엔인간환경회의(UNCHE)를 통해 인간 환경의 개선과 보존에 대한 논의가 국제사회에서 전개되면서, 국가별로 환경 관련 법과 제도, 조직이 만들어지게 되었다. 소위 소위 환경국가(environmental state)가 등장하기 시작한 것이다.(Mol, 2016: 50~51) 이때의 환경국가는 주로 규제와 기술적 수단을 통해 환경오염을 통제하고 관리 함으로써 생활세계의 지속가능성을 보호하는 데 초점을 맞추었다.(Hausknost, 2020: 27~31)

1990년대 들어 환경·생태 위기가 글로벌 이슈가 된 상황에서, 기술과 제도의 혁신으로 경제성장과 환경보존을 동시에 달성할 수 있다는 '지속가능발전'(sustainable development) 논의가 주목을 끌었다. 이때 탈규제와 민영화를 앞세운 신자유주의의 확대로 국가의 역량이 위축되는 상황도 함께 나타났다. 소위 국가의 역할에 대한 요구와 국가의 역량 사이의 불일치 속에서, 국가 기능의 아웃소싱(outsourcing)과 함께 거버넌스(governance) 관련 논의가 활발해지는 가운데,[28] 기존의 환경국가 모델도 약화되는 현상이 나타나기도 했다.

이후 성장주의를 기반으로 한 경제활동 전반이 위축되면서 국가의 재정 능력은 약화된 가운데, 저출산, 고령화 등으로 높아진 인구통계학적 압력(demographic pressure)에 대응하는 과정에서 국가 부채는 급속히 늘어났다. 이런 상황에서 기후 문제와 같은 거대한 생태학적 위기는 재정적 지속가능성과 환경적 지속가능성 모두에서 커다란 도전이 되었다.(Bailey, 2015)

이처럼 지속가능성의 총체적 위기 상황에서 시스템 차원의 전환에 대한 요구 또한 크게 높아졌다. 특히 기후위기가 사회와 생태계 시스템의 붕괴 시기를 빠른 속도로 앞당긴는 우려 속에 녹색전환과 국가의 역할에 대한 관심이 크게 높아졌다. 시스템 자체의 지속 불가능성이 생활세계의 존립을 위협하는 상황에서 환경국가의 한계를 넘어서 녹색 가치와 전환을 우선순위에 두는 녹색국가에 대한 논의가 활발하게 나타났다. 즉 환경 관련 매체나 대상을 직접 관리하는 정책과 조직의 운영 단계에서, 녹색의 가치를 정부의 다른 영역과 연결하고 확장하는 단계를 거쳐서, 녹색 가치 실현을 국가 차원의 최우선 과제로 삼아 다른 정책들을 재배열하고 재조정하는 단계로 확

---

28   강력한 단일 행위자로서 국가 역할의 위축 또는 축소를 의미하는 '국가의 공동화'(hollowing out)(Rhodes, 1994), '국가의 후퇴'(retreat of state)(Strange, 1996) 등이 거버넌스 논의의 배경이 되었다.

장해 가야 한다는 문제의식들이 등장한 것이다.

이로써 녹색국가는 기존의 국가의 핵심 역할이던 '축적 역할'(accumulation imperative)과 '정당화 역할'(legitimation imperative)에다가 생태위기에 따른 '지속가능성 역할'(sustainability imperative)[29]를 새롭게 추가했다.(Hausknost, 2020: 21~22) 국가가 국민의 생명과 재산을 지키고 영토와 주권을 수호하고 국민의 삶의 질을 향상시킴으로써 얻었던 정당성의 기반을 생태위기가 근본적으로 흔들고 있는 상황을 맞아서 지속가능성 역할을 새롭게 추가하여 축적과 정당화를 기반으로 해 온 기존의 국가를 재구성하기에 이르렀다.

따라서 녹색국가는 전통국가의 귀환이나 보완이 아니라 국가의 성격과 역할의 창조적 재구성에 가깝다. 이에 비해 환경국가는 기존의 구조와 시스템을 바꾸지 않은 채 환경을 관리하면서 축적 과정을 최적화하는 데 초점을 맞춤으로써 환경·생태 문제를 탈정치화하고 지속가능성을 위한 전환의 잠재력을 제한시키는 한계가 있다.(Hausknost, 2020: 24) 물론 환경국가와 녹색국가 사이에는 보이지 않지만 매우 영향력 있는 구조적 장벽 즉 유리천장이 존재한다.(Hausknost, 2020: 18) 녹색전환을 위해서는 사회-생태적 전환의 잠재력 높이는 노력과 함께 유리천장을 깨기 위한 시민사회와 정치의 새로운 역할이 요구된다.(Koch, 2019)

2. 녹색국가 논의의 전개 과정

녹색국가 논의는 환경·생태위기 문제가 갈수록 확대되면서 '문제 해결자'

---

29   드라이젝 등은 축적과 정당화 역할에 더한 새로운 역할을 '보존 역할'(conservation' imperatives)로 불렀다.(Dryzek et al. 2003).

로서 국가의 역할에 대한 재검토가 요청되는 시대 상황을 배경으로 등장했다. 국가와 관련한 기존의 녹색 담론으로 생태절대주의 국가나 생태리바이던 국가 같은 '권위적 국가주의 모델'이나 생태무정부주의 사회를 주장한 '소박한 반국가주의 모델' 등이 있는데, 녹색국가 논의를 제기하는 사람들은 이러한 기존 논의가 국가의 특성과 역할에 대한 구체적인 검토가 부족한 채 규범적이고 추상적인 수준에 머물렀다고 보고 있다.

초기의 녹색국가 논의는 국가의 생태적 합리성과 책임성을 높이는 차원에서 시민사회와 민주주의의 역할에 관심이 많았다. 특히 녹색 가치의 활성화와 영향력 확대 차원에서 녹색 공론장(green public sphere)과 숙의민주주의(deliberative democracy)와 관련된 논의가 활발했다.(Eckersley, 2004)

하지만 기후 문제를 비롯해 상황은 더욱 악화되어 총체적인 지속가능성 위기가 현실의 과제로 등장하면서 기존의 녹색국가 논의에서 '전환'에 대한 관심이 부족했다는 자성이 일어났다.(Eckersley, 2021: 245) 이 과정에서 녹색국가 논의는 체제 전환 이론과 만나 미시(niche)와 중범위(regime), 거시적 수준(landscape) 등 다층적 차원의 전환을 위한 국가의 역할을 구체적으로 검토하게 되었다. 영토 내 구성원들에 대해서는 물론 국제사회에서 정당성을 발휘하는 권위적 실체로서 국가의 특성과 역량을 적극 발휘해서 지속가능한 방향으로 구조적 전환을 만들어내기 위한 녹색국가의 역할이 강조되었다.(Hildingsson, 2007: 5~6)

국내에도 녹색국가 논의 흐름을 정리한 연구가 있었다. 문순홍은 생태절대주의 국가와 생태무정부주의 사회부터 생태사회주의 국가를 거쳐 거버넌스형 녹색국가, 녹색민주국가, 녹색복지국가 등에 이르기까지 1970년대부터 1990년대까지 녹색국가 관련 논의를 정리해서 소개한 바 있다.(문순홍, 2002: 102~109) 2000년대 이후 현재까지 20여 년 동안 일어난 커다란 변화를 '전환'의 관점에서 녹색국가 논의와 연결해서 정리하는 것은 후속 과제로 남아 있었다.

2000년대 들어 총체적 지속가능성 위기가 빠른 속도로 구체화되어 왔다. 저성장의 고착화와 양극화의 확대로 자본주의적 성장 체제의 내재적 한계는 더욱 뚜렷해졌고, 총인구의 증가 속에 저출산과 고령화 확대, 1인가구 증가 등 인구구조는 빠르게 바뀌고 있으며, 기후위기와 생태계 및 생물종 다양성 파괴 등 생태위기는 급속히 확대되어 왔다. 이 과정에서 녹색전환을 매개하고 촉진, 지원하는 역할로서 녹색국가에 대한 논의는 탈성장 논의와 만나서 점점 활발해지고 있다. 여기에 코로나19 팬데믹의 충격적 경험과 국가 역할에 대한 재인식도 논의 활성화에 한몫했다. 하지만 국내에서 녹색국가는 여전히 생소하고 익숙지 않은 분야로 남아 있다. 이것은 이 책을 통해 녹색국가를 새로운 관점에서 구체적으로 다뤄보고자 하는 이유이기도 하다.

3. 국내 녹색국가 논의 동향과 과제

국내에서는 1980, 90년대 민주화에 대한 열망 속에서 국가론 논의가 활발했었다. 과대성장국가론, 발전국가론, 세계체제론 등 주로 경제주의적 관점에서 국가 문제를 다룬 경우가 많았다. 그러나 신자유주의적 세계화가 확산되면서 국가론 논의 자체도 활력을 잃어버렸다. 따라서 기후위기를 비롯한 지속가능성 위기 문제를 국가론과 연결시키는 논의는 별로 없었고, 그 결과 우리 현실에서 녹색국가에 대한 관심과 논의는 필요성에 비해 매우 미약한

실정이다.[30]

이런 어려운 환경 속에서도 녹색국가를 주제로 다룬 연구가 아주 없었던 것은 아니다. 국내에서 녹색국가에 대한 연구가 시작된 것은 2000년대에 들어서부터다. 대표적인 것이, 필자도 참여하여 〈바람과물연구소〉에서 진행한 '녹색국가 프로젝트'다.『한국에서의 녹색정치, 녹색국가』(2002)는 참여 연구자들이 각자 정한 주제를 정리해서 묶은 것이며, 이후 발간된『개발국가의 녹색 성찰』(2006),『녹색국가의 탐색』(2006)은 당시 민간연구소로는 드물게 학술진흥재단의 지원을 받아 진행한 공동연구(2002~2005)의 결과물이라는 점에서 의미가 있다. 하지만 이들은 책 제목에서도 나타나듯이, 지나온 우리의 국가 발전 과정과 성격을 '녹색'의 관점에서 '진단'하고, 녹색국가로의 방향과 가능성을 '탐색'하는 것이 주된 내용이다. 우리 사회를 지속가능한 방향으로 전환하는 실질적인 변화를 이끌어내기 위해서는 이 정도 수준의 담론으로는 한계가 있었다.[31]

그동안 녹색국가를 주제로 한 개별 연구도 있었는데, 이들을 간략히 살펴본 후 향후 과제를 다뤄보고자 한다. 먼저, 이론적 탐색을 통해 녹색국가 유형을 분류하고 형태별 발전 단계를 제시한 문순홍(2002)과 조명래(2002)의 연구가 있다.[32] 하지만 선도적 연구에도 불구하고 이념형으로 제시된 녹색

---

30   박희제는 환경문제를 다룸에 있어 국가에 대한 논의가 부족한 현실과 관련해서 '지구적으로 사고하고 지역적으로 행동하라'(Think Globally Act Locally)는 환경운동의 대표적 구호 역시 국가를 매개하지 않고 지역에서 바로 지구적 범주로 건너뛰었다고 비판하고 있다.(박희제, 2002: 215)

31   당시 〈바람과물연구소〉의 녹색국가 프로젝트는 10년의 장기 목표를 가지고, '경제', '정치', '시민사회', '자아' 등 영역별 녹색화 방안을 구체적으로 탐구하고자 했으나 불가피한 사정으로 1단계 연구에서 종료되고 말았다.

32   문순홍은 약한 녹색국가(생태관리주의국가, 정당형 녹색국가, 거버넌스형 녹색국가)

국가 모델을 복잡한 현실에 적용하기에는 한계가 있으며, 이행 단계에서 제시된 각 모델의 선후 관계도 모호한 측면이 있다. 녹색국가에 대한 이념적 유형화 작업이 기존의 국가론과 단절된 채로 진행되어 전통적 국가론과 녹색국가론의 관계에 대한 심도 있는 작업이 이루어지지 못했다는 비판도 있다.(박희제, 2002: 217)

　다음으로 국가의 억압적 성격에 비판적인 입장에서 민주주의와 분권, 자율, 자치의 차원에서 녹색국가의 가능성을 찾으려는 논의가 있다. 구도완은 풀뿌리민주주의, 책임성, 연대, 생태주의와 같은 녹색의 가치는 지배로서의 국가 개념과 잘 맞지 않다고 보고(구도완, 2003: 288), 생태민주주의를 통해 국가의 억압적 권력을 최소화하면서 생태공동체와 결사체(association)를 기반으로 한 생태자치연방제로의 이행을 녹색국가의 궁극적 비전으로 제시한다.(구도완·여형범, 2008; 구도완, 2018) 생태적 가치와 전환의 필요성을 강조해 온 『녹색평론』 발행인 김종철도 녹색국가의 가능성을 생태주의와 농업을 기반으로 한 마을공동체와 협동조합 등 분권과 자치의 원리에서 찾았다.(김종철, 2012) 이처럼 국가의 권위적 역할 자체에 비판적이다 보니, 이들의 논의에서 녹색국가는 이행 단계의 과도기적 수준 정도로 다뤄진다. 하지만 지속가능성 위기에 즈음해서 전환적 역할로서 주목받고 있는 녹색국가는 시장 및 사회로 대체할 수 없는 정치적 권위체로서 국가가 가진 특성을 적극 살리고 활용하려 한다는 점에서, 이들의 논의와는 차이가 있다.

───

에서 강한 녹색국가(녹색사회국가) 단계를 거쳐 생태자치연방으로 나가는 경로를 제시하였다.(문순홍, 2002: 117~120) 조명래는 녹색국가 초보적 형태인 환경친화적국가에서 녹색 가치를 체제에 반영한 녹색다원주의국가, 녹색정당국가, 녹색복지국가를 거쳐 녹색 가치의 보편적 수용이 이루어진 녹색시민국가, 녹색자치국가, 녹색거버넌스국가, 녹색연방국가 형태로의 이행 경로를 제시한 바 있다.(조명래, 2002: 63)

사회-생태적 전환에 있어 국가 역할의 필요성을 강조하면서 대안적 국가모델로서 사회생태국가를 제안하거나(성경륭, 2016) 지속가능한 생태복지국가 모델을 제시한 연구(이병천, 2021) 등도 있으나, 우리 현실의 문제를 해결하는 차원에서 더 구체화 된 내용과 방법을 다루지는 않고 있다. 복지국가를 대신할 새로운 국가모델로 '생태국가'를 제시하기도 했는데(김지민, 2021: 205), 실제 내용은 환경친화적 국가와 별 차이가 없는 경우도 있다.

한편, 자본에 대한 국가 통제에 관한 다양한 혁신적인 실험을 하고 있는 에콰도르를 비롯한 라틴아메리카 국가들의 경험에서 녹색국가의 가능성을 찾거나,(김종철, 2013) 또는 해외 국가를 사례로 녹색국가의 유형과 특성을 밝힌 연구도 있다.(최병두·신혜란, 2013; 김근세·조규진, 2015; 김수진, 2020)[33] 하지만 해외 사례가 주는 시사점 정도의 수준을 넘어서 녹색국가 논의를 우리 현실에 구체적으로 적용하려면 더 깊은 연구가 뒷받침되어야 한다. 이런 이유로 기존의 녹색국가 논의들이 규범적 주장에 그치고 우리 현실을 기반으로 한 구체적 개혁 또는 전환에 대한 논의가 부족했다는 비판이 나오기도 했다.(이상헌, 2020: 84~88)

녹색국가로의 이행 과정에서 복지국가와의 관계와 관련한 부분은 사람마다 관점과 강조점이 달라서 쟁점이 된다. 생태적 공동체와 결사체들의 자치 역량 확대로 생태자치연방을 만들어 가는 데 있어 생태복지국가를 징검

---

33   최병두와 신혜란(2013)은 탄소규제 국가로서 영국의 녹색국가 전략을 평가하였으며, 김근세와 조규진(2015)은 존 드라이젝(Dryzek)의 녹색국가 유형을 기초로 노르웨이, 영국, 독일, 미국 사례를 비교분석해 녹색국가 유형별 전략적 특성을 밝혔다. 또한 김수진(2020)은 두이트(Duit)의 환경국가 개념을 사용해 OECD 및 유럽 국가를 중심으로 환경국가 발전 과정을 경험적으로 분석하고, 복지국가와 환경국가의 시너지 효과 가능성을 연구를 통해 제시한 바 있다.

다리로 삼아야 한다는 주장부터(구도완, 2018: 175), 스웨덴, 네덜란드처럼 생태적 근대화를 통해 복지국가와 생태국가의 지속가능한 균형과 공존 가능성을 제시한 연구(김인춘·최정원, 2013) 등이 있다. 하지만 개발국가의 유산이 여전히 강하게 작동하는 가운데 복지국가는 제대로 정립되지 못한 우리 현실에서 생태복지국가가 어떻게 성립 가능한지는 충분히 설명해주지 못하고 있다.

이런 가운데 저성장의 장기화와 생태위기의 확대 속에서 복지와 생태의 가치를 동시에 추구하는 모델로서 생태복지국가에 대한 한상진(2018)의 제안과 개발주의적 국가기구 개편과 시민사회와 공동체의 활성화를 통한 생태복지국가 건설에 대한 홍성태(2021)의 연구는 녹색국가 논의를 우리 현실에 적용시키는 데 의미 있는 시사점을 제공해 준다. 한상진은 자본주의의 고도성장을 배경으로 한 서구 사회민주주의 국가의 복지 모델과 달리 저성장이 장기화되는 상황에서 복지와 생태를 동시에 추구하는 생태복지국가를 실현 하기 위해서는, 국가의 재분배 기능을 통한 보편적 복지 확대와 호혜적 기능으로서 사회적경제 영역의 활성화가 필요하다는 점을 강조한다.(한상진, 2018) 이러한 주장은 자본주의 성장 체제하에서 등장한 복지국가의 경험을 바탕으로 녹색국가로의 전환을 모색하는 서구 선진국가와 달리 구조적 저성장 국면에서 복지와 녹색 가치의 동시적 실현이라는 과제를 안고 있는 우리 현실에서 녹색국가의 방향을 찾아가는 데 시사점을 준다. 다만 녹색국가가 기존 환경국가와의 차별성을 강조하면서 녹색 가치를 국가 정책과 제도 전반으로 확장시킨다는 점에 비춰볼 때, 한상진이 제안한 생태복지국가에서 녹색 의제가 환경보호, 생태계 보전의 차원으로 제한해서 다뤄지는 점은 과제로 남아 있다.

한편, 홍성태의 생태복지국가 논의에서 주목할 점은 녹색국가를 실현해

갈 때 극복해야 할 핵심 과제로 심각한 국토 생태계 파괴와 자원배분을 왜곡하는 토건국가 문제를 들면서 구체적 개혁 방안까지 제시한다는 점이다.(홍성태, 2021: 59)[34] 이는 한국 사회의 구조적 맥락과 경로의존적 특성을 고려한 녹색전환 전략과 녹색국가의 실현 방안을 모색하는 데 의미가 있다. 다만 녹색국가가 녹색정부보다 더 포괄적인 의미를 담고 있는 만큼, 정부 및 공공부문은 물론 경제 및 시민사회 전반을 아우르는 녹색화 방안에 대한 논의는 과제로 남아 있다.

결국 녹색국가에 대한 국내의 선행 연구들이 있지만 담론으로서 힘을 갖고 현실에서 녹색전환을 이끌어 내려면 규범적 주장이나 추상적 제안의 수준을 넘어서야 한다. 지속가능성 위기에 대응하는 녹색전환과 국가의 역할에 대한 적극적인 검토를 통해 우리 현실의 특성을 반영한 녹색국가 이론과 실천 방안이 나올 필요가 있다. 녹색국가의 체계와 작동 방식, 이행 전략 등에 대한 구체적인 검토를 통해 개발국가와 경쟁국가, 복지국가 담론이 혼재된 현실에서 지속가능한 방향으로 차원 변화를 만들어내야 할 때다.

---

34   홍성태는 개발주의형 국가 개혁 방안으로 개발주의 부서(건교부, 산자부 등) 해체, 개발공사(한전, 농촌공사, 토공, 주공, 도공, 수공 등) 전면 통폐합, 토건업 비중 선진화(GDP대비 토건업 비중을 20%에서 선진국 기준 5%로 낮춤), 부총리급 지속가능발전부 설치 등을 제안하고 있다.(홍성태, 2021: 96~97)

제2장 왜 녹색국가인가?

—

녹색국가는 녹색전환을 책임 있게 효과적으로 실현해 내는 민주적이면서도 능력 있는 국가를 말한다. 이 장에서는 생태위기를 비롯한 지속가능성 위기의 원인과 성격 진단을 통해 녹색전환의 시대적 의미를 살펴본 다음, 기존 녹색 담론들이 녹색전환 전략으로 구체화 되지 못한 데는 국가론의 부재가 한 요인이었다는 점을 강조하면서, 녹색전환의 핵심 주체로서 국가의 의미와 전환적 역할을 살펴보고자 한다.

1절 갈수록 심각해지는 생태위기 문제

1. 생태문제의 성격과 인식의 변화 과정

생태문제는 환경오염 문제로 시작해서 생태계 파괴와 자원고갈 문제로 확장되면서 위기 의식을 불러일으켰다. 한때(그리고 일부에서는 지금도) 생태문제의 기술적 해결 가능성을 낙관하는 흐름도 있었으나, 지구라는 행성의 생물물리적 한계와 자연과 사회시스템 자체의 붕괴 우려가 커지면서 지금은 지속가능성에 대한 총체적 위기 의식이 확장, 심화되고 있다.

1) 환경오염에서 '성장의 한계'에 대한 자각으로

환경오염 문제가 부각된 초기에는 주로 오염과 직접 관련된 당사자들의 위생 및 건강과 관련한 문제로 다뤄졌다. 그러다가 1962년에 미국 해양생물학자 레이첼 카슨(Rachel Louise Carson)이 『침묵의 봄』(Silent Spring) 발간을 통해 DDT 등 화학방제로 인한 인체 상해와 환경오염의 위험성을 경고하면서 환경문제에 대한 대중의 인식이 크게 높아졌다.

1970년대 들어서, 환경문제를 성장을 위한 인간 활동의 부작용 측면에서 바라보던 것을 넘어서, 성장 자체의 한계에 대한 위기 의식으로 확장되기 시작했다. 1971년 조지스쿠-로겐(Georgescu-Roegen)은 『엔트로피 법칙과 경제 과정』(The Entropy Law and the Economic Process)을 통해 성장의 물리적, 엔트로피적 한계를 밝혔으며(Barry, 1994: 373), 1972년 로마클럽은『성장의 한계』(The Limits to Growth)라는 보고서를 통해, 시스템 역학 이론과 컴퓨터 모델링 기법을 활용하여 지구 용량에 한계가 있다는 인식을 불러일으켰다. 성장 자체가 한계가 있다는 인식은 두 차례의 석유 파동(oil shock)을 거치면서 널리 확산되었으며, 성장의 대안으로 녹색운동이 등장하는 데 결정적인 역할을 하기도 했다.

2) '지속가능발전'에 대한 기대와 우려

1980년대 후반에 들어 '성장의 한계' 담론이 담고 있는 종말론적 인식을 뒤로하고, 경제성장과 환경적 지속가능성을 동시에 실현할 수 있다는 '지속가능발전론'이 등장했다. 이 개념은 1987년 '브룬트란트 보고서'로 불리는『우리 공동의 미래』(Our Common Future)가 발간되면서 공식화된 이래, 2015년 유엔이 지속가능발전목표(SDGs; Sustainable Development Goals)를 세계적 실천 과제로 제시하기까지 오랜 기간 환경 관련 담론의 주류 자리를 차지해 왔다. 여기에는 기술 혁신으로 자원의 희소성 문제를 해결하고 시장의 혁신을 통해 생태적 비용을 내부화할 수 있다는 믿음을 제공한 '생태근대화론'의 역할도 컸다.

하지만 현실에서 생태위기는 지구적인 차원으로 계속 확장해 왔고, 그만큼 생태근대화론과 지속가능발전론에 대한 비판의 목소리도 커지게 되었다. 생태근대화론이 강조한 디커플링 효과(decoupling effect)가 현실에서 확인되지 않았고, 지속가능발전 담론으로는 자본주의의 구조 변화를 이끌어내지 못한데다 오히려 수명 연장의 도구가 되었다는 비판도 나왔

다.(Blühdorn, 2017)[1]

3) 인류세 시대, '행성적 경계'와 '탈성장'론의 등장

2000년에 들어서, 새천년(new millennium)에 대한 희망 섞인 기대와 달리 기후위기의 확대와 글로벌 금융위기의 충격, 불평등 심화와 공공 및 민간 부채 증대, 정치적 불신과 리더십의 상실 등 생태, 경제, 사회, 정치 등 전반에서 다차원적 위기가 확산되면서 사람들의 불안감은 오히려 커져갔다.

특히 인간 활동으로 인한 전례 없는 지구적 변화를 의미하는 인류세(anthropocene) 논의는 유한한 지구 행성 위에서 유한한 삶을 살아가는 인간이 무한 성장을 추구해 온 현대문명 자체에 대한 근본적인 성찰을 불러일으켰다.(Brondizio, et. al., 2016) 인구 증가와 자원 및 에너지 사용의 급증에 따른 거대한 가속화(great acceleration) 시대를 맞아 인간은 지구의 생명공동체 속에 함께 살아가기 위한 대안적 방안을 스스로 모색하고 선택해야 한다는 것이다.(캐러린 머천트, 2022)

이런 가운데 성장의 한계에 대한 인식은 행성적 경계(Planetary boundaries)의 차원으로 확장되었으며,[2] 성장 체제에 대한 근본적인 재검토와 재구상을 주장하는 탈성장론이 등장했다. 1970년대 '성장의 한계' 담론이 성장 비판의 첫 번째 물결이라면, 2000년대 들어서 등장한 '탈성장론'은

---

1   지속가능발전론에 대한 자세한 내용은 이 책 3장 2절 '성장주의 비판과 지속가능발전론'을, 생태근대화론과 디커플링 효과에 대해서는 4장 2절 '기술 혁신과 녹색전환의 과제'를 참조하기 바란다.
2   스웨덴 환경학자 요한 락스트룀(Johan Rockstrom)은 지구시스템에서 고려해야 할 아홉 가지 요소들을 행성적 경계로 제시하면서, 이것을 넘어서면 예측할 수 없는 생태적 붕괴가 초래할 것이라고 주장했다.

성장 비판의 두 번째 물결에 해당한다.[3]

4) 코로나19 팬데믹이 남긴 생태학적 교훈

2020년부터 3년 넘게 전 세계를 휩쓸면서 1천만 명이 넘는 초과 사망자를 낳은 코로나19 팬데믹은 우리에게 전혀 다른 방식으로 생태학적 교훈을 남겼다. 전염병 확산을 막기 위한 셧다운(Shut Down) 조치로 생태위기를 증폭시켜 온 거대한 가속화에 급제동이 걸리자, 오염되고 파괴되었던 하늘과 땅, 물 등 생태계가 극적으로 회복되는 조짐을 보인 사건은 우리에게 아직 기회가 남아 있다는 것을 확인시켜 주었다. 또한 국가별 봉쇄 조치로 이동이 제한되면서 글로벌 공급망에 의존해 온 현대사회의 취약성이 드러남에 따라 식량을 비롯한 생태적 자립 기반의 중요성을 일깨워 주기도 했다. 한편, 비대면 상황에서 디지털 기술을 기반으로 한 소통 방식의 확산과 재난지원금 등을 통한 기본소득에 대한 관심 증대, 위기관리자로서 국가를 비롯한 공공부문 역할의 재확인 등은 녹색전환의 측면에서도 의미 있는 시사점을 주었다. 특히 중요한 것은 코로나19 팬데믹을 경험하면서 '전환'에 대한 관심과 논의가 확대되었다는 점이다. 우리가 너무나 익숙하게 의존해 온 현대사회시스템의 취약성을 온몸으로 경험하면서, 단순한 회복이나 재건이 아니라 지금까지와는 다른 사회로의 근본적인 전환과 이행이 필요하다는 인식이 다양한 형태로 제기되고 확산되어 나갔다.

하지만 전염병이 세계적으로 확산하는 팬데믹(pandemic) 상황에서 일상적 유행인 엔데믹(endemic) 단계로 접어들자 '포스트 코로나'(Post Corona),

---

3   탈성장과 행성적 경계에 대한 자세한 내용은 이 책 3장 2절 '탈성장과 녹색전환' 부분을 참조하기 바란다.

'뉴 노멀'(New Normal) 등 전환사회에 논의 분위기는 서서히 잦아들기 시작했다. 코로나 상황에서 무차별적 죽음에 대한 충격이 시간이 지날수록 무뎌졌듯이, 현대사회의 정상성에 내재된 위기 문제에도 다시 빠르게 둔감해지고 있는 것이다. 또한 코로나19 팬데믹의 비상 상황에서 봉쇄 조치, 이동 제한 및 감시, 강제적 방역과 백신 처방 등 긴급조치가 이루어지면서 권위주의 국가가 정당성을 확보할 기회가 커졌다는 점도 주목해야 한다.(Frankel, 2021: 5) 코로나 팬데믹을 통해 우리는 향후 기후 붕괴로 인한 재난 상황이 발생했을 때 개인의 자유와 인권, 민주주의가 어떻게 다뤄질 수 있는지를 간접적으로 경험할 수 있었다. 위기 상황이 권위주의 체제의 먹잇감이 되지 않도록 하려면 위기의 본질을 직시하고 충격을 최소화하기 위한 사전예방적 노력이 중요하다. 녹색전환을 위한 성찰적이고 민주적인 녹색국가가 필요한 이유다.

2. 사회적 신진대사 분석으로 본 생태위기 특성

1) 생태위기에 대한 문명론적 진단

지금 인류는 경제와 사회, 정치, 생태계 등 다양한 차원의 문제가 복잡하게 얽힌 채 지속 불가능성이 확대되는 '복합위기' 시대에 살고 있다. 저성장의 구조화와 고용 불안, 부채 증가 등의 '경제 위기', 공동체적 관계의 해체와 불평등 확대, 갈등 심화에 따른 '사회 위기', 극단주의와 포퓰리즘의 등장, 국가 간 갈등과 분쟁 속에 정치적 불신과 리더십의 상실로 인한 '정치 위기', 그리고 기후위기, 생물다양성 상실, 지구적 생태순환 시스템의 붕괴에 따른 '생태위기' 등이 그것이다.

필자는 이 중에서도 생태위기가 가장 본질적인 문제라고 생각한다. 경제,

사회, 정치적 위기가 생태위기를 촉발하기도 하지만, 생태위기는 경제, 사회, 정치 등 다른 영역의 지속가능성 기반 자체를 송두리째 위협하는 문제이기 때문이다. 생태위기 문제를 중심에 놓고 경제, 사회, 정치 등 다른 영역의 위기 문제들을 다뤄 나갈 필요가 있다. 생태위기의 본질에 대한 접근은 복합위기라는 말처럼 다양한 위기 요인들이 서로 복잡하게 얽혀 있는 문제를 풀어가는 실마리를 제공해 줄 수 있다. 이런 생태위기의 특성을 이해하는 데 있어 '사회적 신진대사'(social metabolism)[4] 분석이 유용하다. 사회적 신진대사 분석은 사회-경제 체계와 자연 생태계의 역동적인 관계와 상호작용의 변화를 드러내 줌으로써 생태위기의 구조적 특성에 대한 통찰을 주기 때문이다.(Görg, et al, 2020: 44)

인류 문명의 발달 과정을 살펴보면, 수렵채집 사회에서 농경사회를 거쳐 산업사회로 전환하는 과정에서 사회적 신진대사 체계에 엄청난 변화가 있었으며, 이로 인해 생태위기와 지속가능성 문제가 나타났다.

구체적으로 살펴보면, 약 1만 2천 년 전 신석기 혁명을 통해 수렵채집 사회에서 농경목축 사회로 바뀌면서 자연생태계는 농업생태계로 대체되고, 동식물 종에 변화가 나타났으며, 인구 정착과 밀도 증가, 1인당 물질과 에너지 소비량 증가 등으로 인간 사회와 자연 생태계의 관계에도 큰 변화가 생겼다.(Haberl, et. al., 2011: 3~6) 특히 농업의 생산성 증대를 위해 생태적 제약을 극복하는 과정에서 국지적이지만 환경 훼손이 일어났고, 화석연료가 농업 생산에 본격적으로 사용되면서부터는 환경적 리스크도 급속히 커졌다. 이

---

4   사회적 신진대사는 로트카(Lotka, 1922, 1956)가 제안하고 조지스쿠-로겐(Georgescu-Roegen, 1971)이 채택한 용어로, 사회-경제 시스템의 재생산과 유지를 위한 물질과 에너지의 지속적인 처리량을 의미한다.(Mayer and Haas, 2016: 351)

때문에 농경사회에서 화석연료 사용을 인류세의 시작으로 보기도 한다.

농경사회에서 산업사회로 전환은 더 광범위하고 급속한 사회적 신진대사 체계의 변화를 동반했다. 산업사회로 바뀌면서 1차 에너지 공급은 농경사회 때보다 3~5배 증가했는데, 화석 에너지가 대부분을 차지했다. 또한 인구의 급증과 함께 자원 사용량과 폐기물 배출량도 빠른 속도로 늘어났다.

⟨표 3⟩ 수렵-채집, 농경, 산업사회의 물질대사 현황

구분	수렵-채집 사회	농경사회	산업사회	단위
1인당 에너지 총 사용량	10~20	40~70	150~400	GJ/cap/yr
1인당 물질 사용량	0.5~1	3~6	15~25	t/cap/yr
인구밀도	0.025~0.115	⟨40	⟨400	cap/km²
농업인구	-	⟩80	⟨10	%
단위 면적당 에너지 총 사용량	⟨0.01	⟨30	⟨600	GJ/ha/yr
단위 면적당 물질 사용량	⟨0.001	⟨2	⟨50	t/ha/yr
바이오매스(에너지 사용량 비중)	⟩99	⟩95	10~30	%

출처: 헬무트 하벨 등이 쓴 논문(Haberl, et. al., 2011) 4쪽

산업사회에 들어서 사회적 신진대사 체계가 급속히 바뀌면서, 생태계 파괴와 기후위기가 심각한 양상으로 나타났다. 하지만 세계 인구의 약 절반은 여전히 농경사회에 살면서 산업사회로의 진입을 열망하고 있어서, 현재 상태로는 생태위기가 더 확대, 심화될 전망이다. 한때는 산업화를 통해 경제성장과 함께 기술 혁신 및 생태효율성이 향상되면 탈-물질화를 통해 사회적 신진대사 체계가 개선될 것이라고 기대도 하였으나,[5] 지금은 설득력을 잃어

5 초기 단계에는 소득재분배가 불균등하지만 경제성장이 계속되면 균등해질 것이라는 쿠즈네츠(Kuznets) 가설을 받아들여, 산업사회 성장 초기 단계에는 환경오염이 심하지

버렸다.

지금은 전 지구적 생물 대멸종의 위기에 직면하여 1단계 신석기혁명, 2단계 산업혁명에 이은 제3의 거대한 전환(great transformation)이 시급히 요구되는 상황이다.(Haberl, et. al., 2011: 11)[6] 이 과제를 수행하기 위해서는 현대 산업사회에 대한 문명론적 비판에 더해서 당면한 생태위기의 특성에 대한 심층적인 진단이 있어야 한다.

2) 시스템 붕괴와 위기의 가속화

오늘날 생태위기는 자연자원과 에너지 고갈, 생태학적 수용 능력 한계 등 전통적인 생태적 문제에 봉착하기 이전에, 기후 시스템과 생태계 균형 및 순환 고리와 같은 시스템 자체의 붕괴를 통해 나타날 가능성이 높다. 지금의 생태위기는 높은 불확실성과 통제 불가능성을 바탕으로 점점 가속화되는 특성을 보여준다. 예컨대, 기후위기 문제 경우 지구 평균기온의 가파른 상승 자체도 문제이지만,[7] 더 심각한 것은 기후 시스템의 붕괴에 따른 기상 변동과 생태계와 물질순환 시스템, 식량 시스템 자체가 흔들리고 붕괴되는

만 1인당 소득이 증가하고 환경에 대한 관심이 높아지면 환경친화적 기술 개발과 함께 환경 파괴도 줄어들 것이라는 환경경제학자들의 주장을 담은 '환경적 쿠즈네츠 곡선' (Environmental Kuznets Curves)이 대표적이다.

6   이러한 시대 진단과 관련해 토마스 베리 신부(Thomas Berry, 1914~2009)는 기후위기와 대량 멸종 현상이 나타나는 인간 중심적 문명의 '신생대'를 뒤로하고 지금은 새로운 지질학적 시대인 지구 중심적인 문명의 '생태대'(Ecozoic)로 진입할 것을 강조한 바 있다. 한편, 엔리케 두셀은 지금 시대가 유럽 근대성의 끝자락에 해당하는 '탈근대' (postmoderno)가 아니라 전체적인 탈성장을 통해 전혀 다른 문명을 지향한다는 의미에서 '통근대'(transmoderno)라는 개념을 제시하기도한다.(엔리케 두셀, 2021: 139)

7   이와 관련해 담론의 명칭도 지구 온난화(global warming)에서 지구 가열화(global heating), 지구 비등화(global boiling)로 계속 바뀌어 왔다.

것이다.

생태 문제에 대한 위기 담론은 인류세와 대가속화 논의를 통해 확장되어
왔다. 인류세는 인간 활동이 지구 생태계에 미치는 영향과 변동성이 지구의
현재 지질학적 차원(홀로세)에까지 변화를 일으켰다는 점에 주목해서 등장
한 개념이다. 이러한 인류세의 등장과 전개 과정을 시기별로 구분하기도 하
는데, 특히 지금은 생태위기와 관련해서 사회경제 시스템과 지구의 생물물
리학적 시스템에 급속한 변화가 일어나는 '대가속화'(Great Acceleration)[8] 시
기라는 점에 주목해야 한다.

〈표 4〉 인류세의 시기 구분[9]

구분	기간	특성
1단계 신석기 혁명	· 약 12,000년 전 시작 · 수천 년의 기간에 걸쳐 진행	· 수렵 및 채집에서 농경 생활로 전환 · 태양에너지의 능동적 활용(토지 개간, 식량 작물 재배 등) · 인구 증가
2단계 산업혁명	· 18세기 후반 · 수백 년의 기간에 걸쳐 진행	· 화석연료를 사용한 기계적 동력 활용 · 도시와 운송시스템 발전
3단계 대가속화 시기	· 2차 대전 이후 · 수십 년의 기간 동안 진행	· 석탄에서 석유로 전환 · 자원 및 에너지 이용의 급속한 증가

출처: 피셔-코왈스키 등이 쓴 논문(Fischer-Kowalski, et. al., 2014) 9쪽 내용을 참조해 재구성함

---

8 이 용어는 인간과 환경 관계의 역사에 관한 2005년 달렘 회의(Dahlem Conference) 실
   무그룹에서 폴라니의 대전환(Great Transformation) 문구를 참고해 처음 사용한 것으
   로, 저널 논문에서는 2007년에 처음 사용된 이후 다양한 매체들을 통해 재인용되고 있
   다고 알려져 있다.(Steffen et al., 2007)
9 인류세의 시작을 화석연료 사용이 본격화 된 18세기 후반 산업혁명기부터로 봐야 한다
   는 주장과 1945년 7월 16일 뉴멕시코 사막에서 최초의 원자폭탄이 터진 날로 잡아야 한
   다는 주장도 있다.

2차대전 이후 대가속화가 절정에 이른 성장의 시대를 '아우소세'
(Auxocene)[10]로 부르기도 한다. 이러한 대가속화 시기를 더 세분화해서 살
펴보면, 2차 대전 이후 자본주의 선진국가들을 중심으로 본격적인 산업화
를 통해 1차 가속화가 일어났다면, 1970년대 들어 세계경제가 침체기를 맞
으며 가속화도 안정화 국면을 맞았다. 그러다가 2000년대 이후 신흥 경제
국들의 고속성장이 시작되자 2차 가속화가 새로운 양상으로 등장했다.

〈표 5〉 대가속화 시기 구분

구분	시기	내용
1차 가속화	1945년 이후	포드주의를 기반으로 한 서유럽과 북미 자본주의 발전 과정에서 자원 사용이 가속화
안정화	1970년 이후	두 차례의 오일쇼크와 환경 정책이 강화로 글로벌 자원 사용 다소 안정화
2차 가속화	2000년대 이후	중국 등 신흥경제국들의 글로벌 자원 사용 가속화

출처: 크리스토프 괴르그 등이 쓴 논문(Görg, et al, 2020)의 46~47쪽 내용을 참조해 재구성함

연구자들은 대가속화라는 총체적 현상 이면에 존재하는 특성과 차이를
구체적으로 검토하기 위해 2004년에 처음 대가속화 그래프를 발표할 때 참
고했던 2000년까지의 자료를 2010년까지로 업데이트하고, 국가도 선진국
과 신흥경제국 등으로 세분해서 살펴보았다. 그 결과 초기에는 선진국들
이 대가속화를 이끌었다면, 이후에는 중국[11]을 비롯한 신흥경제국들의 산
업화와 도시화가 대가속화의 주요 요인으로 작용하고 있음을 확인하였

---

10   'Auxo'는 도움이나 지원의 의미를 가진 라틴어 'auxilium'에서 비롯된 것으로,
     Auxocene는 환경 변화와 지구의 미래에 대한 논의를 촉진하고자 만들어진 신조어다.
11   중국은 2000년 이후 20세기 동안 전 세계 자원 총 추출량의 3분의 1을 사용한 것으로
     나타났다.

〈그림 1〉 세계 자원 사용 및 탄소 배출 추이

출처: 크리스토프 괴르그 등이 쓴 논문(Görg, et al, 2020)의 47쪽 그림

다.(Steffen, et. al., 2015; Schandl, et. al., 2017) 이처럼 가속화의 원인을 구체적으로 진단하는 것은 전환 전략을 구상함에 있어서 매우 중요한데, 예를 들어 자원과 에너지의 공간 집약적 사용을 구조화하는 도시화의 급속한 진행이 2차 가속화의 주요 원인이라는 점에서, 우리나라 경우 급속한 도시화로 인한 심각한 수도권의 비대화와 공간적 불균형 문제가 녹색전환에 있어 중요한 과제임을 시사해 준다.[12]

3) 위기의 불평등 구조와 생태 부채 문제

생태위기 문제를 해결하기 위해서는 '전 지구적 위기', '인류 공동의 위기' 같은 담론으로는 한계가 있다. 생태위기에 내재된 구조적 불평등이 문제 해결을 위한 공동 협력의 길목을 가로막고 있기 때문이다. 녹색전환을 위해서

---

12 이와 관련된 구체적인 내용은 이 책 5장 4절을 참고하기 바란다.

는 생태위기의 원인과 결과 모두에서 나타나는 불평등 문제를 찾아내고 선제적으로 해결하는 노력이 중요하다.

생태위기가 궁극적으로 인류와 지구생명공동체의 공멸을 불러올 것이라는 우려가 높은데, 실상 현실에서 위기의 발생과 진행 과정은 매우 불평등하다. 기후위기를 비롯한 생태적 재난과 붕괴는 동시에 동일한 수준으로 일어나지 않는다. 특히 북반구 선진국들의 자원 추출과 오염물질 배출 및 처리의 대상이 되어 온 가난한 남반구 국가들은 생태적 자립 기반과 완충 능력은 물론, 재난성 질병 등에 대한 대응력이 상대적으로 부족한 데다, 경제구조 또한 기후위기에 민감한 농업 등 1차 산업 비중이 커서 생태적 재난에 더 취약하다.

생태위기를 전면화한 대가속화 현상은 공간적으로나 시간적으로 동질적이지 않고, 서로 다른 경로와 형태로 전개되어 왔다.(Görg, et al, 2020: 42) 지난 300여 년의 변화 추이를 보면, 인구는 개도국의 증가율이 더 높았던 반면, 경제 분야는 중심 산업국가 증가율이 훨씬 더 높았다. 그 결과 2000년을 기준으로 중심 산업국가는 지구 표면의 24%(남극대륙 제외)에 세계 인구의 14%가 거주하면서 지구 전체 GDP의 53%를 생산하는 반면, 개도국은 지구 표면의 59%에 세계 인구의 79%가 거주하면서 지구 전체 GDP의 41%를 생산하고 있다. 1인당 GDP는 중심 산업국이 개도국보다 7배 많고, 1인당 자원 사용량과 에너지 사용량은 5배가량 더 높은 반면, 지구 영토에 대한 토지 사용 강도[13]는 개도국이 중심산업국보다 3배 더 높다.(Haberl, et. al, 2006: 5)

---

13   순 1차 생산물에 대한 인간의 전유(專有) 비율(HANPP, Human Appropriation of Net Primary Production)을 의미한다.

구분	세계 평균	중심산업국	개도국
인구 증가	9.8배	7.6배	10.4배
GDP 증가	91배	181배	57배
1인당 GDP 증가	9.3배	24.4배	5.5배

출처: 헬무트 하벨 등이 쓴 논문(Haberl, et. al., 2006)을 참고해서 재작성함

 사회적 신진대사 측면에서 이러한 국가 간 불평등성을 분명하게 드러내고자 '생태 부채'(ecological debt) 또는 '환경 부채'(environmental debt)라는 개념이 등장했다. 생태 부채는 북쪽의 부유한 국가들이 남쪽 가난한 국가들의 생태계와 노동력을 착취하는 메커니즘을 드러내주는 개념으로, 북쪽이 남쪽의 천연자원과 생태적 흡수원을 장기간 착취하는 것을 남쪽에 대한 생태 부채로 간주하는 것이다.(Mayer and Haas, 2016: 352) 국제교역을 통해 수출하는 것보다 더 많은 자원을 수입하는 국가는 교역 대상 국가에게 생태 부채를 떠넘기면서 자국 내 환경에 대한 압력을 줄이게 된다. 선진국가들의 환경 개선과 탈물질화라는 성과의 이면에는 기술 혁신 등을 통한 생태효율성 향상 못지않게, 천연자원과 자원 집약적 제품의 수입으로 생태적 부담을 외부화하는 과정이 자리하고 있다는 것이다.(Görg, et al, 2020: 47)

 물론 생태 부채는 부유한 선진국가들의 일방적인 수탈과 외부화로만 발생하지는 않는다. 가난한 남쪽 국가들이 자국의 천연자원을 적극적으로 추출해서 개발하고 수출하는 것을 성장전략으로 채택함으로써 발생하기도 한다. 자원집약적 생산양식에 의존해 온 라틴아메리카 국가들을 중심으로 등장한 채굴국가(extractive state) 모델이 대표적이다.(Görg, et. al., 2017)[14] 또

---

14 천연자원 개발과 수출을 통해 빈곤과 불평등을 해결하고자 한 채굴국가 모델에 대해서는 1990년대 말부터 2000년대에 들어서 베네수엘라, 볼리비아, 에콰도르 등에서 원

한 생태 부채 문제는 도시와 농촌 관계처럼 한 국가 내에서 지역 간에 발생하기도 하고, 현세대와 미래세대 간에도 발생한다.

물론 각 국가와 지역별로 기후 상태와 지리적 조건, 자원 보유량, 인구 밀도와 거주 패턴, 경제 및 사회 구조와 자원 이용 방식 등이 서로 다른 만큼, 생태 부채는 항상 발생할 수 있다. 문제는 이러한 부채 관계가 제대로 드러나지 않고, 채권자들의 권리가 제대로 보장되지 않은 채 불균형 상태를 구조화시킨다는 점이다. 결국 생태 부채 문제의 개선을 통해 불균형을 바로잡는 노력은 녹색전환이라는 공동의 과제를 해결하기 위해 국가와 지역들이 서로 협력하기 위한 중요한 전제 조건이라 할 수 있다.

2절 녹색전환의 시대적 의미와 방향 찾기

1. 기후위기 특성과 전환의 필요성

생태위기를 대표하는 기후위기 문제는 경고의 수준을 넘어 피할 수 없는 현실의 문제가 되었다. 기후위기는 연쇄반응과 가속화로 임계점을 향한 속도를 높이고 있다.[15] 이러다 보니 우리가 할 수 있는 일은 기후위기가 파국

주민 반대 투쟁과 좌파 정권의 집권에 힘입어 내부적으로 성찰이 일어났으며, 이 과정에서 에콰도르는 헌법에 자연의 권리를 명시하기도 했다. 하지만 국제 시장에서 원자재 가격이 하락하고 우파 정권의 집권으로 정치적 불안정이 지속되면서 인간과 자연의 조화로운 관계를 모색하려던 시도들도 표류하고 있다.

15   온실가스의 대기 중 잔존 시간이 긴 데다(이산화탄소 300년, 메탄 12년), 온도 상승으로 극지방 동토(凍土)에서 메탄이 대량 방출되고, 해양과 육상생태계 파괴로 탄소 흡수 능

으로 치닫는 속도를 늦추면서 불가피하게 겪게 될 재난의 충격과 피해의 정도를 최대한 줄여 보는 것이라는 주장이 설득력을 얻고 있다.

그런데 이런 일을 해내는 것도 결코 만만치 않다. 어떤 대가를 치르더라도 성장을 최우선으로 삼아 온 지난 과정이 기후위기 문제 발생과 밀접한데, 현실은 여전히 기후위기에 따른 재난적 상황에 대한 두려움보다 성장 없는 미래에 대한 두려움이 더 크게 영향력을 발휘한다. 기후위기 문제를 다룰 때도 효과성보다 효율성 논리를 앞세워 가급적 부담이 적고 비용이 적게 드는 값싼 해결책을 습관적으로 찾는다. 비용과 부담의 외부화와 책임 떠넘기기, 기득권 고수, 위기를 새로운 시장으로 포착하려는 시도, 여기에 편승한 포퓰리즘 정치 등이 기후위기 해결을 위한 급한 발걸음을 더디게 만들고 있다. 상황이 이러니 현세대의 위기에 대한 인식과 태도의 어리석음을 질타하는 목소리가 충분히 나올 법하다.

> 우리는 인류 문명 자체가 위험에 처해 있다는 사실을 거의 반세기 동안 알았음에도 불구하고 생태계 붕괴를 저지하는 데 진전이 없었다. 아무런 진전도 없었다. 놀라운 역설이다. 미래 세대가 우리를 돌아본다면, 우리가 무슨 일이 일어나는지 정확하고 고통스러울 만큼 자세하게 알고 있으면서도 이 문제를 해결하지 못했다는 데 놀라워할 것이다.(제이슨 히켈, 2021: 44)

기후위기의 심각성을 직감한 사람들은 '비상 행동'을 촉구하고 있는데, 사회 전반적인 분위기는 여전히 너무 한가롭다. 하지만 기후위기로 인해 과거와 매우 다른 현재를 맞이하고 있듯이, 다가올 미래의 모습 또한 지금까지

───

력은 급속히 떨어지고, 기후변화로 거대 산불이 지속적으로 발생하고 있기 때문이다.

와는 완전히 다를 것이다. 기후위기를 계기로 개인-사회-문명 전반의 대전환의 길을 찾아야 한다. 기후위기는 문제 자체의 '심각성'과 사회-생태 시스템의 '취약성'이 복합적으로 작용해서 나타난 것이다. 위기의 진행 속도와 규모를 생각한다면 기존 방식에서 과감히 벗어난 획기적인 전환이 필요하다. 전환적 관점이 결여된 실천은 그린 워싱(green washing)에 이용당할 뿐만 아니라, 양심의 가책을 덜면서 현실의 위기를 은폐한다는 비판에도 귀를 기울일 필요가 있다.

> 지구 온난화에 대처하기 위해 당신은 무엇을 하고 있는가? 비닐봉지를 줄이려고 에코백을 샀는가? 페트병에 담긴 음료를 구입하지 않기 위해 텀블러를 들고 다닐까? 하이브리드 자동차를 구입했을까? 단언한다. 당신의 그런 선의만으로는 무의미할 뿐이다. 오히려 유해하기까지 하다.(사이토 고헤이, 2021: 5)

오늘날 기후위기는 객관적 검증을 핵심으로 하는 세계의 과학자들이 나서서 기후 비상사태를 선언하고 당장 행동할 것을 촉구할 만큼 심각하다. 지금의 시스템이 붕괴되기 전에 새로운 상태로 전환을 해야 하는 상황이다. 문제는 전환을 위해 우리가 참고할 만한 기존의 경험과 지식, 모델이 매우 부족하고, 전환의 방향과 방식 등에 대한 합의와 전망도 여전히 불확실하다는 점이다. 기후위기 자체의 불확실성이 큰데다 정확한 진단과 예측으로 전환의 우선순위에 대해 합의를 이루기도 쉽지 않다. 지구적 차원의 거대하고 복잡한 기후위기 문제 앞에서 개인의 생활 실천은 쉽게 무기력감에 빠지기도 한다. 이런 상황에서 전환의 방향과 비용 추정에 대해 의견들도 잘 모아지지 않는다.(Kates, et al., 2012: 7158~7159)

지금 세대는 이런 복잡한 상황에서 기존의 관행을 과감히 포기하고 책임 있는 결단을 내려야 하는 과제를 부여받았다. 기후위기 해결을 위한 '2050 탄소중립'(net-zero) 목표[16]는 인류 역사상 가장 도전적인 과제다. 게다가 우물쭈물할 여지가 우리에겐 별로 없다. 자연자원의 물리적 한계, 생태적 수용능력의 한계, 인간의 인지능력과 문제 해결 능력 한계 못지않게 시간적 자원의 한계를 염두에 두어야 한다. 지금 인류는 기후위기로 인한 임계점이 오기 전에 전환의 임계점을 앞당겨 내는 중요한 과제에 직면해 있다.

2. 전환을 위한 전환적 접근

1) 전환의 의미 읽기

최근 들어서 '전환'(transformation)이라는 말이 널리 사용되고 있는 만큼,[17] 이 말의 본질적인 의미를 잘 살펴봐야 한다. 전환은 점진적 적응(incremental adaptation)과 개혁적 변화(reformal change)와 비교해 보면 그 의미가 분명히 드러난다.(Brand, et. al., 2020; Few, et al., 2017)

---

16 2015년 파리에서 개최된 기후변화에 관한 정부간 협의체(IPCC)에서는 2050년까지 탄소중립을 달성하기 위해 산업혁명 이전 대비 대기온도 상승한도를 2.0℃ 이내로 제한하기로 참가국 모두의 동의로 합의했고, 2018년 인천에서 개최된 기후변화에 관한 국제패널 총회에서는 지구온난화 1.5℃ 특별보고서를 승인했다. 여기서 IPCC는 2100년까지 지구 평균온도 상승폭을 1.5℃ 이내로 제한하기 위해서는 전 지구적으로 이산화탄소 배출량을 2030년까지 2010년 대비 최소 45% 이상 감축하여야 하고, 2050년경에는 탄소중립을 달성하여야 한다는 경로를 제시하였다.
17 문재인정부에서 '디지털 전환', '녹색전환'이 국가 최우선 과제로 제시되었듯이, '전환'은 이제 학계와 민간 영역은 물론 공공영역까지 폭넓게 사용되고 있다.

<표 7> 적응과 개혁, 전환 개념의 특성 비교

구분	목표	수단
점진적 적응	기존 방식 효율화와 성능 개선	기술적, 도구적 혁신
개혁적 변화	의사결정 맥락과 작동 방식 변화	규범과 규칙, 제도 개정
전환	가치와 우선순위, 관계 및 시스템 자체의 변화	재조직화, 방향 전환, 사전예방적 조치

전환이라는 말은 기존의 관행적 인식과 접근 방식의 한계를 분명히 인식하고 근본적이고 전면적인 변화를 추구하는 의미로 사용된다. 전환론자들은 가치와 구조, 시스템의 심층적인 변화(Bennett, et al., 2019: 2), 의사결정과 경로 선택의 우선순위에 대한 근본적인 변화(Görg, et. al., 2017: 3), 비가역적인 변화(Brown, et. al., 2013) 등 전환의 래디컬(radical)[18]한 측면을 공통적으로 강조한다.

필자는 전환이란 말의 의미를 '우선순위 변화', '무게중심의 이동', '자원과 권력, 정보 흐름의 방향 틀기', '형태와 체질의 변화'[19] 등을 통한 '새로운 차원 열기'로 이해하고자 한다. 기후위기에 관한 정부간 협의체(IPCC) 특별 보고서에서도 전환을 "가치 체계, 규제, 입법 또는 관료 체제, 금융 기관, 기술 또는 생물학적 체계를 포함한 시스템의 근본적인 속성을 변화시키는 것"으로 정의하고 있다.

2) 전환의 차원과 접근 방식

전환은 총체적 변화를 목표로 하는 만큼 전환 과정에서의 충격과 불확

---

18   래디컬(radical)에는 말 그대로 '근본'과 '급진'의 의미가 함께 담겨있다.

19   전환(transformation)을 알에서 애벌레, 유충, 나비로 형태 자체를 탈바꿈하는 환골탈태(換骨奪胎) 수준으로 이해하기도 한다. (Linnér and Wibeck, 2019: 25)

실성에 대한 불안감이 존재하고, 전환의 방향과 방법을 둘러싼 입장 차이로 갈등이 일어날 가능성도 크다. 문제는 이러한 갈등이 전환에 필요한 에너지를 소진시키고, 이런 상태가 지속되면 지지자들까지 지쳐서 돌아설 수 있다는 점이다. 그만큼 전환 과정을 둘러싼 복잡하고 역동적이며 정치적인 특성을 잘 이해하고 불확성과 리스크를 줄이면서 전환의 목표를 향해 나아가야 한다.(Patterson, et al., 2016; Görg, et. al., 2017: 5; Bennett, et al., 2019; Pickering, et al., 2022)

전환을 위해서는 접근 방식도 전환적이어야 한다. 전환의 과제 자체가 매우 복합적인 만큼 전환을 위한 접근도 종합적이어서, 공간적으로는 미시적 단위부터 거시적 단위까지, 시간적으로는 단기적 차원부터 중장기적 차원까지, 영역별로는 개인과 사회를 아우를 수밖에 없다. 질병에 대한 처방에 비유하자면 협진(協診)과 협업(協業)을 통한 종합 진단과 맞춤형 처방을 통해 총체적 전환의 길을 열어가는 것이다.

전환적 접근에 있어 초월심리학과 통합심리학의 길을 개척한 켄 윌버(Ken Wilber)의 객관과 주관, 개체와 집단 매트릭스는 전환의 차원을 구조화해서 우리에게 통찰력을 제공해 준다. 론즈데일(Kate Lonsdale) 등은 켄 윌버가 제안한 개체의 '주관'과 '객관'의 영역을 각각 '개인적 전환'과 '관계의 전환' 차원으로 구분하고, 집단의 '주관'과 '객관'의 영역을 '사고와 행동 패턴의 전환'과 '구조 및 시스템 전환'으로 구분하였다.(Lonsdale, et. al., 2015) 필자는 이들의 논의를 이어받아 개인적 전환과 사고 및 행동 패턴 전환을 '심리-문화적 차원'으로, 관계의 전환과 구조 및 시스템 전환을 '사회-구조적 차원'으로 재분류해 보았다.

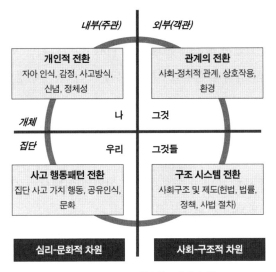

〈그림 2〉 켄 윌버의 매트릭스를 활용한 전환의 차원

출처: 론즈데일 등이 정리한 글(Lonsdale, et. al., 2015)의 14쪽을 참고해 재작성함

먼저, '심리-문화적 차원'에서 전환의 과제와 의미를 기후위기 문제를 통해 살펴보자. 기후위기 해결을 위해서는 기존에 형성된 확고한 신념과 가치관으로 인한 인식론적 제약에서 벗어나야 한다. 하지만 기후위기의 원인을 제공한 개발 및 성장주의 시대를 지탱해 온 가치 및 문화가 확고한 신념으로 자리 잡은 상태에서는 전환을 위한 새로운 가치 수용과 우선순위 변화가 쉽지 않다. 기후위기의 파국적 메시지가 연일 쏟아져 나와도 기존의 선입견이나 편견의 벽을 넘지 못한 채 쉽게 선택적으로 소비되어 버릴 가능성이 크다. 정보 부족과 지식의 제약, 문제 해결을 위한 자원의 부족 등의 한계 요인들도 인식론적 제약에 한몫을 한다. 이런 상황에서 사람들의 두려움과 불안감이 커질수록 기존의 가치와 신념 체계의 영향력 또한 더 커지게 된다. 대안적이고 해방적인 출구가 보이지 않는 상황에서 위기에 대한 공포감을 자극하는 것은 오히려 전환에 대한 인식과 대응 능력을 위축시킬 가능

성이 크다.

위기 상황 또는 위험 정보에 반복적으로 노출되면 오히려 거기에 둔감하게 되는 것이 인류가 생존해 온 진화의 비결이다. 그러다 보니 심리-문화적 전환은 기존의 가치와 관행을 일거에 뒤흔드는 충격적 경험을 할 때 잠시 나타나기도 한다. 우리의 경험으로 보자면 '한국전쟁', 'IMF 경제위기', '후쿠시마 원전 폭발', '세월호 참사', '코로나19 팬데믹' 등이 사람들의 인식 체계에 충격을 준 사건들인데, 문제는 이것이 준 충격의 영향이 지속되지 않는다는 점이다. 사회 전반의 전환으로 이어지기 위해서는 심리-문화적 차원과 사회-구조적 차원의 전환이 함께 일어나야 한다.

'사회-구조적 차원'의 전환을 위해서는 현실의 조건을 잘 살펴볼 필요가 있다. 사회를 구성하는 제도와 시스템이 구조적으로 촘촘히 짜여 있을수록 안정성과 지속성이 높아 웬만한 충격 정도는 쉽게 흡수해 버린다. 기후위기의 심각성에 대한 경고가 계속 이어지고 있지만 현실에서 전환의 움직임이 너무나 더딘 이유는 '대가속화'를 통해 인류세 시대를 눈앞의 현실로 만들어 버린 산업사회 성장 시스템의 사회-구조적 차원이 지금도 강한 영향력을 발휘하기 때문이다. 기후위기 시대에도 표준화된 관행과 법칙, 정치구조 및 선거제도, 사유재산권 등 핵심 영역은 별 변화가 없고, 기존 체제에서 기득권을 유지하려는 집단이 자원과 권력을 차지한 채 영향력을 행사하고 있다. 이런 가운데 불평등과 양극화 확대는 상호 신뢰를 기반으로 한 공동의 해결 노력을 가로막고 있다. 국제적으로도 자국 이익 중심주의 논리는 점점 더 강해져서 녹색전환을 위한 글로벌 차원의 협력을 어렵게 한다. 지속가능성 위기를 해결하기 위해서는 전환을 위한 전환적 접근이 더욱 절실한 상황이다.

3. 녹색전환의 의미와 원칙

1) 녹색전환이란?

'전환'이란 말은 어느새 유행어가 되었다. 자칫 이 말이 관성적으로 쓰이면서 실질적인 전환을 오히려 방해하진 않을까 우려가 될 정도다. 그동안 녹색 진영에서도 전환마을, 에너지 전환, 정의로운 전환, 문명전환 등 다양한 차원에서 전환을 강조해 왔는데, 아직 사회 구조와 시스템 차원의 변화를 만들어내지는 못했다. 또한 녹색전환에 대한 그동안의 논의에서 지속가능성의 핵심 과제인 농업과 인구 문제가 제대로 다뤄지지 못했고, AI 등 신기술 발전의 전환적 의미도 제대로 검토되지 못해 왔다.[20]

이런 한계에도 불구하고 녹색전환은 이 시대의 최고 과제임이 분명하다. 녹색전환은 인간-사회-자연과의 관계에 대한 총체적 진단을 통해 '생태적 상한선'과 '사회적 최저선'[21] 사이에서 대안의 영역을 확장해 감으로써 생태적 지속가능성과 함께 인간의 자유와 좋은 삶을 실현하는 것이다.

오늘날 기후 문제를 비롯한 생태위기는 자연자원 이용과 생태적 수용능력 등 자연 생태계의 생물물리적 위기만이 아니라 사회와 자연 생태계의 관계의 위기이고, 지속 불가능성을 확대시키는 현대사회시스템의 구조적 위기의 문제다. 따라서 녹색전환은 사람들의 삶의 태도와 생활양식, 가치와 규범, 문화, 권력구조 및 관계 등을 포함한 '사회-생태적 전환'과 사회의 물

---

20 최근 들어서 국내에서 녹색전환연구소가 중심이 되어 기후문제와 인공지능 등 신기술의 관계를 심도있게 다루고 있어 다행스럽고 반갑다.

21 지구적 경계의 '한계'와 사회적 경계의 '기초'(Leach, et al., 2012) 또는 '생태적 천장'(ecological ceiling)과 '사회적 바닥'(social foor)(Khan, et al., 2023)으로 불리기도 한다.

질과 에너지 사용과 관련된 생물물리학적 차원의 '사회적 신진대사의 전환'을 함께 다루는 것이다. 다시 말해 녹색전환은 '사회시스템'의 전환을 통해 '사회와 자연 생태계와의 관계'를 전환시킴으로써 '자연 생태계의 지속가능성'을 이뤄내는 것으로, 물질과 정신, 제도 전반의 체질 변화를 통해 성장 중독, 탄소 중독 등 각종 '중독'에서 벗어나도록 하는 것이다. 따라서 녹색전환은 개개인의 가치와 선호도를 바꾸고, 생활양식과 행동양식을 변화시키고, 정책과 국가 활동 목표의 우선순위를 바꿔내는 데까지 나아가야 한다.[22]

물론 돌이킬 수 없는 비가역적 파괴의 임계 상황을 앞둔 시간적 제약 속에서 개인-사회-국가-지구의 차원에서 정치-경제-사회-생태계 전반의 총체적인 전환을 이뤄내는 것은 결코 간단치 않다. 녹색전환은 시한을 정해 놓고 목표를 달성해야 하는 인류 역사상 가장 거대한 도전이 될 것이라는 말이 나올 정도다.(Schmidz, 2015: 170~184)[23] 그런 만큼 녹색전환을 위해서는 분명한 원칙을 세우고 체계적으로 접근해 나가야 한다.

2) 녹색전환의 접근 원칙들

녹색전환을 위해서는 '사전예방적 전환'의 원칙을 관철하는 것이 중요하다. 기후위기 문제의 경우 전환의 시급성이 강조되는 만큼 사회 전체의 역

---

22 정치생태학자 맥스 코흐(Max Koch) 또한 물질과 에너지의 흐름이 생태적으로 지속가능하고 사회적으로 공평한 방향으로 흘러갈 수 있도록 국가, 사회, 시장을 전반을 바꿔내는 것을 거대한 녹색전환으로 부른다.(Koch, 2020).

23 경제 성장과 사유재산 시스템이 사람들의 가장 강력한 본능이 된 현실에서, 물질적으로 더 나은 생활수준을 내거는 기존 사회주의 혁명보다 검소와 절약을 강조하는 환경혁명이 더 어렵다는 점도 녹색전환의 어려움을 다른 측면에서 말해주고 있다.(클라이브 해밀턴, 2011)

량(지혜와 자원 등)을 모아 문제 해결에 전력을 다해야 한다. 전환적 실천이 늦어질수록 기후위기로 인한 피해와 부담은 급속하게 늘어나게 되고 문제 해결을 위한 기회의 창은 빠르게 닫혀 버리기 때문이다.

사전예방적 접근은 불확실성을 담은 미래의 재난적 상황과 리스크에 대비하는 현재의 선택과 관련된 문제다. 댐과 건물을 만들 때 혹시나 있을 홍수나 지진 상황을 대비해서 설계와 건설 등에 적지 않은 비용을 투입한다. 개인도 미래의 불확실성에 대비해 보험을 든다. 그렇다면 기후위기처럼 갈수록 빈도와 강도가 커짐으로써 어느 정도 예견된 재난적 상황에 대해서는 어떻게 대응해야 할까? 사전예방적 접근의 관점에서 문제 해결의 우선순위를 높이고 적극적인 자원 투입을 통해 문제의 발생 가능성을 미리 예방하거나, 문제의 등장 속도를 늦추거나, 또는 발생하게 될 충격을 최대한 완화시키기 위한 노력을 해야 할 것이다. 이것은 녹색전환이 기술 혁신을 넘어 사회 혁신, 시스템과 문명의 혁신으로 확장되어야 함을 말해준다.

다음으로 '정의로운 전환'의 원칙이 있다. 녹색전환이 기존 사회의 총체적인 전환을 목표로 하는 만큼, 전환 과정에서 나타나는 부담 및 충격과 전환의 결과를 공평하게 나눌 수 있어야 한다. 예컨대, 기후위기 해결을 위한 녹색전환의 경우 탄소 배출량이 높은 산업에 종사하는 노동자나 탄소세 부과에 따른 부담을 안게 되는 저소득층 소비자 문제를 소홀히 해서는 안 된다는 것이다. 따라서 전환 준비와 실천, 결과 관리 등 전환 이행의 전 과정에서 정의로운 원칙이 반영될 수 있도록 의사결정 과정에서부터 소외와 배제가 일어나지 않도록 해야 한다. 다양한 이해관계자들에게 참여의 기회를 열고 결과에 있어서도 공정한 접근과 공평한 분배가 이루어지도록 하는 것이 중요하다.(Bennett, et al., 2019: 4~5)

또한 정의로운 전환을 위해서는 각 지역과 사회, 국가별로 불평등한 구조와 권력관계를 개선하고, 발전 경로의 특성과 제도적 조건에 맞게 맞춤형 접근이 종합적으로 이루어지도록 해야 할 것이다.

4. 녹색전환 전략의 방향

1) 전환 목표 설정과 전략적 선택

기후위기는 명확한 목표 수치와 기한을 설정하고 역산(逆算)으로 접근해야 하는 문제로, 상대적 디커플링이 아닌 절대적 디커플링을 통한 총량 관리가 중요하다.(사이토 고헤이, 2021) 나아가 총량 관리 목표를 평균적 개념으로 접근해서도 안 된다. 녹색전환을 위해서는 명확한 목표와 우선순위 설정을 통해 전략적 선택과 접근을 해야 한다. 기후위기 대응을 예로 들면, 온실가스에 대한 총량 관리의 목표 설정과 함께 배출 규모가 큰 곳에 우선적 해결 책임을 부과하는 등 목표 달성을 위한 전략적 접근이 뒷받침되어야 한다.

녹색전환 전략은 한편에서는 지속 불가능한 영역을 줄이면서 다른 한편에서는 지속가능한 필요의 영역을 늘림으로써 사회 전체의 전환 목표를 체계적으로 달성하는 것이다. 구체적으로 예를 들면, 과다한 자원 추출과 비효율적 이용, 화석에너지 의존 산업, 생태 파괴형 개발사업, 군산복합체 등은 전략적으로 줄여나가야 할 분야다. 반면 생태 보호구역, 친환경 재생농업, 청정에너지, 기본 서비스와 돌봄 영역 등은 생태적 상한선과 사회적 최저선 사이의 균형을 이루기 위해 전략적으로 확장시켜 나가야 할 분야다. 이처럼 녹색전환을 성공시키기 위해서는 명확한 목표 설정을 바탕으로 지속가능한 미래를 위해 무엇을 지켜내고 무엇을 확장하고 무엇을 포기할 것인가와 관련해 전략적 선택과 접근이 있어야 한다.

2) 지속 불가능성 줄이기와 회복탄력성 높이기

지속가능한 미래 사회로의 전환은 '지금 여기'의 지속 불가능성 문제를 해결함으로써 시작된다. 현실에 실제로 존재하는 지속 불가능성 요인을 줄이는 것은 미래의 지속가능성을 새롭게 제안하는 것보다 전환에 더 효과적일 수 있다. 지속 불가능성 줄이기는 구조적이고 정치적인 문제로, 개인 주체들의 참여 및 행동과도 연결시키기가 용이하기 때문이다.(Barry, 2014: 165)

지속가능성에 초점 맞출 경우 가치 논쟁에 갇힐 우려가 크고 합의 과정에 너무 많은 에너지를 소비할 수도 있다.(ibid., p.158) 반면, 지속 불가능성에 주목하는 것은 현장의 목소리에 귀를 기울이고 고통을 직시함으로써 전환의 길을 효과적으로 열어갈 수 있다. 철학자 한병철은 '고통'을 사회를 이해하는 열쇠이자 문제 해결을 촉구하는 신호로 보면서 고통에 내재된 전환적 의미를 이야기한다. 그는 고통을 회피, 부정, 은폐함으로써 고통 감각을 무력화하는 것은 타자에 대한 공감력을 저하시키고, 문제를 개인화, 탈정치화, 탈연대화 함으로써 혁명의 종언과 우울의 시대를 가져다줄 뿐이라고 주장한다.(한병철, 2021) 결국 고통의 낯섦과 전율은 익숙한 것에 맞서고 지배질서에 저항함으로써 '새로운 것'의 산파 역할을 한다. 이러한 관점에서 복합위기로 인한 지속 불가능성과 이로 인한 고통의 한가운데에 서 있는 한국 사회는 역설적이지만 전환의 필요성과 가능성 또한 크다는 것이 필자의 생각이기도 하다.

한편, 위기 상황이 만들어내는 변화의 충격이 붕괴나 파국으로 이어지지 않도록 회복탄력성(regilience)이 높은 사회를 만드는 일도 중요하다.(마커스 브루너마이어, 2022) 코로나19 팬데믹으로 글로벌 공급망 사슬이 제대로 작동되지 않자 각국이 자급력을 높이고 공급망을 다원화하려는 움직임을 보인 바 있는데, 이것도 위기의 충격 속에서 회복탄력성을 높이기 위한 시도에 해당한다. 회복탄력성은 위험을 감수하면서 혁신의 기회를 만들고 전환의 임계점도 앞당길 수 있다는 점에서 중요하다. 여기서 회복탄력성은 이전 상태로의 복원이 아니라 새로운 상태로의 전환 또는 차원 변화를 추동하는 힘을 의미한다.(젬 벤델 외, 2022) 한편 회복탄력성은 변화의 충격에 더 취약한 사회, 경제적 취약층과 생태적 약자들에게 특히 중요한데, 현실에서는 이것 조차도 불평등성이 자리하고 있어 전환의 측면에서 주의 깊게 살펴봐야 한다.

3) 비전과 대안 모델의 구체화

위기는 기존 제도와 시스템이 효력을 다하고 새로운 것이 등장하는 기회를 열어주는 등 전환에서 중요한 계기가 되기도 하지만, 상황에 따라 전환의 가능성 자체를 오히려 차단시켜 버릴 수도 있다. 준비가 채 되지 않은 상태에서 맞는 위기는 걷잡을 수 없는 혼동과 파국 상황으로 비화할 수도 있다. 급격한 위기 상황에서의 불안과 공포, 심리적 패닉 상태는 성찰적 대응 능력을 마비시키고(터널 증후군 등), 분열과 불신, 갈등 속에서 전환의 에너지를 소진시키며, 각자도생의 생존경쟁 속에서 자기 파괴적 경로를 선택할 가능성을 높인다. 여기에다 사회적 불안감을 빌미로 극단적 포퓰리즘 세력이 영향력을 키우고 한편에서는 메시아의 등장에 대한 열망에 힘입어 강력한 권위주의적 해법을 불러올 수도 있다. 기후위기로 인한 재난으로 대규모 환경난민이 발생하면 긴급 구호 노력 대신 국경 폐쇄와 군사적 충돌 등으로 2차 재난이 발생할 가능성 또한 커지게 된다.

결국 지속가능성 위기를 해결하기 위해서는 위기의 강조가 불안과 공포의 영역에 머물지 않도록 '좋은 삶'과 '지속가능한 미래'에 대한 비전을 구체적으로 제시하고, 녹색전환의 다양한 대안적 실험과 모델을 통해 사람들에게 영감을 주고 희망의 출구를 만들고 확장해 나가야 한다. 이것은 생태학적 한계에 대한 강조가 욕망을 절제하는 것에 머물지 않고 인간과 자연이 상호의존적인 존재라는 자각에 따른 친밀함의 회복과 상호의존적 관계의 확장으로 나아가는 길이기도 하다.

4) 내부화 전략과 협력과 연대 기반 강화

현 사회의 지속 불가능성은 생태문제의 외부화 구조를 바탕으로 한다. 생태위기 문제와 이로 인한 피해는 물론, 문제 해결의 부담과 책임도 외부화함으로써 전환의 필요성에 둔감하게 만들고 전환의 노력 자체를 방해하기 때문이다.[24] 외부화는 현재 세대에서 미래 세대로, 선진국가에서 저개발국가로, 산업도시에서 농촌과 자연생태계로, 기득권 집단에서 사회경제적 약자 집단으로, 시간과 공간, 계층별로 다양하게 이루어진다.

따라서 생태학적 피해와 부담을 다른 곳으로 떠넘기는 '외부화 사회'의 책임 전가 구조를 분명하게 인식하고 개선하는 것이 중요하다. 그렇지 않으면 다양한 생활 실천 활동이 양심의 가책을 덜어줄 순 있어도 대담한 전환의 노력을 가로막고 사람들을 기만할 수도 있다.(사이토 고헤이, 2021) 결국 외부화에 의존하는 사회의 구조적 문제를 확인하고, 내부화를 통해 자기 책임과 자기 전환 영역을 분명히 함으로써, 녹색전환을 위한 다양한 실천의 상호연결과 상호작용을 통해 연대와 협력의 기반을 강화하는 노력이 필요하다.

24 　외부화 구조 속에서 무임승차(free-riding), 저임승차(cheap-riding) 문제를 방치하면 공동의 해결 노력에 대한 불신을 심화시켜 전환을 방해한다.

3절 녹색전환을 위한 국가 역할 확인

1. 녹색전환과 국가 다시 보기

1) 기존 녹색 담론에서의 국가 인식

국가는 녹색 담론에서도 일찍부터 논의의 대상이었는데, 국가를 바라보는 시선은 '국가주의'와 '반국가주의'로 나뉠 만큼 서로 달랐다. 먼저, 국가주의 녹색 담론을 우리는 '생태권위주의'(eco-authoritarianism) 또는 '생태독재'(ecoligical leviathan)라고 부른다.[25] 가렛 하딘(Garrett Hardin), 윌리엄 오풀즈(William Ophuls), 로버트 하일브로너(Robert L. Heilbroner) 같은 신멜더스주의자들이 대표적인데, 이들은 자유 경쟁의 시장경제 체제하에서의 사적 이익 추구와 무임승차 행위가 환경과 생태계를 파괴하는 만큼, 문제 해결을 위해서는 국가의 강제적 수단을 통한 개입이 필요하다고 강조한다. 특히 경제계의 조직화된 힘에 대응해서 희소 자원과 공공재를 지켜내려면 국가의 권위적 역할이 중요하다고 본다. 하지만 이런 생태권위주의적 방식은 결국 민주주의의 후퇴를 가져온다는 점에서 비판을 받았다. 녹색정치 또한 민주주의 규범과 실천을 본질적 가치로 삼으면서 권위주의적 접근과 거리를 둔다.

한편, 반국가주의(anti-statism) 녹색 담론으로 '생태무정부주의'(eco-anarchism), '생태공동체론'(eco-communitarianism) 등이 있다. 머레이 북친(Murray Bookchin)이 대표적인 논자다. 북친은 인간적 규모의 작은 공동체 단위에서 사람들이 서로를 잘 알고 의사결정에 함께 참여하면서 자연생태

---

25   생태권위주의에 대한 자세한 내용은 이 책 3장 4절 '생태문제와 민주주의를 둘러싼 다양한 시선들'을 참조하기 바란다.

계에 민감하게 대응하고 자연과 조화롭게 살아가는 것을 이상적 모델로 보고, 자율적이고 자치적이며 협동적인 공동체의 역할을 강조했다.(Bookchin, 1980, 1982) 이처럼 개인의 자유와 풀뿌리 민주주의를 기반으로 해 급진적 분권화와 지역 공동체를 강조하는 생태무정부주의 또는 생태공동체론자들은 권위적 국가 자체에 매우 비판적이다. 이들은 국가를 폭력의 주체, 약탈자, 파괴자로 규정하면서 국가 회의론과 해악론은 물론 국가 축소론 또는 무용론을 주장한다.(Paterson, 2001: 45; Cosme, et al., 2017)

하지만 녹색 담론의 이런 반국가주의 경향에 대한 비판 또한 적지 않다. 당면한 생태위기가 지역과 국가의 경계를 넘어 지구적인 차원으로 확장되면서 지역 기반 자급자족 공동체의 존립 자체를 위협하고 있는 상황에서 탈중심화 전략으로는 한계가 있다는 것이다.(Sharma, 2018: 393~394) 또한 세계화의 흐름 속에서 초국가 경향이 확대되는 상황에서도 국가의 역할과 영향력은 점점 더 커지고 있는 점도 주목해야 할 부분이다. 생태위기를 비롯한 지구적 의제에 대해 국가 간 협력을 이끌어내고, 다양한 녹색대안들이 뿌리내리고 성장해 가려면 국가의 보호막 역할을 무시하거나 외면해서는 안 된다는 것이다.

2) 탈성장론의 국가론 부재

지속가능성 위기를 맞아 기존의 성장체제 자체를 비판하면서 등장한 탈성장론 또한 국가의 성격과 역할에 대한 구체적인 검토는 부족했다.[26] 지금까지 탈성장론은 '좋은 사회'를 규범적으로 강조해 왔으나, 이것을 법과 제

---

26 탈성장론에 대한 구체적인 내용은 이 책 3장 2절 '탈성장과 녹색전환'을 참고하기 바란다.

도, 조직 체계를 통해 현실화하는 방안에 대해서는 구체적으로 검토하지 못했다. 이렇게 해서는 중앙으로 집중해서 축적된 권력을 기반으로 한 현실의 사회시스템을 근본적으로 바꿔내기가 어렵다. 지속 불가능성 문제를 국가 차원에서 제대로 다루지 않은 채 지역 공동체의 역할을 강조하는 것은 비현실적 낙관주의에 가깝다.(Frankel, 2020: 523~524) 탈성장론자 가운데는 풀뿌리 차원에서 상향식 접근을 선호하면서 한편으로 시장 규제를 통한 기업 권력 제한, 사회적 기업 지원, 소득과 자본의 재분배를 위한 강제력의 필요성을 이야기하는데, 막상 국가의 역할에 대해서는 제대로 다루지 않고 있다.(D'Alisa and Kallis, 2020: 2) 『지속 불가능 자본주의』를 저술한 사이토 고헤이(2021: 1151) 역시 자본주의를 기후위기 원인으로 보고 자발적이고 민주적인 상호부조의 실천을 통한 탈성장 코뮤니즘을 대안으로 제시하면서 강한 국가 모델과는 거리를 두고 있다.

결국 지금까지의 탈성장 논의는 풀뿌리를 기반으로 한 상향식 실천을 강조하는 경향으로 인해 현실 사회의 구조 및 권력관계의 특성과 국가의 역할에 대해서는 충분히 주목하지 않았다. 계획된 탈성장을 실현하려면 국가의 역할을 외면할 수 없음에도 국가 시스템의 특성과 역할을 체계적으로 분석하고 대안을 제시하는 노력은 부족했던 것이다.(Frankel, 2021: 254) 이런 이유로 최근 들어서 탈성장론의 국가론 부재 현상을 성찰하는 목소리가 나오고 있다. 탈성장 논의에서 제시하는 우리의 상상력을 확장시킬 수 있는 다양한 대안들을 현실화하기 위한 조건과 방식을 찾는 데 있어 국가의 전환적 역할에 적극적인 검토가 있어야 한다는 것이다.

3) 창조적 국가 활용론으로서 녹색국가

녹색 진영에서는 기존의 국민국가 체제가 생태위기 문제에 무감각하고 무능력하고 무책임하다는 비판을 많이 해왔다. 국가 존재 자체가 생태위기를 부추기는 자본의 이익에 복무하는 만큼 극복의 대상이라는 비판부터, 풀뿌리민주주의, 지역 자립과 자치의 관점에서 녹색사회로 나아가는 데 있어 국가는 너무 크고 멀다는 주장, 나아가 글로벌 차원의 생태학적 도전에 대응하기에는 기존의 국민국가 단위가 근본적으로 한계가 있다는 지적까지 다양했다.

그런데 녹색전환을 위해서는 지속 불가능성의 확대와 밀접한 관련이 있는 시장주의자들의 국가 인식도 자세히 살펴볼 필요가 있다. 이들은 국가의 역할을 최소한으로 한정할 것을 주장하면서,[27] 다른 한편으로 시장의 안정적인 질서 유지를 위한 국가 역할을 강조해 왔다. 1990년대 이후 너무나 빠른 세계화와 정보화의 흐름을 타고 자본 축적의 범위를 세계로 확장하는 데는 국가와 자본의 성장 동맹이 큰 역할을 했다. 신자유주의 체제는 규제 완화, 민영화 등 자본의 이익을 뒷받침하는 방향에서 국가의 역할을 키워 왔다. 이처럼 시장 자유주의자들의 논리는 '국가 활용론'에 가깝다. 문제는 이처럼 자본이 국가와 긴밀하게 동맹을 맺고 경제성장을 추구하는 과정에서 경제, 사회, 생태계를 포함한 지속가능성 위기가 심화되었는 점이다.

결국 지속가능성 위기의 해결로서 녹색전환이 대안으로 떠오르는 가운데, 현실에서 강력한 행위자인 국가의 존재를 더 이상 외면하거나 회피할 수 없는 상황을 맞게 되었다. 강제력의 독점과 배타적 지배력 행사 등의 권력을 정의롭게 사용하는 국가로서 기본적 역할을 하지 못하는 실패국가(failed state) 또는 취약국가(fragile state) 유형은 생태위기 대응에도 한계를

27　자유주의를 기반으로 한 최소주의 국가(minimalist state), 소극적 국가(negative state), 야경국가(night-watchman state) 유형이 그 예다.

가질 수밖에 없다.(성경륭, 2016: 152~153) 지속가능성을 위해서는 전환의 우선순위 설정과 시민참여 확대, 새로운 사회 계약 등을 능동적으로 실천하는 국가(proactive state)가 필요하다.(WBGU, 2011) 국가 역할에 대한 기존의 비판을 넘어서 성찰적인 재구성을 통한 '창조적 국가 활용론'이 요구된다.

녹색국가는 자본과 성장 동맹을 맺었던 국가를 녹색전환을 위한 동맹으로 바꿔낸 것이다. 국가는 녹색전환을 촉진하고 실현하는 데 있어 다른 어떤 행위자나 조직보다도 가장 우월한 위치에 있다.(Eckersley, 2021: 261) 국가가 가진 법과 제도를 활용하여 자원을 조달해서 할당, 분배하고, 정책 목표에 따라 생산과 소비를 규제하며, 공동 자원의 보호와 무임승차 문제를 관리하고, 시민들의 반응성과 책임성을 높이면서 집단행동을 조정함으로써 녹색전환을 강력히 뒷받침해야 한다는 것이 녹색국가론자들의 공통된 인식이다.(Eckersley, 2004, 2020; Duit, 2016; Johnstone and Newell, 2018)

물론 국가는 지속가능성을 향한 녹색전환을 촉진시킬 수도 있고 오히려 방해할 수도 있는 존재다. 특히 자본 권력과 국가 권력이 밀접한 관계를 맺고 있는 상황에서는 선거로 의회의 다수가 되고 행정부의 인사권을 장악하는 것만으로는 분명히 한계가 있다. 국가의 이러한 특성을 잘 이해해서 '국가의 녹색화'와 '국가를 통한 녹색화'를 함께 실현함으로써 녹색전환을 책임 있게 효과적으로 추동하고 지원해 나갈 수 있도록 해야 한다.

2. 전환을 위한 국가의 전환적 역할

사회와 자연과의 관계의 전면적인 재조정을 통한 녹색전환은 국가와 사회의 관계 재구성을 통해 이루어진다. 그만큼 녹색전환을 위한 녹색국가의 역할 또한 전환적일 수밖에 없다.[28] 하지만 우리나라 현실에서 녹색국가는 논의 자체도 충분치 않았지만 그나마 현실에서의 적용도 '환경관리형 정부'의 수준에 머문 채 전환적 의미를 제대로 담아내지 못해왔다. 예를 들어 노무현 정부 시절 '지속가능한 참여형 녹색국가 건설'을 국정 목표의 하나로 제시했지만 실제 내용을 보면 환경부 소관 환경정책 수준에 머물렀고, 문재인 정부의 '포용적 녹색국가'에 대한 비전 선포도 내용을 보면 녹색기술과 녹색산업 육성을 통한 온실가스 감축과 에너지 전환이 중심이었다. 지속가능성 위기 시대를 맞아 녹색전환을 책임 있게 효과적으로 이뤄내기 위한 녹색국가의 역할을 찾아내고 확장시켜 나가야 할 때다. 이런 관점에서 녹색국가의 전환적 역할을 살펴보면 다음과 같다.

1) 전환을 매개, 촉진하기

녹색전환은 저절로 일어나지 않는다. 전환의 가능성을 확장하고 지속시키기 위한 목적의식적인 노력이 필요하며, 이것을 효과적으로 지원하고 촉진하기 위한 국가의 역할이 중요하다.

첫째, 녹색전환에 따른 부담과 저항을 줄이고 전환으로 가는 문턱을 낮추는 역할이다. 녹색전환의 가능성을 높이기 위해서는 불평등을 줄이고 기본 필요(basic needs)를 충족시키기 위한 국가 차원의 역할이 중요하다. 성장의 총량적 한계 속에서 생태와 복지를 함께 실현하기 위해서는 한정된 자원의 전략적 분배를 통해 불평등 문제가 적극 다뤄져야 한다. 기본 필요의 충족

---

28 정치생태학자 로빈 에커슬리(Robyn Eckersley)는 국가의 목적과 기능의 재설정을 통한 국가 차원의 계획과 재정 투자, 평가 체계의 변화는 물론, 물질과 에너지의 흐름과 규모, 사회적 관계와 정체성 등 전반의 변화로서 녹색전환을 정의하고 있다.(Eckersley, 2021)

또한 지구 행성의 지속가능성과 인간 복지를 함께 실현하는 데 매우 중요하다.(Gough, 2015: 1210) 영양가 있는 음식, 깨끗한 물, 안전한 주거와 작업 환경, 경제적 안정과 신체적 안전, 기본 교육 등 생활과 생존에 반드시 필요한 기본 필요 조건이 갖춰질 때 전환 이행 과정에서의 충격과 갈등의 완화와 함께 전환에 대한 저항도 줄어들게 된다.

둘째, 전환에 필요한 자원을 체계적으로 조성하고 전략적으로 배분하는 역할이다. 우선 세제 개편을 통해 지속 불가능한 영역에 투입되는 자원을 줄이고, 확보된 자원을 녹색전환을 위해 적극 활용해야 한다. 화석연료 산업에 대한 보조금 중단 및 국방비 감축과 동시에, 상속세와 불로소득세, 부유세 확대와 탄소세, 로봇세 등 신규 세금 신설 등으로 확보된 자원을 녹색전환을 위한 교육과 기술개발, 친환경 재생농업 및 돌봄 영역 확대 등에 우선순위를 갖고 투입하는 것 등이 그 예라 할 수 있다. 이와 함께 금융기관 및 관련 제도의 재정비도 필요한데, 연기금과 공적자금 등이 녹색전환을 뒷받침하는 인프라 구축(농업, 교통, 에너지, 주택, 교육, 생태계 보호 등)에 적극 활용되도록 하고, 여기에 민간 금융기관들의 적극적인 참여를 유도하며, 한편으로 협동조합 등 사회연대경제 은행과 공동체 화폐, 타임뱅크 등 대안적 화폐 제도의 활성화도 함께 이루어질 필요가 있다.(마티아스 슈멜처 외, 2023: 262)

셋째, 다양한 가능성의 영역을 유기적으로 연계하여 전환의 시너지 효과를 높이는 것이다. 지속 불가능성을 양산하는 기존 체제가 제도화와 물질화 과정을 거쳐 우리의 의식과 삶, 관계 전반에 영향을 미치고 있는 만큼, 녹색전환을 위한 접근 또한 다차원적이고 입체적일 필요가 있다. 그러기 위해서는 전환의 가능성을 품은 다양한 대안의 영역들이 분산되고 파편화된 상태에 머물지 않고 효과적으로 연결되어 전환의 역량을 증폭시켜야 하며, 이것을 매개하고 촉진하는 국가 차원의 역할이 뒷받침될 필요가 있다. 국가의 이러한 역할은 자원의 중복 투자와 시행착오를 줄이고 전환에 필요한 자원을 효과적이고 효율적으로 이용하는 데도 도움이 될 것이다.

2) 전환 영역을 보호, 육성, 확산하기

전환 자체가 현실을 지배하는 가치와 제도, 시스템에 도전하는 의미를 담고 있는 만큼, 전환의 가능성을 품은 다양한 영역들이 안팎의 도전으로부터 잘 보호되어 현실에 뿌리를 내리고 성장하고 확산해 갈 수 있도록 하는 것도 국가 차원의 중요한 역할이다. 지속가능성 위기에도 불구하고 이윤과 경쟁을 앞세운 채 인간과 자연을 상품화시켜 온 자본주의 성장체제가 현실에서 여전히 막강한 영향력을 행사하고 있다. 그만큼 녹색전환을 향한 다양한 실험과 시도가 이루어지고, 이것이 가능성을 담은 모델로 자리 잡을 수 있도록 국가 차원의 보호막 또는 인큐베이터 같은 역할이 있어야 한다.

또한 작은 단위의 전환 실험과 성공 모델을 상위 단계로 규모화(scale-up)할 수 있도록 안내하고 지원하는 역할도 필요하다. '틈새' 차원에서 작은 단위의 전환 실험은 별 다른 저항이나 견제 없이 해볼 수 있으나, 어느 정도 규모와 영향력이 커지게 되면 이에 대한 저항과 도전도 거세질 수밖에 없어서, 이에 대한 대항력을 갖출 수 있도록 뒷받침이 있어야 한다. 거시적 단위의 권력은 하향식으로 지역 단위 미시 영역까지 자연스럽게 영향력을 미치지만, 풀뿌리 미시 영역의 전환적 실험과 역량의 축적을 통해 상향식으로 거시적 단위까지 확장하려면 세밀한 전략과 집중된 노력, 체계적 지원이 함께 이루어질 필요가 있다. 이와 함께 전환 모델은 단순한 복제나 대량생산 방식으로 확장될 수 없는 만큼, 비전 및 목표의 공유와 신뢰의 네트워크를 통해 전환 영역을 수평적으로 확장해 나가는 노력도 함께 있어야 한다.

제3장 녹색전환 과제와 국가 역할 진단

—

녹색국가에 대한 이론적 검토를 현실에 적용하려면 녹색전환과 관련한 핵심 과제와 영역을 살펴서 국가의 전환적 역할로 연결할 수 있어야 한다. 이 장에서는 녹색전환을 위해 해결해야 할 주요 과제로 '국가주의'와 '성장주의', '소비주의', '민주주의' 문제를 다루면서 국가의 역할을 찾아본다. 이를 통해 국가주의의 권위주의적 한계와 성장주의와 소비주의의 폐해를 극복하고, 생태민주주의를 바탕으로 시민사회 민간 영역과의 협력을 통해 역량을 발휘하는 능동적이고 책임 있는 국가를 녹색국가의 역할로 진단한다.

1절 '국가주의'와 국가의 전환 역량 확대 방안

1. 국가주의의 한계를 넘어서

녹색국가는 능력 있고 책임 있는 국가를 말한다. 따라서 녹색전환을 위해 국가가 가진 역량을 최대한 발휘하기 위해서는 '국가주의'(statism) 문제부터 살펴봐야 한다. 국가주의는 개인보다 국가를 우선함으로써 자유주의나 민주주의보다 전체주의와 친화성이 높다. 국가의 지배자 또는 기득권 집단은 자신의 필요에 맞춰 국가 권력을 사용하면서 국민의 복종과 충성을 이끌어 내는 데 국가주의를 앞세워왔다. 지난 20세기 볼셰비즘, 파시즘, 나치즘 같은 전체주의는 국가주의가 극단화된 모습이다. 그래서 인간이 자연을 함부로 다루고 파괴하는 밑바탕에 인간이 인간을 지배하고 억압하는 논리가 작동한다고 비판하는 사람들은 대표적 지배기구인 국가로부터도 거리두기를 강조해 왔다.

그런데 물리적 한계와 시간적인 한계 모두로부터 도전받고 있는 지금의 생태위기 상황은 국가를 재소환하고 있다. 다만 녹색전환의 시대를 맞아 국가의 역할이 매우 중요하나, 기존의 '국가주의'에 의존하는 방식은 지금 상황에서 가능하지도 바람직하지도 않다. 녹색전환을 위해 국가의 역량을 최대한 발휘하면서 동시에 국가주의의 함정에는 빠지지 않도록 하는 것이 녹색국가가 풀어야 할 중요한 과제다. 국가는 문제가 많으나 국가 없이는 안되며, 국가는 필요하나 국가만으로는 안 된다는 것이 필자의 녹색국가에 대한 입장이다.

앞에서 녹색국가의 국가론 논의에서 국가를 관계적 존재로 설명한 바 있다. 국가는 지배 집단의 요구나 외부의 변화에 수동적으로 대응하고 반응하는 존재가 아니라, 시장과 시민사회의 다양한 주체들과의 상호작용 및 관계 속에서 자신의 역량과 영향력을 능동적으로 발휘한다. 국가 권력의 작동 방식을 '자율성'(autonomy)과 '역량'(capacity)의 차원으로 구분해 보면, 국가의 '자율성'이 안팎의 도전과 영향력 속에서 국가(기구 또는 행위자) 스스로 정책을 결정하고 실행하는 것이라면, 국가의 '역량'은 국가가 설정한 목표를 위해 자원을 동원, 배분하고, 시장 및 시민사회 영역의 요구를 조정할 수 있는 능력을 말한다.(지주형, 2009: 176~177) 중요한 것은 국가의 자율성 자체가 상대적이고 국가의 역량 또한 관계 속에서 발휘되는 만큼, 국가의 권력 행사는 '정당성'을 필요로 한다는 것이다. 국가 권력이 정당성을 가질 때 국가의 자율성도 확장되고 국가의 역량도 더 폭넓게 발휘될 수 있다. 그런데 오늘날 지속가능성 위기는 국가의 정당성 자체에 근본적인 물음을 던진다. 녹색전환을 위한 국가의 자율성과 국가 능력에 대해 새로운 접근이 요구된다.

2. 녹색전환을 위한 국가 역량 확대 방안

기후위기, 지속가능성 위기라는 거대한 도전에 직면한 상황에서 국가는 시장과 시민사회로부터 상대적 자율성을 가지고 공공성의 담지자로서 필요한 역할을 해낼 수 있어야 한다. 녹색전환은 지속가능한 미래를 향한 계획과 조정, 전략적 자원 투입과 기반 조성, 공공재와 사회 기본서비스의 보호 및 활성화 등 다양한 분야에서 국가의 적극적인 역할을 필요로 한다.

그런데 국가주의가 지배하던 시절처럼 국가가 직접 개입하고 관리, 통제하는 방식은 효력을 발휘하기가 점점 어려워지고 있다. 민주주의와 자유의 확대가 시대정신으로 자리 잡았고, 사회적 관계와 영역은 고도로 분화되었으며, 다국적 기업과 국제기구 등 국경을 넘어선 글로벌 행위자들의 영향력은 더욱 커졌기 때문이다. 또한 녹색전환을 위해서는 선제적이고 통합적인 접근이 필요한데, 전환의 과정에서 개인의 자유 보장과 사유재산권 보호 등을 이유로 사사건건 충돌이 일어날 가능성이 높고, 이것이 국가의 역량과 정당성 자체를 약화시킬 수도 있다.

여기에다 녹색국가는 '재정적 한계' 속에서 '생태적 한계'[1]의 문제를 풀어야 하는 과제도 안고 있다. 녹색 담론에서 '성장 중독', '성장 신화' 등 성장 패러다임에 대한 비판은 많이 있으나, 재정적 한계 등 국가의 역량과 역할에 대한 구조적 제약 요인은 충분히 다뤄지지 못했다.(Bailey, 2020: 6~8) 이와 관련해서 패터슨(Mattew Paterson)은 녹색국가가 세금을 통한 자본에 의존하고, 자본이 이윤 축적에 의존한다면, 전체적인 축적을 제한하는 전략이 어떻게 가능할 수 있겠냐고 묻는다.(Paterson, 2016) 국가가 필요한 역할을 해내려면 재정이 뒷받침되어야 하는데, 성장후기 사회의 구조화 된 저성장이나 계획된 탈성장은 국가를 재정적 한계 상황에 직면하도록 만들 수 있다.

지속 불가능성을 확대시켜 온 성장경제 체제에 의존하지 않으면서 녹색전환을 이뤄낼 수 있도록 녹색국가로서 역량을 발휘할 대안을 찾아내야 한다. 결국 녹색전환을 효과적이고 책임 있게 실현해 내는 녹색국가의 힘은

---

1   생태적 한계는 천연자원(재생가능자원과 비재생가능 자원)의 고갈로 인한 한계와 지구 시스템의 제한된 수용능력으로 인한 한계 등 두 차원으로 구분해 볼 수 있다.

시민사회를 포함한 다양한 민간 영역 주체들과의 협력과 연대를 통해 나올 수밖에 없다. 상호 신뢰를 바탕으로 한 다양한 주체들 간 협력 관계의 확장은 국가 권력의 정당성을 높여주는 역할도 한다. 결국 다양한 민간 주체들이 문제 해결을 위한 적극적인 행위자로 참여하도록 기회와 조건을 만들어 내고, 전체적인 방향 설정과 조정, 조율, 권고, 동기부여 등을 통해 상호협력의 기반을 확대해 나갈 때 녹색전환을 위한 녹색국가의 역량도 적극 발휘될 수 있을 것이다.

2절 '성장주의'와 탈성장 전환의 과제

1. 성장주의의 등장과 고착화 과정

'성장'은 개념적으로 보다 나은 상태로 나아간다는 '발전'과 의미를 같이한다. 하지만 성장이 양적 경제성장에 초점이 맞춰진 채 '주의'(~ism)와 결합하면 상황은 달라진다. 즉 '성장주의'(growthism)는 주로 경제적 성장에 정치적 초점을 맞춘 것으로, '더 빠르고 더 많은 (경제) 성장이 더 좋은 것'이라는 가치를 고착시킴으로써 녹색전환의 핵심 과제가 되었다.

성장주의는 '개발주의'(developmentalism)[2]와도 일맥상통한다. 1949년 미국 대통령 트루먼(Truman)의 연설을 통해 세계를 선진국가와 저개발국가를

---

2 '발전주의'로도 불리는데, 발전이 질적인 변화 상태를 지칭한다면 개발은 인위적인 물리적 변화의 의미를 담고 있어 녹색전환에 있어 개발주의가 주요 과제로 작용한다. 이는 이 책 5장 1절에서developmental state를 발전국가가 아닌 개발국가로 부르는 이유이기도 하다.

구분하기 시작했는데, 이 과정에서 저개발은 개발이 지연되거나 미완성된 상태라는 인식을 심어주었다.(Samir and Amina, 2023: 498) 결국 개발주의는 저개발국가로 하여금 더 나은 삶에 대한 열망을 자극하면서 성장주의 체제를 강력하게 뒷받침하게 되었다.(Rios Osorio, et al., 2005)

성장주의가 경제성장을 바람직하고 필수적이며 주요 사회문제의 해결책으로서 총력을 기울여야 할 목표 과제로 자리 잡은 데는 GDP 같은 지표를 활용해 국가 간에 성장 수준을 비교 측정하게 된 점도 작용했다. 특히 저개발국가의 경우 수치화된 성장 지표는 선진국을 향한 강력한 열망을 부추기면서 성장주의를 추동하는 데 중요한 역할을 했다.

성장주의는 특히 한국 사회에서 강력한 영향력을 발휘해 왔던 만큼, 녹색국가를 지향하는 녹색전환의 측면에서 이 문제를 자세히 살펴봐야 한다. 한국에서 성장주의는 한국전쟁의 폐허 위에서 신속하게 빈곤에서 벗어나고자 하는 시대적 열망을 바탕으로 국가 주도의 경제개발 정책이 추진되면서 지배적 가치로 자리 잡게 되었다. 여기에는 북한과의 체제경쟁에서 승리해야 한다는 절박감도 한몫했다. 박정희 정부에 들어서 반공과 조국 근대화를 기치로 내건 국가 주도의 경제성장 정책과 수출주도 산업화 전략은 한국 사회에 성장주의의 내면화와 극단화를 초래했다.(지주형, 2021) "민주주의가 밥 먹여주냐"는 말처럼 성장주의는 다른 가치들을 압도했으며, 경제적 측면의 가시적 성과는 성장주의의 영향력을 더욱 확대시켰다.

권위주의 시절에 형성된 성장주의는 민주화 과정을 거치면서 소비주의 및 신개발주의와 연결된 형태로 지금까지 지속되고 있다. 또한 성장주의는 정치 영역과 결합되어 현실정치에서 유권자들의 선택에 주요하게 영향을 미쳐왔으며,(강우진, 2015: 27) 지속가능성 위기가 강조되는 지금까지도 한국 정치의 핵심 의제에 성장 및 개발 논리가 깊이 결합되어 녹색전환으로

가는 길목을 가로막고 있다.

2. 성장주의 비판과 지속가능발전론

1) 성장주의 논리의 특성과 한계

성장주의를 뒷받침했던 논리로 로스토우(Rostow)의 '경제발전 5단계설'
과 '낙수효과'(tricle down effect) 등이 있다. 로스토우는 근대 세계의 역사적
발전과정을 경제성장 관점에서 단계별로 구분하고 이행 과정을 보편적 원
리로 간주했다. 즉 농업을 기반으로 한 '전통사회 단계'에서부터 근대 과학
기술을 활용해 다음 단계로 가기 위한 '과도기 단계', 산업사회로의 '도약 단
계', 1인당 평균소득 증가와 도시화 등이 이루어지는 '성숙 단계'를 거쳐, 삶
의 질을 추구하는 '대중소비시대 단계'로 진입한다고 보았으며, 이중 근대화
전략을 기반으로 한 도약(take off) 단계를 중요하게 보았다. 여기에는 냉전
체제 하에서 가난한 개도국들이 사회주의권으로 넘어가지 않도록 붙잡아
두려는 정치적 논리도 한몫했다.

한편, '낙수효과'는 말 그대로 위에 있는 그릇에 물이 차면 자연스럽게 아
래로 흘러내린다는 논리로, 대기업과 부유층 등 선도 부문의 부가 확대되면
투자와 소비가 늘어나 경기가 활성화되고, 그 혜택이 저소득층에게도 돌아
가 결과적으로 소득 양극화가 해소된다는 것이다. 이런 논리는 경제성장 과
정에서 성장 잠재력이 있는 곳에 투자를 집중하고, 이 과정에서 격차가 발
생하는 것은 자연스러운 일이며, 비록 힘들어도 참고 기다리면 결국에는 모
두에게 이로운 결과가 나타날 것이라는 이데올로기를 바탕으로 하고 있다.

하지만 이러한 성장주의 논리는 총량적 경제지표가 향상되어도 국가와
지역, 부문, 개인 등 전체적으로 불평등이 개선되지 않고 오히려 양극화는

더 심해지는 현실 앞에서 설득력을 잃고 있다. 성장주의에 내재된 미래에 대한 낙관론은 분배를 둘러싼 갈등을 무력화하고 현실의 경제 문제를 탈정치화하는 역할을 한다는 비판도 나온다. 이런 가운데 기후위기를 비롯한 거센 생태학적 도전은 성장주의에 대해 본질적인 비판을 불러일으킨다. 성장주의에 대한 다양한 비판의 시각은 아래 표를 참조하기 바란다.

〈표 8〉 성장주의에 대한 7가지 비판

구분	비판	대안
생태적 비판	물리학과 열역학 법칙 측면에서 유한한 행성에서 무한한 성장은 불가능	사회적 신진대사 분석을 통한 생태적 한계 존중
사회경제적 비판	성장이 삶의 질, 행복, 번영을 가져다주지는 않음	과시적 소비를 넘어 모두를 위한 좋은 삶이 중요
문화적 비판	성장 의식의 내면화와 자기 소외 문제	인간과 생태계의 상호의존성과 자기 결정성에 대한 자각
자본주의 비판	성장은 자본주의 축적의 필연적 결과로, 여성, 자연, 식민지의 전유를 기반으로 한 것	포스트자본주의를 지향하는 탈성장
페미니스트 비판	성차별적 위계구조가 인간과 자연에 대한 차별과 억압, 폭력을 유발	사회적 재생산과 돌봄을 통한 인간과 자연의 공존 모색
산업주의 비판	생산력 중심 기술 발전이 자기 결정권을 제한 하고 소외 유발	비소외, 비착취적 기술로서 적정기술 강조
북반구-남반구 비판	식민지 전유, 채굴주의의 자연 착취, 사회 생태적 비용의 전가	글로벌 생태 정의 강조

출처: 마티아스 슈멜처 등이 쓴 책(2023) 내용을 참고하여 재정리함

2) 지속가능발전론의 특성과 한계

지속가능발전(sustainable development) 개념은 경제활동과 환경보존 사이에 모순이 있다는 사고를 비판하고 이 둘을 동시에 달성할 수 있다고 주장하면서 주류 사회의 관심과 지지를 받았다. 지속가능발전은 1987년 『우리 공동의 미래』(Our Common Future) 보고서를 통해 공식화 되었으며, "미래

세대가 자신의 필요를 충족할 수 있는 능력을 손상시키지 않으면서 현재의 필요를 충족하는 발전"으로 개념을 정의하고 있다.(WCED, 1987: 41) 지속가능발전은 이후 1992년 유엔환경개발회의(UNCED), 2002년 지속가능발전 세계정상회의(WSSD), 2012년 유엔 지속가능발전회의, 2015년 유엔 지속가능발전 정상회의 등을 통해 국제사회의 주요 의제로 다뤄져 왔다.

물론 지속가능발전에 대한 비판도 적지 않은데, 이것을 개념 및 내용을 둘러싼 논란과 실천적 한계의 측면에서 살펴보면 다음과 같다. 먼저, 지속가능발전 개념의 모순과 모호함에 대한 비판이다. '지속가능한'(sustainable)의 어원에는 현 상태의 보존에 초점 맞춘 정적(靜的)인 차원과 장애를 극복하고 나아가는 동적(動的)인 차원 등 서로 다른 사고체계가 존재하며,(Rios Osorio, et al., 2005) '지속가능성'과 '발전' 또한 서로 대립적 관계로서, 결국 의미의 혼란과 딜레마가 발생한다는 것이다.(Sneddon, 2000; Springett and Redclift, 2019) 이런 지속가능발전 개념의 모순과 모호함은 개념 정의를 둘러싼 논쟁을 불러일으켜 실천 자체를 어렵게 한다.

또한 지속가능발전 개념의 내용을 보면 비인간 존재는 배제한 채 인간의 필요에 초점 맞춘 인간중심주의와 더 많은 성장을 전제로 하는 성장주의를 기반으로 한다는 비판도 있다. 특히 후자의 경우 경제성장과 환경보존의 동시적 실현에 대한 낙관적 기대는 성장주의의 낙관론에서 비롯된 것으로, 지속가능발전 개념 자체가 다른 의미로 전용되기 쉽도록 만든다.[3]

---

3 사실 지속가능발전(SD, Sustainable Development) 개념이 처음 소개될 당시에는 의미 전달을 정확하게 하고자 '환경적으로 건전하고 지속가능한 발전(ESSD, Environmentally Sound and Sustainable Development)이란 개념을 의식적으로 쓰기도 했고, 여기에 문화와 사회적인 차원을 더한 '환경적으로 건전하고 문화적으로 수용가능하고 사회적으로 정의로운 지속가능한 발전(ESCASJSD, Environmentally Sound Cultural Acceptable

이러다 보니 지속가능발전 논의의 등장 배경에 의문을 제기하기도 한다. 지속가능발전은 서구 경제발전 모델의 진화된 형태로, 북쪽 선진국의 남쪽 개도국에 대한 침략 의도가 내재되어 있다는 것이다.(Gupta, 2017: 1; Springett and Redclift, 2019) 여기에는 한 때 제3세계 입장에서 생태적으로 신중한 개발을 통해 환경과 개발의 조화를 실현하고자 한 '생태발전'(eco-development) 개념이 등장한 바 있었는데, 국제 무대에서 이 개념은 사라지고 그 자리를 지속가능발전 개념이 차지했다는 문제의식도 연결되어 있다.(Samir and Amina, 2023: 505)

한편, 지속가능발전의 실천을 가로막는 현실의 구조적 제약에 대한 비판도 있는데, 녹색전환의 측면에서 잘 살펴봐야 할 부분이다. 현실의 자본주의적 성장경제 체제는 지속가능발전을 가로막고 있으며,(Divrik, 2022) 그나마 수익성을 담보해야 추진이 허용이 되고, 비용이 많이 들고 단기적이고 가시적인 성과를 내기 어려운 영역의 지속가능발전은 실현되기 어렵다는 점이다.(Doğaner, 2002) 이런 본질적인 문제 제기의 결과로 탈성장과 같은 대안 담론이 등장하게 되었다.

3. 탈성장과 녹색전환에서 국가 역할

1) 탈성장론의 등장 배경과 과정
'탈성장'(degrowth)은 1972년 『성장의 한계』 보고서에 대한 후속 조치로

Social Justifiable and Sustainable Development) 개념까지 나오기도 했으나, 결국 다른 의미들은 대부분 사라지고 지금은 지속가능발전, 지속가능개발, 지속가능성장 등으로 개념이 혼용되고 있는 실정이다.

파리에서 열린 토론회에서 앙드레 고르(Andre Gorz)가 처음 사용한 용어로 알려져 있다.(Asara, et al., 2015)

탈성장 논의는 2000년대 들어서 본격적으로 등장하는데,[4] 그 배경을 살펴보면 다음과 같다. 먼저, 앞에서 다룬 바 있지만 대안적 발전 담론으로 등장한 지속가능발전론의 한계에 대한 인식이 탈성장론의 등장으로 이어졌다. 생태위기와 사회경제적 불평등이 확대되는 가운데 저성장이 구조화되면서 지속가능발전론이 강조해 온 경제와 환경의 조화는 환상이라는 것이 드러났다. 가상의 금융 경제에 의해 촉진된 글로벌 금융위기의 영향도 컸다. 이 과정에서 경제성장과 지속가능성의 모순적 관계를 강조하는 탈성장론이 힘을 얻게 되었고,(Asara, et al., 2015) '지속가능한 탈성장'(sustaniable degrowth) 이야기도 나오게 되었다.(Schneider, et. al, 2010)

또한 탈성장론의 등장에는 '성장의 한계'에 대한 새로운 자각도 큰 영향을 주었다. 인간 활동이 행성 지구의 지속 불가능성에 미치는 영향에 주목한 인류세 개념의 등장이 대표적이다. 특히 요한 락스트룀(Johan Rockstrom)의 '행성적 경계'(planetary boundaries) 개념에 주목할 필요가 있는데,[5] 성장

4　이때부터 탈성장(degrowth) 논의가 활발해지자 2008년에 이 용어가 영어 사전에 등재되었다고 한다.

5　'행성적 경계'(planetary boundaries)는 인류의 지속가능한 발전을 위해 반드시 보존해야 하는 영역들을 지구시스템과학을 통해 제시한 개념으로 '지구위험한계선'으로도 불린다. 환경 과학자 요한 락스트룀이 이끄는 연구팀은 2009년 Nature에 발표한 논문에서 인간 활동이 지구에 변화를 주는 생물리학적 경계를 '기후변화', '생물다양성 상실, '해양 산성화', '토지이용 변화', '질소·인 등 영양소의 생물지구화학적 순환', '담수 사용량,' 대기의 에어로졸 농도', '성층권 오존층 파괴', '화학물질 등 인간이 만들어 낸 신물질' 등 9가지로 구분하고, 이중 기후 변화, 생물다양성 상실, 생물지구화학적 순환 3개 항목이 이미 정상 범주의 한계선을 침범했다고 밝혔다. 이후 연구에서는 토지이용 변화를 새로 추가해 4개 항목이 정상 범주의 한계선을 넘었다고 했다. 그러다가 2023년 연구진은

의 한계에서 다룬 물리적 임계점에 이르기 전에 지구 생태계 시스템의 연쇄적 붕괴가 더 가까운 미래의 위기로 인식되면서 탈성장을 통한 전환의 목소리가 더욱 높아지기 시작했다.

〈표 9〉 '성장의 한계론'과 '탈성장론' 비교

구분	내용
성장의 한계론	· 자원의 유한성 등 생태학적 한계에 초점을 맞추고 기술 혁신과 대체 자원 강조 · 로마 클럽 등 글로벌 엘리트들의 후원과 지지를 통해 등장
탈성장론	· 민주주의, 정의 등 사회정치적 차원을 강조하면서 자본주의 이후 사회 적극 모색 · 세계화와 자본주의에 비판적인 풀뿌리 운동가들 중심으로 등장

출처: 페데리코 데마리아 등이 쓴 논문(Demaria, et, al, 2019) 434쪽을 재정리함

현재 탈성장 논의는 자본주의적 성장사회에 대한 비판을 넘어 탈자본주의 사회를 향한 전환의 영역에서 정치와 전략의 과제로 확장되고 있다.(Brossmann and Islar, 2020)

2) 탈성장론의 주요 내용과 전략

탈성장(degrowth)은 성장 체제 자체에 대한 본질적인 문제 제기를 통해 생산과 소비 규모의 축소를 이야기한다는 점에서, 기존 체제의 점진적 변화를 강조하는 녹색성장(green growth)과 포용적 성장(inclusive growth) 또

인류가 지속가능하게 생존하기 위해 지구 환경이 어디까지 버틸 수 있는지를 찾고자 기존 '행성적 경계' 개념을 수정해 '기후(기온 상승)', '자연생태계 면적', '지표수', '지하수', 도시·농경지 비율 '질소', '인', '에어로졸' 등 8개 지표로 정량화해 평가한 결과, 이중 '에어로졸'을 제외한 7개가 임계점을 넘어섰다고 Nature지를 통해 밝혔다. 여기에는 기후 변화가 미친 영향이 크게 작용했는데, 지구 시스템이 서로 연결되어 있는 만큼, 하나의 지표가 임계점을 넘어도 연쇄 효과로 다른 지표들을 무너뜨릴 수 있다는 점을 말해주고 있다.

는 환경과 복지를 개선해 경제적 안정성을 실현하려는 포스트 성장(post-growth)과는 차이가 있다.(Widuto, et. al., 2023)[6] '탈성장'은 단순히 마이너스 성장을 지지하는 것이 아니라, 소비 증대와 재화의 축적을 기반으로 하는 산업사회 성장 모델에서 벗어나 사회정의와 생태적 지속가능성을 높이자는 것이다. 따라서 경제불황(depression)과는 차원이 다른 개념으로, '좋은 삶'을 위해 성장과 경제의 역할에 대해 새롭게 인식하고 접근할 것을 강조한다.

탈성장은 경제성장과 관련한 생태학적 한계와 사회적 한계의 문제를 새로운 방식으로 다루려 한다.(Cosme, et al., 2017) 탈성장을 통해 생산과 소비의 규모를 공평하게 줄이면서 지역에서 지구적 차원까지 단기와 장기를 포함해 인간의 복지를 증진하고 생태적 조건을 향상시키려는 것이다.(Schneider, et al., 2010: 512) 이 점에서 탈성장은 '덜'(less)이 아니라 '다름'(different)에 중점을 둔다. 따라서 단순한 규모 줄이기(down-scaling) 차원을 넘어서, 성장 중심 사회와는 다른 생산과 소비, 생활양식, 다른 노동 형태, 다른 에너지 및 자원사용 방식, 비인간 세계와의 다른 관계 맺기 등을 이야기한다.(Kallis et al, 2014; Asara, et al., 2015)

탈성장은 의식적으로 규모를 줄이고 속도를 늦춤으로써 성장 중심 사회와는 질적으로 다른 사회로의 전환을 의미하는 것으로, 그 과정은 자발적이고 민주적이어야 한다.(Flipo and Schneider, 2008; Kallis et al, 2014) 문제는 인류 역사상 자발적으로 성장을 조절하고 줄인 전례가 없다는 점이다. 전환적

---

6 de-growth가 생태학적 한계를 고려한 경제 규모의 계획적 제한과 축소를 지향한다는 점에서, 성장 자체보다 GDP 지표의 한계에 비판의 초점을 맞추는 a-growth 와도 개념의 차이를 두고 있다.(Van den Bergh and Kallis, 2012)

상상력을 바탕으로 새 길 찾기가 필요하다. 이 점에서 탈성장 논의를 통해 성장 이데올로기에 도전하고 새로운 상상력을 키우고 확장해 가는 노력이 중요하다.(Kallis and March, 2015) 또한 억압과 강제가 아닌 생활과 노동, 시간에 대한 자기 결정과 자율적 관리 등 자발성을 기반으로 한 전환이 이루어져야 한다. 이를 위해서는 사회-생태적 한계에 대한 인식을 바탕으로 모두에게 좋은 삶을 위해 필요한 만큼만 소비하는 '충분성'(sufficiency)에 대한 자각(Demaria, et. al, 2019: 435)과 '자기 제한'(self-limitation)의 역할이 중요하다.(Asara, 2021) 이러한 관점에서 비롯된 자원에 대한 한계 설정, 부와 소득에 대한 한도 설정, 재분배적 세금, 보편적 기본소득, 노동시간 단축, 일자리 나눔, 경제활동의 재배치, 주요 경제 분야의 탈상품화, 공적 소유 강화 등의 탈성장 전략들은 이 책 후반부에서 다루게 될 녹색국가의 구상과 역할 설계에 중요한 시사점을 준다.

3) 탈성장론의 국가론 부재와 녹색전환의 과제

탈성장론의 문제의식이 본질적인 만큼 이에 대한 비판과 문제제기 또한 다양하다. 먼저, 성장을 극복하고자 하는 것이 탈성장인데, 개념적으로 탈성장이란 말을 사용함으로써 오히려 성장의 의미체계를 활성화한다는 비판이 있다.(마티아스 슈멜처 외, 2023: 42) 탈성장의 현실적 영향력도 살펴봐야 하는데, 탈성장이 자본주의 성장체제의 극복을 주장하지만 현실의 정치적 주류에서는 밀려나 있으며,(Büchs and Koch, 2019) 폭넓은 지지그룹도 아직 형성하지 못하고 있다.

이런 가운데 탈성장 관련 다수의 문헌들은 탈성장과 전환의 필요성을 강조하지만 현실에서는 왜 주변화되어 있는지, 실질적 전환을 위해 무엇이 필요한지에 대해서는 제대로 다루지 않고 있다.(Buch-Hansen, 2018) 현실을 지배하는 가치와 제도적 관성, 권력 관계 등 장애 요소에 대한 세밀한 분석이 뒷받침되지 못하다 보니 탈성장에서 제시하고 있는 다양한 대안들이 규범적 주장의 수준을 넘어서지 못하고 나열된 채 녹색전환으로 힘 있게 연결하지 못하고 있다. 필자는 탈성장론의 국가론 부재가 이런 현상의 주요 원인 중 하나라고 본다.[7] 사실 부와 소득의 상한선, 기본소득 체계, 노동시간 감축 등 탈성장 전략이 실현되기 위해서는 국가의 역할이 중요한데, 기존 논의에서는 제대로 다뤄지지 못했다.(Koch, 2022: 2) 최근 들어서 탈성장 전환을 촉진시키는 데 있어 국가의 역할을 인정하거나 지지하는 경향이 나타나고는 있으나 충분치는 않다.(Asara, et al., 2015: 378)

탈성장이 강조하는 에너지와 물질 사용량을 줄이고, 소득과 부를 재분배하고, 세계화된 자본주의와 초국적 기업의 강력한 영향력에 대응해서 지속가능성을 확보하기 위한 국가의 역할은 녹색전환에 있어서 매우 중요하다. 또한 기존 탈성장 논의가 자연과의 물질적 거래, 사람들 간 사회적 상호작용, 사회 구조 측면에 관심을 기울인 반면, 인간 의식 내면의 측면에 대한 관심이 부족했던 점도 녹색전환의 측면에서 짚어볼 지점이다.(Buch-Hansen and Nesterova, 2023) 탈성장에 있어 외부를 향한 사회적, 정치적, 물질적 상호작용의 실천뿐만 아니라 내면 세계, 개인의 자아와 관련된 실천도 매우 중요한 영역이다.[8] 성찰적이고 내면이 충만한 '좋은 삶'은 성장주의를 추동해 온 자기중심적이고 탐욕적이며 물질주의적인 경향에서 벗어나기 위한

---

7 국가론의 부재에는 탈성장이 자기 결정, 자기 관리, 자기 제한 등 자발성을 통한 접근을 강조해 온 전통도 영향을 준 것으로 보고 있다.

8 이와 관련된 보다 자세한 내용은 이 책 8장 1절의 '자아의 녹색화와 마음챙김의 역할' 부분을 참고하기 바란다.

자기 전환(self-transformation)이 있을 때 가능할 것이다.

3절 '소비주의'와 대안적 실천의 과제

1. 소비주의와 소비사회

환경·생태 문제와 관련해서 소비 문제를 다룰 때 대안으로 '녹색소비주의'(green consumerism)를 자주 이야기한다. 이런 주장의 취지를 이해는 하지만 녹색소비주의가 소비자들의 구매 선택 행위에 초점을 맞추면서 이것을 지탱하는 사회구조와 시스템의 문제를 제대로 짚어내지 못한다면 녹색전환의 측면에서는 한계가 있다.

녹색전환과 소비주의와의 관계를 살펴보기에 앞서 '소비'와 '소비주의', '소비사회' 등 개념부터 확인해 보자. 먼저, '소비'는 경제활동의 중요한 부분이며, 소비자가 재화와 서비스를 구입하고 사용하는 행위이자 생산으로부터 시작되는 경제활동의 마지막 단계에 해당한다. 한편 소비를 사회와 생태계로 확장해서 보면, 물질과 에너지의 소비를 통해 생명체에 필수적인 대사활동이 이루어지고, 개인과 사회적 삶이 연결되기도 한다. 녹색전환의 측면에서 '소비'가 문제가 되는 것은, 특정한 상황에서 인간의 소비 규모와 속도가 적정 수준을 넘어서 자원고갈과 생태계 파괴를 일으키기 때문이다. 이런 문제를 밝히기 위해 인간의 물질과 에너지의 소비 양태와 흐름에 대한 '사회적 신진대사' 분석과 현재의 소비 패턴을 유지하기 위해 얼마나 많은 토지가 필요한지를 보여주는 '생태발자국' 개념이 제시되기도 한다.

소비가 문제가 된 것은 20세기에 들어서 빠른 속도로 확산된 '소비주의'의

탓이 크다. 소비주의는 인간 생존과 사회적 필요를 해결하기 위한 소비의 의미를 감각적 쾌락을 얻기 위한 소비로 바꿔 놓았다.(이충한, 2022) 사람들을 왜곡된 형태의 소비에 몰두하도록 만드는 소비주의는 자본주의의 등장과 신자유주의적 세계화를 통해 형성된 소비사회를 기반으로 더욱 확산되었다. 소비가 행위이고 소비주의가 생활양식의 차원이라면, 소비사회는 구조와 시스템 차원의 문제다. 현대사회는 소비주의와 자본주의가 결합된 소비자본주의 사회다. 소비주의에 의존해서 자본주의가 생명력을 유지하고, 자본주의의 상품화와 욕망에 의해 소비주의를 확장해가면서 무한 소비를 동경하고 추구하는 소비사회를 만들어 왔다. 특히 2차 대전 직후 대량소비 양식이 전 세계로 확산되면서 대가속화 시대를 열었고, 이후 신자유주의적 세계화와 맞물려 소비사회의 영향력은 더욱 커져 왔다.

2. 지속 불가능성을 확대해 온 소비주의

현대 자본주의 사회에서 소비주의가 가진 영향력은 대단하다. 자본주의를 발전시키고 정당화시키는 소비주의가 종교의 현대적 대체물로 불릴 만큼 주술적 위력을 발휘한다는 이야기까지 나온다.(김진석, 2007: 42~43)

그런데 이 소비주의가 개인의 심리적 차원부터 사회구조 전반에 이르기까지 다양한 부작용을 일으키고 있어, 녹색전환을 통해 지속가능한 사회로 가기 위해서는 반드시 극복해야 할 과제로 지목되고 있다. 소비주의는 생태학적 위험을 촉발시키고 불평등을 강화한다. 또한 사람들의 존재론적 불안감을 확대하고 공동체적 연대 관계를 침식시키며, 사람들을 시민이 아닌 개인화 된 소비자로 만들어 버림으로써, 지속 불가능성을 증폭시킨다.(Barry, 2020)

현대 자본주의 사회를 작동시키는 힘의 바탕에는 '성장에 대한 강박적 집착'과 함께 '욕망을 기반으로 한 왜곡된 소비'가 자리한다. 성장에 대한 과도한 집착은 '성장에 대한 망상'(growth fetishism)으로도 불리는데,(클라이브 해밀턴, 2011) 이것은 사람들의 지속적인 욕구 불만족 상태에 나오는 욕망과 열망을 동력으로 삼는 소비자본주의의 특성에서 비롯된 것이다. 소비자본주의의 성장 체제는 사람들의 결핍과 욕망의 충족을 명분으로 내세우지만 실제로는 결핍과 불만족의 지속을 통해 성장 체제를 계속 유지시키는 구조를 가지고 있어 해결하기 어려운 자기모순을 갖고 있다.

'더 많은 것을 소유하고 소비하는 것이 좋고 바람직하다'는 생각은 인간 본성에서 비롯된 것이라기보다는 현대사회의 이데올로기의 산물이다. 소비주의는 끊임없이 세계를 상품화하고, 상품에 대한 인간의 욕망을 부추기며, 욕망 충족을 위해 상품 소비를 자극해 왔다.(이충한, 2022: 350) 소비가 중심 가치가 된 소비사회의 밑바탕에는 '물질적 결핍' 못지않게 '정신적 공허함'이 자리한다. 자본주의가 치열한 경쟁과 고된 노동, 삶의 소진에 따른 정신적 공허함을 만들어 내면, 이것을 새로운 상품에 대한 욕망과 연결해 쾌락적 소비를 부추긴다. 이것은 활력 충전보다는 또 다른 공허함을 양산하는 악순환의 굴레로 빠지게 해서,[9] '과소비', '과시적 소비', '낭비적 소비'로 이어지게 만든다. 현대 소비사회의 근본적인 문제는 왜곡된 소비가 삶에 대한 성찰을 가로막는 '사유의 무능'으로, 이것은 다시 타인에 대한 이해와 공감 능력을 약화시키는 '관계적 무능'과 시민의 공동의 선에 대한 고민과 자발적 참여를 약화시키는 '정치적 무능', 경쟁에서 승리하기 위해 자신을 소진

---

9   이런 현상을 두고 소비가 증가할수록 자본주의는 성장하지만 우리의 삶은 메말라간다는 지적이 나오고 있다.(이충한, 2022: 358)

시켜 경제 질서의 개선 능력을 약화시키는 '경제적 무능', 그리고 끝없는 상품화와 소비 과정에서 자연에 대한 감각과 책임을 약화시키는 '환경적 무능'을 만들어 낸다는 점이다.(이충한, 2022)

한편, 소비주의가 작동하는 현실의 불평등 문제도 짚어봐야 한다. 2차대전 후 급속한 산업발전과 함께 자원과 에너지가 대규모로 빠른 속도로 소비되면서 나타난 '대가속화' 시대는 미래의 지속가능성을 희생시킨 대가로 한 현대 소비사회의 '세대 간 불평등'의 대표적 사례다. 그런데 좀 더 자세히 들여다보면 지금의 소비사회가 국가 및 계층 단위를 아울러 '세대내 불평등'을 기반으로 한다는 점도 확인된다. 북반구 선진국가들이 누려온 대량생산과 대량소비 생활양식이 실제로는 남반구 저개발국들의 자원을 수탈한 대가로 한 것임을 의미하는 '제국주의적 생활양식'(imperial Lebensweise)[10] 논의가 대표적이다. 선진국들의 소비 중심적 생활양식에 내재된 불평등성 문제는 이미 여러 곳에서 제기되어 왔던 바다. 북아메리카와 서유럽에 살고 있는 세계 인구의 12%가 전 세계 소비지출의 60%를 차지하며, 미국인들의 평균 소비 수준을 지구상 모든 사람이 누리려면 지구가 세 개 더 필요하다는 주장 등이 그러하다.

탈성장론자들이 탈식민화를 강조한 배경에는 자원수탈형 생활양식을 보편화하고 확산시켜 온 북반구 선진국가들의 제국주의적 생활양식에 대한 문제의식이 자리한다. 그리고 소비사회의 불평등성은 해당 국가 또는 사회 내에서도 존재하는데, 남반구 저개발국가의 기득권 엘리트 집단과 중산층

---

10   독일 사회학자 울리히 브랜드(Ulrich Brand)와 마르쿠스 비센(Markus Wissen)의 2017년 저작인 "제국주의적 생활양식: 글로벌 자본주의에서 인간과 자연에 대한 착취에 대해'(Imperiale Lebensweise: Zur Ausbeutung von Mensch und Natur im globalen Kapitalismus)에서 처음으로 소개된 개념이다.

이 선진국가의 소비생활양식을 추종하면서 자국 내 계층 간 불평등성을 키우고 도시와 농촌 간 격차를 확대함으로써 상대적 박탈감을 기반으로 한 소비주의의 영향력을 확대시킨다.

3. 소비주의 극복을 위한 대안적 실천

오늘날 소비주의는 사람들의 기본 욕망과 깊숙이 연결되어 작동하고 있다. 그만큼 소비주의 극복을 위해서는 사람들의 인식과 가치, 삶에 대한 태도에서 변화가 일어나야 한다. 왜곡된 소비를 조장하는 현대 소비사회의 밑바탕에는 물질적 결핍 못지않게 정신적 공허함이 자리한다는 점에서, '의미 있는 삶'(meaningful life), '좋은 삶'(good life)에 대한 가치의 복원이 중요하다. 왜곡된 욕망, 성장 중독, 소비 중독에서 벗어나기 위해서는 삶에 대한 긍정적인 태도를 바탕으로 잃어버렸던 자제력을 회복함으로써 건강하고 소박한 삶을 살아가는 힘을 길러내야 한다. 그래서 '자발적 소박함'이야말로 소비사회에서 고갈된 정신적 풍요를 회복하는 삶의 방식이라는 주장도 나온다.(김일방, 2012: 210; 김완구, 2017: 134~136) 자발적 소박함은 가난이나 궁핍과는 차원이 다른 것으로, 보다 신중하고 계획적이고 목적 있는 삶을 사는 것이다. 자발적 소박함은 오늘날 지속가능성 위기 시대를 맞아 개인적인 차원의 실천을 넘어서 인류 전체의 지속가능한 미래를 위한 필수 불가결한 삶의 양식으로 적극 검토되어야 할 것이다.

한편, 성장률이 정체 또는 감소하더라도 인류의 소비가 기하급수적으로 계속 늘어나면 지구의 생명유지시스템은 무력화되고, 그렇다고 지금과 같은 사회 경제 시스템을 유지한 채 소비를 억제하면 경제 및 금융 시스템은 불안정해져 개인의 생활 안정도 위협받는 등 또 다른 지속 불가능성 문제가 생긴다. 이러한 딜레마를 해결하려면 결국 사회 구조 및 시스템 전반에 대한 전환적 접근이 있어야 한다. 오늘날 소비주의가 이윤을 우선하는 자본주의 시장경제 시스템의 '계획적 진부화'(planned obsolescence)[11] 기제와 과시적 소비를 자극하는 광고, 소비를 촉진하는 신용 체계 등을 통해 작동한다는 점에서도 시스템의 변화는 필수적이다.

　제도와 시스템의 변화는 자발적 소박함을 비롯해 사람들의 인식과 가치, 삶의 태도 변화가 좀 더 효과적으로 일어나고 지속하도록 만든다. '소박한 삶'이 대안적 생활양식으로 자리 잡도록 노동시간 단축을 위한 제도적 변화도 중요하다. 노동시간을 줄임으로써 좀 더 의미 있고 가치 있는 삶에 관심을 기울이고 시간을 할애할 때, 과잉 소비, 왜곡된 소비도 줄여나갈 수 있다. 노동시간의 단축과 소박한 삶을 통해 시간 빈곤에서 해방될 때 인간과 인간, 인간과 자연과의 관계를 회복하고 지속가능한 미래를 위한 활동에 더 적극적으로 참여할 수 있을 것이다.

　나아가 소비 행위의 전환적 가능성에 주목해서 지속가능한 방향으로 사회 구조와 시스템을 바꿔내는 일을 해나가야 한다. 녹색소비(green consumption), 지속가능한 소비(sustainable consumption) 등 대안적 소비의 중요성이 강조되고 있는데, 이것이 개인적 실천에 그치지 않고 사회적 영향력을 발휘하기 위해서는 구매력이 있는 소비자들의 결집된 힘이 중요하다. 긍정적인 방향으로 소비자들의 힘을 결집시켜 적극적인 구매운동 또는 불매운동, 기업 감시 및 압력행사, 여론 형성 등의 활동을 통해 생산 영역을

11　생산 기업들이 계획적으로 제품의 수명을 단축시키거나 수리를 불가능하게 만들어 신규 수요를 창출하는 행위로, '의도적 노후화'로 불리기도 한다. 이러한 행위가 기업의 이윤추구 논리로서 합리적이라 하더라도 지속 불가능성을 확대, 심화시킨다는 점에서 생태적으로 비합리적이라는 비판을 받는다.

변화시키고, 제도와 시스템의 변화를 만들어내야 한다. 마침 정치적 신념과 결합된 소비 행위를 통해 사회 변화를 만들어내려는 활동을 일컫는 '정치적 소비주의'(political consumerism)가 SNS 등 소통 채널을 기반으로 확장되면서 소비자의 전환적 역할 가능성도 커지고 있다.

4절 '민주주의'의 딜레마와 생태민주주의 역할

1. 환경·생태 문제와 민주주의를 둘러싼 다양한 시선들

일찍이 정치생태학자 로버트 구딘(Robert Goodin)은 환경과 민주주의가 본질적으로 모순 관계에 있다고 지적한 바 있다. 절차를 옹호하는 민주주의로는 실질적 결과가 필요한 환경적 가치를 보장하기 어렵다는 것이다.(Goodin, 1992: 168) 물론 이런 주장이 올바른 결과를 민주적 논의에 앞세운다는 점에서 우려를 표하는 사람도 있다.(Swyngedow, 2011) 이처럼 환경·생태 문제와 민주주의의 역할을 둘러싸고 다양한 입장이 존재해 왔다.

생태문제 해결에 있어 민주주의의 긍정적 역할에 주목하는 사람들은 민주주의의 개방성과 투명성, 자유로운 정보 소통이 시민들의 자발적 생태 인식을 높이고, 정부로 하여금 문제 해결에 책임 있게 나설 수 있도록 만든다는 점을 강조한다.(Dryzek, 2013; Eckersley, 2004; Pickering, et. al., 2020) 반면, 생태문제에 대한 통합적이고 효과적인 해결책을 민주주의가 오히려 가로막는 다는 비판적 시각도 있다. 현대 생태문제의 복잡성은 점점 더 커지고 있는데 지금의 민주주의 시스템은 단기적인 우선순위에 집중하게 만들고,(Fiorino, 2018) 지속가능성을 향한 영향력도 제대로 발휘하지 못한다는 것이다.(Eckerberg and Lafferty 1997; O'Riordan and Voisey 1997)

이런 인식의 차이는 지속가능성 문제의 해결 방식을 둘러싸고 더욱 뚜렷하게 나타난다. 민주주의를 문제의 일부로 보고 제한할 것인지 아니면 해결의 기본조건으로 보고 더욱 확장, 심화시킬 것인지를 놓고 의견이 분분하다.(Wilks-Heeg, 2014) 환경·생태 문제와 민주주의와 관련된 논의의 주요 흐름을 살펴보면 다음과 같다.

1) 생태권위주의

생태권위주의는 생태문제 해결에 있어 엘리트 전문가와 권위주의 정부의 역할을 강조한다.[12] 생태문제에 대한 일반 대중의 정보와 인식이 부족한 만큼, 전문가들이 권한을 갖고 이들을 대신해 판단하고 결정하는 등 책임 있는 역할을 해야 한다는 것이다. 또한 생태문제의 해결을 위해 생산과 소비, 생활 수준을 줄이고 부담과 책임을 더 많이 지우는 정책은 인기도 없고 대중의 동의를 얻기도 어려운 만큼, 문제 해결을 위해 권위주의적인 정부가 책임있게 나설 것을 강조한다.(Wilks-Heeg, 2014)

이런 생태권위주의 입장은 일찍이 1970년대부터 소위 '생존주의자들' (survivalist)을 중심으로 나타났다.(Hammond and Smith, 2017: 3) 대표적으로 『공유지의 비극』[13]을 저술한 가렛 하딘(Garrett Hardin)(1968), 『인구 폭탄』을 주장한 폴 에를리히(Paul Ehrlich)(1971), 『성장의 한계』를 통해 자원 부족 문

---

12 이런 입장의 생태권위주의자를 드라이젝은 생태홉스주의자(eco-Hobbesians)로 부른다.(Dryzek, 1987)

13 공동 소유의 목장에 가축을 과도하게 방목하는 개개인의 합리적 행동의 결과가 환경오염과 자원고갈 등으로 집단적 파멸을 가져다주는 현상을 말한다.

제로 나타나게 될 사회적 혼란과 국민적 희생을 줄이기 위해서는 권위주의 정권의 역할이 필요하다고 한 로마클럽(Club of Rome)(1972) 등이 있다. 자유주의 산업사회의 개인주의적이고 이기적 특성으로는 환경적 재앙을 해결하기 어려운 만큼 효과적으로 복종을 이끌어내는 정부가 유일한 선택지라고 한 로버트 하일브로너(Robert Heilbroner)(1974), 생태적 자원부족 문제는 자유주의 정치로는 해결이 어렵고 '계몽된 비민주적 리더십'(enlightened nondemocratic leadership)이 필요하다고 주장한 윌리엄 오풀즈(William Ophuls)(1977), 단기적인 선거 주기에 맞춰 결정을 강요하는 기존 민주주의는 장기적인 관점에서 생태위기에 대한 대응을 방해하는 만큼, 환경 엘리트의 역할이 중요하다고 한 한스 요나스(Hans Jonas)(1984)도 생태권위주의의 필요성을 강조한 사람들이다.

하지만 이런 생태권위주의 입장에 대한 비판도 적지 않은데, 정치적 자유와 소통이 부족한 권위주의 국가에서는 생태문제를 의제화할 수 있는 메카니즘이 부족하고, 시민들의 관심과 참여도 위축될 수밖에 없으며, 권위주의 지도자들은 생태문제에 책임지기보다 오히려 개발 이익 추구를 통해 자신의 정당성 기반을 다지려는 경향이 크다는 것이다.

2) 민주주의 확장과 녹색화 시도

1980년대 후반 이후 세계 정치시스템은 민주주의를 향한 비가역적인 발전이 이루어졌으며, 1990년 동구권 사회주의 붕괴와 함께 소비에트 블록의 중앙집중식 계획경제의 환경 파괴 실상이 드러나면서 생태권위주의는 점차 설득력을 잃게 되었다.(Shahar, 2015)

결국 생태문제에 대처하는 현실적 방법은 권위주의가 아니라 더 많은 민주주의와 민주주의의 녹색화로 미래 세대와 목소리를 내지 못하는 자연의 이익을 균형 있게 대변하는 방법을 찾게 되었다.(Arnold, 2018) 미래세대와 이웃 시민들을 포함하는 선거구 개편(Dobson, 1996: 125)이나, 환경 및 복지 단체가 정부, 기업, 노조와의 원탁 심의에서 대표성을 확보할 수 있도록 하기 위한 '생태적 조합주의'(ecological corporatism)(O'Riordan, 1996: 150) 등이 그 예라 할 수 있다.

생태문제 해결에서 민주주의는 많은 장점을 가지고 있다. 민주주의는 언론 자유와 함께 대중의 생태적 알 권리를 보장하고, 소통과 교육, 홍보 활성화를 통해 생태학적으로 현명한 판단을 도우며, 정부가 생태문제에 책임을 갖고 대응할 수 있도록 사회적 압력을 높이는 역할을 한다.(Payne, 1995)[14] 여기에는 환경운동의 대중화와 함께 교육받은 중산층이 자기 삶과 건강과 관련된 문제를 스스로 판단하고 결정하려는 욕구가 높아진 점과 이것을 정치적 의제로 연결시키는 민주 국가의 선거제도와 정당제도도 한몫 했다. 이처럼 민주주의는 시민들의 생태적 의식과 책임감은 물론 정책 결정에 대한 수용성을 높이고, 나아가 국경을 넘어선 지구적 생태문제에 대한 국제적 협력 가능성도 높이는 역할을 하는 것으로 평가를 받게 되었다.

3) 지속가능성 위기와 신권위주의의 부활

그런데 2000년대 들어 동전의 양면 관계로 추진되어 오던 민주화와 녹색화는 기후위기 등 생태문제의 지구화로 지속가능성이 위기를 맞으면서 새로운 도전에 직면하게 되었다. 여기에다 민주주의가 후퇴하고 자국 이익을

---

14   실제로 민주주의의 질이 높고, 부패가 적으며, 민주적 제도의 역사가 길수록 환경·생태문제에 더 잘 대처한다는 경험적 증거를 밝힌 연구들도 있다.(Fredriksson & Neumayer, 2013)

앞세운 국가 간 경쟁이 심화되면서 정치적 지속 불가능성까지 커졌다. 시민들의 정치적 참여에 대한 효능감이 떨어지고, 유권자로서 정치에 대한 불신이 커지는 가운데, 지배 집단은 이런 상황을 기득권 유지의 발판으로 삼는 경향도 나타났다. 갈수록 심화되는 경제적 불평등은 소득 불평등, 교육 불평등, 건강 불평등으로 이어져 불평등을 다음 세대로 대물림하게 되고, 저성장의 장기화와 고착화 속에서 고용과 소득, 생계 불안에 놓인 사람들은 각자도생(各自圖生)의 길을 찾으면서 지속가능성 위기에 무방비 상태로 노출되기에 이르렀다.

이처럼 지속가능성 위기가 확대되는 가운데 현실의 민주주의가 한계를 드러내자 권위주의가 새롭게 주목받게 되었다. 민주주의가 권위주의보다 이론적으로 우월하더라도 긴급한 조치가 필요한 문제에 신속한 해결책을 제공해 주지는 못한다는 비판도 나왔다.(Wilks-Heeg, 2014: 13; Hammond and Smith, 2017) 특히 기후위기 문제의 경우 필요한 모든 가용 자원을 동원해야 하는 비상사태인데, 기후 재앙을 막기 위한 신속하고 전면적인 대응을 하기에는 민주주의가 요구하는 절차와 합의 과정이 너무 느리고 번거롭다는 것이다. 따라서 민주적 권리를 일시 중단하고 기업을 전시적 통제에 종속시키는 등 전면적인 비상조치를 시행해야 한다는 주장도 나왔다.(Frankel, 2021: 1) 가이아론을 주장한 제임스 러브록(James Lovelock) 역시 아무리 훌륭한 민주주의 국가라도 대규모 전쟁이 다가오면 민주주의를 당분간 보류해야 하듯이, 기후변화도 전쟁만큼 심각한 문제가 될 수 있어 민주주의를 잠시 보류해야 할 수도 있다고 하였다. 예외적 상황에서는 예외적 대책이 필요하다는 것이다.(Lovelock, 2010)

이처럼 기후위기 등 지속가능성 위기가 심각해질수록 문제 해결의 시급성도 더 커지게 되고, 그만큼 강력한 권위주의적 해결책을 강조하는 목소리가 다시 힘을 얻게 되었다.(Shearman and Smith, 2007) '녹색 리바이던'(green leviathan), '기후 레닌'(climate Lenin), '지속가능성의 독재'(dictatorship of the sustainment), '녹색정권'(Green Junta)[15] 등 소위 신생존주의자(neo-survivalist)를 중심으로 한 신권위주의 국가가 다양한 이름으로 호명되고 있다.(Wells, 2007: 208; Chen and Lees, 2018)

이와 함께 권위주의 체제에서 핵심 역할자로 과학전문가 또는 기술엘리트의 역할을 강조하는 목소리도 나온다.(Shearman and Smith, 2007: 2; Stehr, 2015: 449) 주목할 점은 2020년부터 전 세계가 코로나19 팬데믹을 경험하면서 중앙집권적이고 권위주의적인 체제가 위협과 재앙에 더 효과적으로 대처할 수 있다는 믿음이 확산되면서, 인류세 시대에 지속가능성 위기에 대한 국가의 결단력 있는 행동을 지지하는 경향도 커진지고 있다는 점이다.(Blühdorn, 2022: 476)

4) 민주주의 확장과 심화를 위한 새로운 도전

하지만 앞에서 생태권위주의의 한계를 지적했듯이, 아무리 당면한 과제가 중대하고 긴급하더라도 문제 해결자로 나선 권위적 주체가 책임 있게 역할을 하도록 누가 어떻게 견제하고 견인할 것인지는 중요한 질문으로 남아있다. 지배 엘리트 집단이 권력과 자원의 다수를 점유하고 있는 만큼 생태문제로 인한 피해로부터 벗어날 수 있는 기회와 수단도 이들이 더 많이 가지고 있어 책임을 회피할 가능성이 높기 때문이다.(Arnold, 2018) 게다가 권위주의 체제는 열린 소통과 성찰, 학습을 통해 사전예방적이고 창조적인 대

---

15   훈타(Junta)는 원래 스페인에서 모임, 위원회를 뜻했는데, 이후 정치, 군사적 권력을 가진 집단 또는 정권을 의미하는 개념이 되었다.

응을 오히려 방해할 가능성이 크다.

결국 지속가능성 위기에 한계를 드러내는 것은 민주주의 자체가 아니라 의사결정을 왜곡시키는 현실의 지배구조에 있는 만큼, 민주주의의 축소나 제약이 아니라 민주주의의 확장과 심화, 새로운 형태의 민주주의 개발이 필요하다.(Wilks-Heeg, 2014) 결국 기후위기 비상사태에서도 민주주의는 제대로 작동해야 한다. 기후위기 문제는 유권자 시민 한 사람 한 사람의 생산-소비-생활방식과 밀접히 연관되어 있으며, 기후위기의 영향 또한 시민들의 삶과 생존에 직접적으로 미치고 있는 만큼, 기후위기의 지속가능한 해결은 시민들의 폭넓은 공감과 지지, 참여가 있어야 가능하다. 만약 민주주의를 기반으로 한 시민적 역량이 제대로 뒷받침되지 않으면 지속가능성을 위한 그 어떤 노력도 언제든지 위축되고 퇴행할 가능성이 높다. 기후위기의 재난 상황에서 우리의 삶과 미래를 구원하는 길은 시민들의 자발적 연대와 협력에 있다는 점을 분명히 하고, 녹색전환과 민주주의의 관계를 분명히 하고 국가의 전환적 역할을 찾아내야 할 것이다.

2. '민주화'와 '녹색화'의 재결합을 통한 생태민주주의 모색

국민 다수의 뜻에 따라 의사결정이 이루어지는 시스템으로 운영되는 현대 민주주의는 소수 기득권 집단의 권력 전횡을 방지하는데 매우 유용하다. 그런데 이 민주주의 시스템이 기후위기와 같은 생태학적 문제에 직면해서는 그 유효성과 정당성이 심각하게 도전받는다. 당면한 생태위기 문제의 근본 원인으로 지속적인 성장을 추구해 온 가치 체계와 생산 및 소비 양식이 지목되고 있지만, 대다수 사람들은 이것을 당연시 한 채 자신의 욕망과 열망을 투여하면서 살아가는 것이 지금의 현실이다. 이런 상황에서 즉자적으로 표출된 '국민 다수의 뜻'을 있는 그대로 의사결정에 반영하려는 현대 민주주의 시스템은 생태학적으로 결함을 가질 수밖에 없다.

또한 현대 민주주의와 정치구조는 4~5년 주기의 선거제도와 결부되어 단기적이고 가시적인 성과에 초점을 맞춘 '시간적 제약'과 국민국가의 범주에 머물러 온 '공간적 제약'으로 인해, 장기적이고 지구적인 차원의 생태문제를 다루는데 한계가 있다. 생태문제 자체가 가진 높은 불확실성과 복잡한 인과관계 및 이해관계로 인해 시민들로부터 합의를 이끌어내기가 쉽지 않고, 참여주체 간 권력 불균형 문제도 무시할 수 없다.(Wilks-Heeg, 2014: 4~6) 이런 상황에서 생태위기로 인해 지속가능성 문제가 핵심 과제로 등장하자 민주주의의 혁신과 재창조에 대한 이야기가 나오기 시작했다. 전제적 권력으로부터 인권과 자유를 보장하기 위한 자유민주주의와 사람들의 공평하고 안정된 삶을 보장하기 위한 사회민주주의를 거쳐온 '민주화' 프로젝트가 지속가능성 위기 시대를 맞아 '녹색화' 프로젝트와 새롭게 만나야 한다는 것이다.

〈그림 3〉 민주적이고 지속가능한 전환 경로

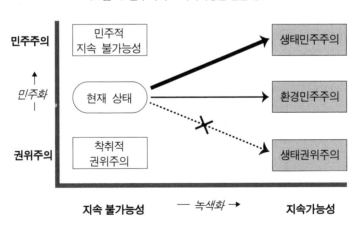

출처: 조나단 피커링 등이 쓴 논문(Pickering, et al., 2022) 3쪽을 참조해 재구성함

민주적이고 지속가능한 전환의 경로에서 '환경민주주의'와 '생태민주주의'를 만나게 된다. 하지만 녹색전환을 위해서는 이들 각각에 대한 명확한 개념 구분이 필요하다. 이것은 이 책에서 환경국가와 녹색국가를 구분하는 이유와도 연결이 된다.

환경민주주의(environmental democracy)는 지속가능성 실현을 위해 기존 자유민주주의 제도의 개혁만으로 충분하다고 보는 반면, 생태민주주의(ecological democracy)는 좀 더 근본적이고 전면적인 전환을 이야기한다.(Eckersley, 2020; Pickering, et al., 2020) 환경민주주의는 '녹색자유주의'(green liberalism)(Wissenburg, 1998) 또는 '자유주의적 환경주의'(liberal environmentalism)(Bernstein, 2001) 계열에 속하는데, 생태민주주의는 이러한 방식으로는 사회-생태적 전환이 '유리 천장'에 부딪힐 것이라고 비판하면서, 지속가능성과 민주주의를 동시에 진전시키는 이중적 전환 노력이 필요하다고 강조한다.(Hausknost and Hammond, 2020; Blühdorn, 2020).

〈표 10〉 환경민주주의와 생태민주주의 비교

		환경민주주의	생태민주주의
지향	인간/비인간 가치	인간중심적	생태중심적
	자유민주주의	우호적 비판	근본적 비판
	변화	(개량주의적) 생태근대화	(급진적) 생태적 전환
	제도 및 행위자	국가 및 다층적 시스템 내에서 역할 (개량된) 자본주의와 화해 적극적 파트너로서 시민사회	기존 국가와 다층적 시스템 비판 자본주의 비판 저항/반대/비판으로서 시민사회
실천적 사례		사람을 위한 실체적이고 절차적인 환경권 환경거버넌스에 시민사회의 참여와 파트너십	자연/생태계에 대한 법적/헌법적 권리 급진적 풀뿌리 환경운동 지속가능한 물질대사

출처: 조나단 피커링 등이 쓴 논문(Pickering, et al., 2020) 4쪽

이런 개념 구분에도 불구하고 현실에서는 환경민주주의를 생태민주주의를 향한 디딤돌로 삼아야 한다는 주장처럼(Pickering, et. al., 2020: 5) 녹색전환을 설계할 때는 이들 각각의 특성이 상호 보완적인 관계를 시너지 효과를 발휘할 수 있도록 해야 한다.(Eckersley, 2019: 17; Pickering, et. al., 2020) 물론 이것 역시 환경민주주의에서 생태민주주의로의 전환에 대한 분명한 방향 설정과 노력이 뒷받침될 때 유효할 것이다.

생태민주주의로의 전환을 위한 방안으로 크게 '경계 넘어서기'와 '참여의 질적 심화'를 들 수 있다. 먼저, 생태민주주의는 생태적 한계와 행성적 경계에 대한 명확한 인식을 바탕으로 하면서(Pickering, et. al., 2020) 인간과 비인간 사이의 '존재론적 경계'와 관할 구역의 '공간적 경계'를 넘어서는 것이다. 생태민주주의를 통해 민주적 권리를 비인간 자연과 미래세대까지 확장하고,[16] 국경을 넘어서 글로벌 거버넌스 체계를 작동시킨다는 것이다. 이 점에서 생태정치학자 존 드라이젝(John Dryzek)은 생태민주주의를 '경계 없는 민주주의'(democracy without boundaries)라고 부른다.(Dryzek, 2013: 238)

또한 생태민주주의를 위해서는 참여의 양적 확대를 넘어 질적 심화가 있어야 한다. 기존 정치제도에 대한 불신이 참여적 직접민주주의에 대한 요구로 나타나고 있는데, 이것이 오히려 지속 불가능성을 확대시킬 우려도 현실적으로 존재한다. 그래서 직접민주주의가 민주주의와 지속가능성 사이의 잠재적 긴장 관계를 제대로 보지 못한다는 비판이 나온다.(Frankel, 2021: 6~7) 따라서 참여의 질적 전환을 위한 '숙의민주주의'(deliberative democracy)

---

16 여기서 권리의 확장은 절차적 측면에서 비인간 자연과 미래세대의 이해를 대변하는 사람들을 통해 이루어지는 것을 말한다.

의 역할이 중요하다.[17] 숙의민주주의는 서로 상충하는 이해관계, 가치관, 세계관 문제나 선거 주기와 통치 범위를 넘어서는 장기적이고 지구적인 문제를 다루는 데 적합한 모델로 주목받고 있다.(Torgersson, 1999: 158; Smith, 2003; Eckersley, 2004: 117; Niemeyer, 2013; Stevenson & Dryzek, 2014; Blue, 2015) 숙의민주주의가 특히 녹색의 가치와 지속가능성 문제를 다루는 데 적합하다고 평가받는 이유는, 숙의민주주의의 개방적이고 포용적인 토의 과정이 녹색의 가치를 더 잘 드러내 줄 뿐만 아니라, 선호의 전환을 통해 대중의 생태시민 의식을 발전시켜 주며, 의사결정 과정에 전문가의 판단[18]과 시민의 참여를 연결시켜주는 역할을 해낼 수 있다는 기대 때문이다.(Arias-Maldonado, 2007: 235~245; Torney, 2021: 381)[19]

물론 녹색전환을 위한 생태민주주의의 역할과 관련해서 숙의민주주의가 만병통치약일 수는 없다. 숙의민주주의 또한 현실에서 작동하는 데 약점이 있다. 시민들 모두가 동등한 숙의 능력을 가지지 못함으로써 숙의 과정에서 선택적 배제가 일어날 수 있다는 점은 에코페미니스트의 중요한 비판 지점으로,(Young, 1996: 123) 참여의 질적 심화를 뒷받침하기 위한 구조 변화와 제도적 기반 조성 등의 조치가 뒤따라야 할 것이다.

---

17   시민배심원단, 시민협의회, 타운미팅, 합의회의, 숙의 포럼 등은 숙의민주주의의 대표적인 운영 방식이다.

18   여기서 전문가의 역할은 시민들의 눈높이에서 숙의 과정을 뒷받침하는 데 초점이 맞춰지는 것으로, 권위주의 모델에서의 전문가 역할과는 성격이 다르다.

19   드라이젝은 숙의 과정이 자연 세계의 말 못하는 존재들의 침묵 또는 신호에 민감하게 주의를 기울이도록 함으로써 비언어적 소통의 가능성을 열어준다고 보고 있다.(Dryzek, 1995: 21; 2002: 149)

3. 생태민주주의와 녹색국가 역할

녹색국가는 녹색전환을 위해 '국가의 녹색화'와 '국가를 통한 녹색화'라는 이중적 과제를 풀어야 한다. 이와 관련해서 생태민주주의와 녹색국가의 관계와 역할을 살펴보자.

지금까지의 국가와 민주주의 제도는 화석연료를 기반으로 한 산업사회 성장 체제가 만들어 낸 물질적 토대를 바탕으로 작동해 왔다. 유한하고 재생 불가능한 자원의 무분별한 전용과 착취, 생태계 파괴를 통해 지속가능성 위기를 초래한 데는 현대 국가와 민주주의 모두 '공모자'였다. 이런 상황에서는 생태계 보존과 지속가능성에 대한 국가의 의무를 이야기해도 기존의 경제성장과 민주적 정당화 의무가 허용하는 수준을 넘어서기가 쉽지 않다. 민주주의 또한 지속 불가능한 정치의 도구가 되어 지속가능성 위기에 대한 해결 보다는 녹색전환을 가로막는 '유리천장' 역할을 하게 된다.(Hausknost, 2017; Blühdorn, 2020) 이 점에서 국가의 녹색화와 민주주의의 녹색화가 중요하며, 이 둘은 서로 밀접한 관계가 있다.

녹색국가의 정당성은 시민사회의 지지를 바탕으로 하는 것으로, 녹색전환을 통한 지속가능성 실현도 시민들의 자발적 책임성을 통해 이루어지는 것이 가장 바람직하다. 권위주의적 국가를 통해 생산과 소비 영역에 강제력을 행사하고 시민들에게 특정한 삶의 방식을 강요하는 것을 정당화했던 생존주의자들의 방식은 지금 시대에 녹색전환을 위한 국가의 역할로는 한계가 있다.

문제는 권위주의적 해법에 의존하는 것이 한계가 있다고 해서 기존의 가치와 생활양식을 그대로 둔 채 민주적 과정을 통해 시민들의 참여를 확대하는 방식은 오히려 지속 불가능한 결과를 초래할 수 있다는 점이다. 현실을 지배하는 가치와 문화, 시스템에 지속 불가능성 요인이 내재되어 있다는 점에서, 주어진 선호를 동일한 가치로 취급해 의사결정 과정에 반영하기 위한 기존 민주주의 방식으로는 지속가능성 문제를 다루기 어렵다. 여기에는 대의민주주의는 물론 직접민주주의와 참여민주주의 모두 해당된다. 권위주의의 비민주적 해법과 생태학적 결함이 있는 기존 민주주의를 놓고 선택을 해야 하는 불행한 딜레마 상황에서 벗어나기 위해서는 숙의 과정을 기반으로 생태민주주의를 확대 발전시켜야 한다.

녹색국가는 생태적 합리성과 생태민주주의를 기반으로 한다.(Eckersley, 2004) 생태민주주의의 학습과 교육, 토의 과정을 통한 선호의 전환과 시공간적으로 확장된 인식[20]을 바탕으로 한 생태적 시민(ecological citizenship)들이 많이 등장할 수 있도록 뒷받침하는 것이야 말로 녹색국가가 해야 할 중요한 역할이다. 그 방안의 하나로 지속 불가능한 현실을 자각하고 녹색전환의 방향을 탐색해가는 '녹색 공론장'(green public sphere)이 활성화될 수 있도록 보호, 육성해야 한다.(Barry, 1999: 226; Torgersson, 1999; Dryzek, et al, 2003) 사회의 다양한 영역과 수준에서 녹색 공론장이 만들어지고 활성화 될수록 국가와 시민사회의 상호 관계성은 높아지고, 이것을 통해 국가는 지속가능성 문제에 대해 더욱 성찰적이고 책임있게 반응할 수 있게 된다.(Eckersley, 2004: 164) 지속가능한 사회로의 전환을 위한 녹색국가의 역량과 책임은 성찰적 시민사회와의 긴밀한 관계를 통해 발휘되기 때문이다.

---

20 "지구적으로 생각하고 지역적으로 행동하라, 미래를 생각하고 지금 행동하라"(think globally act locally, think future act now)는 메시지가 대표적인 예라 할 수 있다.

제4장 녹색전환 영역과 국가 역할 탐색

—

이 장에서는 녹색전환의 주요 영역인 '복지'와 '과학기술', '농업'과 '인구' 문제에 대한 전환적인 관점과 접근을 강조하면서 국가의 역할을 새롭게 찾아본다. 생태적 상한선과 사회적 최저선 사이에서 대안을 찾아가는 데 있어 복지와 과학기술의 공공성과 생태적 가치를 높이는 방안과 함께, 기존의 전환 논의에서 상대적으로 소홀히 다뤄졌지만 매우 중요한 영역인 농업과 인구 문제에 대한 국가의 지속가능한 역할을 찾는다.

녹색전환의 과제(3장)와 영역(4장)에 대한 검토 과정에서 확인된 특성과 과제, 가능성들은 이후 다루게 될 한국의 녹색국가 구상에 있어 의미 있는 시사점을 제공해 줄 것이다.

1절 생태복지와 국가 역할

녹색전환이 사람들의 자발적 동의를 통해 민주적으로 이루어지려면 '복지' 문제가 중요하게 다뤄져야 한다. 갈등과 저항을 줄이면서 신속하고 효과적인 전환이 가능하려면 생태적 상한선과 사회적 최저선 사이에서 지속 가능하게 살아갈 수 있다는 희망과 믿음이 필요한데, 이를 위해서는 안정적인 삶의 조건을 만들어내는 복지의 실현이 중요하기 때문이다. 다만 전통적인 복지가 지속 불가능성을 만들어 온 성장경제에 의존해 왔다는 점에서 녹색전환의 관점에서 복지의 의미와 역할을 새롭게 살펴볼 필요가 있다.

1. 복지국가와 녹색국가의 공통점과 차이점

먼저, 비교적 익숙하게 알려진 복지국가와 앞으로 탐색해 나갈 녹색국가 사이에는 어떤 공통점과 차이점이 있는지부터 살펴보자.[1]

---

[1] 여기서 녹색국가와 비교 검토 대상으로 삼은 것은 서구 선진국가들의 복지국가 모델로, 우리나라는 1997년 IMF 경제위기 이후 복지 영역이 많이 확장되어 오긴 했지만 복지국가를 우리의 국가 모델로 삼을 만한 수준은 아니다.

1) 복지국가와 녹색국가가 공유하는 특성들

국가 역할의 축소를 강조해 온 신자유주의 논리와 달리 복지국가는 시장과 시민사회에 대한 국가의 적극적인 역할을 강조한다는 점에서, 녹색전환을 위한 국가 역할을 강조하는 녹색국가와 상대적으로 친화성이 높다. 복지국가와 녹색국가 모두 이윤 추구와 상품화 논리를 앞세운 시장의 부정적 외부효과를 감소시키는데 뜻을 함께 한다.(Meadowcroft, 2005) 이런 이유로 시장자유주의를 기반으로 한 국가보다 복지국가가 녹색국가로의 전환에 더 유리하다는 주장이 나오기도 한다.(Gough and Meadowcroft, 2011; Meadowcroft, 2005) 그 내용을 구체적으로 살펴보면 다음과 같다.

첫째, 복지국가의 발달 수준이 높을수록 환경에 대한 투자도 많이 하고 그만큼 환경적 성과도 높으며,[2] 복지국가의 사회정책 추진 기반이 잘 갖춰져 있을수록 환경 정책의 추진도 수월하다.[3] 또한 자유주의 국가에 비해 선진 복지국가의 생산과 노동, 소비 영역에서의 탈상품화 가능성이 더 커서 녹색전환에 유리한 환경을 만들어준다.

둘째, 복지국가의 정당화 기반이 자유주의 국가 보다 녹색국가로의 전환에 더 적합하다.(Duit 2016) 녹색전환을 위해 국가가 시장에 개입하고 세금 등으로 사회적 부담을 요구하는 정책을 추진할 때, 국가의 시장 개입에 대한 거부감이 큰 자유주의 국가 보다 복지국가 경험이 있는 사회에서 사회적

2　물론 이런 주장에 대해 선진 복지국가가 앞선 경제적 성과를 기반으로 하는 만큼, 이들이 만들어 낸 환경적 성과는 복지국가 자체의 역할보다는 상대적으로 우월한 물질적 조건에 따른 것이라는 비판이 가능하다.

3　김수진은 복지국가를 자유주의 복지국가, 사민주의 복지국가, 조합주의 복지국가로 세분화해서 살펴본 후 자유주의(앵글로색슨 국가) 보다 사민주의(노르딕 국가)와 조합주의(유럽 국가) 형태 복지국가의 환경성과가 더 높다는 것을 밝히고 있다.(김수진, 2020)

부담을 감당해야 할 정책 결정에 대한 시민들의 동의와 수용 가능성이 더 높다.(Koch and Fritz, 2014: 14)

셋째, 복지국가가 시장의 부정적 외부효과에 대한 해결을 요구하는 대중의 압력에 국가가 반응하고 대응하는 과정에서 등장한 만큼, 녹색전환을 위한 시민사회의 요구에 국가가 책임 있게 반응할 가능성이 자유주의 국가들보다 상대적으로 더 크다.

넷째, 사민주의와 조합주의를 포함해 평등과 연대, 공정이 일정 정도 실현된 복지국가에서는 재분배에 대한 사회적 합의가 존재해서 경제성장에 대한 압력이 상대적으로 덜하고, 생태적 공공성에 대한 성찰을 바탕으로 만들어갈 사회에 대한 비전 공유에도 유리하다.(이병천, 2021: 258~259)

이러한 이유들로 인해서 국제사회에서 선도적으로 녹색국가 담론을 제기하는 바탕에는 서구의 선진 복지국가들의 경험이 주요하게 작용해 왔다.

2) 녹색국가와 복지국가의 질적인 차이들

하지만 위에서 살펴본 여러 공통점에도 불구하고 복지국가에서 녹색국가로의 전환은 저절로 이루어지지는 않는다. 복지국가와 녹색국가는 역할의 초점과 범위 등에서 분명한 차이가 있기 때문이다.

첫째, 복지국가는 지속적인 성장을 토대로 하면서 여기서 발생하는 불평등 문제에 주목해서 역할을 설정하는 반면, 녹색국가는 성장 시스템 자체에서 비롯된 생태적 부작용에 주목해서 지속가능성 문제를 해결하는데 초점을 맞춘다.(Gough, 2016: 26~27, 36) 그만큼 녹색국가에서 복지 문제를 다루는 방식도 복지국가와는 차이가 있다.

둘째, 복지국가가 국내적 이슈와 과제를 주로 다루는 반면, 녹색국가는 기후위기 같은 지구적 차원의 문제에도 책임을 갖고 대응한다.(Gough,

2016: 26~27, 36) 복지정책과 환경정책 모두 시장의 외부효과 문제를 다루지만, 복지정책은 주로 자국내 개인들의 편익에 직접적인 영향을 주는 반면, 환경정책에 따른 편익은 국경을 넘고 미래세대로까지 확장되는 것과 같다.(Jakobsson, et. al., 2017: 13~14)

결국 이런 차이들은 복지국가에서 녹색국가로의 전환을 가로막는 요인이 되기도 한다. 기존의 성장 체제를 기반으로 해서 불평등 문제를 다루는 복지국가 시스템과 생태 및 기후 문제를 다루기 위해 탈성장 전략까지 고민해야 하는 녹색국가는 시스템의 성격 자체가 다르다. 실제로 사회정책과 환경정책이 서로 시너지 효과를 내지 못할 뿐만 아니라, 복지국가가 녹색국가로 발전하는데 유리하다는 증거 또한 발견되지 않는다는 것을 밝힌 경험적 연구도 있다.(Koch and Fritz, 2014). 여기에다 성장을 기반으로 한 복지국가는 녹색국가보다는 신자유주의적 경쟁국가로 전환할 가능성이 크다는 주장까지 나오는 실정이다.(Koch and Buch-Hansen, 2016)

2. 녹색전환과 복지국가 모델의 재검토

위에서 살펴본 복지국가와 녹색국가의 공통점과 차이점은 녹색전환의 관점에서 복지국가 모델에 대한 재검토가 필요함을 말해준다. 기존에 복지국가가 등장하고 발전하던 상황과 녹색전환의 과제를 앞에 둔 지금 상황은 매우 다르다. 복지국가 모델 역시 시대적 과제를 해결하고자 등장했던 만큼, 시대 상황의 변화 속에서 국가의 역할을 찾는 노력은 중요하다. 그동안 서구 복지국가들이 등장해서 작동하는 과정에서 부작용과 한계 또한 나타났는데, 이것을 빌미로 신자유주의가 확장해 왔다. 그러다가 글로벌 금융위기 등 시장의 실패 현상이 두드러지자 복지국가가 재소환 되기도 했다. 주목할 점은 불평등과 양극화의 심화, 인구 구조의 변화 등으로 복지에 대한 수요는 갈수록 커지고 있는데 국가 역량의 기반은 점점 취약해진다는 것이다. 복지국가의 물질적 토대가 되었던 경제가 저성장 국면으로 바뀌면서 시장경제의 생산과 소비를 통해 거둬들인 세수에 크게 의존하던 복지국가 모델은 국가의 부채 증가와 재정적 위기 속에서 위축될 수밖에 없게 되었다.

이런 상황에서 기후위기 등 지속가능성 위기가 전면화되고 있어, 시장에서 생산된 부를 공정한 기준에 따라 재분배하는 복지국가의 자애로운 역할을 기대하기가 더욱 어렵게 되었다. 결국 성장 체제 자체에 대한 비판을 통해 녹색전환을 이루려는 녹색국가 입장에서는 기존의 복지국가 모델은 승계의 대상이 아닌 전환과 극복의 과제가 되었다. 지속가능성이 시대의 보편적 과제로 등장한 만큼 녹색전환의 관점에서 복지문제에 대한 새로운 인식과 접근이 필요하다.

복지국가는 아직 세계적으로 보편화된 모델이 아니며, 녹색국가 또한 북유럽 선진 복지국가에서 진화한 모델로 제한해서 봐서는 안될 것이다. 현재 195개국 중 3/4이 넘는 약 160개국은 보편적 복지 시스템을 아직 제대로 갖추지 못하고 있는 상태인데, 복지국가를 거쳐 녹색국가로 가는 단계론적 사고는 지속가능성 위기의 임계점을 앞둔 시간적 한계 상황에서 적절치 않다. 이런 인식은 개발국가의 유산이 여전히 강력하게 영향력을 발휘하고 있는 가운데, 서구의 복지국가 모델은 차치하고 경제 규모에 비해 복지 수준이 여전히 미약한 우리나라 현실에서 녹색국가를 모색해 가는데 중요하다. 획기적인 재분배와 호혜적 돌봄을 통해 복지 문제를 다루면서 지속가능한 방식으로 삶의 기본 조건을 마련해가는 방향에서 녹색전환의 기반을 확장하는 방안을 찾아야 한다.

3. 녹색국가의 복지에 대한 인식과 접근

1) 새로운 복지 모델로서 생태복지

녹색국가는 녹색전환을 매개하고 촉진하는 차원에서 복지를 바라보는 관점도 새로워야 한다. 자본주의 국가에서 복지가 노동계급의 일탈을 막기 위한 수단으로 다뤄졌다면, 복지국가에서 복지는 국가 정당화의 수단이자 삶의 기본적 권리의 문제였다. 그렇다면 녹색국가에서 복지의 의미는 무엇일까?

무엇보다 녹색전환에서 강조하는 생태적 상한선과 사회적 최저선의 기본 원칙을 지키면서 지속가능한 삶을 실현하기 위한 핵심 영역으로서 복지의 의미와 역할을 중요하게 살펴봐야 한다. 모든 사람의 생활에 필요한 기본적인 수준의 의식주가 제공되고, 건강한 환경에서 안전하게 살아갈 수 있도록 하고, 모든 수준에서 참여민주주의를 실현함으로써, 인간과 비인간 생명체의 역량과 지속가능성을 증진하는 의미에서 대안적 복지가 강조되고 있는데,(더 케어 컬렉티브, 2021: 115~116) 이것은 녹색전환의 문제의식과도 깊이 맞닿아 있다. 대표적인 것이 '생태복지'(ecological welfare)로 좋은 삶(wellbeing)의 의미를 새롭게 한다. 사실 시대 상황과 사회적 조건에 따라 좋은 삶의 기준은 다양한데, 소비주의 입장에서는 소비자로서 상품으로 구매할 수 있는 재화와 서비스의 양과 다양성이 좋은 삶의 기준이 된다면, 복지국가 입장에서는 시민들이 권리로서 제공받는 공공재와 서비스가 충분한지 여부가 기준이 된다. 반면, 생태복지에서 좋은 삶은 사람과 사람, 사람과 자연 간의 '관계의 질'을 중요한 기준으로 삼는다.(Hoggett, 2001: 613) 생태복지에서는 관계재로서 복지의 의미를 인간과 자연, 미래세대까지 확장하고 있다.

생태복지는 시장이나 공공부문을 통해 취약 계층의 필요를 해결하는 결핍 충족형 복지의 접근 방식을 넘어선다. 생태복지의 기본 문제의식은 상호의존적 관계를 통해 삶의 필요를 지속가능한 방식으로 해결하고, 좋은 삶과 새로운 사회로의 전환을 위한 관계와 역량을 키워나가는데 둔다. 최근 탈성장론의 등장과 코로나19 팬데믹의 경험을 통해 복지에 대한 전환적 인식이 강조되고 새롭게 역할을 찾으려는 노력이 나타나고 있는 점은 녹색전환의 측면에서도 반가운 일이다.

2) 녹색국가의 생태복지 실현 방향

기후변화와 지속가능성 위기 상황에서 복지국가의 생태적 전환에 대한 이야기가 곳곳에서 나온다.(Hirvilammi and Helne 2014; Koch and Mont 2016; Gough, 2017) 이런 문제의식을 참고해서 녹색국가에서 생태복지를 다루기 위한 방향을 시민사회와 지역, 국가 차원으로 나눠 살펴보자.

먼저, 생태복지를 위해서는 국가복지에서 시민복지(civil welfare)로의 확장이 필요하다. 기존 복지모델이 소득 재분배를 통해 '아래에 있는 이'를 돌보는 것이었다면, 시민복지는 '바깥에 있는 이'를 향하는 것으로, 생존의 권리를 넘어 인간의 존엄성 차원에서 사회 안에서 건강한 삶을 살아갈 수 있도록 하는 것이다.(스테파노 자마니 외, 2015: 223) 시민복지의 이러한 인식과 접근은 관계적 존재로서 좋은 삶을 살아가는 데 있어 이웃과 미래세대, 비인간 존재까지 삶의 동반자이자 생명공동체의 구성원으로 함께할 수 있는 가능성을 열어준다. 또한 시민복지 모델은 국가가 제공하는 복지 안전망에 전적으로 의존하지 않고, 시민 스스로 복지의 생산과 이용, 제공 과정에 참여하고 결정하도록 하는 것은 물론, 상호부조의 호혜적 연결망과 자기 돌봄의 영역을 확대하여 녹색전환의 주체로 자리매김하는 것을 뒷받침해 준다.

또한, 생태복지는 커뮤니티의 활성화를 통한 지역자립과 순환 체계를 통해 실현된다. 복지 서비스를 국가가 책임지고 공급하는 모델이 공동체적 관계와 자금 및 자치력을 약화시키는 반면, 복지 수요를 시장을 통해 상품으로 구입하는 모델은 불평등성을 오히려 확대할 수 있다는 비판이 제기되어 왔다. 그만큼 복지 문제를 지역사회의 통합적이고 호혜적인 관계망을 통해 해결하는 노력이 중요하다. 이와 관련해서 지역 자원의 외부 유출을 줄이고 지역 내에서 순환하도록 함으로써 자립 기반을 높이는 노력은 생태복지의 실현은 물론이고 녹색전환에 있어서도 중요하다. 생태복지를 통한 지역 자립과 순환은 지역의 회복탄력성을 높일 뿐만 아니라 녹색전환의 거점을 만들어 가는데 중요하다. 물론 자립과 순환 체계를 만드는 일이 지역만의 과제일 수는 없으며, 이것을 체계적으로 뒷받침하는 것이 녹색전환을 위해 국가가 해야 할 역할이기도 하다.

생태복지 실현에 있어 국가가 가진 재분배와 자원배분 역량이 잘 발휘되어야 한다. 복지와 관련한 제도와 인프라 조성, 상호 관계망 복원 및 활성화, 참여와 자립·자치 역량 강화, 사회-생태적 회복탄력성 향상과 지속가능성 실현 등이 생태복지를 향해 종합적으로 이루어져야 한다. 이를 위해서는 먼저 예산과 기금 등 국가 재정을 활용한 재분배 정책으로 불평등을 완화시킬 필요가 있다. 보편적 공공 서비스와 포괄적인 사회 보장 시스템으로 기본적인 삶을 사회적으로 보호 받을 때 비로소 사람들의 삶도 자본주의의 상품 관계에 덜 의존하게 된다. 이처럼 재분배를 통한 탈상품화의 가능성이 확장될 때 세대 내 불평등은 물론 세대 간 불평등과 생태적 불평등을 해소하기 위한 녹색전환도 앞당겨질 수 있을 것이다. 또한 생태복지와 녹색전환을 연결시키는 데 있어 국가 자원의 배분(allocation) 역할도 중요한데, 시장에서 공급되지 않는 공공재와 기본 인프라 제공, 지역과 시민사회의 녹색전환 실험을 뒷받침하는 보조금 지급 등이 그 예라 할 수 있다.

2절 녹색전환에서 과학기술과 국가 역할

1. 지속가능성과 과학기술의 성격

기후위기를 맞아 다양한 기술적 해법들이 나오고 있다. 이산화탄소 배출 저감 기술, 탄소 포집·저장·격리 기술, 신재생에너지 기술, 에너지 효율 향상 기술, 친환경 주택 및 자동차 기술 등이 그것이다. 녹색전환에 있어 기술의 역할은 매우 중요하다. 그러나 기술이 주도하는 해결책으로는 한계가 있다. 누가 어떤 목적으로 어떻게 기술을 사용하느냐에 따라 결과는 매우 달라진다. 기술의 양면성을 제대로 보고 기술중심주의는 경계할 필요가 있다. 예를 들어 탈탄소 에너지로의 전환을 기술 문제로만 접근하면 원자력 에너지를 둘러싼 본질적 갈등에서 벗어나기 어렵고, 태양광, 풍력 등 대체 에너지 개발 과정에서의 산림 및 해양 생태계 파괴 같은 지속가능성 딜레마[4]에 빠질 수 있다.

지금의 지속가능성 위기는 과학기술이 덜 발전해서 생긴 문제가 아니며, 오히려 문제가 이 지경이 된 데는 과학기술의 책임도 적지 않다. 지속 불가

---

4   지속가능성을 목적으로 한 하나의 행위가 또 다른 차원에서 지속 불가능성을 초래하는 것을 지속가능성 딜레마로 부른다. 농업 분야를 예로 들면, 지구온난화를 일으키는 메탄 가스 발생을 줄이고자 취하는 논 물 떼기 및 걸러 데기와 수확 후 볏짚 거둬내기 조치가 생물다양성을 보존하기 위해 논 물을 가두고 수확 후 볏짚을 논에 그대로 두는 조치와 충돌을 일으키기도 한다.

능성을 만들어 내는 지금의 사회경제 시스템을 작동, 유지시키는데 과학기술의 역할이 적지 않았다. 오늘날 주요 현안으로 제기된 인류세 문제도 그 배경에는 인간이 과학기술을 적극 활용하면서 기존과는 비교할 수 없을 정도로 지구의 물질 흐름과 생태계에 상당한 영향력을 행사할 수 있었기 때문이다. 과학기술은 환경문제의 성격도 바꿔놓고 있다. 스모그, DDT, 다이옥신 등 전통적인 환경문제를 넘어서 신기술의 발달과 함께 유전자 변형, 생물학적 합성, 방사능과 나노 물질 오염 등 새로운 성격의 문제를 만들어내고 있다.

과학기술의 성격은 시대별로 계속 바뀌어 왔다. 냉전시대의 국가 간 대결 구조에서는 과학기술이 군사 목적으로 개발되고 활용되는 측면이 컸다. 이후 탈냉전시대를 맞아 민간 부문의 역할이 커지면서 경제적 목적을 위한 과학기술 개발이 활발했다. 특히 막대한 연구개발비를 감당해 낼 수 있는 다국적 기업, 대기업들이 기술의 고도화와 첨단화를 주도하면서 기술의 경제적 종속성과 양극화는 더욱 확대되었다. 이런 문제는 코로나19 팬데믹 상황에서 백신개발 기술의 활용 행태를 통해서도 쉽게 확인할 수 있다.

과학기술이 경제체제에서 차지하는 비중 또한 점점 더 커지고 있다. 경제발전에서 노동과 자본이 차지하는 비중은 점점 줄어들어 15% 수준이고 나머지 85%를 기술 혁신이 차지하는데, 앞으로 기술의 비중은 더욱 커질 전망이다. 이러한 상황에서 우리는 기후 문제와 생물다양성 상실 등 지속가능성 위기를 맞아 녹색전환을 위한 과학기술의 역할과 과제를 구체적으로 고민해야 한다.

2. 기술 혁신의 역할과 녹색전환의 과제

1) 생태근대화론과 기술 혁신 효과

산업사회의 기본 구조를 유지하는 가운데 기술 및 제도의 혁신으로 생태효율성을 높여서 환경보존과 경제성장을 동시에 달성할 수 있다는 생태근대화론(ecological modernization)이 주목받은 바 있다.(Christoff, 1996;) 독일과 네덜란드 등 서구의 산업화된 국가로부터 등장한 생태근대화론은 기술개발과 혁신으로 경제성장을 유지하면서도 환경적 부담은 오히려 줄이는 '디커플링'(decoupling)을 통해 지속가능성을 달성할 수 있다는 낙관적 기대를 근거로 한다. 오늘날 많이 언급되고 있는 녹색기술, 녹색산업, 녹색경제, 녹색성장에 대한 담론의 바탕에도 이런 논리가 자리하고 있다. 생태근대화론은 기존의 가치와 제도, 생활방식의 근본적인 변화를 요구하지 않는다는 점에서 대중적 지지를 이끌어내기에 용이한 측면이 있다.(Barry, 2007) 이런 생태근대화론을 적극 도입하고 실현하는 국가를 우리는 '환경국가'(eovironmental state)로 부르는데, 녹색전환의 측면에서 보면 한계가 있다.[5]

과학기술의 성격과 역할에 대해 다양한 입장이 있듯이 생태근대화론에 대해서도 기술 혁신에 대한 적극적인 지지와 함께 비판의 목소리 또한 적지 않다. 먼저, 생태근대화론이 강조하는 '생태효율성'과 '디커플링 효과'에 대한 회의적 견해가 있다.(Asara, et al., 2015) 기술 혁신으로 인간의 노동력을 기계로 대체함으로써 노동생산성은 높였으나 해당 부문 에너지 소비는 오히려 늘었으며, 디커플링 효과는 생태적 부담을 외부화한 것과 무관하지

---

5   필자가 '환경국가'와 '녹색국가'를 개념적으로 명확히 구분하려는 이유도 이 때문이다. 구체적인 내용은 이 책 1장 3절의 '환경국가와 녹색국가' 부분을 참조하기 바란다.

않다는 것이다.(Sorman and Giampietro, 2013) 즉 선진국의 기술 혁신을 통한 환경개선 효과 이면에는 선진국의 필요 소비재 생산을 개도국으로 외부화하고, 자원 채굴과 쓰레기 처리 등 환경적 부담까지 떠넘긴 점이 작용했다는 것이다.[6]

여기에다 생태근대화론은 주로 국가 차원의 문제에 초점을 맞춤으로써 기후변화, 생물다양성 상실 등 지구적인 생태문제는 제대로 다루지 않는다는 비판도 있다.(Langhelle, 2000: 308) 또한 생태근대화론의 기술 혁신에 대한 낙관적 기대는 결과적으로 '녹색국가' 보다는 글로벌 시장에서 경쟁력을 확보하기 위한 '경쟁국가'의 전략이 될 수도 있다는 지적도 있다.(Melo-Escrihuela, 2015)

전환적 변화를 강조하는 탈성장론자들은 생태근대화론이 기존의 구조와 시스템을 유지하는데 초점을 맞춤으로써 보수적이라고 비판한다. 이와 관련해 체제 유지적 입장의 '약한 생태근대화론'이 아니라 사전예방적이고 구조적인 변화를 동반하는 '강한 생태근대화론'이 필요하다는 주장도 있는데,(Christoff, 1996) 이런 문제인식은 녹색전환 논의와 연결할 만한 지점이 있다.

2) 녹색전환과 혁신기술의 역할

녹색전환을 위한 맞춤형 전략을 통해 전환의 경로와 시간을 단축하고, 불확실한 환경변화에 사전예방적으로 대응하는 기반을 만들어 가는 데 있어 과학기술의 역할은 중요하다. 자원 이용 효율성의 향상을 통한 생태발자국

---

6   이런 현상에 대해 네덜란드가 생태근대화론의 모델로 지칭되었던 점에 주목해서 '네덜란드의 오류'(Netherlands Fallacy)로 부르기도 한다.(사이토 코헤이, 2021: 34~35)

줄이기, 수요와 공급의 실시간 연계로 지속가능한 생산과 소비 체계 구축하기, 시스템의 투명성과 유연성 강화로 상호 협력 및 소통 체계를 활성화 하기 등 녹색전환을 체계적으로 뒷받침하기 위해서는 기술의 혁신, 혁신기술이 뒷받침될 필요가 있다.

녹색전환과 관련해서 인공 지능(AI)과 사물 인터넷(IOT), 데이터 기반 기술 등 디지털 첨단기술의 잠재력과 과제 또한 주목해서 살펴봐야 한다.(European Commission, 2002) 먼저, '제조업' 분야에서 제품의 설계, 제조, 조립, 운송, 판매, A/S, 재활용 등 제품의 생산-소비 전 과정에서 디지털 첨단기술의 적용은 자원 사용의 최적화를 끌어내 순환경제를 실현하는 데 도움을 줄 수 있다. 생산과정의 혁신으로 자원과 물, 에너지 사용과 이산화탄소 및 폐기물의 배출을 줄이고, 모니터링, 분석, 피드백 기술을 활용해 생산과 소비의 연계성을 강화하고, 제조와 재고 관리 효율화로 자원 낭비를 줄일 수도 있다. 디지털 트윈(digital twin) 기술을 제품과 시스템의 설계와 사전 테스트에 활용하고, 인공지능(AI)과 빅데이터 기술로 생산과정을 최적화하며, 블록체인 및 암호화폐 기술을 원재료 및 제품 추적 관리에 활용하고, 제품 수명은 늘리고 제품의 회수 및 수리 과정은 단축해서 재제조(re-manufacturing) 기능을 활성화하는 것 등이 그 예라 할 수 있다.

'에너지' 분야에서도 에너지 공급과 수요의 체계적 관리와 에너지 전환에 디지털 첨단기술이 효과적으로 활용될 수 있다. 기후위기 대응으로 화석에너지에서 태양광, 수력, 풍력, 지열, 바이오 가스 등 재생에너지로의 전환이 강조되고 있다. 하지만 재생에너지의 상황 의존적 특성으로 안정성과 효율성이 떨어지는 문제가 있는데, 디지털 첨단기술의 활용으로 배터리 및 저장 용량 개선과 분산형 에너지 시스템 구축, 재생에너지의 관리 및 거래 활성화 등으로 에너지 전환을 앞당길 수 있다. '운송' 분야에서도 전기차, 공유

모빌리티, 자율주행 등으로 교통 부문의 전환을 촉진하면서, 동시에 디지털 기술의 활용으로 교통 흐름을 최적화하여 교통 정체 해소와 배기가스 배출량을 줄일 수 있다. 기후위기에 민감한 '농업' 분야에도 기상변동 예측과 재해 예방, 농업에 사용되는 자원과 에너지 이용 효율화와 농업의 온실가스 배출량 감축, 지역 생산과 유통 촉진으로 먹거리 소비 회로를 단축하고 음식물 쓰레기 발생량을 감축하는 등 다양한 분야에 디지털 첨단기술이 활용될 수 있다.

물론 녹색전환에서 디지털 첨단기술의 잠재력이 큰 만큼 해당 기술의 불확실성에 따른 부작용도 잘 살펴봐야 한다. 무엇보다 디지털 기술의 탄소발자국이 크다는 점을 들 수 있다. 인공지능 등 컴퓨터 기반 기술은 데이터 처리를 위한 상당한 양의 전력 에너지를 필요로 한다. 정보통신기술이 전 세계 전력 사용량의 5~9%, 온실가스 배출의 약 3%를 담당하는 것으로 알려져 있는데,(Freitag, et al., 2021) 기술의 활용이 커질수록 그 비중도 커질 전망이다. 데이터 센터 냉각이나 칩 제조 등 운영 과정에서 상당한 양의 물을 사용할 뿐만 아니라, 디지털 기술에 필요한 원자재의 채굴 및 가공 과정에서의 환경 문제는 물론 전자 폐기물 등을 통해 유해 환경오염 물질이 배출되는 문제도 있다. 기후위기가 심각해지면서 디지털 기기 및 인프라의 기능 저하와 수명 단축 현상이 확대되면 디지털 폐기물 문제의 심각성은 더욱 커질 수 있다.

3. 우리나라 과학기술 현실과 녹색전환 과제

과학기술의 성격은 해당 사회의 특성과 맞물려 새로운 형태로 발현되는데, 한국 사회의 지속가능성과 녹색전환의 측면에서 과학기술 문제를 다루기 위해서는 이 부분을 잘 살펴봐야 한다.

우리는 분단체제하에서 개발국가가 강조한 부국강병(富國强兵)의 논리에 따라 과학기술은 경제성장과 군사력 강화의 중요한 수단이 되었다. 즉 한국 전쟁의 폐허 속에서 빈곤에서 벗어나기 위한 생존전략으로 수출주도 성장 체제를 작동시키려면 좁은 국토와 부족한 자원이라는 한계를 극복해야 하는데, 그 비결이 높은 교육열과 결합한 과학기술의 발전이었다. 해서 국가 차원에서 '기술입국'(技術立國)을 기치로 내걸고 과학기술 발전을 위한 각종 정책적 투자와 기반시설을 조성했다. 그 결과 짧은 기간에 빈곤을 탈출하고 물질적 성장을 이루었으며, 반도체, 자동차, 조선 등 주요 산업 분야는 세계를 선도하는 기술력을 갖추게 되었다.

하지만 과제 또한 적지 않은데, 과학기술을 경제성장의 수단으로 삼는 바람에 단기적 이윤 창출과는 거리가 있는 기초과학의 발전에 대한 관심과 투자는 상대적으로 미약했다. 또한 민주화와 개방화 과정을 통해 과학기술 영역에 대한 거대자본의 영향력이 커짐으로써 과학기술 분야에서의 불균형이 확대되고 공공성은 취약해지는 문제가 나타났다.

결국 이런 현실은 과학기술의 혁신에 따른 가능성과 성과를 녹색전환으로 연결하는 것을 가로막는다. 현재 강조되고 있는 인공지능, 반도체, 원전, 바이오, 나노, 방산 등 각종 첨단 신기술들은 경제성장과 국가 경쟁력 측면에서 그 역할을 평가받아 왔다. 에너지 전환과 탄소중립을 강조하는 녹색기술(green technology) 조차 결국 초점이 녹색성장 촉진에 맞춰짐으로써 전환적 관점을 제대로 담아내지 못하는 것이 우리 현실이다.[7] 녹색전환에서 과

---

7 탄소중립기본법 제2조 16호에서는 녹색기술을 기후변화대응 기술, 에너지이용 효율화 기술, 청정생산기술, 신·재생에너지 기술, 자원순환 및 친환경 기술 등 사회·경제활동의 전 과정에 걸쳐 화석에너지의 사용을 대체하고 에너지와 자원을 효율적으로 사용하여 탄소중립을 이루고 녹색성장을 촉진하는 기술로 정의한다.

학기술은 중요한데, 성공적인 역할 수행을 위해서는 국가주의, 성장주의, 경제주의를 기반으로 해서 과학기술의 역할을 인식하고 접근, 활용해 오던 기존의 관행부터 바꿔내야 한다.

4. 녹색전환 기술과 국가의 역할

녹색전환을 위해서는 사람과 자연, 기술의 상호 관계에 대한 인식을 바탕으로 기술의 성격을 인간화, 민주화, 녹색화 방향으로 전환시켜 나가야 한다. 먼저 기술의 '인간화'와 관련해서 보면, 기술이 고도화, 전문화, 복잡화되면서 나타나는 인간 소외 문제와, 인간의 통제능력을 벗어난 기술의 부작용을 우려하는 목소리는 일찍부터 있어 왔으며, 그 대안으로 인간적인 기술, 적정기술, 중간기술 등이 강조되었다. 근래에는 인간의 개입이 없는 자동화, 인공지능, 사물인터넷에 기반한 4차 산업혁명의 시대를 넘어서 인간성 회복과 지속가능성에 초점을 맞춘 인간과 지구의 공존 공생 기술로서 5차 산업혁명의 시대로 가야 한다는 목소리도 나온다.

다음으로 위계적 시스템과 전문가 통제에 의존한 기술이 시민을 대상화하고 참여를 배제하는 문제에 대해 기술의 '민주화'를 통해 투명성과 책임성, 시민의 참여를 높이려는 노력이 있어 왔다. 고도로 기술주의적이며 전문가들에 의해 관리되는 원자력과 같은 에너지 시스템에서 벗어나 재생에너지를 통해 지역과 시민이 시스템의 설치와 운영, 소유에 참여하는 방식으로 에너지 민주주의를 실현하자는 주장이 대표적이다. 시민과학(civic science), 리빙랩(living lab) 운동도 기술의 민주화를 위한 대표적인 방식으로 이해할 수 있다.

기술의 '녹색화'는 지속가능성 위기를 해결하기 위한 녹색전환의 직접적인 과제에 해당한다. 자원과 에너지를 과다하게 이용하고 오염물질 배출과 생태계 파괴를 유발하는 기술을 청정기술, 녹색기술, 지속가능기술로 전환하는 노력은 매우 중요하다. 특히 녹색전환을 위해서는 기술 혁신의 활성화와 기술의 공공성을 높이는 노력이 함께 이루어져야 하며, 국가는 이를 뒷받침해야 한다. 기후위기 대응 및 적응 관련 기술 등 녹색전환에 필요하지만 초기에 많은 자본투자가 필요하고 아직 시장은 형성되지 못한 분야의 기술은 국가의 역할이 중요하다. 국가 차원의 전략적 접근과 보조금 지급, 자금 조달 장려, 민관 협력 촉진 등으로 기술에 대한 투자와 혁신을 유도해 녹색전환 기술을 전략적으로 활성화시켜야 한다. 이를 위해 국가는 명확한 정책 방향 제시와 이것을 뒷받침하는 제도적 기반 조성으로 민간 주체 및 투자자에게 신뢰와 안정감을 제공하고, 기술 혁신의 장애 요소를 효과적으로 제거해 시너지 효과를 높이면서 전환 과정을 관리해 나가야 한다.

급격한 환경변화 속에서 기술 혁신 역량을 높이기 위한 체계적 인력양성과 핵심 자원의 안정적 확보도 중요한 정책 과제다. 이와 함께 기술의 공공성 확장과 책임 있는 사용을 적극 장려해 나가는 노력도 중요하다. 기술의 공공성 강화 방안으로 기술의 개발, 사용 및 이전을 촉진하기 위한 제도가 활용되기도 한다. 국제사회에서는 기후 문제 해결에 필요한 선진국의 녹색기술을 개도국으로 이전해 시행착오를 줄이고 적극적인 해결자로 동참하도록 하는 글로벌 파트너십이 작동하고 있다. 기술 이전을 촉진시키는 방안으로 기술 이전 기업에 대한 세제 및 재정적 인센티브 제공, 개발원조 자금으로 기술을 구입해 비상업적으로 개도국에 이전하는 방안 등이 나오고 있다.

여기서 기술 이전과 관련해 특허권 문제를 어떻게 다루느냐는 중요한 쟁점이다. 기술 혁신을 촉진하고 보호하기 위한 목적에서 나온 특허권 제도가 기술에 대한 접근성을 가로막는 역할도 하기 때문이다. 따라서 녹색전환의 측면에서 공공재(公共財)로서 성격이 큰 녹색기술의 이전과 활용을 활성화하기 위한 적극적인 제도 개선이 필요하며, 특허권을 제한하는 강제실시권 제도에 대한 주장에도 주목해야 한다.(김병일·심영, 2017; 이규홍, 2021)

또한 디지털 등 기술 혁신이 새로운 고용과 비즈니스 기회를 만들기도 하지만 동시에 기존 일자리는 사라지게 되듯이, 첨단 기술 분야의 발달로 인한 불평등성을 줄이고, 기술 혁신의 혜택을 사회 구성원이 함께 누릴 수 있도록 하는 것도 공공성 확대 측면에서 중요하다.

산업과 기술 분야에 필요한 핵심 자원의 안정적 확보도 공공성 실현에 있어 중요한 과제다. 희귀 광물 등 주요 자원을 둘러싼 경쟁이 심화되고, 기후변화와 팬데믹, 지정학적 갈등 등으로 글로벌 공급망이 불안정해지는 상황이 지속되면 사회경제적 양극화는 더욱 커지고 전환의 가능성은 희박해진다. 따라서 자원 이용 효율화와 재활용 및 재사용을 통한 자원 순환성 강화와 함께, 핵심 자원의 비축과 자급화, 전략적 파트너십을 통한 공급망 다원화, 대체자원 개발 등도 과학기술의 전환관리 차원에서 국가가 담당해야 할 중요한 분야다.

3절 전환사회의 토대로서 농업과 국가 역할

1. 기후위기와 농업 문제의 특성

1) 농업, 식량 문제와 기후위기

농업은 다른 산업들과 달리 인간 사회와 자연 생태계의 구체적이고 직접적인 연결을 바탕으로 한다. 작물의 파종과 개화, 성장, 수확 등의 농업 활동은 오랜 기간 기온, 일조량, 강수량 등의 규칙적인 변화를 바탕으로 한 자연의 순환 흐름에 따라 이루어져 왔다. 그런데 이러한 농업이 '인구'와 '식량'을 연결고리로 삼아 사회적 문제로 등장하였고, 지금은 기후 문제를 비롯한 지속가능성 위기 상황에서 그 역할이 다시 주목받고 있다.

인구와 식량문제의 관계는 일찍이 『성장의 한계』 보고서에서 다뤄진 바 있다. 보고서는 인구의 기하급수적인 증가를 식량 생산이 따라가지 못함으로써 나타날 인류의 비관적 미래를 전망했다. 하지만 이후 과학기술을 활용한 소위 '녹색 혁명'으로 기초 곡물 분야의 생산성이 높아지자 이런 우려는 한동안 사라졌었다. 그러다가 시간이 지나 녹색 혁명을 통한 농업의 생산성 증대는 한계를 보였고, 오히려 환경·생태적 부작용과 부담은 갈수록 커지게 되었다. 또한 세계적으로 생산된 곡물의 약 12%가 국제 시장에서 국가 간에 거래가 되는 현실에서, 기후위기와 무역장벽 등으로 세계의 식량 수급 체계는 점점 불안정해지기 시작했다.(Springett and Redclift, 2019) 여기에다 러시아의 우크라이나 침공과 같은 지정학적 갈등과 코로나19 팬데믹 같은 상황이 더해지자 식량 수급의 안정화와 식량 자급이 국가 생존의 주요 과제가 되었다.

특히 기후위기와 농업과의 관계는 주목해서 살펴봐야 한다. 기후위기는 발생 빈도와 강도, 영향력 측면에서 현재 인류에게 가장 큰 위협이 되고 있는데,[8] 농업은 이런 기후위기에 특히 취약한 분야다. 그래서 기후위기로 인한 식량위기 문제가 인류의 생존을 근본적으로 위협할 것이라는 우려가 나

---

8 기후위기의 파국은 '먼 미래'가 아닌 현재의 우리와 자녀 세대가 당면한 '지금'의 문제라는 점에서, 세계 153개국의 1만 명이 넘는 과학자들이 "2030년까지 지구온도 1.5도의 상승을 막지 못하면 희망이 없다"는 이유로 '기후위기 비상사태'를 선언하기도 했다.

온다. 가뭄과 폭염, 홍수, 폭설, 한파 등 기후위기에 따른 기상 변동은 작물의 생육을 저해하고 병해충 발생을 증가시키는 등 농업의 식량생산 기능에 직접적인 영향을 줌으로써 식량 부족에 따른 기아와 영양실조 등 재난적 상황을 만들어내기 때문이다.[9]

2) 기후위기와 농업의 관계적 특성

기후위기는 코로나19 팬데믹 같은 돌발성 재난이기보다는 오랜 기간 누적되어 온 원인들로 인해 발생하는 문제로, 다가올 파국적 상황에 대한 수많은 경고에서 보듯이 '예견된 재난'에 가깝다. 문제는 기후위기의 원인 물질인 온실가스 배출을 지금 당장 전면적으로 중단하더라도 이미 대기 중에 배출된 온실가스만으로도 앞으로 상당 기간 기상변동에 따른 재난이 지속될 수 있다는 점이다.[10] 세계경제포럼에서 2024년 1월에 발표한 '지구 위기 보고서'(Global Risks 2024)는 향후 10년 안에 지구적 재앙이 격동적이거나 폭풍우가 몰아치는 수준이 될 것으로 전망했으며,[11] 극단적 기후변화를 비롯한 생태적 위기가 지구적 위기의 핵심 요인이 될 것으로 내다보았다.

---

9   기후위기에 따른 영양실조 인구는 계속 증가해 2017년에는 약 8억 2,100만 명에 달하는 것으로 알려져 있다.(FAO, et. al, 2018)

10   온실가스 수명으로 이산화탄소는 50~100년, 메탄은 9년, 아산화질소는 114년으로 알려져 있다.

11   세계경제포럼은 지난 20년간 글로벌 리스크 인식 조사(GRPS; The Global Risks Perception Survey)를 진행해 왔다. 이번 조사는 2023년 9월 4일부터 10월 9일까지 세계 각국의 학계, 기업, 정부, 국제사회 및 시민사회 전반에서 1,490명의 전문가를 대상으로 진행했는데, 응답자들의 2/3가 장기적으로 갈수록 세계의 미래에 대한 전망을 비관적으로 내다보고 있었다.

〈표 11〉 향후 세계 상황에 대한 전망

구분	폭풍우	격동	불안정	안정	평온
단기(2년 후): 2026년	3%	27%	54%	15%	1%
장기(10년 후): 2034년	10%	46%	29%	8%	1%

출처: 세계경제포럼 자료집(World Economic Forum, 2024) 12쪽과 37쪽 참조

농업은 이러한 기후위기의 영향을 가장 직접적으로 받는 대표적인 분야로, 기후위기의 파국적 결과가 결국 식량위기로 나타날 것이라는 경고가 계속되고 있다. 생명 활동을 기반으로 한 농업은 다른 산업분야에 비해 자연환경과의 관계가 특히 밀접하여, 안정적인 농업 활동을 위해서는 자연의 순환 흐름이 일정하게 규칙적일 필요가 있다. 그런데 기후위기로 인한 기상변동은 이런 자연의 순환 질서를 근본적으로 바꿔버림으로써 자유롭게 이동하지 못하는 농작물은 기상변동과 자연재해의 영향을 고스란히 받게 된다. 결국 기후위기로 인한 농업 시스템의 붕괴는 식량 시스템의 붕괴로, 나아가 지구 생태계의 인구 부양 시스템의 붕괴로 나타나게 된다. 그리고 기후위기와 농업을 둘러싼 파국적 상황은 농업의 지속가능성 기반이 취약한 지역이나 국가를 중심으로 우선적으로 집중해서 나타날 가능성이 높다.

2. 기후위기에 대한 농업의 다중적 역할 관계

식량위기를 동반하는 기후위기를 일으키는 온실가스 문제는 농업의 식량생산 활동과도 관련이 깊은 만큼, 기후위기와 농업의 관계는 매우 복잡하다. 기후위기에 대한 농업의 역할 관계를 살펴보면 다음과 같다.

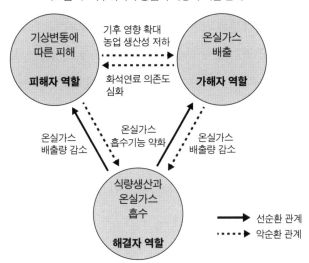

〈그림 4〉 기후위기와 농업의 다중적 역할 관계

기후위기가 농업에 미치는 영향 측면에서 농업은 가장 직접적인 '피해자' 위치에 있다. 기후위기는 홍수, 태풍 등 자연재해와 기온 및 일조량 변화로 인한 작물 생육 교란 등 농업에 직접적인 피해를 줄 뿐만 아니라, 외래 해충, 월동 해충 등 병해충 발생 확대와 토양의 침식과 성분 변화, 생물다양성 감소 등 간접적 피해도 상당하다.

한편, 농업 활동이 기후위기에 미치는 영향도 무시할 수 없다는 점에서 농업은 또한 '가해자' 위치에 있기도 하다. 농업 생산활동 자체가 자연생태계를 이용하는 측면이 있지만, 비료, 농약 등 각종 농자재에 기반한 고투입 농업, 화석연료에 의존하는 기계 농업, 석유 농업 등 농업 생산 방식의 변화는 기후와 생태계에 많은 영향을 준다. 또한 이윤을 앞세운 시장경제 논리가 농업에 침투하면서 환금성 단일작물과 종자 개량 및 유전자 조작 작물의 확대를 불러옴으로써 생물다양성이 파괴되고, 공장식 축산과 농산물 가공 및 원거리 이동 과정에서 에너지 소비도 늘어나게 되었다. 그러다 보니 기후위기 문제와 관련해 IPCC 특별보고서는 전 세계 온실가스 배출량에서 농식품 시스템에서 발생한 비중이 21%~37%를 차지하는 것으로 보고 있으며, 다른 연구에서도 농업 생산 부문이 전체의 35%를 차지하는 것으로 밝히고 있다.(Frankel, 2021: 15) 이는 기후위기와 농업에 대한 우리나라의 인식 및 접근 방식과 상당한 차이가 있음을 보여 준다.

이제 농업은 기후위기 문제와 관련해서 '피해자'와 '가해자'의 딜레마에서 벗어나 '문제 해결자'로서 전환적 역할을 확대해 나가야 한다. 농업이 가진 중요성을 확인하고, 녹색전환과 농업과의 연결 지점을 적극 찾고 만들어 나가야 할 때다. 농업의 생산 활동은 기후위기에 따른 식량문제를 해결하는데 핵심적인 역할을 할 뿐만 아니라, 녹색 작물의 광합성 과정에서 탄소 흡수 효과도 있으며, 건강한 농업생태계는 기후위기의 충격을 흡수하는 역할도 한다. 농경지로서 토양은 작물 생산은 물론 물질 순환 및 생물다양성 보존과 함께 탄소를 저장하는 역할도 한다. 특히 기후위기 대응에 있어 관행농업에 비해 친환경 유기농업이 가진 역할과 잠재력은 훨씬 큰 것으로 알려져 있다. 친환경 유기농은 화학 질소비료를 사용하지 않고 양분 손실을 최소화해서 온실가스인 산화질소 발생을 줄이고, 토양에서 탄소 저장량을 늘리며, 지력(地力)을 높여 홍수와 가뭄 등 기후변화로 인한 토양 파괴와 영양분 손실 등을 막아주고, 종자와 작물 다양성을 보존해서 기후변화에 적응할 수 있는 농업으로의 전환 가능성을 높여준다. 바로 이러한 이유로 유럽 선진국가를 중심으로 친환경 유기농업의 확대를 기후위기에 대한 대안으로 적극 추진하고 있다.[12]

12 EU는 2050 탄소중립 실현을 위한 농업부문 전략(Farm to Fork)의 차원에서 2020년 유기농업 비중 8%를 2030에 25%로 끌어올리는 것을 유기농 행동계획(Organic Action

3. 녹색전환을 위한 농업의 역할 확대 방안

1) 녹색전환의 토대로서 농업의 중요성

농업이 지속 불가능한 상태에서 지속가능한 미래를 장담하기는 어렵다. 하지만 녹색전환을 논의하는 영역에서조차 농업 부문은 제대로 다뤄지지 못했다. 비록 소수지만 전환의 차원에서 농업의 가치를 강조했던 사람으로 지금은 고인이 된 녹색평론 발행인 김종철 선생과 생태철학자 신승철 박사가 있다.

> "우리는 이 위기로부터 우리의 삶을 보호해줄 수 있는 궁극적인 토대가 어디에 있는지 깊이 생각해보아야 한다. 이런 점에서 자립적 농민경제와 그것을 둘러싼 지원체계의 복구는 시급한 과제라고 하지 않을 수 없다."(김종철: 2019: 33)

> "탈성장 전환사회로의 이행은 농업 중심 사회로의 재편을 의미한다. 이때 커먼즈로서의 농지는 그 핵심 기반이 될 수 있다."(신승철, 2023: 53)

농업의 중요성에 비해 지금 당면하고 있는 농업의 현실은 매우 우려스럽다. 지구 차원의 지속가능성 위기와 농업의 지속 불가능성 확대 과정이 서로 밀접하게 맞물려 있는 것도 하나의 원인이다. 오랜 시간 자연의 순환 질

Plan)에 담았으며, 일본 역시 녹색식량시스템 전략을 세우면서 2050 농림수산업의 이산화탄소 배출 제로화를 목표로 2050년까지 농경 면적의 25%(100만ha)를 유기농업으로 확대하는 계획을 세운 바 있다.(친환경농업TF, 2021)

서에 따라 형성되어 온 농업은 급속한 도시화, 산업화 과정 속에서 그 성격이 완전히 바뀌어 버렸다. 화석연료에 의존한 석유 농업, 기계 농업, 산업형 농업 등이 전통 농업의 자리를 빠른 속도로 차지해 버렸는데, 이 시기는 인류세를 촉발시킨 '가속화의 시대'와도 맞물린다. 식생활 양식에도 상당한 변화가 있었는데, 미국적 생활표준으로 정착한 쇠고기 위주 육식 습관이 글로벌 중산층의 식생활 양식으로 확산되면서, 세계의 농업 및 생태계가 상당한 영향을 받았다. 여기에는 농식품 영역에 대한 자본의 영향력도 중요하게 작용했다. 거대 정육기업이 축산물 가공과 유통체계를 지배하면서 공장식 축산이 등장하고, 식품가공 기업, 소매유통 채널, 프랜차이즈 사업체 등이 결합하여 소비주의적 생활양식을 확산시킴으로써, 농식품 체계에 대한 산업자본의 영향력은 글로벌 차원으로 확장되었다.(송인주, 2015) 이처럼 이윤과 경쟁을 앞세운 자본주의 시장경제가 만들어낸 농업의 위기에 더해서 기후위기가 농업을 더욱 벼랑 끝으로 몰아가고 있다.

그런데 역설적이게도 위기에 처한 농업이 지속가능성 위기의 시대를 맞아서 새롭게 주목받고 있다. 농업에는 다양한 공익적 가치와 역할이 내재되어 있다. 농업은 식량 생산이라는 본질적 역할은 물론, 환경·생태계 보존과 대기 정화, 홍수 조절, 토양유실 방지 등에서 중요한 역할을 한다. 여기에다 '사회적 농업'처럼 치유와 돌봄, 공동체적 관계 등에서도 농업이 가진 잠재력에 대한 관심이 높아졌다. 이러한 농업을 경제적 가치를 앞세운 기능적 역할로만 평가하는 것은 한계가 있다. 오늘날 농업이 세계 GDP에서 차지하는 비중이 4%에 불과할 정도로 경제 부문에서 차지하는 비중은 크게 줄었지만, 세계 인구의 약 절반은 여전히 산업사회보다는 농업사회에서 살아간다는 사실 또한 놓쳐서는 안될 것이다.

지속가능성 위기를 맞아서 문제 해결자로서 농업이 가진 특성과 잠재력을 적극 살려서 녹색전환과 연결시켜야 한다. 농업 부문이 온실가스 배출에 차지하는 비중이 적지 않은 만큼, 농업 생산과정에서의 에너지 관리 및 효율화와 함께 농업 생산방식을 친환경 유기농업으로 바꿈으로써 토양을 통한 탄소 저장과[13] 생물다양성 보존 등 기후위기 해결과 적응에 농업의 역할을 확대해 나가야 한다. 식량 자급, 건강한 먹거리 공급, 밥상 물가 안정 등 농업의 기본 역할은 전환기에 그 중요성이 더 클 수밖에 없다. 농업을 통한 물질 순환과 생태학적 완충 역할을 높여 전환사회를 향한 회복탄력성을 높이는 노력도 중요하다. 농업이 기반하고 있는 농촌도 식량과 재생에너지의 공급은 물론 전환사회의 중요 거점으로 자리매김해 나갈 필요가 있다. 생태적 상한선과 사회적 최저선 사이에서 지속가능한 삶과 사회를 만들어가는 데 있어 농업의 역할이 매우 중요한 만큼, 녹색전환의 토대로서 농업이 가진 역할과 가능성에 주목해야 할 때다.

2) 농업의 전환적 역할 확대 방안[14]

농업을 둘러싼 물리적, 사회, 심리적 관계의 단절이 농업을 지속 불가능한 상태로 만들어왔다는 점에서, 농업을 되살리는 데 있어 관계 회복은 매우 중요하다. 자유무역에 따른 농업의 세계화로 농산물과 식품의 이동 거리가 길어질수록 물질과 에너지 소비와 함께 온실가스 배출량도 늘어난다. 따라서 세계화된 농식품 체계가 의존하는 물리적 이동 거리를 줄이기 위한 지역자립과 순환의 먹거리 생산 및 소비 체계가 대안으로 강조되고 있다. 또

---

13 관행농업에 비해 친환경 유기농업의 토양 탄소량이 평균 28% 더 높은 것으로 확인되고 있다.
14 보다 구체적인 내용은 이 책 7장 2절 '농업의 녹색화' 부분을 참고하기 바란다.

한 자연의 순환적 질서에 맞는 농업 생산과 소비를 위한 유기농업과 슬로푸드 운동과 함께, 농촌 생산자와 도시 소비자가 신뢰를 기반으로 한 든든한 파트너가 되어 명실상부한 국민 농업의 시대를 열어나가는 노력도 중요하다. 이와 관련해서 생산자 농민들의 역할 못지않게 도시 소비자들의 역할도 중요한데, 지속가능한 방향으로 식생활을 개선하여 먹거리의 손실과 폐기량을 줄이고 도시농업을 활성화하는 등 기후시민으로서 역할을 농업과 먹거리 분야에서 적극 찾아나가야 한다.

기후 문제를 비롯한 지속가능성 위기에 체계적으로 대응하기 위해서는 지역과 생활에 기반한 실천들을 지속가능하게 뒷받침해 줄 수 있도록 제도와 시스템 차원의 변화가 함께 이루어져야 한다. 먼저, 농업과 관련한 생산, 가공, 유통, 소비, 폐기의 전 과정에서 기후위기에 대한 대응과 감축 방안이 마련될 필요가 있다. 앞에서 언급했듯이 농업 생산과 먹거리 소비 전체 과정에서 온실가스 배출량 수준은 우리 정부가 진단한 규모의 10배가 넘는다. EU는 '농장에서 식탁까지'(Farm to Fork) 전략을 세우고 상당한 규모의 재정을 투자해 실행 방안을 마련해 가고 있는 점을 참고할 필요가 있다. 농업의 생태학적 특성을 살린 온실가스 저감 대책과 함께 기후위기에 따른 적응 전략도 다각적으로 마련되어야 한다. 특히 농업 활동에 따른 메탄가스 발생량 저감은 기후위기 대응의 전체 전략에서도 중요한 의미가 있다. 메탄가스는 이산화탄소보다 온실효과는 약 25배 높으나, 대기 중 잔존 수명은 이산화탄소(100년 이상)보다 짧아(약 10년), 탄소중립 2050 실현을 위한 시간 벌기 전략으로서 의미가 있으며, 기술을 활용해 2030년까지 전 세계 메탄 배출량을

57%까지 줄일 수 있을 것이라는 기대도 나온다.[15] 이처럼 기후위기의 발생과 해결에 있어 농업 부문이 차지하는 역할이 큰 만큼, 녹색전환의 차원에서 농업 부문에 대한 우선순위 조정과 적극적인 투자 및 대책이 요구된다.

녹색전환을 위해서는 관행농업에서 친환경 유기농업으로의 전환이 무엇보다 중요하다. 하지만 우리나라 경우 유기농과 무농약을 합친 친환경농업 면적을 2025년까지 10%, 2050년까지 30%로 확대하는 계획을 세우고 있는데,[16] 기후위기와 탄소중립의 시대적 흐름에 비춰 목표가 너무 소극적이고 정책의 우선순위도 높지 않다. 관행농업을 친환경 유기농업으로 전환하기 위한 보다 적극적인 정책적 목표 설정과 추진 노력이 요구된다. 식량 생산을 위한 농지는 대표적인 생태학적 한계 자원으로, 공공재로서 농지의 지속가능한 보존과 이용을 위한 제도적 기반도 마련되어야 한다.

녹색전환의 차원에서 소규모 농업인과 농식품 기업을 보호, 육성하는 노력도 중요하다. 기후위기가 식량 위기로 이어지고 식량 수급체계가 불안정해질수록 이윤을 추구하는 자본의 경쟁도 심해지게 될 것이고, 이 과정에서 자본과 기술력이 상대적으로 취약한 소농과 영세 농식품 기업은 농업 부문 시장에서 밀려날 가능성이 높다. 이런 패권주의적 식량 시스템에 대응하여 소규모 농업인과 농식품 업체들을 중심으로 지역 순환형 농업·먹거리 체계를 만들어 식량 자급률을 높이고, 사회·생태적 완충력을 높이는 노력이 중

15　2021년 11월에 열린 제26차 유엔기후변화협약 당사국총회(COP26)에서 지구 온도 상승을 1.5도 이내로 억제하기 위한 차원에서 메탄 감축을 위한 국제 메탄협약 출범을 출범시킨 바 있다.

16　정부의 '제5차 친환경농업육성 5개년계획'과 '2050 농식품 탄소중립 추진전략'에 해당 내용이 나와 있다.

요하다.(Hyvärinen, 2020)[17]

이와 함께 빅데이터 기반 초대형 플랫폼 기업들이 농식품 유통 분야를 주도하면서 자본과 기술력을 갖추지 못한 민간 영역은 생존력을 잃고 그 부담은 결국 생산자 농민과 소비자들이 지게 될 우려가 커지고 있다. 그만큼 농업 및 먹거리 분야의 물류와 전산 등에서 디지털 전환 역량을 높이기 위한 정책적 지원 역할이 중요하다.

마지막으로 농식품 체계 전반의 기후위기 대응과 녹색전환을 종합적으로 기획, 관리할 수 있는 컨트롤타워 기능도 강화해야 한다. 다른 산업과 비교해 볼 때 농업 부문의 생산, 가공, 유통, 소비, 폐기 전 과정은 매우 복잡하고 다양한 주체들의 이해관계가 맞물려 있다. 그만큼 기후위기 대응과 탄소중립을 위한 노력들을 전 과정에서 모니터링하고 체계적으로 관리하여 각 단위 및 영역별 노력이 시너지 효과를 발휘할 수 있도록 하는 체제가 마련되어야 할 것이다. 또한 녹색전환을 위한 정책과 제도의 연계성을 높이기 위한 부처 간 협력은 물론이고 정부 조직 체계 전반의 개편도 함께 이루어져야 한다.[18]

---

17 소농들은 전 세계 식량 공급의 80%를 담당해 세계 식량 안보의 중추 역할을 함으로써 저개발국의 기아와 빈곤 퇴치에 핵심 역할을 해오고 있다.(Kahan, 2014)
18 정부 조직 개편 방향과 관련해서는 이 책 6장 2절의 '우리 정부의 녹색화 방안'을 참고하기 바란다.

4절 인구 문제에 대한 전환적 접근과 국가 역할

1. 인구와 지속가능성의 관계

지속가능성과 녹색전환의 문제를 다루면서 '인구' 문제를 피해 가기는 어렵다. 인구 문제는 환경 분야에서 오래된 쟁점 주제 중 하나다. 1800년 경 맬서스(Thomas Robert Malthus)가 집필한 『인구론』(The Principle of Population)부터, 1968년 폴 에를리히(Paul R. Ehrlich)의 『인구 폭탄』(The Population Bomb), 1972년 로마클럽의 『성장의 한계』(The Limits to Growth)까지 모두 지속적인 인구 증가가 인류의 생존에 미칠 암울한 미래를 경고하였다. 1987년 지속가능발전(sustainable development) 개념을 처음 공식화 한 브룬트란트 위원회의 보고서 『우리 공동의 미래』(Our Common Future)는 인구 규모가 생태계의 생산 역량과 일치하는 수준에서 안정화 되는 것을 지속가능발전의 조건으로 보았다.(WCED, 1987: 56)

현생 인류가 등장한 이래 오랜 기간 동안 인구는 일정한 증가 속도를 유지해 왔는데, 지난 200여 년 사이에 폭발적으로 증가하면서 문제가 되기 시작했다. 기원전 1만 년경 세계 인구는 약 600만 명이었고 인구가 두 배가 되는데 약 8,400년이 소요된 것으로 추정된다. 산업혁명이 시작되기 직전까지도 두 배 증가하는 데 거의 1,100년이 걸렸다. 그러다가 산업혁명을 거치면서 인구 증가 속도가 점점 빨라져, 산업혁명 초기에 10억 명이던 세계 인구는 20세기 초에 20억 명에 도달했고, 20세기 중반에는 30억 명을 넘어서는 등 10년마다 10억 명씩 증가 추세를 보였다. 2022년 기준 세계 인구는 80억 명에 도달했고, 2050년에는 90억 명이 넘을 것으로 내다본다.(United Nations, 2022: 3)

과거에는 기후와 서식 환경, 식량 공급량 등 생태학적 조건이 인구 수에 결정적 영향을 주었으나, 인간의 자연환경 개조와 인공환경 창출 능력이 커지면서 인구는 빠른 속도로 증가해 왔다.(Alcott, 2012) 그리고 이러한 급격한 인구 증가는 지속가능성 문제와 연결되어 인류 파멸에 대한 경고까지 나오고 있다. 급속한 인구 증가가 사회적으로나 생태적으로 상당한 압력으로 작용해온 것은 분명하다.(Alcott, 2012) 특히 개발도상국의 인구 규모 및 증가 속도가 더 크고 빨라지면서 지구적인 차원의 녹색전환에 상당한 도전이 되고 있다. 약 8억 명의 사람들이 영양불량 상태에 놓인 상황에서, 세계 인구는 매년 7천만 명씩 늘어났다.(우치다 다쓰루 외, 2020)

물론 한편에서는 2100년까지 세계 인구가 110억 명까지 증가하다가 감소할 것이라거나, 2064년에 97억 명으로 정점을 찍고 이후에는 줄어들 것이라는 예측도 있다. 문제는 2050년을 탄소중립 목표연도로 설정하고 있듯이, 세계 인구의 자연 감소가 일어나기 훨씬 전에 임계점을 넘어선 지구 시스템의 붕괴로 인류의 생존 자체가 위기에 처할 수 있다는 점이다. 녹색전환의 차원에서 인구 문제의 본질을 살펴봐야 하는 이유다. 인구 문제는 집합체로서 인구 과잉에 따른 식량 문제와 개별 행위자로서 과잉 소비에 따른 생태 발자국(ecological footprint)[19] 문제가 서로 연결되어 지속가능성 위기로 나타난다. 지난 2천 년 간의 인구 증가와 에너지 사용량 및 탄소 배출량 증가 속도가 비슷한 추세를 보이고 있듯이, 인구 증가가 지구 생태계에 미치는 영향은 밀접한 관련이 있다.

---

19 인간이 소비하는 자원의 양을 그 만큼의 자원 생산에 필요한 땅의 면적으로 환산한 것으로, 현재 인간의 생태자원 필요량을 충당시키려면 1.6개의 지구가 필요하다고 한다.(WWF, 2016)

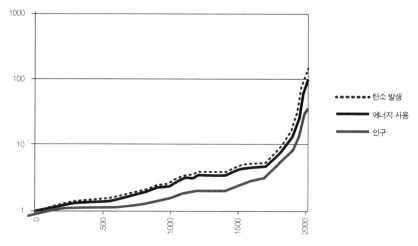

〈그림 5〉 인구 증가와 에너지 사용 및 탄소배출량 변화 추이

····· 탄소 발생
── 에너지 사용
── 인구

출처: 피셔-코왈스키 등이 쓴 논문(Fischer-Kowalski, et. al., 2014) 27쪽

　지속가능성 위기를 맞아 필수적이지만 한정된 자연 자원의 지속가능한 이용을 보장하면서 세계 인구의 삶을 개선하는 것이야말로 우리가 머리를 맞대고 풀어야 할 핵심 과제다. 1992년 유엔환경개발회의에서 지속가능발전과 인구 문제의 관련성을 인정하고 글로벌 회의체를 통해 이 문제를 지속적으로 다뤄 온 이유도 여기에 있다.(Herrmann, et. al., 2012)

　그런데 다른 한편에서 우리나라와 선진국들이 경험하고 있는 인구 감소 현상 또한 지속가능성 측면에서 낙관적으로만 바라볼 수는 없다. 지금의 지속가능성 위기는 생태적 차원과 사회경제적 차원이 복합적으로 연결되어 나타난 것으로, 녹색전환은 이런 문제들을 종합적으로 다뤄야 한다. 지금 선진국가들을 중심으로 나타나는 인구 감소 현상은 지속가능성 측면에서 계획된 노력의 결과가 아니다. 이런 가운데 사회적으로 준비가 되어 있지 않은 상태에서 '인구 절벽', '인구 충격', '인구 소멸' 등 인구 감소의 부정

적 측면만 강조하다 보니 즉자적으로 인구를 늘리는 것에만 신경을 곤두세운다. 인구 감소로 인한 경제적 위축, 부양 부담 증가, 재정 악화 등을 우려하면서 각종 출산 장려 대책들을 내놓고 있는데, 지속가능성 위기 상황에서 이러한 접근 방식은 한계가 있다.

2. 인구 문제를 둘러싼 논쟁과 과제

인구 문제는 지속가능성과 밀접하지만 이것을 바라보는 관점과 접근 방식은 매우 복잡하고 논쟁적이기까지 하다. 일찍이 인구 증가와 식량문제를 놓고도 상이한 입장이 제기되었다. 앞에서 소개했듯이 『인구론』을 저술한 멜더스(Malthus)는 기하급수적으로 증가하는 인구와 산술급수적으로 증가하는 식량 생산 사이의 불균형으로 인류는 심각한 고통을 겪게 되는 만큼, 인구 증가 억제 노력이 필요하다고 주장한다.(맬서스, 2016) 반면, 보세루프(Boserup)는 『식량 생산론』을 통해 인구 증가가 농업 기술의 혁신과 생산성 향상에 동기를 부여해 식량 부족을 극복할 수 있다고 주장한 바 있다.(Boserup, 1965) 전자의 입장을 지지하는 사람들을 멜서스주의자(Malthusian)로, 후자의 입장 지지자를 보세루프주의자(Boserupian)라 부른다.

인구 문제를 다루는 방식에도 입장의 차이가 있는데, 대표적인 것이 '구명선 윤리'(lifeboat ethics)와 '우주선 윤리'(spaceship ethics)다.(김학택, 2017) 멜더스주의자로 『공유지의 비극』을 저술한 가렛 하딘(Garrett Hardin)이 중심이 되어 제기한 '구명선 윤리'의 논지는 이러하다. 바다 한가운데에 두 척의 구명선이 떠 있는데, 한 척에는 적절한 인원과 물자와 식량이 있는 반면, 다른 한 척에는 정원을 초과한 인원에 물자와 식량이 부족한 상황을 가정했을 때, 어려운 처지에 놓인 구명선 탑승자들을 더 여건이 좋은 구명선에 태워서 구조해 주면, 결국에는 두 배가 모두 침몰하게 되는 만큼 구조해 주지 말아야 하며, 그렇게 하면 어려운 조건에 있는 배에 탄 사람들도 스스로 해결책을 찾을 것이라고 본다. 이런 입장에서는 질병, 기근, 전쟁 등도 인구 조절의 순기능 역할을 하는 것으로 보고, 개도국에 대한 선진국의 원조 중단과 인구 조절을 위한 강제적 수단의 필요성을 강조한다.

한편, 케네스 볼딩(Kenneth Ewart Boulding)이 강조한 '우주선 윤리'는 지구를 수용 인원이 제한되어 있는 하나의 커다란 우주선으로 비유하면서, 수용 범위를 초과하면 식량과 자원의 부족 등으로 위험을 초래할 수 있어 인구 조절이 필요하다고 본다. 이 점에서는 '우주선 윤리'와 '구명선 윤리'가 인식을 같이 한다. 하지만 문제 해결에 있어서 강제적인 수단의 필요성을 강조하는 '구명선 윤리'와 달리 '우주선 윤리는' 민주적이고 자율적인 방식을 강조한다. '우주선 윤리'는 선진국의 개도국에 대한 더 적극적인 원조가 필요하다고 보는데, 이를 통해 개도국의 교육과 생활 여건이 개선되고 여성의 지위가 향상되면 스스로 인구를 조절할 수 있다고 본다.(김일수, 2023)

이처럼 인구 문제의 해결 방식이 갈리는 배경에는 인간의 잠재적 역량에 대한 인식의 차이가 자리하고 있다. '구명선 윤리'는 '우주선 윤리'가 인간의 자율적 문제 해결 역량을 과대평가 한다고 비판하는 반면, '우주선 윤리'는 반대로 '구명선 윤리'가 인간이 가진 역량을 과소평가 한다고 비판한다. 이것은 인구 문제와 관련하여 녹색전환과 국가의 역할을 논의할 때도 중요하게 다뤄야 할 부분이다.

급속한 인구 증가가 환경문제, 식량 문제, 에너지 문제 등 예측하기 어려운 재앙을 초래할 것이라는 경고가 계속되고 있는 가운데, 한편에서는 과학 기술의 혁신으로 새로운 출구를 찾으려 하고, 다른 한편에서는 인구 감소가 가져올 재앙에 대비해 인구를 늘리는 방안을 고심하고 있다. 이와 함께 지속가능성 위기로 인한 각종 재난과 난민과 이민자 증가가 사회적 갈등 문제로 확산되자 그 틈새를 비집고 극단적인 포퓰리스트 정치가 등장하는 상황에 대해서도 녹색전환의 차원에서 주의를 기울일 필요가 있다.[20]

3. 인구 정책의 한계와 당면한 현실

한 분야의 정책 방향이 짧은 기간에 완전히 반대 방향으로 바뀌는 경우는 매우 드문 일인데 인구 정책이 그러하다. 한국 사회는 불과 반세기 전에 인구 증가를 억제하고자 '산아 제한' 정책을 취하더니 지금은 인구 감소를 우려해 '출산 장려' 정책에 고심하고 있다. 이처럼 인구 문제를 바라보는 우리의 시선과 담론, 정책의 변화는 매우 드라마틱하다.(전영수, 2021)[21]

인구 정책 패러다임의 변화 과정을 살펴보면, 1961년 가족계획사업을 국가시책으로 실시하면서 산아 제한 정책[22]이 시작되었는데, 그 사이 오히려 인구 감소가 문제가 되자 34년 만인 1996년에 산아 제한 정책은 종료되었다. 이 기간 동안 인구 문제를 둘러싼 인식의 변화는 인구 정책 목표와 슬로

---

20 실제로 극단주의와 극우 포퓰리즘을 결합한 극우정당들이 유럽 정치에서 크게 약진하고 있는데, 2024년 7월 영국 총선에서 극우정당인 영국 개혁당이 득표율상 제3당으로 약진하면서 처음 하원에 진출하는 성과를 거뒀고, 프랑스 극우정당인 국민연합은 총선 1차 투표에서 1위를 기록해 의회 장악까지 내다봤는데 결선 투표에서 좌파와 중도의 결집으로 막아낼 만큼 그 위력이 대단했다. 합리적 보수의 빈 자리를 극우 정당이 차지하는 문제는 한국의 정치 현실에서도 남의 일이 아닌 상황이 되고 있다.

21 이건 우리나라만의 현상은 아닌데, 인구 대국인 중국 역시 인구 증가와 대기근 발생 등으로 출산 억제 정책을 펼치다가 고령화로 인한 생산 가능 인구 감소 등이 문제가 되자 출산 장려로 정책 방향을 바꿨다.

22 이 정책은 인도와 파키스탄에 이어 우리나라가 세 번째 실시 국가로 알려져 있다.

건을 통해서도 확인할 수 있다.

〈표 12〉 인구 정책 목표 및 슬로건의 변화

시기	정책 목표	정책 슬로건
제1기(1962~1966)	알맞은 수 자녀 갖기 운동	'알맞게 낳아 훌륭하게 기르자'
제2기(1967~1971)	세 자녀 갖기 운동	'세 살 터울로 세 자녀만 35세 이전에 낳자'
제3기(1972~1976)	두 자녀 갖기 운동	'아들 딸 구별 말고 둘만 낳아 잘 기르자'
제4기(1977~1981)	가족계획 생활하기	'하루 앞선 가족계획 십 년 앞선 생활계획'
제5기(1982~1990)	한 자녀 갖기 운동	'하나씩만 낳아도 삼천리는 초만원'
제6기(1991~1995)	저출산 운동	'적게 낳아 건강하게 키우자'

출처: 유재국 · 박선권이 쓴 보고서(2023)의 3쪽 내용을 재구성함

2000년대에 들어서면서부터 정부 차원에서 인구 감소 문제를 놓고 적극 대응하기 시작했다. 2002년 당시 합계출산율이 1.18명으로 사상 처음 초저출산 현상이 나타나자 출산율 회복을 위한 범 정부 차원의 대책이 나오기 시작했다. 저출산 고령사회기본법 제정과 대통령 직속 저출산 고령사회위원회 설치(2005년), 저출산 고령사회기본계획의 수립 및 시행(2006년) 등의 노력이 그 예다.(유재국·박선권, 2023: 3~6)

하지만 정부의 출산 장려 정책은 소기의 성과를 거두지 못하고 합계출산율은 지금까지 계속 하락 추세를 보이고 있다. 결과적으로 인구 문제에 있어 '증가'와 '감소' 모두 국가 차원의 위기 문제로 다뤘으나 정책적 성과는 별로 없었다. 하지만 국가의 역할 자체가 필요가 없다는 것은 아니다. 지금과 같은 지속가능성 위기 시대에는 인구 문제에 대한 인식과 접근을 새롭게 하면서 필요한 국가의 역할을 찾아야 한다. 국가는 인구 문제와 관련해 장기적이고 종합적인 관점에서 명확한 방향과 비전을 제시함으로써 국민의 이해와 자발적 참여를 높이는 데서 해결책을 찾아야 한다.

우리나라 인구 문제의 현실은 이러하다. 먼저, 양적인 측면에서 우리나라

인구는 2019년에 사상 처음으로 사망자가 출생자보다 많은 자연감소 현상이 나타났다. 2020년부터 생산연령인구(15~64세)가, 2021년부터는 총 인구가 감소하기 시작했다. 지속적인 출산율 저하가 주요 원인인데, 2023년 합계출산율은 0.72명으로 역대 최저치다. 특히 2023년 4분기 합계출산율은 0.65명으로 사상 처음 0.6명 대를 기록했다. OECD 국가 중 가장 낮은 수치로, 감소 폭도 매우 가파르다. 이런 상태가 계속되면 50년 후인 2073년 총인구는 2023년 5,130 만여 명의 절반에도 못 미치는 2,553만여 명에 이를 것으로 예상하기도 한다.(유재국·박선권, 2023)

〈표 13〉 한국과 OECD국가 합계출산율 비교

구분	1960년	1970년	1980년	2002년	2013년	2021년
한국	6.0명	4.53명	2.82명	1.18명	1.30명	0.81명
OECD 평균	3.34명	2.84명	2.25명	1.65명	1.71명	1.58명

출처: 유재국 · 박선권이 쓴 보고서(2023)의 1쪽 내용을 재구성함

한편, 질적인 측면에서도 우리의 인구 구조에 대한 우려가 큰데, 급속한 고령화 현상이 대표적이다. 저출산과 고령화로 노인인구 비중이 커지는 만큼 총부양비도 계속 늘어나게 되어 대책을 고민하고 있다. 문제는 인구 감소와 고령화 문제를 놓고 노동생산성, 국가 경쟁력, 부양 부담 등 주로 경제주의적 관점에서 접근한다는 점이다. 윤석열 정부가 저출생 문제를 국가의 존망이 걸린 '비상사태'로 보고 범 국가적 총력 대응을 강조하면서 컨트롤타워 역할을 하는 인구전략기획부 신설 등 각종 대책을 세우고 있는데, 기본 인식과 접근 방식 또한 이와 크게 다르지 않다. 인구 감소로 인한 노동력 부족을 이주노동자나 로봇 등 기계화를 통해 해결하자는 주장 또한 마찬가지다.

4. 인구 문제에 대한 전환적 인식과 접근

1) 인구 문제의 까다로운 특성들

인구 문제를 놓고 한편에서는 급속한 증가를, 다른 한편에서는 지속적인 감소를 우려하면서 대책을 고민해 왔다. 고령화 현상을 바라보는 시선도 복잡하다. 노인인구 증가에는 영양상태와 공중보건 및 생활환경 개선, 의료기술 발달 등으로 평균수명이 늘어나 '백세시대', '장수사회'라는 인류의 오랜 열망이 현실화된 측면도 분명히 있는데, 다른 한편에서는 '노인의 나라', '회색국가'의 암울한 미래를 우려하며 대책을 세우고 있다. 문제는 인구 문제를 둘러싼 어수선하고 모순적인 상황 속에서 지속가능성 위기는 점점 심각해진다는 점이다.

인구 문제는 사람을 대상으로 하는 만큼 복잡하고 까다로울 수밖에 없다. 산아 제한이든 출산 장려든 인구 조절을 위한 정책 모두 사람의 기본권과 직접 관련되어 있는 데다, 여성 몸에 대한 국가의 개입과 통제는 경계심을 갖고 매우 신중하게 다뤄져야 한다.(허성우, 2011: 140) 생물은 개체수가 환경적 수용 능력을 초과하면 식량고갈, 질병, 종간 경쟁 등 생태계 질서에 따라 수용 능력 범위로 그 수가 조절된다. 그리고 우리는 이것을 자연의 자연스런 현상으로 이해한다. 그런데 개체 수 조절 대상이 인간이면 문제의 성격은 완전히 달라진다. 멜서스주의자들처럼 강제적 수단을 통한 인구 조절 방식은 민주주의 가치가 보편화된 현대사회에서 지지를 받기가 어렵다. 그렇다면 지속가능성 위기 상황에서 인구 문제는 어떻게 이해하고 다뤄야 할까?

인구 문제는 민주적이면서도 사전예방적인 차원에서 신중하게 다뤄질 필요가 있다. 여기에는 인간의 인지 능력과 자발적 해결 능력에 대한 믿음이 전제되어 있다. 인간의 이러한 능력은 오늘날 기후 문제를 '위기적 현상'

으로 인식하고 다가올 파국적 상황에 대비하기 위해 전환의 길을 찾으려는 노력으로 나타난다. 인구 문제는 강제적 수단 보다는 여성 인권 향상, 교육, 가족계획 등을 통한 자발적 감축 방안이 마련되어야 한다.(Videira, et al., 2014) 지속가능성 측면에서 인구 문제는 물, 식량, 에너지 등 자원의 한계와 빈곤의 해결이라는 과제를 제기한다는 점에서, 생태적 상한선과 사회적 최저선 사이에서 대안을 찾으려는 녹색전환의 문제의식과 맞닿아 있다.

그동안 인구 증가는 더 많은 값싼 노동력과 소비자를 공급해줌으로써 자본주의 성장체제를 뒷받침해 왔다.(제이슨 히켈, 2021: 156~157) 그만큼 지속적인 인구 증가를 전제로 한 성장경제 체제에서 인구 감소가 가져다줄 충격에 대한 우려가 큰 것이 현실이다. 성장 중심 체제로 조밀하게 짜인 현실에서 준비 없는 인구 감소는 오히려 부작용이 클 수밖에 없다는 것이다. 결국 인구 문제의 핵심은 성장 중심의 경제구조를 바꿔내는 데 있다.(이상호, 2013) 인구 증가를 전제로 과잉 투자, 중복 투자를 하거나 또는 지역소멸론을 내세워 지역발전 전략으로 출산 장려와 인구 유입 대책을 추진하는 바탕에는 성장주의 논리가 관성적으로 작동하고 있다. 인구 문제는 탈성장의 핵심 과제로, 경제가 탈성장하고 안정화 되려면 인구는 필연적으로 줄어들거나 안정화되어야 한다.(Kerschner, 2010) 하지만 성장경제 체제의 근본적 한계를 비판하는 탈성장론에서도 인구 문제 만큼은 제대로 다루지 않았다.(Cosme, et al., 2017)

인구 문제에 대해 생태적 측면과 사회경제적 측면을 함께 고려하지 않고 총량적 규모 측면에서만 접근하면 지속가능성 딜레마에 빠질 수 있다. 인구와 관련해 국가 및 지역 간 불균등한 분포와 사회경제적 불평등 구조의 문제를 놓칠 수 있다. 실제로 인구 총규모의 증가 못지않게 생산-소비-생활 양식과 거주 형태 등에 따른 개인별 소비 규모와 공간적 과밀 현상이 생태계에 미치는 영향도 상당하다. 녹색전환의 측면에서 인구 문제는 인구의 규모, 구성, 삶의 관계와 질적인 측면 등 종합적으로 다뤄져야 한다.

2) 인구 문제에 대한 전환적 접근

인구 문제에는 재앙과 축복의 요소가 모두 담겨 있다. 그만큼 지속가능성 위기에 대응해서 사전예방적인 접근이 중요하다. 녹색전환을 위해서는 인구로 인한 생태적 부담이 양과 질적 차원 모두에서 줄어들도록 해야 한다. 경제 논리로 인구 감소를 재앙으로 보는 관점부터 바꾸고, 인구 감소에 대한 사회경제 시스템도 새롭게 준비해야 한다. 지속적인 인구 증가를 전제로 짜인 양적 성장체제 자체의 전반적인 개편과 전환이 요구된다. 저성장이 구조화된 상황에서 함께 살아가기 위해서는 '좋은 삶'에 대한 기준을 새롭게 하는 노력도 중요하다.

인구 문제에 대한 양적 접근을 넘어 인구 상호간 관계성을 기반으로 한 질적 접근이 필요하다. 이와 관련해서 다양한 연령대의 사람들이 지역의 여러 현장과 관계를 맺는 '관계 인구'가 늘어나서 지역의 활력을 높이는 방안도 있다.(우치다 다쓰루 외, 2020: 247) 자원의 지속가능한 이용과 적정 생활 유지를 위한 최적 인구를 의미하는 '적정 인구' 개념도 중요하다. 적정 인구 개념은 부른트란트 보고서 『우리 공동의 미래』에서도 지속가능발전을 위한 조건으로 제시한 바 있다.[23] 생물경제학자 조지스쿠-로겐은 "앞으로 유기농업으로만 충분히 먹일 수 있는 수준으로 인구수를 낮춰야 한다"고 주장하기도 했다.(Georgescu-Roegen, 1975) 이런 적정 인구 개념에 비춰볼 때 우

---

23 세계의 적정 인구 수와 관련해 『인구 폭탄』을 저술한 폴 에를리히는 1994년 계산을 통해 15~20억 명으로 매우 보수적으로 제시한 바 있다.

리나라는 이미 적정 수준을 넘어 과밀 상태에 접어들었다.(전영수, 2021)[24]

지금의 지속가능성 위기는 사회, 경제, 공간적 불평등 구조 속에서 적정한 인구 규모와 소비 수준을 유지하지 못한 데서 비롯된 것으로, 결국 그 부담과 책임을 미래세대로 떠넘긴다. 행성적 경계 속에서 총인구가 계속 늘어나는 것도, 1인당 자원 소비 수준이 지나치게 높거나 낮은 것도 모두 바람직하지 않다. 녹색전환을 위해서는 생태적 상한선과 사회적 최저선을 기준으로 인구의 양과 질이 적정 수준에서 유지되어야 한다.

인구 문제와 관련해서 국가의 역할은 지속가능한 삶을 위한 사회적 조건을 만드는 것이다. 인간이 존엄하면서 지속가능하게 살아갈 수 있는 삶의 조건이 갖춰지면 인구 문제와 관련한 출산과 소비에서 사람들이 지혜로운 선택을 할 가능성도 높아질 것이다. 인구 조절을 위한 국가의 직접적 개입은 부작용도 크고 실효성이 없음이 확인되었다. 정책적 유인 방식도 인식과 접근을 달리할 필요가 있는데, 치열한 경쟁과 과잉 노동으로 사람들을 탈진시키는 사회의 구조는 그대로 둔 채 경제활동 부모의 자녀 양육 부담을 덜어주는 방식의 출산 장려 정책은 한계가 있다. 더구나 저출산, 고령화가 가져다줄 미래세대의 부양 부담과 생산성 저하는 걱정하면서 기후위기로 인한 생태학적 붕괴가 미래세대의 생존 기반 자체를 위협하는 문제는 소극적으로 다루는 것은 미래세대에게 무책임한 행위다. 이런 점에서 지속가능성 위기에 대응하는 녹색전환의 과제로 제기되는 노동시간 단축과 기본소득, 생태복지 같은 정책들이 인구 문제를 전환적으로 다루는 길을 열어줄 것이다.

24　우리나라 적정 인구 수준으로 한국인구학회는 4천6백만~5천백만 명, 국토도시학회는 4천350만~4천950만 명, 한국보건사회연구원은 2080년 기준 4,300만 명으로 보고 있으며, 통계청도 2065년 4천300만 명을 적정 인구로 보고 있다.(전영수, 2021: 100~101)

제2부 ― 한국의 녹색국가 진단과 구상

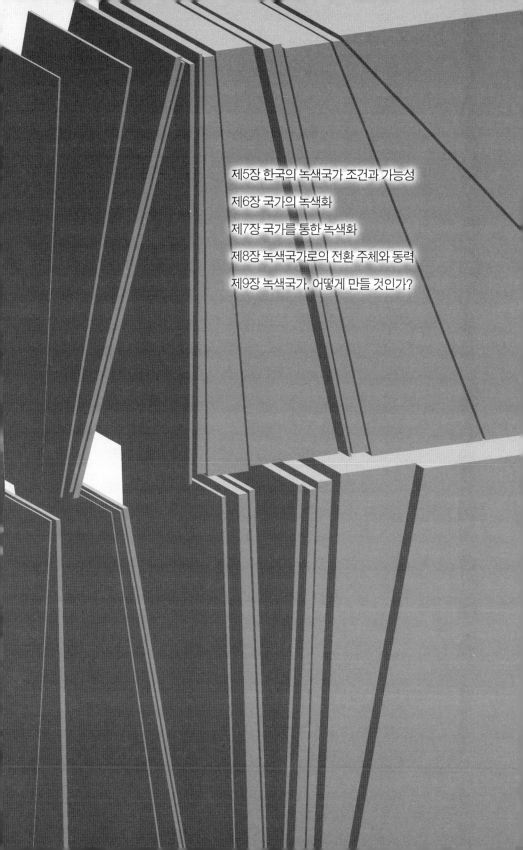

제5장 한국의 녹색국가 조건과 가능성

—

2부에서는 한국 사회 현실에서 녹색국가를 구체화할 수 있는 방향과 방안들을 살펴본다. 여기서 다루게 될 녹색국가 구상이 규범적 주장에 그치지 않고 현실 적합성을 가지려면 한국 사회의 녹색국가의 조건과 가능성에 대한 진단이 선행되어야 한다.

이 장에서는 한국의 근대국가 성립과 발전 과정 전반에 대한 진단을 통해 한국 사회가 가지고 있는 구조적 특성과 당면한 핵심 과제를 찾아본 다음, 이것을 토대로 우리 현실에 적합한 녹색전환의 방향과 녹색국가의 조건 및 가능성을 살펴보고자 한다.

1절 개발국가 및 토건국가와 한국

3장에서 녹색전환의 과제로 국가주의와 성장주의를 다루었는데, 한국의 현실에서는 이 둘이 강력하게 결합되어 '개발국가'와 '토건국가'라는 독특한 국가의 역할 체계 및 작동 양식이 만들어졌다. 따라서 한국 현실에 맞는 녹색전환 전략과 녹색국가를 탐색하기 위해서는 한국 사회의 국가 성격과 구조적 특성이 먼저 파악될 필요가 있다.

1. 한국 현실에서 개발주의와 개발국가

녹색의 관점에서 한국 사회의 발전 경로와 국가의 역할을 진단하는 데 있어 '성장주의'와 '개발주의'는 중요한 개념이다. 앞(3장 2절)에서 간략히 소개한 바 있지만, '성장주의'와 '개발주의'는 개념적으로 유사하지만 세부적으로는 차이가 있다. '성장주의'는 성장 가치의 우선순위 또는 목표를 강조하는 반면, '개발주의'는 이것을 뒷받침하는 실행 방식 또는 수단의 측면을 강조한다. 한국 현실에서는 성장 목표 달성을 뒷받침하기 위해 채택된 개발주의가 국가의 성격과 발전 경로 선택에 훨씬 더 깊은 영향을 주었고, 한국 사회가 토건국가로 자리 잡도록 하는 역할을 했다.[1] 개발주의는 국가가 앞장서서 인프라 구축 등을 통해 국토환경을 변화시키고 노동과 자본의 육성과 시장 확대 등을 통해 경제를 개발해 왔다는 점에서, 우리나라 근대화 과정은 '발전'보다 '개발' 개념이 더 적합하다.(조명래, 2003: 130)

국가가 앞장서서 경제성장을 기획하고 추동하는 체제를 설명하기 위해 등장한 것이 소위 '발전국가'(developmental state) 이론이다. 발전국가론은 1970년대 이후 한국, 대만, 싱가폴, 홍콩 등 동아시아 국가들의 급속한 경제성장 요인을 설명하는 이론으로, 서구 선진국가들과 달리 자본주의 시장이 충분히 발전하지 않은 상황에서 경제성장을 효과적으로 이루기 위해서 국가가 시장에 적극적이고 전략적으로 개입하는 역할을 중요하게 보았다. 발전국가는 '따라잡기'(catch-up)식 성장 전략의 효과적인 추진을 위해 국가가 직접 목표를 세우고 전략적으로 산업을 육성하는 등 시장에 개입하면서, 한편으로 사회적 갈등을 관리하고 통제하는 강한 국가모델을 특징으로 한다. 즉 발전국가는 원조 및 차관 등 외자(外資) 배분과 전략산업 육성, 비효율적 기업의 구조조정 등 국가의 시장 개입 역할이 경제성장을 효과적으로 이끌어내는 역할을 한다. 하지만 이 과정에서 국가 독재와 재벌의 독점이 강력한 지배체제를 형성하면서, 시민사회와 노동 영역은 소외, 배제되거나 억압, 위축되는 부작용도 나타났다.(이병천, 1999)

이처럼 우리 현실에서 개발주의의 영향이 컸던 만큼, 발전국가보다 개발

---

1   개발주의는 한국 사회가 토건국가 형태로 자리 잡게 만든 요인이 되었으며, 지금도 그 관성이 남아서 경제성장과 경기부양 수단으로 대규모 국책형 개발사업과 부동산 정책이 우선적으로 채택되고 있다.

국가[2]가 한국적 상황을 설명하는 데 더 적합하다는 의견이 있어 왔다. 개발
국가는 국가주의와 개발주의가 강력하게 결합한 형태이며, '국책사업'이란
말로 국가가 막대한 공공 재정과 제도적 수단을 통해 대규모 개발사업을 추
진하는 것은 개발국가의 대표적인 행태라 할 수 있다.[3]

경제성장 과정에서 계획 합리성을 갖춘 국가 관료의 자율성을 강조하는
발전국가론이 국가와 사회의 분리를 전제로 한다면, 개발국가론은 국가가
사회와의 관계를 통해 깊은 영향을 미친다는 점에 초점을 맞춘다. 개발국
가는 사회와 긴밀한 연계를 통해서 효과적으로 작동한다는 점에서 약탈국
가 모델과는 성격 자체가 다르다. 개발국가의 성공적인 작동을 위해서는 정
부 차원의 총괄 기획 및 조정, 엘리트 관료조직의 적극적인 역할과 함께 사
회 구성원들의 정책 목표에 대한 폭넓은 지지와 동원이 있어야 한다. 이러
한 개발국가는 자연과의 관계에서도 상당한 영향을 주는 만큼, 녹색전환을
위한 국가 성격 진단에도 시사하는 바가 크다. 특히 개발국가를 추동하고
지탱해 온 개발 동맹(개발 카르텔, 토건 마피아 등)과 개발업자(건설, 부동산 관
련), 정치인과 언론 등의 핵심 세력과 개발 조직들(개발부처, 개발 국책기관,
개발공사 등)은 녹색전환의 중요한 대상이자 녹색국가가 해결해야 할 핵심
과제임을 말해준다.

---

2   발전국가와 개발국가 모두 'developmental state'를 번역한 말인데, 위에서 성장주의와
    개발주의를 구분했듯이 발전과 개발의 개념도 구분해서 사용할 필요가 있다.
3   이병천은 국가의 강력하고 능동적인 주도와 동원을 설명하는데 있어, 자동사인 '발전'
    보다 타동사인 '개발'이 더 적절하다는 이유로 발전국가 보다 개발국가라는 용어가 더
    적합하다고 보았으며,(이병천, 2003: 103) 조명래는 국가 주도 성장체제에서 경제성장
    수단으로 국토의 물리적 환경 개발에 국가역량을 집중한 한국적 특성을 발전국가보다
    개발국가가 더 잘 담아낸다고 주장한다.(조명래, 2003: 135)

2. 지속 불가능성을 확대 재생산하는 토건국가

개발국가의 특성과 문제점을 녹색의 관점에서 구체적으로 살펴보는데 유용한 개념이 '토건국가'(construction state) 이론이다. 토건국가론은 특히 우리나라 환경·생태 문제의 발생과 이로 인한 갈등의 주요 원인이 댐과 도로, 공항 건설, 간척사업, 공단 및 택지개발 등 대규모 개발사업에서 비롯되었다는 점에서, 우리 현실의 문제를 좀 더 직접적으로 드러내준다.

토건국가는 호주국립대에서 동아시아 근현대사를 연구한 개번 매코맥 (Gavan McCormack) 교수가 미국의 군산복합체에 비유해서 일본의 공공 토건사업에 의존한 사회 구조를 설명하기 위해 사용한 개념이다.(개번 매코맥, 1998)[4] 토건국가는 국가가 방대한 규모의 재정을 토목과 건설업에 지출해서 전체 산업구조를 재편하고 이것을 유지, 확대, 재생산하는데 개발세력이 결합한 구조화된 국가형태를 말한다.(강진연, 2015: 321) 이런 토건국가적 특성이 한국 현실에서 작동하면서 환경오염과 생태계 파괴는 물론 막대한 재정 적자와 부채, 심각한 자원 배분 왜곡을 야기하고, 사회, 경제, 공간적 불균형을 심화시켜 왔다. 또한 지역과 시민사회로하여금 상대적 박탈감에 따른 개발 욕구의 증폭과 투기적 공간개발을 부추기는 악순환에 빠지도록 하여 우리 사회 전체를 지속 불가능하게 만드는 핵심 요인으로 작용해 왔다.

문제는 이런 토건국가적 관성 및 관행이 민주화와 지방화 시대를 맞아 더욱 확장된 형태로 영향력을 행사한다는 점이다. 지방자치제도 부활의 긍정

---

4 일본은 좁은 국토 면적에도 미국 국방 예산보다 더 많은 돈을 공공사업에 투자하면서, 정관재계(政官財界)가 유착된 '철의 삼각형'(iron triangle)의 부패 구조를 만들어 냈으며, 이것이 재정문제와 버블경제 붕괴의 원인으로 작용했다.(김은혜, 2015)

적 측면에도 불구하고, 한편에서는 개발 권한을 가진 지자체들이 '세수 확보' 등을 이유로 개발사업을 경쟁적으로 추진함으로써 '개발의 지방화'가 본격화 되었다.(조명래, 2003: 130) 이 과정에서 개발 이익을 둘러싼 경쟁과 부패와 비리가 끊이지 않았고, 민주주의의 확장된 공간을 개발 이익을 향한 경쟁의 장으로 왜곡, 변질시켜 왔다. 이런 토건국가 체제는 한국 경제가 부동산 개발에 의존하도록 만들면서 개발주의를 사회문화 및 개인의 의식 영역으로까지 침투시켰다. 국민경제에서 건설산업 부문이 차지하는 비중이 높아지자,[5] 경기 활성화를 비롯한 정책의 초점은 생산 및 고용 유발 효과가 높은 부동산 개발 관련 건설업 부문에 맞춰지고,[6] 이 과정에서 그린벨트를 비롯한 개발 제한과 부동산 규제 정책은 해제 또는 완화되면서 생태계 보호와 같은 공적 가치는 결국 개발 이익 앞에서 무시되기 일쑤였다.

개발국가, 토건국가가 만들어낸 강한 경로의존성과 부작용을 구체적으로 진단하고 해결 방안을 찾지 못한다면 한국 사회의 녹색전환과 녹색국가를 향한 길은 요원할 수밖에 없을 것이다. 녹색국가가 성공적으로 자리매김하기 위해서는 우리 한국 사회가 당면한 구조적 특성과 그 기원 및 영향력에 대한 종합적인 진단이 있어야 한다.

---

5   건설업은 2022년 기준 우리나라 국내총생산(GDP)의 약 15.4%를 차지하고, 전체 고용의 7.4%에 달하는 200만 명이 넘는 일자리를 제공하는 것으로 알려져 있다.

6   건설업의 고용 유발 계수는 생산액 10억 원당 11.1명으로, 수출 주력산업인 반도체(2.1명), 자동차(7.4명), 선박업(8.2명)은 물론, 노동집약적 산업인 서비스업(9.2명)보다도 고용창출력이 높은 것으로 알려져 있다.(주원, 2024)

2절 한국의 국가 발전 경로와 성격 진단

우리나라는 고조선(2000여 년), 삼국시대(700여 년), 고려시대(470여 년), 조선시대 (500여 년) 등 오랜 왕조 국가 시기를 거쳐서 대한제국(1897~1910)에 이르러 근대국가 체제를 갖추게 되었다. 대한제국의 성격에 대해 전제군주가 지배하는 전근대 봉건국가의 연장이라는 입장에서부터[7] 한국 최초의 근대국가로 봐야 한다는 입장까지 다양한데, 필자는 대한제국을 근대국가로 이행을 위한 과도기 단계로 이해한다. 대한제국 시기에 나타났던 근대국가의 맹아들을 꽃피울 수 있는 자생적 역량과 기반이 있었다면 우리의 운명은 완전히 달라졌을 것이다. 하지만 근대국가로서 온전한 모습을 채 갖추기도 전에 일제강점기(1910~1945)와 해방 후 미군정기(1845~1948)를 거치게 되었고, 1948년에 대한민국 정부가 수립되었으나 얼마 지나지 않아 참혹한 한국전쟁(1950~1953)을 겪게 되었다.

이처럼 근대국가 형성 단계에서 외부 세력의 통치와 개입, 이어진 참혹한 전쟁의 경험은 이후 한국 국가의 발전 경로와 성격 형성에 깊은 영향을 끼쳤고, 상당 부분 지금까지 이어지고 있다. 이 점에서 한국 사회의 국가 발전 경로와 국가 성격에 대한 진단은 한국의 지속가능성 위기 원인과 특성에 대한 진단과 녹색전환의 방향 및 녹색국가 가능성과 과제를 밝히는 데 중요한 밑작업이 된다.

---

7   이런 입장은 자칫 한국 근대화와 관련해 일제 식민통치의 긍정적 측면을 강조하는 논리와 연결될 수 있다.

1. 근대국가의 등장 과정과 국가 성격

우리나라에 근대국가 개념이 소개되고 적용되기 시작한 것은 1900년대 초반으로 알려져 있다. 19세기 후반에 이르러 서양 제국과 조우하는 과정에서 서양식 주권국가, 국민국가로서 근대국가에 대한 인식이 나타났으며,(박상섭, 2008: 157; 김성배, 2012: 11) 20세기에 들어서 국가유기체설 등 독일 국가학의 영향을 받아 법인격적, 실체적 국가 개념이 추가되어 근대국가를 지칭하는 말로 '국가'라는 용어가 정착되었다.(김성배, 2012)

하지만 근대국가 개념이 채 확립되기도 전에 주권을 상실한 채 일제의 식민지 통치 체제에 들어가게 된다. 이런 상황 속에서 한국사회의 통합과 단결의 주체는 국민이 아니라 '민족'이 되었다.(소래섭, 2013: 89; 김동택, 2002: 381) 3.1운동은 한국 민족주의가 근대국가 건설을 추동하는 이념으로 자리 잡는 중요한 계기가 되었다.(김영호, 2008: 6) 따라서 일제 식민통치로부터의 해방은 전통국가로서 '나라 되찾기'이자 근대국가로서 '국가 만들기' 의미를 함께 가지고 있었다.

우리나라에서 주권을 보유한 국가 체제는 1948년에 대한민국 헌법을 제정하고 그에 따라 정부를 수립하면서 공식적으로 시작되었다. 우리의 국호 또한 일제와 미군정에서 쓰던 '조선'을 1948년 제헌국회를 거쳐 '대한민국'으로 공식화하였다.[8] 남한 단독정부로 출범한 이승만정권은 토지개혁과 국민의무교육 실시 등을 통해 근대국가의 기초를 만들고자 했다. 특히 토지개

---

8 우리의 국호는 1919년 4월 11일에 임시정부가 발표한 임시헌장에서 '대한민국은 민주공화제'(제1조)라고 표기한 이래, 1925년 임시헌법에서 비로소 '대한민국은 민주공화국'이라고 명백히 규정한 바 있다. 한편, 정부수립 후 '대한민국'의 약칭인 '민국'과 '한국'이 서로 경쟁하다가 '한국'으로 정착하게 되었다.(한승연·신충식, 2011)

혁은 전근대적 경제 질서를 근대적 경제 질서로 변화시키고 소규모 토지를 소유하게 된 농민들이 근대국가의 국민으로 다시 태어나는 기회를 갖는 데 중요한 역할을 했다.(김영호, 2008: 19~20)[9]

하지만 한국의 근대국가 형성 과정에서 국가의 성격과 역할에 대해서는 '과대성장국가론'과 '취약국가론'처럼 견해의 차이도 존재한다. 과대성장국가(overdeveloped state)론은 일제의 관료, 경찰, 군사 등 국가기구 잔재와 한국전쟁을 통해 과대 성장한 군부 엘리트 및 관료가 우리의 근대국가 건설 과정에서 사회를 지배하고 자본가 창출과 자본의 배분 및 관리 등 중요한 역할을 했다는 논리다.(최장집, 1995) 반면 취약국가(vulnerable state)론은 경찰, 군대 등 국가기구들이 일제 강점기 때와 달리 미군정의 지원을 제대로 받지 못해 국가건설의 과제를 수행하기에는 매우 취약한 상태에 있었다고 본다.(이택선, 2020: 32)[10] 게다가 한국전쟁으로 거의 모든 자원이 파괴되자 근대국가 건설과 국가 운영에 필요한 인력은 친일파 경력직의 등용과 미국 유학파 기용으로 충당하고, 부족한 물적 자원은 한편에는 미국으로부터의 원조를 통해, 다른 한편에서는 반일과 반공을 앞세운 애국주의와 민족주의의 이념적 자원에 의존해서 해결하고자 했다.

과대성장국가론과 취약국가론은 강조점의 차이에도 불구하고 서구 선진 국가들과 우리나라는 근대국가 형성 과정 및 조건이 다르다는 점을 확인시

---

9   당시 북한은 집단농장화를 거쳐 토지를 몰수하는 방향으로 토지개혁을 단행함으로써 사회주의 체제를 만들어 갔다.

10   2차 세계대전 이후 미국이 지원한 국가건설 사례를 가지고 랜드연구소에서 작성한 표준 국가 모델의 국가기구 인원수와 비교해 볼 때, 우리나라의 미군정 시기와 제1공화국 초기는 근대국가로서 역할을 하기 위한 인적, 물적 자원이 매우 취약한 상황이었다는 것이다.

켜 준다. 이런 조건하에서 한국 사회가 걸어온 국가 발전 경로와 국가의 성격, 국가-시장-시민사회와의 관계적 특성을 이해하는 것이 중요하다. 특히 한국의 녹색전환을 위해서는 근대국가 형성 과정에서 만들어진 강력한 국가 주도의 개발·성장주의, 경제적 대외 의존성, 시민사회의 상대적 저발전, 이념 및 사상의 경직성과 뿌리 깊은 사대주의 등을 구체적으로 검토해야 한다. 이중 한국전쟁의 경우 그 충격과 영향이 워낙 커서 전환의 과제 탐색을 위해 별도로 자세히 살펴보고자 한다.

2. 한국전쟁이 국가 발전 경로 선택에 미친 영향

한국전쟁의 원인 및 성격을 놓고 여러 입장이 있지만 여기서는 이후 다루게 될 녹색국가로의 전환에 필요한 시사점을 얻는 차원에서 한국전쟁의 결과가 한국의 발전 과정과 국가 성격 형성에 미친 영향에 초점을 맞추고자 한다.

같은 언어와 역사를 공유하고 하나의 국가를 구성하여 지내오던 하나의 민족이 급변하는 국제정세 속에서 둘로 나뉘어 치른 한국전쟁[11]은 세계 전쟁사에서 유래를 찾기 힘들 정도로 참혹한 피해를 남겼다. 먼저, 1950년 6월 25일 인민군의 전면적인 남침으로 시작된 한국전쟁은 1953년 7월 27일 휴전이 되기까지 37개월 간 총력 전면전 성격으로 진행되면서 엄청난 인명 피해가 발생했다. 한국전쟁으로 남북한 합계 총 520만 명의 사상자가 발생

---

11 명칭과 관련해 우리 헌법상 북한을 국가로 인정하지 않는다는 점에서 '6.25 동란', '6.25 사변'으로 불렸는가 하면, 북한은 '조국해방전쟁'으로 불렀다. 국립국어원은 '6.25전쟁'과 '한국전쟁'을 모두 표준어로 인정하고 있다.(임성재, 2020) 여기서는 'The Korean War'가 국제적으로 통용되는 만큼 '한국전쟁'을 명칭으로 사용한다.

했는데, 당시 남북한 인구를 3천만으로 추산할 경우, 6명 중 1명꼴로 인명 피해를 입은 것이다.[12] 특히 비전투원 민간인의 피해가 큰 것은 한국전쟁의 비극적 특성을 말해준다. 한국전쟁에 참전한 유엔군도 십만 명 이상 목숨을 잃었다. 물적 피해도 상당했는데, 제조업 공장시설의 42%가 파괴되고, 총 발전시설의 80%가 손상을 입는 등 남한의 산업 기반이 심각하게 파괴 되었다.(양병기, 1990) 또한 농경지 등 농업생산 기반의 27%가 파괴되어 남한 전체 인구의 20~25%가 굶주림 상태에 놓이게 되었다.[13]

문제는 한국전쟁이 남긴 충격적인 결과가 한국의 발전 과정에 상당한 영향을 미치면서 지속가능한 미래를 향한 녹색전환의 발목을 붙잡는다는 점이다. 첫째, 강력한 국가주의를 초래하였다. 참혹한 한국전쟁의 경험은 국민들로 하여금 국가에 대한 공포와 불신을 심어준 반면에, 한편에서는 국가의 중요성을 체감시켜 애국심을 고양시키는 결정적인 계기로 작용했다. 이 과정에서 '국민의 국가'가 아니라 '국가의 국민'이 만들어졌다.(전상인, 2001) 또한 전쟁을 통해 막강한 힘을 갖게 된 군부가 정치와 시민사회에 지배적 영향력을 행사하면서 국가주의가 강력하게 작동할 수 있는 기반을 만들어 냈다.[14]

---

12 국가기록원에 따르면 한국전쟁 기간 동안 사망 244,663명, 학살 128,936명, 부상 229,625명, 납치 84,532명, 행방불명 303,212명 등 약 1백만 명의 인명피해가 발생했다. 이와 함께 약 20만 명의 전쟁미망인과 10여만 명이 넘는 전쟁고아가 생겼고, 피난민도 약 6백5십만 명에 이르렀으며, 이산가족도 1천만 명이 넘었다.

13 북한 역시 전쟁을 통해 광업 생산력의 80%, 공업 생산력의 60%, 농업 생산력의 78%가 파괴되었으며, 전후 경제복구 사업으로 농업의 협동화와 독자적인 사회주의 공업화 전략을 추진하게 된다.

14 북한의 김일성 역시 한국전쟁을 통해 1인 독재체제와 반미(反美) 노선 강화와 함께 전형적인 병영국가(兵營國家) 체제를 만들어 나갔다.

둘째, 개인주의와 경쟁주의가 심화된 구조를 만들어냈다. 전쟁 기간 동안 29만 명이 월북 또는 납북되고, 45~65만 명이 월남하는 등 엄청난 인구 이동이 일어났고, 전쟁으로 피폐해진 농촌을 떠난 농민들이 도시로 이동하면서 전통적 농업사회에서 도시 및 산업사회로 급속히 변화했다. 이 과정에서 전통사회 신분 질서와 공동체적 관계는 해체되고 개인주의가 빠르게 자리 잡게 되었다.[15] 또한 급격한 인구 이동으로 사회 전체가 계층적으로 평준화된 가운데, 교육이 개인의 신분 상승과 사회적 지위 획득의 결정적인 통로가 되었으며, 전쟁 체험을 통해 학력이 가장 안전하고 보장된 자산이자 가족주의적 생존전략이라는 인식이 강화되면서 높은 교육열과 경쟁주의를 만들어냈다.(오성철, 2020)

셋째, 개발주의와 대외 의존적 성장체제의 구조화가 진행됐다. 이승만정권은 기획처를 신설하고 경제부흥 5개년 계획을 세우는 등 근대국가의 구축을 준비했으나 별 성과 없이 한국전쟁을 맞았다. 전쟁 후에는 국가 재건과 부흥 사업이 국가적 최우선 과제가 되었는데, 전쟁으로 파괴된 도로, 댐, 건물, 산업시설 등 기반시설의 복구 과정에서 한국형 개발주의의 막이 열렸다. 또한 빈곤과 실업을 해결하기 위해 경제성장을 추동하는 각종 계획과 개발 담당 부처를 설치했다. 한국경제재건계획(54), 부흥5개년계획(56), 경제개발3개년계획(59)과 경제개발을 담당하는 부흥부 발족(55) 등이 그러하다. 하지만 성장의 기반이 취약했던 당시 상황에서는 미국으로부터의 대규모 원조가 경제적 부흥의 중요한 수단이었다. 농지개혁법 제정(1949. 6.)으로 농지를 불하받은 농민들이 자작농으로 성장할 수 있는 기회 또한 전쟁으

---

15 정진상(2000: 205)은 신분제 해체는 해방보다는 전쟁이었으며, 전쟁 후에는 양반이 하인에게 말을 함부로 하지 못했다고 밝힌다.

로 차단되었고, 전후 미국의 잉여농산물 도입으로 한국 농업의 자생적 발전 기반은 무너지게 되었다.(양병기, 1990) 결국 전후 남한의 대미 의존적 성장 체제 형성은 한국 경제가 미국 중심 세계 자본주의 체제에 편입되는 것이자, 자주적이고 자립적인 경제의 기반이 상실되는 과정이었다.

넷째, 분단체제의 고착화가 자원 배분을 왜곡하고 사상적 토대를 취약하게 만들었다. 분단체제는 한국전쟁을 통해 더욱 공고화되고, 휴전이라는 모호한 상태에서 남북 간 대립과 대결은 지금까지 계속되고 있다. 한국전쟁 이후 남북한 모두 부국강병을 앞세운 채 군사력 증강에 힘을 쏟은 결과, 남북한 모두에게 심각한 자원 배분의 왜곡을 만들어내고 있다.[16] 전쟁이 남긴 정신적 상흔은 반공과 반북, 친미주의가 지배 이데올로기로 자리 잡도록 했고, 이와 다른 입장을 가진 중간파나 좌파, 나아가 녹색 계열의 사상이 정치적으로 뿌리내리기에는 매우 척박한 토양을 만들어냈다.

3. 국가 주도형 개발성장 체제의 형성과 정착 과정

한국은 초창기 국가발전 과정을 통해 국가가 강력하게 주도하는 경제성장 정책이 추진되고, 이 과정에서 개발 체제가 본격적으로 작동하기 시작했다. 그 결과 총량적인 경제성장이라는 가시적 성과를 거둔 반면에 사회-생태적 부작용이 구조화되기도 했다.

먼저, 우리나라가 강한 국가 주도성을 가지게 된 배경부터 살펴보자. 한

---

16   현재 남한은 50만여 명, 북한은 128만여 명이 상비 병력으로 존재하는 가운데, 남한은 한미 연합군 체제 등을 통해 전력을 강화하고, 북한은 핵과 각종 미사일 등 비대칭 전력 강화에 열을 내고 있다.

국이 강력한 국가주의를 장착하게 된 데는 다양한 요인들이 복합적으로 작용했다. 한국의 국가주의는 조선 왕조시대의 유교 사상과 그에 기초한 가부장적 국가체제에 뿌리가 있으며, 이후 근대국가 개념이 들어오는 과정에서 유교적 정치질서와 친화성이 강한 독일의 유기체론적 국가론[17]이 선호되었고, 일제의 식민통치 하에서 황국신민 육성을 위한 국가주의 교육의 영향 등을 통해 국가는 전체주의와 결합하게 된다.(박찬승, 2002: 207; 한승연, 2010: 8)

　해방 후 좌우익 대립과 한국전쟁, 분단과 체제대결 구조 속에서 국가주의는 반공주의와 결합해 국민을 통제하는 강력한 힘을 발휘하게 되었으며, 1972년 10월 유신체제 이후에는 국가주의가 군사주의와 결합해 파시즘 체제 성격을 강화하기도 했다.(박찬승, 2002: 200~201) 결국 박정희정권의 군사독재는 개인은 국가를 위해 헌신하고 희생해야 한다는 멸사봉공(滅私奉公)의 정신을 강조하기에 이르렀다.

　강력한 국가주의를 앞세운 박정희정권은 국가 주도형 성장 체제를 본격적으로 구축하고 작동시켰다. 여기에는 시대적 상황도 중요하게 작용했다. 먼저 내부적으로 일제 식민지와 한국전쟁을 거치면서 대중에게는 빈곤으로부터의 탈출이 최우선 과제였고, 그만큼 경제적 성장에 대한 열망과 지지도 높았다. 또한 군부 쿠데타를 통해 집권한 박정희정권은 취약한 정치적 정당성을 경제성장을 통한 물질적 풍요에 대한 약속 이행으로 보장받으려 했다. 한편 그 무렵 국제사회의 여건도 한국의 성장체제 구축에 영향을 주었다. 당시 냉전 상황 속에서 사회주의와 체제 대결을 벌이던 미국을 비롯

17　국가를 독자적 의지를 가진 인격체로 보는 유기체적 국가론은 개인보다 국가이익 우선하는 사상으로 민권론보다 국권론적 사고를 강조한다.(한승연, 2010: 8)

한 서구 자본주의 국가는 한국을 비롯한 신생 독립 국가들의 공산화를 막기 위해 근대화론 등을 통해 자본주의 경제발전에 대한 믿음을 주고, GDP를 국가의 발전 지표로 삼도록 했다.(마티아스 슈멜처 외, 2023: 61~62)

박정희정권(1963.12~1979.10)은 조국 근대화를 명분으로 한국의 1960~70년대 내내 국가주의와 발전주의, 반공주의를 결합한 개발동원 체제를 구축해 왔다.(조희연, 2010) 박정희정권의 개발 전략을 비공간 영역인 '경제개발'과 공간 영역인 '국토개발'로 구분해서 살펴보자. 먼저 경제개발 분야에 있어 국가 차원의 중기 계획(경제개발5개년계획)을 수립하고, 경제기획원의 주도하에 해외 자본 유치 및 투자와 재정 흐름 통제 등을 통해 경제정책 전반을 조정하고, 국가 주도의 수출 지향적 산업화 프로젝트를 추진하면서 중화학 공업을 육성해 갔다. 이 과정에서 월례 경제동향보고, 수출진흥확대회의, 분기별 현장점검 등을 통해 정책의 성과를 수시로 점검하면서 경제개발에 대한 국가의 통제 및 관리 체계를 강화해 갔다.

한편 국가 주도형 성장 체제의 경제개발 정책은 물리적 공간개발을 통한 토건형 국가의 등장을 초래했다. 개발주의의 공간적 확산은 전면적인 국토개발을 부추겼는데, 여기에는 국토개발을 경제개발의 보조적 수단으로 활용하고자 했던 당시의 정책 방향이 크게 작용했다. 외자(外資)를 활용한 댐, 공단, 철도, 도로, 항만 등 인프라 건설과 용수 및 토지 관리, 자원 개발 등 국토개발 사업을 통해 경제개발을 체계적으로 뒷받침하는 데 초점이 맞춰졌다. 그리고 이러한 개발사업을 효과적으로 추진하기 위해 경제기획원 산하에 국토건설청을 두다가 1962년에 건설부로 독립 승격시키기도 했고, 공사

(公社)[18]의 설립을 통해 대규모 개발사업을 지원하는 체계를 만들기도 했다.

국가 주도의 성장체제에서 만들어진 개발주의의 제도화된 관성이 만들어내는 부작용도 상당한데, 이들 각각은 지속가능성 위기에 대응하기 위한 녹색전환의 과제이기도 하다. 경제적 측면에서 수출 지향적 산업화 정책은 한국 경제의 대외 의존도 심화와 노동과 농업 부문의 희생, 재벌 중심 대기업의 영향력 확대로 인한 경제적 불균형 등의 문제를 만들어냈다. 또한 정치, 사회적 측면에서 불균형 공간개발 정책은 수도권의 과집중과 지역간 격차를 확대시켜 상대적 박탈감을 기반으로 한 지역주의가 개발주의와 결합하도록 만들었으며, 권위주의 국가의 성장 체제하에 시민사회와 민주주의의 발전은 지체되었다. 환경적 측면에서는 대규모 수출산업단지 조성과 중화학공업 정책을 추진하면서 공해(公害)로 인한 지역주민 피해가 사회문제로 등장하기 시작했고,[19] 경제개발의 수단이 된 국토공간개발 사업의 확대는 생태계 전반을 빠른 속도로 파괴해 나갔다.

4. 안팎의 도전과 국가의 성격 및 역할의 변화

1980년대 들어서 국가 주도의 개발성장 체제는 안팎으로부터 거센 도전을 받게 된다. 민주화와 지방화, 정보화, 세계화의 흐름은 기존의 개발국가 체제를 이끌어 온 국가의 성격과 역할에 변화를 만들어낸다. 특히 민주화를

---

18   한국전력공사(61.7), 대한주택공사(62.7), 한국수자원공사(67.11), 한국도로공사(69.2), 농업기반공사(70.2), 한국토지공사(75.4) 등이 개발사업을 주도한 대표적인 공기업이다.(강진연, 2015: 327)

19   여기에는 일본에서 일찍이 공해 문제가 이슈로 제기되자 일본의 공해기업들이 자국의 환경 규제를 피해 국내 산업단지로 이주하게 된 요인도 작용했다.

통한 대통령 직선제와 경쟁적 정당 구조에 따른 잦은 정권 교체는 국가의 정책 기조와 운영 방식을 포함한 정체(政體)의 변화와 함께 발전 좌표의 상실에 따른 과도기적 혼돈 상황을 만들어냈다. 여기에다 1997년 IMF 경제위기와 2008년 글로벌 금융위기의 충격 또한 우리의 국가 성격과 역할에 많은 영향을 주었다. 하지만 이런 상황에서도 개발국가가 남긴 유산은 형태 변화를 통해 여전히 영향력을 발휘하는 가운데 지속가능성 위기를 맞고 있다. 녹색전환과 국가의 역할에 대한 깊은 검토가 필요한 상황이다.

1980년대 이후 기존의 개발국가 형태에서 벗어나 국가의 성격과 역할이 변화되어 온 과정을 정권 별로 간략히 살펴보도록 하자. 먼저, 전두환정권 (1980. 8~1988. 2)은 군사정부로서 정치는 권위주의적 방식으로 해 가면서 경제는 시장 논리를 적극 도입했다.(홍성민, 2021: 164) 한편 기존 개발국가의 특징이었던 토건형 개발사업들은 지속되었다. 서해안 개발, 신산업단지 조성과 함께 86아시안게임과 88올림픽을 명분으로 수도권 정비사업이 활발히 이루어졌다. 이런 가운데 권위주의 정부의 억압적 정치에 저항하는 움직임들이 87년 민주화 국면을 만들어냄으로써 민주적 선거의 정착과 시민운동과 노동운동이 성장하는 계기를 맞게 되었다.(지주형, 2009)

대통령 직선제 개헌을 통해 등장한 노태우정권(1988.2~1993.2)에서는 시민사회와 함께 재벌을 비롯한 경제계의 영향력이 크게 확장되었으며, 경제에 대한 정부의 관리와 조정 역할은 상대적으로 약화되었다. 그러면서도 대도시 인근 대규모 택지개발, 도심재개발, 고속도로 확장 등 정부 주도의 개발사업들은 여전히 활발하게 전개되었다.

최초의 문민정부인 김영삼정권(1993.2~1998.2)은 정치적 민주화와 함께 신자유주의적 세계화에 적극 나섰다. WTO 가입(1995년)과 OECD 가입 (1996년)도 이 시기에 이루어졌다. 이 과정에서 경제 영역에 대한 국가의 조정과 금융 및 자본에 대한 통제력은 상대적으로 약화되었다. 개발국가 성장체제를 이끌어 온 경제개발 5개년계획의 중도 폐기(1993년)와 경제기획원 폐지(1994년)는 이런 변화를 상징적으로 보여줬다. 하지만 이런 변화를 개발국가의 전면적 해체로 보기는 어렵다. 개발사업에 있어 계획권과 개발권을 가진 정부의 영향력은 여전히 컸다. 다만 규제 완화 등을 통해 시장주의적 개발사업들을 지원하는 방향으로 국가의 역할 방식이 바뀌었을 뿐이다. 이처럼 개발주의 속성은 유지하면서 형태와 방식을 바꾼 것을 두고 신개발주의를 기반으로 한 토건국가로의 변모(조명래, 2003b), 신발전국가의 등장(조희연, 2010), 또는 포스트 발전국가의 도래(박상영, 2012)로 부르기도 한다. 이 과정에서 국토를 대상으로 개발사업을 이끌던 공기업과 국책기관, 법정 계획의 명칭에서 '개발'이란 이름은 사라졌지만 본질적인 성격이 크게 바뀌진 않았다.[20]

이후 등장한 김대중정권(1998.2~2003.2)에서는 김영삼정권 말기에 불어닥친 IMF 외환위기 사태에 대한 위기관리 차원에서 국가의 규제적 역할이 강화되었다. 하지만 '국가부도'라는 초유의 상황을 수습하기 위한 강도 높은 구조조정 속에서 국제적 표준에 따른 신용등급 관리 기준이 강조되고, 금융 및 자본시장 개방은 더욱 확대됨으로써, 한국은 신자유주의 국가 형태로 변해갔다.(윤상우, 2009) 김대중정부에서 신자유주의로의 전환을 원활하게 하기 위한 보조적 수단으로 국가개입이 작용한 것을 두고 '국가 개입적 신자유주의'로 부르기도 한다.(지주형, 2009: 186~192) 한편, 국가부도 사태를

---

20 1996년에 한국토지개발공사는 한국토지공사로, 1999년에 국토개발연구원은 국토연구원으로, 2000년에는 국가 최상위 공간계획인 국토종합개발계획은 국토종합계획으로 '개발'이란 말을 빼는 방식으로 명칭 변경이 이루어졌다.

겪으면서 재정관리의 중요성을 인식하고 1999년에 토건형 개발사업에 대한 견제 장치로서 '예비타당성조사' 제도[21]를 만들었던 것은 주목해 볼 부분이다.

노무현정권(2003.2~2008.2)에 들어서 FTA 추진과 경제자유구역 지정 등 개방화와 자유화를 앞세운 신자유주의 흐름이 확대되었다. 이와 함께 국민소득 2만 불 사회와 동반성장을 내세우면서 규제 완화와 혁신클러스터 조성 등 기업주도의 성장환경을 조성하는 데 앞장섰다. 주목할 부분은 새만금 사업, 경인운하 건설, 방폐장 건설, 수도권 신도시 건설, 주택 2백만 호 건설, 행정중심 복합도시, 혁신도시, 기업도시 건설 등 각종 개발사업들이 균형발전을 명분으로 활발히 추진되면서 개발주의의 지역화 현상을 심화시켰다는 점이다.

이명박정권(2008. 2~2013. 2)은 경제대통령을 자임하면서 '747[22]이라는 수치화된 성장 목표를 내세웠다. '기업하기 좋은 나라'를 정책의 주요 목표로 삼고 규제 완화, 공기업 민영화, 노동시장 유연화 등을 통해 신자유주의적 개발국가 또는 기업국가의 모습을 구체화해 나갔다. 그러면서 한편으로는 한반도 대운하 구상과 4대강 정비사업, 새만금 개발, 그린벨트 해제, 수도권 규제 완화 등을 통해 토건국가의 모습을 전면화했다. 여기에는 2009년 3월 국가재정법 시행령 개정으로 예비타당성조사를 거치지 않고 추진 가능한

---

21 이 제도는 총사업비가 500억 원 이상이고 국가의 재정지원 규모가 300억 원 이상인 대규모 사업들에 대해 사전에 객관적이고 중립적인 조사로 사업의 타당성을 검증, 평가하는 과정을 거치도록 함으로써 예산 낭비를 방지하고 재정운영의 효율성을 높이고자 하는 목적을 가지고 있으며, 무분별한 토건형 개발사업으로부터 생태계를 보호하는 데도 의미 있는 역할을 해 왔다.

22 7% 경제성장, 4만 달러 국민소득, 7대 강국을 의미한다.

사업 항목을 대폭 늘린 점도 중요한 역할을 했다.[23] 이런 환경에서 이명박정권이 '녹색성장'(green growth)을 국가 비전으로 제시했는데, 현실에 제대로 자리 잡지는 못했다. 더욱이 2008년 말 글로벌 금융위기의 충격이 급격한 자본유출, 주가폭락과 환율급등 등을 통해 국내 경제에게 영향을 미치자, 기준금리 및 통화 조정, 세제지원 및 재정 집행, SOC투자 등 경제 전반에 국가의 개입 역할을 확대해 나갔다.

박근혜정권(2013.2~2017.3)은 창조경제를 통해 경제성장 모델을 선진국 추격형에서 세계시장 선도형으로 바꾸는 것을 제시했다. '474'라는 성장 목표[24]를 위해 소위 '초이노믹스'(choinomics)[25]라 불리는 경제활성화 정책을 추진하면서 각종 규제 완화와 민영화가 이루어졌다. 하지만 부동산 담보대출 확대를 통한 경기부양책은 집값 폭등과 함께 역대 최대의 가계 부채 상황을 만들어냈으며, 철도와 의료, 공항, 전력, 가스 등 주요 공공부문의 민영화 추진은 사회적 갈등과 양극화를 심화시켰다. 이처럼 신자유주의적 토건국가 행태가 지속되던 가운데, 2014년 세월호 참사가 일어나고 최순실 일가 국정농단 사건이 불거지면서 시민들의 촛불 항쟁이 일어남으로써, 결국 2016년 12월 9일 대통령에 대한 국회의 탄핵소추안 가결을 거쳐 2017년 3월 10일 헌법재판소의 탄핵 결정이 내려지게 되었다.

---

23   이명박 정부 기간 동안 예비타당성조사를 면제받은 사업 규모(88건, 67조)가 노무현 정부(10건, 2조5천억)에 비해 최소 8배 이상 많은 것으로 알려졌다.(경향신문 2013년 11월 7일자)

24   잠재성장율 4%대, 고용율 70%, 국민소득 4만달러의 경제적 목표를 상징적으로 수치화 한 것이다.

25   당시 부총리 겸 기획재정부장관이었던 최경환이 주도했던 경기부양책을 말하는 것으로, 일본 아베 정부의 경기부양책을 아베노믹스로 불렀던 것에 빗대서 표현한 것이다.

약 5개월간의 기존 정권의 권한대행 기간을 거쳐 집권한 문재인정권 (2017. 5~2022. 5)은 최저임금 인상[26]과 주 52시간 노동시간 단축 등을 통한 소득주도 성장 정책을 주요하게 추진했으나, 부동산 정책 실패와 전세 값 폭등, 가계부채 급증으로 큰 성과를 거두지 못했다. 그러다가 2020년 이후 본격화 된 코로나바이러스 감염증 확산으로 경기침체와 고용 위축이 큰 사회문제가 되자 정책 방향을 수요에서 공급 주도로 바꾸었다. 경제 회복과 일자리 창출을 위해 대규모 국가 재정을 투입하는 '한국판 뉴딜'[27] 계획이 국가 발전 전략으로 채택되었다.

한편, 문재인정부의 탄소중립 선언과 계획 발표, 실행을 위한 노력은 녹색 전환의 측면에서 중요한 제도적 기반을 마련하는 역할을 했다.[28] 여기에 탈원전 정책과 에너지 효율 향상, 신재생에너지 확산을 위한 그린뉴딜 정책도 함께 했다. 하지만 이들 정책의 취지와 방향 설정에도 불구하고, 정부 부처들의 형식적이고 관성적인 접근으로 전환적 내용을 충분히 담아내지 못한 데다, 국민의 이해와 동의를 얻는 과정이 부족한 상태에서 정권 후반기에 이

---

26 2017년 최저임금 6,470원을 2018년에 전년대비 16.4% 인상한 7,530원으로 책정해 역대 최고 인상액을 기록했다.

27 '디지털 뉴딜'과 '그린뉴딜', '지역균형 뉴딜' 정책을 내용으로 하는 초대형 국가 프로젝트로, 2025년까지 총 160조원(국비 약 114조원)의 재정을 투입함으로써 공급자로서 국가의 역할이 강조되었다.

28 2020년 10월 28일 문재인 대통령이 대한민국의 중장기 비전으로 '2050 탄소중립 선언'을 하고, 12월에 '2050 탄소중립 추진전략'을 발표하였으며, 2021년 9월 '탄소중립녹색성장 기본법'을 제정하고, 10월 탄소중립위원회의 '2050 탄소중립 시나리오'를 발표하기에 이른다. 한편, 이러한 노력은 지방자치단체들에게도 이어져 자치단체별로 탄소중립녹색성장위원회를 구성·운영하고, 탄소중립 중장기 종합계획 수립과 2050 탄소중립 비전 및 목표 설정 및 이행 로드맵 작성, 추진 실적 점검 및 관리 등을 할 수 있도록 제도화하고 있다.

루어지면서 추진 동력 또한 약했다. 이것은 정권이 바뀌자 국제사회와의 약속이기도 한 탄소중립 계획을 바로 바꿔 버리는 배경이 되기도 한다.

녹색전환의 측면에서 또 하나 주목해야 할 점은 토건형 개발국가의 관성이 문재인정부 들어서도 바뀌지 않고 오히려 확대된 모습을 보여줬다는 점이다. 코로나19 팬데믹 상황을 고려하더라도 문재인정부의 도로, 철도 등 대규모 토건사업을 통한 사회기반시설(SOC) 예산은 박근혜정권보다 더 늘어났다. 또한 국가균형발전이란 명목으로 각종 개발사업들을 예비타당성조사 대상에서 면제시켜 준 결과, 면제사업의 규모가 이명박·박근혜 정부 9년 반 동안 했던 것보다 더 많았다.[29] 여기에다 예비타당성조사 면제사업 규모를 기존 500억 원에서 1,000억 원으로 상향해 면제 조건을 완화하는 내용을 담은 국가재정법 개정안을 여야 합의로 국회에서 통과시키려다가 '선심성 토목사업 나눠먹기', '총선용 퍼주기', '포퓰리즘 정치'라는 비판이 일자 유보했다. 이처럼 예비타당성조사 제도가 요구하는 최소한의 경제성 원칙마저 경기부양, 균형발전 등 각종 정치 논리를 앞세워 무력화시키는 시도가 지속되어 왔고, 특히 이런 흐름이 선거 과정을 통해 증폭되고 있는 것이 우리나라의 현실이다.

2022년 5월에 집권한 윤석열정권은 경제정책의 틀을 민간과 시장 중심으로 전환하는 데 초점을 맞추고 감세와 규제 완화 정책을 적극 추진했다. 임기 중인 정권에 대한 전반적인 진단이 다소 이른 측면이 있지만 지속가능성 측면에서 우려스러운 부분들이 확인된다. 먼저 감세정책은 경기 위축 및 국

---

29   문재인정부 5년간 예비타당성조사 면제 금액은 105조 원에 달한다. 이명박정부 (2008~2012년) 61조원과 박근혜정부(2013~2016년) 23조 원 등을 합한 것보다 21조 원이 많다.

세수입 감소와 맞물려 국가부채가 사상 처음으로 1,200조가 넘는 결과를 낳았다. 무역수지 적자 폭도 커져서, 지난 정부에서 세계 10위권이었던 무역수지가 윤석열 정부에 들어서 200위권으로 추락했다. 또한 주택공급 확대 및 건설경기 부양을 위해 재건축과 재개발 사업에 대한 각종 규제를 완화하고, 경제 활성화를 명분으로 개발제한구역을 해제하는 조치를 취하고 있다. 특히 지역의 민원성 개발사업들이 대통령 주재 민생토론회 형식을 통해 쏟아 내자 선거를 의식한 토건국가 모습이 전면화된다는 비판을 받기도 했다.

녹색전환의 관점에서 윤석열정권의 정책적 후퇴는 국가 온실가스 감축 목표와 관련해 원전 비중을 늘리고[30] 산업 부문 감축 목표는 완화시킨 데서도 드러난다.[31] 또 하나 짚어볼 점은 환경부의 역할인데, 설악산 오색케이블카 사업과 제주2공항 사업에 환경부가 조건부 동의하고, 기존 정부가 추진했던 4대강 재자연화와 보 해체 사업을 원점으로 되돌려 버리는 등 개발부처에 대한 기본적인 견제 역할조차도 제대로 하지 못한다는 비판을 받고 있다.

---

30 2030년 국가 온실가스 감축 목표를 지난 정부와 비교해 보면, 윤석열 정부는 원전 비중은 8.5% 포인트(23.9% → 32.4%) 늘리고 신재생에너지 비중은 8.6% 포인트(30.2% → 21.6%) 줄였다.

31 윤석열 정부는 '국가 탄소중립 녹색성장 기본 계획'을 발표하면서, 탄소 발생 기여도가 높은 산업 부문의 감축량을 기존 14.5%에서 11.4%로 3.1% 포인트를 줄임으로써 온실가스 감축을 위해 가장 책임 있는 노력을 기울여야 할 산업 부문의 편의를 봐줬다는 비판을 받게 되었다. 이와 함께 온실가스를 윤석열 정부 임기 기간인 2027년까지는 매년 1.9% 감축한 후 2028년부터 연평균 9.3% 감축하는 계획을 세움으로써 책임을 차기 정부로 떠넘긴다는 비판도 제기 되었다.

3절 발전 모델의 변화와 질적 전환 사이에서

우리의 현대사를 크게 '48년 체제'와 '63년 체제', '87년 체제'로 시대 구분하기도 하는데,(박형준, 2016) 이것을 기준으로 국가 발전 모델의 특성과 변화 과정을 개략적으로 살펴보면 다음과 같다. 먼저 48년 체제는 이승만의 정부수립부터 2공화국까지의 15년으로, 이때 국가 주도형 경제개발 체제의 기본 틀이 만들어졌다. 이후 등장한 63년 체제는 박정희정권부터 전두환정권의 5공화국까지 24년으로, 군사정권의 부족한 정치적 정당성을 경제성장을 통해 보완하고자 개발국가 체제를 본격적으로 작동시켰다. 이러한 성장 모델은 '한강의 기적'으로 불리듯이 고속 성장이라는 가시적 성과를 만들어 낸 동시에, 불평등과 불균형을 심화시켜 노동과 시민사회의 저항을 받게 되었다.

결국 1987년 6월 민주항쟁을 통해 등장한 87년 체제는 지금까지 약 40년간 지속되어 왔는데, 이 과정에서 국가발전 모델은 다차원적인 변화를 겪게 된다. 민주주의가 제도적으로 확립되고, 지방자치제도가 부활하였으며, 경제는 세계 경제 체제 속에 깊숙이 편입되는 등 소위 민주화, 지방화, 세계화 과정 속에서 권위주의적 개발국가의 발전 모델 또한 변화를 맞게 되었다. 여기에다 IMF 경제위기, 글로벌 금융위기, 코로나19 팬데믹 같은 충격적 사건들 또한 국가의 성격과 역할에 적지 않은 영향을 미쳤다.

하지만 이러한 국가 발전 모델의 변화가 부분적인 것인지 아니면 국가 전체의 질적인 전환으로 이어지는지는 잘 살펴봐야 한다. 이것은 경제-사회-생태적으로 총체적인 지속가능성 위기를 맞아 녹색전환의 방향과 녹색국가의 역할을 제대로 모색해 가기 위해서도 필요한 일이다.

1. 여전히 강력한 개발주의의 영향력

우리 현실로 돌아와 보면, 우리나라는 87년 체제 이후 민주주의가 확대되어왔음에도 불구하고 사회경제적 양극화와 불평등은 더욱 심화되었다. 이 과정에서 개발국가를 작동시켜 온 개발주의와 신자유주의가 결합한 신개발주의의 영향력은 점점 더 커져서 더욱 정교한 형태로 사회 전 영역에 확산되었다.(조명래, 2003b: 37; 박배균, 2009: 52; 윤상우, 2009: 56) 탈규제와 민영화 등을 통해 시장의 자유를 확대하는 신자유주의 흐름은 권위적 개발국가 모델에 커다란 도전이었지만 개발국가 자체는 소멸되기 보다는 형태 변화를 통해 지속되어 왔다. 특히 IMF 외환위기에 따른 국가부도 사태를 통해 국가의 개입주의적 역할은 다시 커졌는데, 다만 그 방식이 기존에 직접적으로 성장을 기획, 추동하던 것에서 성장 기반을 조성하고 지원하는 것으로 바뀌었다.[32]

민주화를 통해 여야 간에 수 차례 정권 교체가 있었지만 개발주의의 추동과 확산에 있어 국가는 여전히 중요한 역할을 하고 있다. '경기회복', '국가 경쟁력 강화', '지역균형개발' 등 다양한 명분을 내세운 국책형 대규모 개발 사업들은 특별법 제정[33]과 예비타당성조사 면제 같은 정상적 절차를 뛰어넘은 조치들에 힘입어 추진되어 왔다. 또한 지방자치제도를 통한 열린 정치 공간을 개발이익과 자산가치 향상을 기대하는 개발세력들이 장악하고 지

---

32   이것을 '신자유주의 규제국가'(윤상우, 2009; 지주형, 2009), '포스트 발전국가'(김인영, 2013), '신발전국가'(양재진, 2005), '신성장국가'(김인영, 2008) 등으로 부르기도 한다.

33   70년대 주택건설촉진법, 80년대 택지개발촉진법, 90년대 산업입지 및 개발에 관한 법률, 2000년대 기업도시건설 특별법, 신행정수도건설특별법, 지역발전특화특구법 등이 대표적인 예다.

역주민들의 상대적 박탈감에 따른 개발 욕구를 부추김으로써 개발주의의 지역화가 확대되어 왔다.(정상호, 2001; 강진연, 2015: 337~138)

이런 가운데 1997년 IMF 경제위기와 2008년 금융위기의 충격을 경험하면서 한때 개발국가를 대신할 국가 발전 모델에 대한 논의가 있었으나, 개발주의를 넘어선 대안적 발전 모델을 구체화시키지는 못했다.

2. 복지국가에 대한 관심과 현실 사이의 간극

우리나라가 복지국가에 대한 고민이 구체화된 것은 1997년 IMF 경제위기로 실업과 양극화 확대, 중산층 붕괴가 중요한 사회문제로 등장하면서부터다. 여기에 저출산·고령화로 인한 인구구조의 위기도 복지국가 논의에 불을 지폈다.(여유진 외, 2018; 김기태 외, 2022)

상대적으로 진보적인 김대중정권과 노무현정권은 각각 '생산적 복지'와 '참여 복지'를 내세우고 복지 영역을 확장시키기 위한 정책과 제도를 만들어 나갔다.[34] 반면에 보수적인 이명박정권과 박근혜정권은 각각 '능동적 복지'와 '맞춤형 고용복지'를 내세웠지만 실질적으로 복지 영역은 전반적으로 위축되었다. 2010년 6.2 지방선거에서 무상급식을 중심으로 복지 문제가 정치적 쟁점으로 등장했으나, 정권 차원의 복지에 대한 접근은 여전히 소극적이었다.[35]

---

34 김대중정권의 건보 조직 통합, 국민기초생활보장제도, 주5일 근무제 실시, 노무현정권의 건보 재정 통합, 노인일자리사업 실시 등을 들 수 있다.

35 박근혜정권의 세금은 줄이고, 규제는 풀고, 법치는 바로 세운다는 소위 '줄푸세' 정책도 복지 예산 부족의 한 요인이 되었다.

문재인정권에 들어서 복지정책이 다시 활성화되었는데, 여기에는 코로나19 팬데믹 상황이 큰 영향을 미쳤다. 2020년부터 3년 4개월간 지속된 코로나 상황은 사회정책과 사회적 돌봄에 대한 국민적 관심을 높였으며, 정부 차원에서는 '포용적 복지국가'를 강조하면서 다양한 정책들을 내놓았다.[36] 지역사회 돌봄(community care), 긴급재난지원금 지급, 기본소득 등 복지 문제를 전환적으로 다루기 위한 논의도 나왔으나, 정권이 바뀌면서 이런 흐름이 지속되지는 못했다.

보수 성향의 윤석열정권은 '지속가능한 복지국가'를 내세우면서 내용적으로는 시장의 원리를 바탕으로 사회서비스에 대한 경쟁체제 도입과 규제 완화, 민간 투자 및 민간 지원 확대를 주요 내용으로 하는 '사회서비스 고도화' 정책을 추진하면서 정부 역할을 관리자로 한정하는 모습을 보이고 있다.

이처럼 정권 별로 부침은 있으나 복지 문제가 국가 차원의 의제로 다뤄지면서 다양한 정책과 제도가 마련되어 왔고, 복지 관련 재정 투입도 계속 늘어왔다. 이 과정에서 '역동적 복지국가'(복지국가소사이어티, 2011), '사회서비스투자국가'(안상훈, 2006) 등 복지국가에 대한 논의도 활발하게 이루어졌다.

---

36 부양의무자 기준 완화, 고용보험 사각지대 해소, 취약계층의 사회정책 수혜 범위 확대, 지역사회 중심의 통합돌봄 모델 구축, 생애주기별 건강관리·검진 강화, 사회서비스원 설립, 주 40시간 근무제 등이 그러하다.

<표 14> GDP 대비 공공사회복지 지출[37] 비율 (단위: %)

연도	2011	2012	2013	2014	2015	2016	2017	2018	2019	2020	2021	2022
지출 비율	7.8	8.3	8.8	9.2	9.6	9.9	10.1	10.9	12.3	14.4	14.9	14.8

출처: 보건복지부 자료(2023)(http://www.mohw.go.kr)

하지만 복지국가가 우리의 국가발전 모델로 현실화 되지는 못했다. 국가 정책의 우선순위가 복지국가로 이동했다고 보기도 어렵고, 복지국가에 대한 국민적 동의와 합의도 부족한 실정이다. 경제성장을 최우선 과제로 삼아 온 개발국가의 관성이 여전한 상황에서 복지를 비롯한 사회정책은 여전히 후 순위고, 복지 문제를 경제성장을 위한 수단이나 일자리 창출 효과 측면에서 접근하는 경향이 여전히 강하다. 복지 영역에 대한 국가 재정의 투입 수준도 서구 복지국가들에 비해 미약하고, 이들과는 정치 및 사회적 환경도 다르다.

이런 가운데 지금 우리는 고도성장기를 지나 저성장이 구조화되고,[38] 저출산과 고령화로 인구구조가 빠르게 재편되면서, 복지국가를 지탱할 재원 마련도 쉽지 않아 총체적인 지속가능성 위기를 맞고 있다. 결국 녹색전환의

---

37   사회복지 지출 가운데 정부(공공 부조, 사회 보상, 사회 복지 서비스), 사회 보험(공적 연금, 건강 보험, 산재 보험, 고용 보험, 장기 요양 보험), 공기업(취약 계층 요금 감면)의 사회 복지 급여 및 재정지원을 의미한다.

38   한국의 평균 경제성장률은 본격적인 근대화가 시작된 1960년대에 8.5%, 1970년대 9.5%, 1980년대 8.7%를 거쳐, 금융위기가 있던 1990년대에 6.7%(1998년 −5.1%), 글로벌화가 확대된 2000년대에는 4.5%를 기록했고, 2010년대에는 고령화와 생산성 둔화로 2.9%를 보였다. 2020년대 들어 저성장 기조는 더욱 뚜렷해져서 코로나19 팬데믹의 충격으로 2020년에는 −0.9%의 역성장을 기록했고, 2021년에는 4.1%, 2022년에는 2.6%, 2023년에는 1.4%의 성장률을 보였다.

차원에서 복지 문제를 새롭게 다루면서 대안적 국가발전 모델과 연결시킬 필요가 있다.

3. 환경국가로서 제한된 역할과 과제

경제성장을 앞세운 개발국가 체제에서 소홀히 했던 환경·생태 문제가 확대, 심화되자 이에 대한 대응으로 환경 관련 정책과 조직, 예산이 지속적으로 늘어나, 우리나라도 어느 정도 환경국가의 모습을 갖추게 되었다. 여기에는 민주화를 통해 시민들의 삶의 질에 대한 관심과 참여가 높아진 영향도 있다.

민주화 이후 환경적으로 의미 있는 변화를 정권 별로 간략히 살펴보자.[39] 먼저 대통령 직선제로 당선된 노태우정권에서 환경청이 환경처로 승격되고, 환경정책기본법, 수질환경보전법, 대기환경보전법 등 주요 환경법률이 제정되었다. 이 시기에 환경에 대한 관심이 고조된 데는 1991년 발생한 낙동강 페놀 오염사태의 영향이 컸다.[40]

김영삼정권에서는 환경처가 환경부로 승격되고, 6월 5일 세계 환경의 날을 국가기념일로 지정했다. 김영삼 대통령은 스스로 '환경대통령'이 될 것임을 선언하면서, 생산과 소비의 녹색화, 환경자치체제 확대, 환경교육 강화, 환경기준 선진화, 환경기초시설 완비 및 환경관리기능 강화, 환경외교

---

39 군부독재 시절인 전두환정권이 1980년 10월 공포한 제5공화국의 8차 개정 헌법에 '환경권'이 명시된 것도 역설적이지만 중요한 의미를 갖는다.

40 기존의 환경, 공해 문제가 오염원 인근 지역주민들의 문제였다면, 낙동강 페놀오염 사태는 오염원으로부터 먼 거리에 있는 대도시 주민들의 건강과 직결된 문제로 환경문제를 인식하는 계기가 되었다.

강화 등으로 '녹색 환경의 나라'를 만드는 데 솔선수범하겠다고 하였다.

김대중정권은 2000년 환경의 날에 새천년 국가환경 비전을 선언하고, 대통령 직속 지속가능발전위원회를 출범시켰으며, 노무현정권은 지속가능한 참여형 녹색국가 건설을 비전으로 제시하고, 지속가능발전기본법을 제정하였으며, 국가지속가능발전위원회를 출범시켰다.

이명박정권은 저탄소 녹색성장을 중장기 국가 비전으로 선포했으나, 한반도대운하 구상과 4대강 사업 추진 등으로 무늬만 녹색이라는 비판을 받았으며, 박근혜정권 기간 동안에는 유엔기후변화협약 당사국총회와 파리협정 등 기후위기와 관련한 국제사회의 긴박한 움직임에 체계적인 대응을 하지 못한 채 탄핵 상황을 맞게 되었다.

문재인정권은 4대강 재자연화, 물관리 일원화, 탈원전 에너지 전환, 그린뉴딜 정책 등을 펼쳤으며, 기후위기 문제에 적극 대응하는 차원에서 2050 탄소중립 선언과 녹색성장탄소중립기본법 제정, 대통령 직속 탄소중립녹색성장위원회 구성, 2050 탄소중립 시나리오 작성 등을 진행했다. 다만 탄소중립 정책의 내용이 녹색기술과 녹색산업 육성을 통한 온실가스 감축과 에너지 전환에 주로 초점이 맞춰진 점은 한계로 보인다.

윤석열정권은 120개 국정과제에서 환경 분야가 4개에 그칠 정도로 환경에 대한 관심이 상대적으로 적었다. 원전 확대와 재생에너지 축소 정책을 추진하고,[41] 각종 개발사업을 환경부가 용인하는 모습을 보이고 있다.

이처럼 민주화 이후 환경 관련 조직과 예산, 정책들이 확대되면서 전체적

---

41 산업통상자원부의 2024년 원전·재생에너지 지원 예산 현황자료에 의하면, 원전 지원 예산은 1420억 원으로 2023년(89억 원)보다 16배 늘어났고, 재생에너지 예산은 1조 1092억 원에서 6330억 원으로 절반이 줄었다. 관련 연구개발 예산도 원전은 262억 원 늘었지만, 재생에너지는 269억 원 삭감됐다.

으로 환경국가의 모습을 갖춰 오기는 했지만, 정권 교체에 따라 정책기조의 변동이 심하고, 국가 정책의 중심에서 환경 분야는 여전히 주변화되어 있다. 정부 예산에서 환경 관련 부문이 차지하는 비율이 3%에도 못 미치고 있는 것은 이런 상황을 상징적으로 말해준다.

〈표 15〉 정부 예산 대비 환경예산 비율 (단위: %)

구분	2012	2013	2014	2015	2016	2017	2018	2019	2020	2021
환경분야*	2.26	2.24	2.24	2.28	2.26	2.19	2.01	2.18	2.5	2.77
환경부	2.19	2.15	2.17	2.21	2.18	2.11	1.93	1.91	2.44	2.71

* 환경부를 포함한 정부 전체의 환경 관련 예산을 의미함
출처: 환경부, 2022, 「환경통계연감」

이런 가운데 토건형 개발사업들로 인한 환경 및 생태계 파괴는 역대 정권들이 보여준 공통된 모습이다. 즉 같은 정권하에서도 한편에서 환경개선과 보존을 위한 활동을 하면서 다른 한편에서는 환경을 악화시키고 생태계를 파괴하는 일을 하는 자기 모순적 행위를 보여주고 있으며, 결과적으로 후자의 규모와 속도가 전자보다 더 커서 현재 지속가능성 위기 상황을 맞게 되었다. 결국 환경국가의 제한적 형태로는 지금 당면하고 있는 지속가능성 위기를 책임 있게 효과적으로 해결하기 어렵다. 녹색전환과 녹색국가에 대한 적극적인 모색이 필요한 이유다.

한편 한국 사회의 녹색국가로의 전환을 위해서는 국가 정책 차원을 넘어 시민사회로부터의 폭넓은 동의와 지지가 매우 중요하다. 이것은 이명박 정부의 녹색성장 정책이 남긴 교훈을 통해 확인할 수 있다. 이명박정부는 2008년 8.15 광복절 축사를 통해 '저탄소 녹색성장'을 미래 대한민국 60년의 국가 비전으로 야심차게 선포했다. 대한민국의 중장기 국가 비전으로 '녹

색'이란 말이 국가원수이자 행정수반인 대통령의 입을 통해 나왔다는 것은 주목할 만한 사건이었다. 하지만 이것이 우리나라의 대안적 국가발전 모델로서 녹색국가를 실현해가는 데 있어 실질적으로 의미 있는 변화를 만들어내지는 못했는데 주요 원인은 다음과 같다.

당시 녹색성장위원회 구성, 녹색기술 투자, 저탄소사회 구현 전략, 녹색생활 실천 운동 등 녹색성장론이 내세운 주요 정책들이 있었는데 실제 내용은 자본과 기술을 활용한 성장과 고용의 측면에 치우쳤다는 비판이 있었다. 하지만 방향이나 내용이 부족한 부분은 논의를 통해 수정하고 보완해갈 수도 있었다. 좀 더 근본적인 문제는 이것을 국민적 공감과 지지를 바탕으로 힘 있게 추진할 수 있는 정당화 기반이 매우 취약했다는 점이다.

먼저, 국민적 토의나 의견수렴 과정이 부족한 것은 물론이고 정부와 시민사회 간의 갈등이 정점에 달했던 상황에서 녹색성장이 국가 비전으로 선포되었다는 점을 들 수 있다. 대한민국 건국 60년을 맞는 2008년 광복절 경축식에서 이명박 대통령이 '저탄소 녹색성장'을 국가의 중장기 비전으로 선포하였는데, 이날은 공교롭게도 미국산 쇠고기 수입을 둘러싼 촛불 집회 100일을 기념한 마지막 집회가 있던 날이었다.[42]

갈등 상황 속에서 시작된 녹색성장 정책은 시민사회의 비판과 거리두기로 인해 관련 법 제도나 정책 추진체 구성 등 전반이 원활하게 진행되지 못했다. 여기에는 한편에서는 비즈니스 프랜들리(business-friendly)를 강조하

---

42 노무현 정부의 한미 FTA 추진 과정에서 미국산 쇠고기 수입 문제가 광우병 논란으로 쟁점이 되었는데, 이명박 정부 들어서 미국산 쇠고기 전면 개방 및 검역기준 하향을 내용으로 한 협상 타결 소식이 전해지자 2008년 5월부터 100여 일 간의 촛불 시위를 통해 전 국민적 저항을 받게 되었다. 촛불 시위는 쇠고기 수입 문제가 계기가 되었지만 이후 대운하 사업, 공기업 민영화, 교육 문제 등 이명박 정부의 정책 전반으로 확산 되었다.

면서 시장주의적이고 친기업적인 정책을, 다른 한편에서는 4대강과 같은 대규모 토건개발 사업과 원전 수출 산업을 추진하는 이명박정부가 내세우는 녹색성장의 '녹색'은 녹색의 본질적 가치와는 거리가 있는 꾸밈말(修辭) 또는 그린 워싱(green washing)에 가깝다는 비판이 비등한 분위기가 작용하였다.

이러한 상황에서 2008년 하반기에 글로벌 금융위기의 확산 여파가 국내 경제 위기로 이어지자,[43] 정부 정책의 우선순위도 녹색성장에서 친서민 중도실용 정책으로 바뀌게 되었다.(김인영, 2013: 40~42) 결국 녹색의 가치가 국민적 공감대와 지지를 바탕으로 국가의 구성 및 운영의 중심 원리로 자리 매김 되도록 하는 것은 우리에게 남은 과제가 되었다.

4. 전환적 국가 발전 모델로서 녹색국가

지금 우리나라는 개발국가의 관성이 여전히 힘을 발휘하고 있는 가운데, 신자유주의적 경쟁국가와 복지국가, 환경국가 등 다양한 가능성들이 나타나고 있다. 하지만 기존의 개발국가 발전 모델의 형태 변화 수준을 넘어서 질적인 차원의 전환으로 나아가지는 못하는 모습이다.

개발국가 모델은 선성장(先 成長), 후분배(後 分配), 후보존(後 保存) 논리를 기반으로 한다. 하지만 소위 '낙수효과'(trickle down effect)처럼 경제성장을 통해 확보한 자원을 가지고 복지 문제와 환경·생태 문제를 해결할 수 있다는 믿음은 이제 설 자리가 없다. 분배와 보존, 복지와 환경은 더 이상 성장

---

43 2007년 4월 서브프라임 모기지 사태를 통해 시작된 금융위기는 2008년 9월 미국의 투자은행(IB) 리먼 브러더스가 파산하면서 지구적 차원으로 확장되기 시작했다.

을 뒷받침하는 수단이 아니며, 더 많은 성장을 위해 유보되어서도 안 된다. 복지의 빈곤과 환경 악화는 경제성장 문제와 같은 수준에서 함께 풀어야 한다. 더구나 경제와 사회, 생태계에서 동시에 제기되는 복합 위기는 기존에 경험해 보지 못한 새로운 차원의 문제다. 그만큼 기존의 발전 모델을 부분적으로 교정하거나 보완하는 수준으로는 대응할 수가 없다. 전례 없는 도전에 대한 전환적 해법이 요구된다. 녹색전환에서 강조하는 생태적 상한선과 사회적 최저선을 기본 조건으로 삼아 경제-복지-생태의 삼중의 과제를 다룰 수 있는 전환적 국가 발전 모델로서 녹색국가에 대한 탐색이 필요하다.

4절 한국 사회의 구조적 특성과 녹색전환의 과제

1. 근대국가 발전 과정이 만들어낸 구조적 특성

1) 대외 의존적 경제구조와 취약한 생태적 자립 기반

좁은 국토에 자원은 부족하고 인구밀도는 높은 우리나라는 재벌 및 대기업 주도하에 해외로부터 수입한 자원을 가공해서 다시 수출하는 수출 중심의 산업구조를 만들어 왔다. 이러한 경제성장 방식은 가시적 성과를 거두어 1996년에 OECD 회원국이 되었고, 세계 12위의 경제 대국이 되었다.

하지만 다른 한편에서 이런 방식은 무역의존도가 90%가 넘을 정도의 경제의 대외 의존성과 함께 경제 및 생태적 부채 또한 클 수밖에 없었다. 이것은 우리나라가 녹색전환의 필요성이 큰 만큼 전환에 따른 충격과 비용 또한 크다는 점을 말해준다. 우리나라는 세계 각국과 비교했을 때 좁은 국토 면적(107위)에 비해 인구의 규모(28위)와 밀도(25위)는 높은데, 생존에 필수적인 식량과 에너지 자급률은 매우 낮아 생태적 자립 기반이 전반적으로 취약하다. 2022년 기준 우리나라의 식량 자급률은 49.3%이고, 곡물자급률은 22.3%이며, 식량안보지수는 39위로 OECD 국가 중 최하위 수준이다. 에너지 자급률도 12.3%로 에너지의 87.7%를 수입에 의존하고 있으며, 2023년 기준 연간 에너지 수입액은 1,703억 3,500만 달러로 반도체 수출액 975억 8,300만 달러의 두 배 가까이 된다.

우리 산업구조의 자원소비 방식도 전환의 걸림돌이 되고 있는데, 수출 주력산업인 시멘트, 석유화학, 철강, 반도체 분야는 에너지소비와 탄소배출 비중이 매우 커서 2022년 기준 세계에서 13번째로 많은 6억7천만mt의 온실가스를 배출하였다. 이런 경제구조는 수출 대상국의 온실가스 배출 규제 정책이 강화될수록 국내 경제 전반에 미치는 충격이 클 수밖에 없다.(국회예산정책처, 2020) 이런 상황에서 주요국 대비 석탄발전 비중은 높고 1인당 전력소비량은 세계 14위(2021년 기준)에 달해 탈탄소 사회를 향한 에너지 전환이 핵심 과제로 제기되고 있는데, 재생에너지와 원자력에너지를 두고 정권 교체에 따라 정책 기조 자체가 완전히 바뀌고 사회적 합의도 충분치 않다.

2) 강력한 행정국가 체제와 정치 발전의 제약 및 왜곡

우리나라는 대통령중심제의 강한 행정국가의 전형을 보여준다. 여기에는 근대국가 형성 과정에서의 경험이 중요하게 작용했는데, 일제 식민지의 강압적 통치와 해방 후 미군정 체제, 정부수립 후 치른 한국전쟁과 국가 재건, 분단의 대결구조 속에서 부국강병을 추구한 군사정부에 이르는 과정에서 국가는 강력한 지배 및 통치기구로 자리 잡게 되었다.(김영호, 2008: 8) 이러한 우리의 국가 형성 과정과 국가 성격은 개인의 자유와 평등에 기초한 서구사회와는 달랐다.

문제는 민주화 과정을 거치면서도 대통령을 정점으로 한 권력 집중 구조는 변하지 않았다는 점이다. 헌법상 3권 분립을 채택하고 있으나 행정부 수반인 대통령을 중심으로 한 강력한 행정국가 체제가 작동해 오고 있다. 많은 나라에서 입법부 산하에 두는 감사원을 행정부 산하에 두고 있는 것도 우리 행정국가의 한 단면이다.(최현, 2010: 17)[44]

한편, 권위주의 국가를 바탕으로 한 행정국가의 강한 통치 권력은 우리의 정치적 발전 과정을 제약하고 왜곡시키는 결과를 가져다 주었다. 권위주의 체제하에서 국회는 상당 기간 동안 입법부로서 제 기능을 하지 못하고 행정부가 필요로 하는 법안을 추인하는 소위 '통법부'(通法部)라는 비난을 받았다. 문제는 기득권화 된 양당의 적대적 공생구조가 민주화 과정을 거쳐 높아진 사회 구성원들의 정치적 관심과 참여 요구를 정치적 발전으로 연결시켜내지 못하고, 오히려 정치에 대한 불신과 갈등을 양산한다는 점이다. 이런 상황에서는 계급정치는 물론이고 개발·성장 체제에 대한 비판을 통해 지속가능한 대안을 찾으려는 녹색정치의 영역이 자리 잡기가 쉽지 않다. 대신 개발 및 성장 이익을 둘러싼 이해관계자들의 정치가 중앙정치는 물론이고 지역정치의 의사결정 과정을 지배하고 있는 것이 현실이다.

3) 토건형 개발국가의 유산과 개발주의의 지역화

개발국가의 불균형 성장 전략은 공간개발에도 그대로 투영되어 수도권 대도시의 과밀화와 지역의 과소화라는 공간적 불균형을 심화시켰다. 서울

---

44 박상훈은 민주주의 공고화 단계에서 정당정치가 발전하지 못하고 대통령 중심의 정치·행정 체제가 공고화되면서, 모든 권력과 자원, 사회적 시선이 대통령으로 쏠리게 된 것을 한국 사회의 비극이라고 이야기하고 있다.(박상훈, 2023: 296)

을 비롯한 수도권은 전체 면적의 12%에 해당하는데 인구는 51%가 모여 살고 있다.[45] 그만큼 자원과 권력도 한 곳에 집중됨으로써 수도권 중심주의를 강화시켰다. 반면에 지역은 열악한 재정 자립도에 인구는 계속 줄어서 위기에 처한 곳이 늘어나고 있다. 2020년 기준 226개 기초지자체 중 소멸 위험 지역이 절반에 가까운 105곳에 달하는데, 특단의 대책이 없으면 앞으로 더 늘어날 전망이다.

따라서 '지역균형 발전'이 주요 정책 과제로 등장하는 것은 필연적이다. 문제는 그 방식과 내용이 중앙정부의 재원을 활용한 하향식 토건형 개발사업에 치중되어 있다는 것이다. 주민참여를 기반으로 한 자립과 순환의 지역 공동체 재생 전략이 대안으로 제시되고 있으나 영향력 있는 정책으로 자리 잡지 못하고 있고, 수도권이 지역의 자원을 흡수하는 강력한 블랙홀 효과 또는 빨대 효과를 막기에는 역부족인 상황이다.

이런 가운데 지역 소외론을 앞세운 지역 정치인과 언론, 개발업자, 토호 세력이 지역민들의 상대적 박탈감을 자극하면서 각종 토건형 개발사업들을 추진하고 있다. 토건형 개발사업은 공간 선택성과 장소 고착성이 큰 만큼, 해당 사업의 이해관계를 둘러싼 경쟁과 유착이 심한 데다, 사회, 경제, 생태적으로 미치는 후유증도 클 수밖에 없다. 그런데 이런 개발국가의 관성이 민주화와 지방화 과정을 거쳐 토건형 개발주의 형태로 전개되면서 지역 발전을 왜곡시키고 지속가능성 위기를 초래하고 있다.[46]

---

45   2019년 기준 한국의 평균 인구밀도는 63.49명인데 서울은 15,964명에 달해 평균보다 251배 많은 것으로 나타났다.

46   이런 이유로 홍성태는 개발국가의 가장 타락한 형태인 토건국가가 민주화 이후에 더욱 강화되었는데 한국의 민주개혁 세력이 이점을 제대로 보지 못했다고 비판한다.(홍성태, 2007)

4) 시민사회의 비대칭적 발전과 성찰 기반의 취약성

서구가 부르주아 시민혁명을 통해 국가와 시민사회의 관계를 형성해 왔다면, 우리는 근대국가 형성 과정이 정치사회와 시민사회가 분리된 채 이루어졌다. 전근대사회에서 근대사회로의 이행 초기에 일제의 식민통치를 경험하였고, 해방 후 민주주의가 자생적 발전의 경험 없이 외부로부터 이식되었는데, 그나마 반공주의를 앞세운 군부독재의 장기 집권기간 동안 형식적으로 남아 있다보니, 정치사회와 함께 시민사회가 제대로 된 자기 발전의 기회를 갖지 못했다.(허성우, 2011: 128~129)

그러다가 87년 민주화 과정을 통해 시민사회의 자율적 영역이 크게 확장되기 시작했다. 이 과정에서 국가의 폭력으로부터 개인의 신체와 언론 및 사상의 자유를 보호하고 법 앞에서의 평등을 위한 공민권(civil right)과 선거권 및 피선거권을 통한 참정권(political right)을 보장하는 제도가 함께 만들어졌고, 생존권 보장을 위한 사회권(social right)을 현실화하기 위한 복지 제도 마련과 관련 논의도 활발하게 이루어져 왔다.[47]

문제는 시민권을 둘러싼 사회적 과제와 제도화된 현실 사이에 괴리가 존재하는 상황에서 시민들의 삶의 질과 생존에 직접적인 영향을 주는 지속가능성 위기를 맞고 있다는 점이다. 따라서 기존의 '권리' 담론을 지속가능성에 대한 '책임'의 담론으로 전환시키는 시민사회의 역할이 필요한데 현실은 녹록치 않다. 시민사회가 비대칭인 발전 과정을 걸어오면서 시민들의 자발적 조직과 참여 기반은 여전히 취약한 상태다. 그 빈 자리를 시민사회운동

---

47 영국 학자 마셜(T. H. Marshall)은 시민권(citizenship)이 18세기 '공민권'(civil right), 19세기 '참정권'(political right), 20세기 '사회권'(social right)으로 단계별로 등장한다고 보았는데, 우리의 경우 국가발전 과정 자체가 압축적이었듯이 시민권들도 큰 시차를 두지 않고 한꺼번에 다뤄지게 되었다.

단체들이 채워 왔으나 이후 제도화와 정치화 경로를 걸으면서 사회적 영향력과 신뢰도가 많이 약해진 데다, 이념을 달리하는 시민단체들의 등장으로 공적 영역의 대리인으로서 역할도 많이 위축된 상황이다.

이런 가운데 시민사회의 성찰의 기반도 많이 취약하다. 무엇보다 압축 성장 체제가 만들어낸 강렬한 경험이 사회 전반에 각인된 채 강력한 성장 중독 현상을 만들어냄으로써 지속가능성 위기로부터의 전환을 가로막는다. 그동안 각종 충격적인 사고나 재난 등을 통해 '돈 중심', '성장 중심' 사회에 대한 성찰의 기회가 적지 않았지만,[48] 일시적인 각성에 머문 채 사회 전반의 전환을 향한 구체적인 모델과 경로를 만들어내지는 못해 왔다.

5) 분단국가로 인한 구조적 제약

한국사회의 구조적 특성으로서 분단체제는 전환과 관련해서 반드시 다뤄야 할 과제다. 우리나라가 부국강병(富國强兵)을 기치로 권위주의적 개발국가 체제를 작동시켜 온 배경에는 남북분단에 따른 체제 대결 구조가 자리 잡고 있다. 반공을 기치로 군사정부가 장기간 집권하면서 정치사회와 시민사회의 발전을 제약하는데도 분단을 기반으로 한 남북 대결 상황이 활용되었다. 이런 상황에서 국가 주도의 성장 체제로 인한 부작용을 지적하고 분배와 보존의 가치를 주장하기가 쉽지 않았다. 이러한 이념적 경직화 현상은

---

48 IMF 국가부도 사태와 금융위기 등을 통해 평생직장에 대한 믿음이 무너졌고, 경제적 불확실성은 갈수록 커져 왔다. 노동 현장의 안전사고는 줄어들지 않고, 사회경제적 불평등은 점점 확대되는 가운데, 스스로 목숨을 끊는 자살률은 세계적인 수준이고, 세월호 참사와 같은 사회적 재난은 반복되어 왔다. 대규모 살처분 사태를 만들어내는 구제역, 조류독감 등과 함께, 메르스 사태, 코로나19 펜데믹 등 인간 생명을 위협하는 신종 바이러스가 창궐하고 있는 가운데, 기후위기로 인한 재난의 빈도와 강도가 점점 커져 왔다.

민주화된 이후에도 크게 변하지 않은 채 정치, 사회적 갈등의 요인으로 작용함으로써 사회적 신뢰와 합의의 기반을 약화시키고 있다.

또한 남북분단 체제의 긴장이 미국과 일본, 중국과 러시아 등 한반도를 둘러싼 강대국들의 지정학적 갈등 구조를 통해 증폭되는 가운데, 군사적 대결을 위한 국방비의 과도한 지출로 한국 사회 전체의 자원배분 구조를 심각하게 왜곡시킴으로써 전환의 발목을 잡고 있다.

2. 한국사회의 녹색전환 과제와 방향

우리 현실에 맞는 녹색전환 전략을 찾기 위해서는 현실에 대한 진단이 중요하다. 이와 관련해서 한국 사회의 구조적 특성으로 '대외 의존적 경제구조와 취약한 생태적 자립 기반', '강력한 행정국가 체제와 정치적 저발전 및 왜곡', '토건형 개발국가의 유산과 개발주의의 지역화', '시민사회의 비대칭적 발전과 성찰 기반의 취약성', '분단국가로 인한 구조적 한계' 등 다섯 가지를 살펴보았다. 이는 우리 사회가 녹색전환의 필요성에도 불구하고 전환에 따른 충격과 비용은 큰 반면에 전환의 조건과 역량은 상대적으로 취약하다는 점을 말해준다. 그만큼 우리 사회가 녹색국가로 가기 위해 해결해야 할 녹색전환의 과제도 분명하다.[49]

---

49 한국의 녹색국가를 위한 각 분야별 녹색전환 과제에 대한 구체적인 내용들은 이후에 다뤄질 6~8장 내용을 참고하기 바란다.

〈표 16〉 한국 사회 구조적 특성과 녹색전환 과제

구조적 특성	녹색전환 과제
대외 의존적 경제구조와 취약한 생태적 자립 기반	경제의 녹색화, 농업의 녹색화
강력한 행정국가 체제와 정치적 저발전 및 왜곡	정부(행정), 헌법(사법), 정치(입법)의 녹색화
토건형 개발국가의 유산과 개발주의의 지역화	지역의 녹색화
시민사회의 비대칭적 발전과 성찰 기반의 취약성	시민사회, 자아의 녹색화
분단국가로 인한 구조적 한계	평화녹색국가

　주목할 부분은 분절과 단절의 역사 속에서 우리 사회가 나아가야 할 방향성을 상실했다는 점이다. 1960, 70년대에 선진 국가들을 모델로 삼아 국가가 성장을 기획·추동하고 시장을 형성·촉진·지원하는 국가 주도형 개발국가 모델이 주도했다면, 1980, 90년대에 들어서 민주화, 지방화 흐름 속에서 시장이 성장을 주도하고 국가는 지원하는 형태로 바뀌게 되었다. 2000년대부터는 본격화된 신자유주의적 세계화 흐름 속에서 양극화에 대응하는 복지국가와 세계시장에서 경쟁력을 갖추기 위한 경쟁국가 모델 등에 대한 논의는 있었으나 아직 합의된 모델은 부재한 상황이다. 이처럼 지금 우리는 발전 좌표를 상실한 상태에서 기후위기를 비롯한 지속가능성 위기 상황을 맞고 있다.

　추격국가로서 따라잡기식 발전 전략을 추구하던 당시에는 선진국들이 우리의 구체적인 발전 좌표였지만, 지금은 우리 스스로의 힘으로 우리에 맞는 미래지향적인 발전 방향과 모델을 만들고 사회적 합의를 이끌어내야 한다. 대안적 국가발전 모델로서 녹색국가에 대한 적극적인 모색을 제안하는 이유도 여기에 있다. 녹색국가에 대한 전망은 녹색전환에 대한 논의와 실천를 더욱 힘있게 추동할 것이며, 녹색전환의 과정을 통해 녹색국가 구상도 구체화 될 것이다.

한편, 녹색전환과 녹색국가 논의에 있어 우리 사회가 가지고 있는 구조적 한계 요인과 극복 방안에 대한 검토 못지않게 가능성의 영역을 찾아서 확대 발전시키는 노력도 중요하다. 먼저, 우리 사회의 '강한 국가'(strong state) 특성은 시민사회의 전환 역량이 자생적으로 발전하는 것을 제약하기도 하지만, 한편으로 이윤을 앞세운 시장경제와 개발을 통한 사적 이익 추구 행위에 대해 전환의 리더십을 발휘하는데 상대적으로 유리한 측면도 있다.

또한 우리 시민사회의 토대가 취약하고 미완의 민주주의 과제를 안고 있지만 동시에 시민의 힘으로 민주주의를 성취하고 정권 교체를 이뤄내는 등 역동성을 가지고 있는 점도 중요하다. 여기에다 세계 1위의 스마트폰 사용률에서 보듯이 우리 사회가 가진 높은 디지털 역량과 K-Culture로 대변되는 문화적 역량은 시민사회의 전환적 역할의 가능성을 한층 높여줄 것이다. 우리나라가 세계 최대 규모의 단일 국민국가인데다[50] 다양한 종교가 공존하는 다원화된 사회여서, 인종과 종교 문제로 인한 사회적 갈등이 상대적으로 적은 점도 전환의 에너지를 결집시켜 내는데 유리한 측면이 될 수 있다.

5절 한국의 녹색국가 등장 조건과 가능성 탐색

1. 대안적 국가 모델로서 녹색국가의 의미

민주화 과정은 권위주의적 개발국가를 연성화(軟性化)된 형태로 전환시

50　물론 우리나라도 단일민족 국가에서 점진적으로 다인종, 다문화 국가로 점진적으로 변화해 오는 것이 현실이기도 하다.

켰으나 개발국가의 관성은 여전히 남아 영향력을 발휘하고 있다. 서구 선진
국가를 모델로 삼아 자원을 총동원해서 성장 체제를 작동시켜 온 우리의 개
발국가는 추격국가 모델의 전형이었다. 하지만 세계화를 통해 세계경제 시
스템에 깊숙이 편입된 채 국가 경쟁력에서 상대적 우위를 확보하는 것이 생
존전략이 된 경쟁국가 체제에서 기존의 추격국가 모델은 한계를 드러냈다.
불평등과 양극화의 확대로 복지 이슈가 사회적 문제로 제기되면서 서구의
복지국가 모델을 소개하고 적용하려는 노력도 나타났으나, 환경과 조건이
다른 우리 현실에서 서구의 복지국가 모델을 그대로 적용하기에는 한계가
있었다. 이런 상황에서 기후 문제를 비롯한 지속가능성 위기는 국가의 위상
과 역할에 대한 새로운 검토를 요구하고 있다. 세월호 참사 등 각종 재난적
상황에서 '국민의 생명 보호'라는 기본 역할에도 무능함을 드러낸 국가에
대해 비판의 목소리가 높았지만 국가의 무용론 보다는 국가의 제대로 된 역
할에 대한 요구의 성격이 컸다. 이런 가운데 코로나19 팬데믹은 불확실성
을 내포한 재난 상황에서 국가의 존재감을 더욱 분명하게 각인시켜 주는 계
기가 되었다.

우리가 당면한 핵심 과제와 현실적 조건 및 역량 등을 고려한 대안적 국
가발전 모델이 필요한 상황이다. 녹색국가는 권위주의 개발국가, 케인즈주
의 복지국가, 신자유주의 경쟁국가 담론이 혼재된 상황에서 새로운 세상,
새로운 나라에 대한 열망을 대안적 국가발전 모델로 연결시켜내는 것이다.
권위주의와 민주주의, 성장주의와 생태주의를 기준으로 한 국가 유형에서
보면,(구도완, 2018) 성장주의 관성이 여전히 강한 우리나라 현실에서 권위주
의적 방식이 민주주의적 방식으로 형태를 바꾼 '민주적 개발국가'가 지금의
모습에 가깝다. 녹색국가는 민주주의와 생태주의 가치가 결합된 '생태민주
주의 국가'에 해당한다. 주목할 점은 생태민주주의는 생태주의와 민주주의

의 단순한 결합이 아니라 양쪽 모두의 질적인 전환을 의미한다는 것이다.

〈표 17〉 권위/민주, 성장/생태를 기준으로 한 국가 유형

	권위주의	민주주의
성장주의	개발권위주의 국가	민주적 개발국가
생태주의	생태권위주의 국가	생태민주주의 국가

출처: 구도완의 책(2018) 169쪽

우리나라 현실에서 녹색국가의 의미를 좀 더 자세히 살펴보면, 먼저 녹색국가는 우리가 걸어 온 건국(48년 체제)과 산업화(63년 체제), 민주화(87년 체제) 이후의 대안사회를 지향한다는 점을 들 수 있다.[51] 서구의 녹색국가 논의가 복지국가의 경험에 대한 성찰적 진단을 바탕으로 등장했다면, 우리나라는 권위주의적 개발국가에서 신자유주의적 경쟁국가 체제로 깊숙이 들어가고 있는 상태에서 녹색국가로의 전환을 이끌어내야 하는 것으로, 생태와 복지의 이중적 과제를 함께 해결해야 하는 상황이다.

당면한 지속가능성 위기는 환경국가에서 강조하는 환경정책이나 환경행정의 강화로는 해결하기 어렵다. 기후위기를 비롯한 생태위기 문제는 현세대와 미래세대, 자연생태계 전반의 지속가능성을 근본적으로 위협한다. 뿐만 아니라 이러한 문제의 발생 자체가 자원 및 국토이용, 생산 및 소비활동 등 사회 전체적인 구조와 작동에서 비롯된 만큼, 환경정책과 경제 및 산업정책, 국토개발정책 등이 종합적으로 고려되어야 한다.(문태훈·김희석,

---

51   한때, 뉴라이트 계열을 중심으로 '민주화' 이후 지향해야 할 사회를 '선진화'로 부르면서 구체화를 시도했으나, 선진화라는 말 자체가 가치 지향성을 남아내지 못했을 뿐만 아니라, 오히려 경쟁국가 논리를 뒷받침하는 데 쓰이기도 했고, 특히 이념 대결과 정치적 갈등 구조 속에서 국민적 동의를 이끌어내는 데도 실패했다.

2022: 38)

　글로벌 차원의 생태위기 문제에 대한 대응 과정 자체가 우리 현실에 미치는 영향에 대해서도 종합적인 검토가 요구된다. 소위 신기후 체제[52]는 대외 의존도가 높고 탄소 배출이 많은 업종이 수출 주력산업인 우리나라 산업구조의 녹색전환을 필요로 하는 만큼, 구조적 어려움도 크다. 유럽연합을 중심으로 탄소국경세[53] 도입 등 온실가스 감축을 위한 경제 제재가 구체화 될 경우 수출 중심으로 구조화된 우리나라 경제는 상당한 영향을 받을 전망이다.(국회예산정책처, 2020) 이 점에서 녹색국가는 기후위기에 대한 지구적 차원의 대응 과정에서 필연적으로 당면하게 될 경제, 사회, 생태적 충격을 최소화하면서 지속가능한 미래를 향해 녹색전환을 이뤄내기 위한 대안적 국가 모델이다.

2. 민주공화국의 원리와 녹색국가 단초 찾기

　우리나라의 개발국가 체제가 사회 전반에 남긴 유산은 대안적 국가 모델로서 녹색국가로의 전환에 있어 상당한 과제를 던지고 있다. 수출 목표액, GDP, 1인당 국민소득 등 지표화된 성장 목표를 설정하고 경제개발에 총력

52　'신기후 체제'는 2015년 파리에서 열린 기후변화 당사국총회(COP: Conference of Parties)에서 기후변화협약에 서명한 당사국 모두에게 감축의무를 적용하기로 합의함으로써 출범하게 되었다. 우리나라는 2016년 11월 국회 비준동의안 가결로 97번째 협약의 비준국이 되었다.

53　온실가스 배출규제가 약한 국가에서 생산한 상품을 상대적으로 배출규제가 엄격한 유럽연합으로 수출할 때 해당 격차에 따른 가격차를 보전하기 위해 부과하는 세금을 말한다.

매진하는 과정에서 생태계 파괴, 공간적 불균형, 자원 및 에너지의 수요와 공급의 왜곡 등을 통해 우리나라 생태적 자립 기반은 크게 약화되었다. 이는 녹색국가의 필요성만큼 가능성을 제약하는 요인으로 작용한다. 뿐만 아니라 성장우선주의, 경제성장제일주의를 내세워 가치 체계를 획일화, 서열화, 수단화함으로써 분배와 보존을 비롯한 녹색의 가치가 뿌리내릴 수 있는 토양이 매우 척박해진 부분도 녹색국가 차원에서 해결해야 할 과제다.

하지만 이런 어려운 여건에서도 녹색국가의 단초를 근대국가의 정수라할 수 있는 헌법의 기본 정신에서 찾을 수 있다는 점은 주목할 부분이다. 녹색국가가 수입 이론이나 이념적 틀에 그치지 않고 우리 한국 현실에서 구체적으로 작동하기 위해서는 대안적 국가발전 모델로서 녹색국가의 성격과 역할을 헌법에 담아서 제도적 기반으로 삼아야 한다.[54] 중요한 것은 이런 작업이 진공 상태가 아니라 일찍이 우리의 근대국가 형성 과정에서 나타났던 헌법의 공화주의적 전통의 계승 및 발전을 통해 이루어질 수 있다는 점이다. 이것은 앞(1장 4절)에서 녹색국가의 이론적 기반으로 녹색공화주의를 다루었던 것과도 연결된다.

우리나라의 초기 헌법은 공화주의 정신에 따라 개인보다 전체, 시장보다는 공공, 자유와 경쟁보다는 균등과 균평의 의미를 강조했다.(서희경·박명림, 2007: 79) 임시정부 헌법에 담긴 민주공화제의 가치는 1948년 건국헌법으로 이어졌는데, 사적 소유와 시장경제 체제를 중심 가치로 한 자유주의 경제원리와는 달리, 토지국유제, 자연자원과 핵심 인프라에 대한 국가 차원의 관리를 강조하였다.[55] 여기에는 일제 강점기에 형성된 경제구조의 특

---

54 이 부분은 이 책 6장 3절 '헌법의 녹색화' 부분에서 더 구체적으로 다룰 예정이다.
55 "광물 기타 중요한 지하자원, 수산자원 수력과 경제상 이용할 수 있는 자연력은 국유

성과 당시 시대적 상황도 주요하게 작용했다.[56] 이처럼 초창기 헌법에 담긴 공화주의 원리와 국가 이념은 개인의 자유를 보장하기 위해 국가의 개입을 제한해야 한다는 자유주의 원리와는 상당한 차이가 있다.(서희경·박명림, 2007: 81~85) 또한 균등론으로 대표되는 삼균주의를 헌법의 경제조항에 담아냄으로써(최선, 2018: 65) 공산주의 원리와도 성격을 달리하는 점도 주목해야 한다.

하지만 우리 헌법의 민주공화주의 원리는 1954년 제2차 개헌에서 일부 조항을 개정해 자유주의적 시장경제 질서로의 전환이 이루어졌다. 헌법의 이념이 균등경제에서 시장경제로 바뀌게 된 것이다. 시장자유주의 원리를 적극 도입하게 된 데는 당시 시대적 상황이 작용했다. 미군정이 외국인 투자유치를 명분으로 경제 운영을 민간기업 중심으로 전환할 것을 요구했으며,(서희경·박명림, 2007: 104) 여기에다 한국전쟁 이후 북한의 사회주의 노선에 대한 견제와 반공 노선 강화 또한 서구의 자유민주주와 시장경제 개념을 적극 도입하는 배경이 되었다. 여기에다 조국 근대화를 명분으로 시장과 시민사회에 적극 개입해 온 개발국가 체제의 통제력이 민주화를 통한 소위 '87년 체제'를 맞아 상대적으로 약화된 틈을 타고 대기업 등 경제계의 영향력이 커지면서 시장자유주의 원리가 강하게 작동하게 되었다. 문제는 이러한 시장자유주의가 사적 영역을 확대하고 공적 영역을 축소하는 방향으

로 한다."(85조), "중요한 운수, 통신, 금융, 보험, 전기, 수리, 수도, 가스 및 공공성을 가진 기업은 국영 또는 공영으로 한다."(87조) 등이 그러하다.

56 일제 때 합병당한 70% 이상의 토지와 일본인이 자본화한 85% 이상의 생산기관이 식민지 유산으로 남아 해방 후 적산(敵産)을 국유화 할 수 있는 조건이 형성 된데다, 황폐한 식민지 경제를 부흥시키기 위해서는 국가가 토지와 생산기관을 소유하고 관리하는 것이 거부감 없이 받아들여지는 분위기였다.(서희경·박명림, 2007)

로 사회구조를 변화시키면서 '공화국의 위기'를 초래했다는 점이다.(정재요, 2020: 2) 소위 공공의 이익을 앞세워 사적 영역을 억압하던 '멸사봉공'(滅私奉公)의 시대가 사적 이익을 추종하면서 공공의 영역을 위협하는 소위 '멸공종사'(滅公從私)의 시대로 변모하게 된 것이다.

따라서 우리 사회가 녹색국가로 나아가기 위해서는 공공의 영역을 다시 일으켜 세우고 확장시켜 나가야 한다. 앞에서 다룬 바 있듯이 공공의 영역을 현세대는 물론 미래세대와 인간 외 존재들의 영역까지 확장하는 녹색공화주의 원리가 중요해졌다. 이와 함께 녹색국가의 실현 방식은 권위주의가 아닌 민주주의 원리에 바탕한 것이어야 한다는 점에서 생태민주주의 원리가 함께 적용될 필요가 있다.

이처럼 녹색국가를 구성하는 녹색공화주의와 생태민주주의의 가능성은 우리 헌법의 '민주공화국'의 원리로부터 찾아볼 수 있다. 현행 헌법 제1조 제1항의 '대한민국은 민주공화국이다'라는 규정은 헌정질서 전반에 걸친 기본적인 지도 원리이자 근본 규범으로, 국가가 공화국으로서 존립할 헌법상 근거가 공공의 이익 보호에 있다는 것을 말해준다.(정재요, 2020: 1) 민주공화국은 국민주권과 권력 분립의 원칙을 기반으로 한 민주주의와 공공적 가치와 공동선을 강조하는 공화주의를 양대 이념으로 한다.(김비환, 2006; 서희경·박명림, 2007: 79~80) 따라서 자유주의가 강조하는 선택과 접근성의 자유를 통해 사적 이익을 자유롭게 추구하기보다는 공화주의에서 강조하는 공동체적 조화와 질서를 존중하는 비지배(non-domination)로서 자유의 의미가 민주공화국의 원리에 더 부합한다고 볼 수 있다.(이국운, 2001: 138; 설한, 2015: 106; 구은정, 2020: 144) 녹색국가는 우리 헌법의 민주공화국 정신을 공화주의가 강조하는 비지배로서 자유의 원리를 바탕으로 승계 발전시키는 것이다.

제6장 국가의 녹색화

— 정부와 헌법의 녹색화

—

녹색국가는 '국가의 녹색화'와 '국가를 통한 녹색화'라는 이중적 과제를 풀어야 한다. 이 장에서는 녹색국가의 전략적 구조와 구성 원리를 살펴본 다음, 국가의 역할이 법과 제도, 조직을 통해 이루어진다는 점에서 '국가의 녹색화' 방안으로 정부와 헌법의 문제를 다루고자 한다. 근대국가에서 정부는 제도화된 권력을 활용해 상당한 영향력을 발휘하는 대표적인 조직으로, 행정국가적 특성이 강한 우리나라에서 정부의 녹색화는 국가 전체의 녹색화 방향과 흐름을 잡아나가는 데 매우 중요하다. 또한 헌법의 녹색화 역시 정부가 녹색국가로 방향을 설정하고 제 역할을 하기 위한 법적 정당성과 함께 국가의 기본 구성과 운영 체계를 만들어가기 위해 중요하게 다뤄질 필요가 있다.

1절 녹색국가의 전략적 구조와 구성 원리

1. 국가 역할에 대한 물음

녹색국가 논의를 우리 현실에 맞게 구체화하기에 앞서 우리의 국가발전과 국가 역할에 대한 인식의 변화 과정부터 살펴보자. 일제 식민통치와 한국전쟁의 폐허를 딛고 한국의 근대화 과정을 이끌어 온 개발국가 체제는 권위주의 국가 모델의 대표적인 사례로, 국가의 권위와 영향력이 막강했던 만큼 이것이 남긴 빛과 그림자 또한 강렬했다. 국가 주도의 성장 체제는 소위 '한강의 기적'으로 불릴 만큼 초고속 성장을 통해 절대 빈곤의 굴레에서 벗어날 수 있도록한 반면에, 농업·농촌, 노동·인권, 환경·생태계 부문은 소외되고 억압, 배제되는 결과를 낳았다.

그러다가 1980년대 중반에 들어 민주화가 확립되고, 1990년대 들어서 지방화와 세계화 흐름이 확산되면서, 시민사회와 시장경제 행위자들의 역할과 영향력이 커지게 되었고, 그만큼 국가의 주도적 영향력은 기존보다 약화 되었다.[1] 여기에는 급속한 정보화 흐름에 힘입은 소통 체널의 다각화도

---

[1]   이런 흐름을 바탕으로 국내외 학계를 중심으로 '국가의 쇠퇴'(eclipse of the state), '국가의 공동화'(hollowing out of state), '거버넌스'(governance) 담론들이 횡행하기 시작했다.

영향을 주었다. 이런 가운데 신자유주의가 확산되면서 국가 정책은 시장친화적인 방향으로 바뀌었다. 이런 흐름은 1997년 외환위기를 거치면서 더욱 강화되어 중산층의 붕괴 등 사회·경제적 양극화를 심화시켰으며, 이에 대응하여 국가의 복지적 역할이 주목받기 시작했다. 한편, 2008년 글로벌 금융위기와 구조적 저성장, 보호무역주의 흐름의 확대 등 변화된 환경 속에서 시장의 자유를 강조하면서도 한편으로 산업구조의 전환과 성장동력 확보, 국가경쟁력 강화 등을 위한 국가의 개입적 역할이 확대되기 시작했고, 이런 흐름은 지금까지 지속되고 있다.

이처럼 지금 한국은 개발국가가 남긴 영향력이 여전히 강력한 가운데 복지국가와 경쟁국가에 대한 요구가 혼재된 상태에 놓여 있다. 이런 상황에서 당면한 지속가능성 위기 문제는 현대 국가의 존재 이유를 설명해 온 '축적'과 '정당화' 역할에 대해 근본적인 질문을 던진다. 현재와 미래세대는 물론 뭇 생명들의 생존 가능성 자체를 위협하는 지속가능성 위기는 국가의 존재 이유는 물론 존재 가능성 자체를 밑바닥부터 흔든다.

물론 그동안 각종 사건과 사고의 고비마다 '국민의 생명과 재산 보호'라는 국가의 기본적 역할에 대해 물음을 제기하는 일들은 종종 있어 왔다.[2] 하지만 각종 참사와 시민적 기본권의 침해 상황에서 국가의 존재 이유에 대한 시민들의 물음은 '민주공화국'이라는 국가 정체성 확인에 초점이 맞춰졌고, 그

---

2 '성수대교 붕괴'(1994), '삼풍백화점 붕괴'(1995)부터 '대구 지하철 참사'(2003), '세월호 참사'(2004), '가습기살균제 참사'(2011년), '이태원 참사'(2022)에 이르기까지 소위 '참사공화국'으로 불릴 만큼 각종 재난적 사고들이 발생할 때마다 개발·성장 체제의 부작용에 대한 자각과 '돈 보다 생명'이라는 사회적 각성이 일어나기도 했고, 소위 광우병 촛불집회(2008)나 국정농단 촛불 집회(2016) 등 거대한 시민적 저항운동을 통해 국정 기조를 바꾸거나 대통령을 탄핵시키는 등 정치적 변화를 만들어내기도 했다.

결과 책임자 처벌, 지도자 교체, 권력구조의 변화에 대한 요구까지는 나아갔으나, 국가발전 목표 자체의 재설정이나 사회시스템 전반을 전환하는 차원으로 나아가지는 못했다. 이런 점에서 이 책에서 다루는 녹색국가는 지속가능성 위기 상황에서 국가 역할에 대한 전환적 물음을 바탕으로 하고 있다.

2. 한국 녹색국가의 전략적 구조

국가는 다양한 한계와 부작용에도 불구하고 인류가 현대사회에 이르기까지 발명한 각종 정치제도들 가운데서 가장 큰 영향력을 가진 존재다. 그만큼 현실 사회가 당면한 과제를 해결하는 데 있어 국가의 역량과 잠재력을 적극 활용하는 것이 중요하다. 지속가능성 위기 문제에 대한 녹색국가의 전환적 역할을 기대하고 찾으려는 이유도 이 때문이다.

우리 한국 사회는 지속 불가능성을 야기하는 개발국가의 유산이 정책과 제도, 조직 구조, 가치 체계 전반에 자리하고 있으며, 민주화와 지방화를 통해 확장된 시민사회와 지역사회로 그 영향력을 확장해 왔다. 여기에다 지속가능성 위기가 국가는 물론 지구적인 차원의 문제로 대두된 가운데, 다양한 대응 정책과 실천 활동이 아직은 파편적이고 단기적이며 대증적인 접근 수준에 머물러 있다. 지속가능성 위기를 극복하고 녹색전환을 이끌어낼 수 있는 녹색국가를 현실에서 구체화하는 노력이 절실하다.

강한 행정국가 특성을 가진 우리나라 현실에서 녹색국가로의 전환은 과정적이고 전략적인 측면을 함께 갖고 있다. 구체적으로 한국의 녹색국가는 '국가의 녹색화'와 '국가를 통한 녹색화'라는 이중적 과제를 함께 풀어가야 한다. 이런 관점에서 우리 녹색국가의 전략적 구조를 다음과 같이 구성해 볼 수 있다. 먼저, '국가의 녹색화'와 관련하여 핵심 영역은 바로 정부와 헌법,

행정부와 사법부다. 정부는 국가 조직과 제도, 시스템의 핵심으로 권력과 자원의 흐름과 배분에 직접적인 역할을 하는 곳이다. 특히 우리나라는 행정국가적 특성이 강한 만큼 정부의 녹색화를 통해 국가 전체의 녹색화 방향과 흐름을 잡아갈 필요가 있다. 이와 함께 정부가 녹색국가로의 방향을 설정하고 실행하기 위해서는 헌법의 녹색화를 통해 법적 정당성을 뒷받침해 줘야 한다. 헌법은 국가 정책의 우선순위에 대한 토대일 뿐만 아니라 사법부를 통해서 행정부 정책 행위를 견제하고 견인하는 역할을 하기 때문이다.

이와 함께 녹색화된 국가의 기반을 적극 활용하여 사회 전반의 녹색화를 체계적으로 실현할 수 있도록 '국가를 통한 녹색화'가 이루어져야 한다. 이것을 뒷받침해주는 가장 중요한 곳이 바로 경제의 녹색화다. 생산과 소비를 아우르는 경제활동은 자연 생태계를 직접 이용하고 또 영향을 주는 만큼, 경제의 녹색화는 지속 불가능성을 지속가능성으로 전환시키는데 매우 중요하다. 우리 현실에서는 농업의 녹색화도 핵심적인 과제인데, 지속 불가능성이 집약되어 나타나는 농업으로부터 지속가능성 위기에 대응하는 전환적 역할을 찾아내야 한다. 한편, 개발국가가 만들어낸 지속 불가능성이 지역을 통해 나타나는 만큼, 지역의 녹색화를 통해 녹색전환의 가능성을 만들고 확장해가는 노력도 중요하다. 나아가 한반도와 지구적 차원의 지속가능성을 높이는 노력도 녹색국가가 감당해야 할 중요한 역할이다.

한편, 구조와 시스템으로 짜여서 작동하는 국가를 녹색화하는 일은 그 필요성에도 불구하고 저절로 되지 않는다. 국가의 녹색화를 추동하는 주체와 힘이 있어야 한다. 녹색국가에서 정치사회와 시민사회의 역할이 중요한 이유다. 지금까지 현실의 지속 불가능성을 유지, 확대, 재생산하는 데 깊이 관여해 온 정치사회와 시민사회를 녹색화 하는 일은 녹색국가 실현을 위한 중요한 시작점에 해당한다.

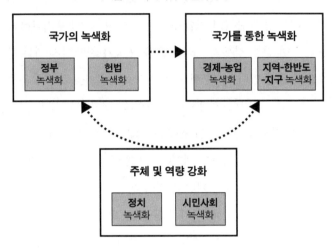

〈그림 6〉 녹색국가의 전략적 구조

3. 녹색국가의 구성 원리

녹색국가의 기본 목적은 녹색전환을 책임 있게 효과적으로 실현해 냄으로써 지속가능성 위기를 해결하는 데 있다. 그만큼 불확실한 환경 속에서 위기에 대응하면서 새로운 기회를 찾아 바람직한 미래를 만들어 가는 것이 녹색국가가 해야 할 핵심 역할이다.

녹색국가가 다루어야 하는 지속가능성 위기 문제 속에는 현재와 미래를 이어주는 '시간성'과 인간 사회와 자연 생태계의 상호작용을 아우르는 '관계성' 측면이 함께 있다. 따라서 문제 해결에 있어서 '사전예방적 접근'과 '총체적이고 유기적인 접근'이 중요한데, 이것을 녹색국가에 대한 접근 방식의 관점에서 보면, 전자는 '규범적 접근', 후자는 '전략적 접근' 및 '분석적 접근'에 해당한다.

'규범적 접근'은 지속가능성 위기와 관련해서 변화의 규모가 점점 더 커지고 변화 속도는 더욱 빨라지고 그 영향과 충격 또한 계속 확대되는 상황에서, 미래지향적이고 사전예방적인 접근이 필요함을 말해준다. 이를 위해서는 현실적 상황과 조건을 뛰어넘는 상상력, 미래에 대한 직관적 판단과 통찰력을 가지고 방향과 목표를 선제적으로 설정하고 행동 변화를 만들어내야 한다. 기후위기 문제에 대응하여 '2050 탄소중립' 목표를 설정하고 역산(逆算)을 통해 연차별 실행 전략을 구체화하는 국제사회의 노력이 대표적인 예라 할 수 있다. 한편, 가능한 다양한 미래를 예상하고, 비전과 목표의 우선순위를 정하고, 실행을 위한 전략과 추진 기반을 만드는 '전략적 접근'과 불확실성에 내재된 패턴과 법칙을 종합 진단하고 실현 가능한 방안을 찾아가는 '분석적 접근'은 총체적이고 유기적인 접근을 통한 녹색전환의 가능성을 높여준다.

녹색국가의 구성 원리는 성격이 서로 다르고 심지어 상호 모순적인 것들이 새롭게 관계를 맺는 과정을 통해 창조적 진화, 질적 전환, 차원 변화를 만들어내는 것이라 할 수 있다. 이것은 생명의 원리로 강조되는 관계성, 순환성, 다양성을 바탕으로 한 창발성(emergence)[3] 원리와도 일맥상통한다. 창발성은 부분적 하위 단위에서는 발견되지 못했던 새로운 특성이 상위 단위 복잡계 영역에서 창조적으로 발현되는 것으로, 이것을 통해 환경 변화에 능동적으로 반응하고 재조직화를 통해 새로운 차원을 열어간다는 점에서,

---

3   김지하는 생명의 특성으로 '관계성', '순환성', '다양성'과 함께 '영성'을 강조한바 있는데,(김지하, 2005) 여기서는 국가 시스템의 구성 원리로서 '영성' 보다는 '창발성' 개념이 적합하다고 본다. 한편 이런 생명의 원리를 전통 풍류 사상인 '접화군생(接化群生)'에서 찾기도 하는데, 접(接)은 관계성, 화(化)는 순환성, 군(群)은 다양성, 생(生)은 창발성에 해당한다. 다양한 존재들의 유기적 관계 맺음을 통해 서로 조화와 순환을 이루는 가운데 전체적으로 새로운 활력과 차원 변화를 만들어낸다는 의미로 보면 논리 순서상 '군접화생(群接化生)'으로 볼 수도 있다.

녹색국가의 구성 원리로 시사하는 바가 크다. 이질적인 것들의 만남이 긴장과 갈등에 머물지 않고 함께 살림(共生), 서로 살림(相生)을 통해 질적으로 성숙한 차원으로 나아가는 것은 생명 진화의 원리[4]이자 전환의 원리이기도 하다.

이것을 녹색국가의 구성 원리로 적용해 보면, 녹색국가의 정치는 대의제와 참여민주주의, 직접민주주의, 숙의민주주의 등 다양한 민주주의 유형들이 유기적으로 결합하여 녹색전환을 이끌어내는 것이다. 녹색국가의 경제는 공공경제와 시장경제, 사회적경제, 살림의 경제 등 다양한 경제 유형들의 유기적 결합과 함께 생산과 소비, 농촌과 도시의 재연결과 상생적 협력 관계를 통해 실현될 수 있을 것이다. 시민사회 역시 납세자와 소비자, 유권자, 생활인으로서 시민의 다중적 역할이 적극 발현되어서 정부와 경제영역, 정치사회 전반에서 전환을 이끌어내는 것이다.

한편 이러한 녹색국가 구성 원리가 작동하려면 정부와 경제, 시민사회 영역에서 변화가 만들어져야 한다. 정부 차원에서는 지속가능성을 위한 종합 기획 및 조정 역할 강화와 함께, 정책과 제도, 시스템의 재설계에 따른 자원의 전략적 재분배로 녹색전환을 촉진시켜 나간다. 경제 영역에서는 생산-유통-소비 등 경제활동 전 과정에서 지속 불가능성을 줄이고, 경제적 대안 영역의 창출을 통해 자본주의 시장경제에 대한 의존성과 전환의 문턱을 낮춰 나간다. 시민사회는 녹색전환을 촉진시키는 방향에서 정부와 시장에 대한 압력을 높이고, 전환 주체의 형성 및 역량 강화 차원에서 정치 참여와 생

4　시스템 이론가이자 생태론자인 카프라((Fritjof Capra)는 이것을 '공생(symbiosis)을 통한 진화'로 불렀으며,(카프라, 2003: 53) 더 적극적인 의미를 부여해서 거룩하고 성스러운 상태로 만들기, 즉 성화(聖化)로 부르기도 했다.(김지하·문순홍, 1995: 17)

활 속 실천, 자금기반 확대 등의 노력을 펼쳐나간다.

한편 녹색전환이 마을과 지역에서 출발하여 국가는 물론 한반도, 지구적 차원으로 확장될 수 있도록 다층적인 연계 구조를 마련해 나가는 일도 중요하다. 기초 생활권 단위에서 현장 밀착형 대안의 실천과 전환의 거점 마련, 생태적 자립 기반 확대가 이루어지고, 광역 단위에서는 인프라 조성과 함께 지역간 소통 및 교류와 순환 체계가 마련되고, 국가 단위에서는 지속가능성에 대한 전체적인 방향과 목표 설정, 계획 수립 및 실행 체계 마련, 총체적 평가와 피드백 체계가 마련되어야 할 것이다.

한국의 녹색국가에 대한 이런 전체적인 조망 속에서 '국가의 녹색화' 과제로서 정부의 역할과 녹색화 방안을 살펴보자.

2절 정부의 녹색화

1. 정부의 녹색화가 필요한 이유

우리나라는 대통령중심제의 강한 행정국가 특성을 갖고 있다. 하지만 5년 단임제의 대통령제로 인해 정부 정책의 호흡이 짧고, 정권 교체 시 기존 정권과의 과도한 차별화로 정책적 일관성과 연속성이 약하다. 게다가 정부의 조직과 제도적 특성으로 인해 정책적 연계성과 통합성 또한 취약하다. 이런 정부 형태로는 기후위기를 비롯한 지속가능성 문제를 중장기적 관점에서 통합적으로 다루면서 녹색전환을 이끌어내기가 쉽지 않다. 기후위기에 대한 대응으로서 탄소중립 과제를 다루는 문제 역시 마찬가지다. 현행 정부조직법상 행정 각부의 권한 체계를 보면, 기후위기 대응과 탄소중립이라는 통합적 과제를 수행하기가 구조적으로 어렵다.(환경부, 2021: 416) 현재 환경부가 기후변화대응을 총괄해서 담당하고 있는데, 관련된 법과 정부 계획은 부처별로 각각 다뤄지고 있고, 예산 또한 부처별로 관리되는 실정이다.(국회예산정책처, 2020)

〈표 18〉 기후변화 대응 관련 법 및 계획의 소관 부처

구분	내용	소관 부처
관련 법률	저탄소녹색성장기본법, 탄소중립위원회의 설치 및 운영에 관한 규정	국무조정실
	에너지법, 신에너지 및 재생에너지개발·이용·보급촉진법	산업통상자원부
	환경정책기본법, 지속가능발전법, 자원순환기본법 등	환경부
정부 계획	녹색성장5개년계획	국무조정실
	기후변화대응기본계획	국무조정실, 환경부
	에너지기본계획	산업통상자원부
	기후변화적응대책	환경부
	배출권거래제기본계획	기획재정부

출처: 국회예산정책처 자료집(2020) 참조

오늘날 대표적 지속가능성 위기 문제인 기후위기는 현대사회의 생산과 소비 전 과정에서 비롯되는 만큼, 탄소중립을 비롯한 실천 전략의 과제들 또한 사회 전 부문을 포괄할 수밖에 없다. 결국 통합적 해결 노력이 필요한데, 지금까지 정부의 많은 대책들은 종합화, 체계화되지 못하고 나열된 수준에 머물러 있다.

<표 19> 부문별 탄소중립 전략 과제들

구분	내용
에너지	· 에너지 효율 향상, 신재생 에너지 확대, 분산형 에너지 시스템 확산
산업	· 채취, 가공, 생산, 소비, 폐기 전 과정에서 자원 절약과 순환 체계 마련
수송	· 내연차의 전기차 전환, 대중교통 활성화
공간 구조	· 친환경 건축, 마을 및 도시 단위 에너지 자립률 재고, 압축·분산형 국토 공간체계 마련 (압축형 도시구조로 이동 최소화와 에너지 관리 효율화, 수도권 집중 해소, 지역 거점 도시를 통한 다핵 체계로 전환), 녹지보존, 생태계 복원력 향상
농업	· 관행농업, 공장형축산, 육식위주 식생활을 친환경농업과 식생활 체계로 전환, 식량 자급률 향상, 농지 보존, 농업에 스마트기술 적용을 통한 에너지 효율화
폐기물	· 자원 및 에너지 회수와 재생원료 사용 확대를 통한 순환경제 실현
흡수원	· 농림, 토양 및 산림 복원, 해양 생태계 보존을 통한 탄소 흡수원 확충, 생활권 녹지조성

출처: 환경부 보고서(2021) 66~74쪽 내용 참고하여 재정리함

물론 정부조직 체계와 제도적 특성에 따른 정책의 조정 및 통합 능력의 한계를 보완하고자 범 부처 차원의 TF나 대통령직속 위원회 설치 및 운영 등의 노력을 하고 있으나, 근본적인 해결책이 되지는 못하고 있다.

현재 국무조정실이 중심이 되어 대통령직속 '2050 탄소중립녹색성장위원회'를 설치해서 운영하고 있는데, '경제·산업·에너지·환경·문화 등 우리 사회 전 부문의 탄소중립 이행을 실질적으로 책임'질 것을 자임하고 있지만, 현실에서의 위상과 권한은 부처별 정책들을 실질적으로 조정, 통합해 내는 데까지 미치지 못하고 있다. 여기에다 관료와 전문가 중심의 운영 구조로 인해 시민사회와의 연계성은 취약해서 정치 및 사회적 지지기반과 영향력도 크지 않다. 결국 녹색전환을 실질적으로 이끌어내려면 국가 전체 차원의 정책적 연계성 강화와 함께 지속가능성에 전략적 투자를 높일 수 있는 통합적 기획과 조정 역할을 하는 체계가 마련되어야 할 것이다.

정책적 조정과 통합 기능이 취약한 데는 국가 차원의 명확한 비전과 방

향 설정이 부족한 영향도 크다. 선진국 따라잡기 식 추격형 국가발전 체제의 관성에서 벗어나서 미래지향적 국가발전 모델을 체계화하고 공론화해 본 경험 자체가 매우 부족한 것이 우리 현실이다. 현재 정부가 기후변화 대응 비전으로 설정한 '저탄소 녹색사회' 역시 명확한 비전이 없는 상태에서 전략과 추진과제가 설정되다 보니, 기본계획의 완성도가 미흡하고, 지속가능발전계획과 기후변화대응기본계획, 탄소중립추진전략 상호 간의 전략적 정합성이 약하다는 비판이 나온다.(문태훈·김희석, 2022: 44)

지속가능성 위기 해결과 녹색전환의 촉진을 위한 정부의 역할은 더없이 중요하다. 근대국가에서 정부는 결집된 자원 및 정보와 제도화된 권력을 활용해 상당한 영향력을 발휘하는 유일한 조직으로, 공적 과제의 효과적인 해결과 국민 생활의 편익 증진의 책임을 갖고 있다. 또한 정부 조직에는 상당히 많은 사람들이 공무 수행을 목적으로 일하고 있는데, 우리나라 경우 2020년 기준으로 중앙정부와 지자체에서 일하는 공무원 수가 약 130만 명에 이른다. 따라서 정부 조직이 전반적으로 지속가능성을 높이는 방향에서 효과적으로 역할을 한다면 충격과 부작용은 최소화하면서 전환의 시기를 훨씬 앞당길 수 있을 것이다. 정부의 녹색화를 통해 지속 불가능성을 야기했던 정부의 행태를 개선하면서 지속가능성을 높이기 위한 역할을 적극 확대해 나갈 필요가 있다. 이런 관점에서 지속가능성과 관련한 해외 주요 국가들의 정부 조직 체계와 운영 사례는 우리에게 여러 가지 시사점을 제공해 준다.

2. 주요 국가의 기후위기 대응 정부 조직 체계 및 운영 사례[5]

1) 영국

영국은 세계 최초로 과학적 근거를 기반으로 5년마다 국가 차원의 기후 변화 리스크를 평가하고(2012년부터) 국가적응프로그램을 수립(2013년부터) 해 왔다. 또한 이행력을 높이기 위해 독립기관인 '기후변화위원회'가 이행 평가보고서(Progress Report)[6]를 작성해서 의회에 제출하고, 정부에서는 응답보고서를 의회에 제출하도록 하고 있다.(환경부, 2021: 87)

영국 정부에서 기후변화 저감은 '사업·에너지·산업전략부'(BEIs, Department of Business, Energy and Industrial Strategy), 기후변화 적응은 '환경·식품·농무부'(DEFRA, Department of Environment, Food and Rural Affairs) 가 담당한다. 전문가로 구성된 비정부기구인 '기후변화위원회'와 '환경청', '기상청' 등이 관련 업무를 수행한다. '기후변화위원회'는 기후변화법을 근거로 2008년에 설립된 독립적 위원회 기구로, 4년 또는 5년 중임제로 관할기관에 의해 임명되는 5~8명의 독립적인 위원으로 구성되며, 영국의 기후 목표와 기후 정책에 대해 독립적인 자문과 온실가스 감축, 기후변화 적응 현황 평가와 모니터링 등의 역할을 담당한다.

시사점으로 영국은 부처별로 포괄적인 기능을 담당하도록 함으로써 정

---

5 해외 주요 국가들에 대한 사례 내용은 박순애, 문태훈을 비롯한 행정학회 연구자들이 환경부에 제출한 연구보고서(환경부, 2021) 내용을 전적으로 참고했다. 영국 사례는 동 보고서 211~248쪽, 프랑스는 287~322쪽, 독일은 249~286쪽, 미국은 151~210쪽을 참고 해 정리했다.
6 이행평가보고서는 관련 정부 정책 및 계획의 유무, 적응 대책 세부계획 이행 여부, 취약성 감소 진척 정도 등의 항목에 대한 평가를 담고 있다.

책적 통합성을 높이고 있어 우리 정부의 조직 개편에 참고할 필요가 있다. 영국의 기후변화위원회는 당파를 초월하여 구성되고, 증거 및 분석 중심의 활동을 전개하며, 강력한 리더십과 운영의 투명성을 확보하고 있어, 우리의 위원회 구성 및 운영 과정에 시사하는 바가 크다. 또한 영국 기후변화법에 적응 보고 명령권을 명시하고, 5년 단위로 기후변화 리스크를 평가해 국가 정책에 반영토록 한 점도 참고할 부분이다.(환경부, 2021: 237)

2) 프랑스

프랑스는 전체 전력생산의 약 70%를 원전이 차지할 만큼 원전 의존도가 매우 높고 화석연료 의존도는 상대적으로 낮아 녹색전환에 있어 특수한 조건을 갖춘 나라다. 프랑스는 환경 질 관리나 건강상 위해 방지 같은 전통적인 환경정책 차원을 넘어서 기후변화 대응을 위해 국토, 에너지, 교통, 주택 등의 영역을 통합한 대부처 조직인 '생태전환부'를 운영함으로써 정책의 집행 체계를 강화하였다. 생태전환부는 1971년 환경부에서 2007년 생태·에너지·지속가능한개발·녹색기술·기후협상부(MEDAD)를 거쳐 2020년에 전환된 조직으로, 우리나라의 환경부, 국토교통부, 산업통상자원부의 에너지자원실을 합한 기능을 수행하고 있다.

한편, 지속가능성 측면에서 정책의 방향성을 제시하는 역할로 대통령 직속 '생태방어회의'를 운영하고 있는 점도 특징이다. 2019년 5월에 마크롱 대통령의 지시로 설치된 생태방어회의는 명칭에서 드러난 것처럼 기후변화 대응의 절박감을 반영하고 있는데, 프랑스 정부는 이 회의를 정부 최상위에 위치시켜 국가가 시행하는 모든 정책이 기후와 생물다양성 보호 원칙을 준수해야 함을 분명히 하였다. 또한 이 회의는 환경에 대한 인식을 높이는 것과 함께 국민의 의견을 권력 최상부의 의사결정에 전달하는 역할도 한다.

기후 정책에 대한 전문 감독과 제안 기구를 설치, 운영하고 있는 점도 눈여겨 볼 부분이다. 프랑스는 기후변화 정책과 관련한 독립 자문 기구인 '기후고등자문원'과 행정부에 대한 자문과 행정법원 역할을 겸하는 '국참사원'을 두고 있다. 국참사원은 정부의 정책 수행에 대한 최종 판정을 내리는 기관으로, 정부의 조치 미이행 시 벌금을 부과할 수 있다. 이와 함께 사회 각 분야 대표들이 위원으로 참여해 환경 관련 법안을 자문하고 시민 의견을 접수하는 '경제사회환경 자문원'과 무작위로 추출된 시민들로 구성되어 기후 정책을 제안하고 관련 법안을 평가하는 '기후시민협의체'를 운영하고 있다. 프랑스 정부는 2020년에 기후시민협의체의 제안을 받아들여 헌법 1조에 국가의 생물다양성과 환경보호, 기후이상 대응 의무를 명시하는 헌법 개정을 추진하기도 했다.(문태훈·김희석, 2022: 50)

이처럼 프랑스는 기후위기라는 공통의 과제를 해결하기 위해 정부 차원에서 다층적인 거버넌스 체계를 운영하면서 정책적 통합성과 실효성을 확보하고자 노력하고 있어 주목할 필요가 있다.

3) 독일

독일은 2021년 헌법재판소 판결에 따라 탄소중립의 목표연도를 2050년에서 2045년으로 단축하고, 2038년까지 모든 석탄 화력발전소 폐쇄를 결정하는 등 기후위기 대응과 지속가능성 실현에 선도적인 노력을 하는 국가다. 2019년에 제정된 연방기후보호법에 2030년까지 탄소 배출량을 1990년 대비 55% 감축을 목표로 설정하고 각 부문별 감축 목표를 제시했는데, 2030년 이후 계획이 명시되지 않아 '탄소배출 부담을 미래세대로 전가하는 것은 위헌'이라는 취지의 헌법소원이 제기되었고, 2020년 헌법재판소의 일부 위헌 판결에 따라 개정을 통해 2030년 감축 목표를 55%에서 65%로 늘리고 탄소중립 실현 연도를 2050년에서 2045년으로 단축시켰다.

독일은 연방제 국가로 연방 '환경부(환경·자연보호·핵안전부)'가 독일 환경 및 기후변화 대응 정책 전반을 총괄하고, 연방 '식품·농업·소비자보호부'와 연방 '교통건설주택부', 연방 '경제기술부' 등도 환경정책에 관여하는 구조를 갖추고 있다. 환경 관련 정책의 권한은 연방 정부와 함께 주정부, 지방정부 등이 나눠 갖고 있는데, 이들 상호 간에 충돌이 일어날 경우 주로 법원이 중재 역할을 한다.

이처럼 독일 정부의 기후위기 대응과 지속가능성 실현에 있어 헌법재판소나 법원의 역할이 적지 않음을 고려할 때, 우리의 녹색국가와 관련해서 행정부의 녹색화와 사법부의 녹색화를 긴밀하게 연결시킬 필요가 있음을 확인하게 된다.

4) 미국

기후위기에 소극적이었던 트럼프 때와 달리 바이든 행정부는 기후위기 문제를 국가 정책 및 외교의 주요 과제로 삼고, 새로운 기회로 활용하고자 조직과 정책 전반에 다양한 변화를 만들어냈다. 이러한 미국의 경험은 정치적 변화와 대통령의 의지가 녹색전환에 미치는 영향을 가늠해 볼 수 있는 중요한 사례이다.

구체적으로 바이든 정부는 기후 정책에 대한 총괄적인 계획 수립과 함께 '국내기후정책실', '국가기후TF', '기후변화행동그룹', '기후허브' 등 기후 정책 관련 다양한 조직들을 신설해 실행 체계를 강화하였다. 대통령 백악관 소속 국가기후TF를 중심으로 연방 부처의 담당 기후관련 프로그램들 간 협력 체제를 강화했으며, '기후변화 특사'와 '기후보좌관'을 임명해 기후 정책에 대한 총괄 조정 역할도 확대하였다.

이러한 정부 차원의 변화는 구체적인 목표 및 방향 제시, 정책에 대한 의사결정능력의 향상, 범 정부간 협의 및 부처별 역량 강화, 다양한 기관들과의 협력을 통해 시너지 효과를 높이는 역할을 한다. 우리도 정부의 녹색화 차원에서 대통령 직속기관 또는 부처 내 기관 등을 통해 정책에 대한 총괄 조정 역할을 설계할 때 고려해 볼 부분이다. 또한 미국의 환경보호청이 기후변화 지표를 웹사이트에 공개하는 등 기후변화와 관련한 정보에 대한 접근성을 높여 국민들의 공감대를 높이고자 한 점도 참고할 필요가 있다.

한편 2024년 11월 선거에서 47대 대통령으로 당선된 트럼프는 기후변화 협약 탈퇴 등 지속가능성 측면에서 역행(逆行)하는 정책을 강력하게 추진할 가능성이 높아, 미국은 물론 세계의 녹색전환에 미칠 영향을 예의주시할 필요가 있다.

3. 우리 정부의 녹색화 방안

지금까지 많은 경우 정부 조직은 영역 및 단위별로 기구를 분리하고 전문화해서 예측가능성과 관리가능성을 높이는 방식을 취해왔다. 하지만 이러한 체계는 부처 할거주의와 파편화된 접근을 양산시켜 복잡성과 불확실성이 큰 문제를 제대로 다루기가 어렵다. 기후위기와 지속가능성 문제가 대표적인데, 이것을 부처 개별로 다룰 경우 한계가 있는 만큼, 좀 더 총체적이고 종합적인 접근이 요구된다.

녹색전환의 과제 역시 마찬가지로, 경계[7]를 넘어선 정책적 연계를 높이는

---

7 지속가능성과 관련해서 경계의 차원은 다양하다. 시간적 경계(단기-중기-장기), 공간적 경계(마을-지역-국가-지구), 영역별 경계(경제-사회-환경 등), 행정적 경계(각 부처별 정

방향에서 정부의 녹색화를 통한 제도적 기반을 만들 필요가 있다. 정부의 녹색화는 수준 및 단계별로 접근해 가되, 여건과 역량, 이행에 대한 평가를 통해 당면한 과제 해결에 가장 효과적인 방법을 찾아나가야 한다.

먼저, 현재의 정부 조직 형태에서 '정책 조정 및 협력' 기능을 강화하는 방안이 있다. 국무총리실 산하 국무조정실 기능 강화와 함께, 장관회의와 차관회의, 실무회의 등을 통해 주요 국가 정책에 대한 조정 및 협력을 강화하는 것이다. 하지만 이런 방식은 주요 국정 현안과 단기적 정책 이슈를 다루는 데는 효과적이나, 지속가능발전, 기후위기 대응 등 녹색전환과 관련한 중장기 과제를 일관성 있게 다루는 데는 한계가 있다.

녹색전환을 위해서는 정부 조직과 시스템을 녹색화하는 방향에서 정부 조직법 개정을 통해 정책적 연계성과 통합성을 이끌어내야 한다. 가능한 방안의 하나로 부처별로 산재된 환경 및 지속가능성과 관련된 기능들을 모아서 지금의 환경부 기능과 역할을 확대, 강화하는 것이다. '기후환경부', '기후에너지부', '환경기후에너지부' 등에 대한 구상들이 여기에 해당한다. 또 다른 방식으로 환경부에서 기후 부문을, 산업부에서 에너지 부문을 떼어내서 기후 문제에 대한 전문부처로 '기후에너지부'를 신설하고, 부처 장관 지위를 부총리급으로 격상시켜 부처간 정책조정 기능을 강화하는 방안도 제안되고 있다.(에너지전환포럼, 2022: 20)

이러한 방식은 단일부처에서 통합된 예산과 강력한 정책추진 기반을 활용해서 지속가능성을 위한 정부의 역할을 높이는 데 의미가 있다. 하지만 그동안의 정부조직 개편 논의는 주로 기후 문제와 환경, 에너지 전환에 초

책과 조직, 예산), 정치적 경계(선거 주기, 정부-정당-시민사회), 정책적 경계(설계-집행-평가) 등이 그 예라 할 수 있다.

점이 맞춰져 있어 국토개발과 산업부문까지 제대로 아우르지는 못했다. 우리나라는 강력한 개발국가 체제를 통해 형성된 산업구조와 토건형 개발 시스템의 영향력이 상당한데다 이것이 지속 불가능성을 확대 재생산시키는 역할을 해 왔다. 따라서 녹색전환을 효과적으로 이뤄내기 위해서는 국토개발 및 산업 관련 정부 조직의 녹색화 과제를 함께 다뤄야 한다.

이를 위해 생태계 보호와 지속가능한 자원관리, 산업 및 에너지 전환 등 전반을 다루는 대부처로서 가칭 '녹색전환부'를 신설하는 방안이 있다. 신설된 녹색전환부를 통해 범 국가 차원에서 정책 전반에 대한 기획 및 조정으로 정책적 연계성과 시너지 효과를 높여 녹색전환을 책임 있게 이끌어내는 것이다. 개발주의 시대의 '경제기획원[8]'처럼, 녹색전환 시대를 열어가는 범 정부 또는 범 국가 차원의 강력한 컨트롤타워로서 '녹색전환부'를 설치할 필요가 있다는 것이다.(이상헌, 2020)[9] 참고로 2024년 5월 윤석열 대통령은 취임 2주년을 맞아 저출생 문제를 국가 비상사태로 규정하고, 과거 경제기획원 같은 위상의 인구전략기획부를 설치해 교육, 노동, 복지 전반을 아우르는 강력한 인구 정책의 컨트롤타워 역할을 맡기겠다고 한 바 있다. 다만 인구 문제가 국가의 지속가능성 측면에서 중요한 과제임은 분명하나, 이 문제를 포괄하면서도 현세대는 물론 미래세대가 지속가능한 삶을 살아갈

---

8   경제기획원은 우리나라 1960~70년대 개발국가 체계를 이끌어 온 강력한 컨트롤타워로, 경제정책 전반을 총괄 기획, 조정하고 재정정책 수립과 예산 편성 및 집행관리 등 전반을 관장함으로써 경제성장 목표를 향한 정책적 연계성을 높이는데 핵심 역할을 한 바 있다.
9   조명래는 비슷한 문제의식으로 지속가능한 발전을 목표로 부처별 정책과 행정들을 기획·조정하는 '국가지속가능발전기획원' 설치를 중기 과제로 제안한 바 있다.(조명래, 2003a: 152~153)

수 있도록 사회-생태적 조건을 만들어내는 녹색전환이야말로 좀 더 본질적인 과제라 할 수 있다.

우리나라는 전문부처주의를 채택하고 있는 만큼, 우선은 환경부 기능 확대나 전문 부처를 신설하는 과정을 거치되, 여건과 역량을 갖춰서 중기적으로 녹색전환을 범 국가적 공통 과제로 삼아 정책 역량 강화와 시너지 효과를 높이는 방향에서 대부처로서 '녹색전환부'를 설치, 운영하는 방향으로 단계적으로 접근해 볼 수 있다. 이와 관련해서 산업자원, 국토이용, 농업생산 기능을 포함한 프랑스의 대부처주의가 지속가능발전 이행에 효과적일 수 있다는 주장은 참고해 볼 필요가 있다.(환경부, 2021: 642; 문태훈·김희석, 2022: 52)

〈표 20〉 환경 관련 정부 조직 형태 및 특성 비교

구분	내용
전문부처주의	· 해당 국가: 미국, 중국, 일본, 한국 등의 환경부처 조직 · 장점: 정책 대상 명확, 수요 계층의 서비스 만족도 향상, 민간과의 협력이 용이 · 단점: 부처간 칸막이 현상과 정책간 정합성 약화 우려
대부처주의	· 해당 국가: 프랑스, 독일, 영국 등의 환경부처 조직 · 장점: 하나의 부처가 여러 관련 기능을 통합 수행함으로써 부처간 칸막이 현상을 완화하고, 정책 목표 달성과 행정 효율성을 높임 · 단점: 부처에 대한 통제가 약화, 관료주의 역기능 우려

출처: 환경부 보고서(2021) 636~637쪽 내용 참고하여 재정리함

한편, 정부 부처 차원의 기능 및 역할체계 개편과는 다른 차원에서 녹색전환을 위한 컨트롤타워 기능을 강화하는 방안으로 위원회의 위상과 역할체계를 개편하는 것이 중요하다. 우선, 현재 대통령소속 위원회로 있는 지속가능발전위원회와 탄소중립위원회 간의 위상관계를 재정립하는 것으

로,[10] 좀 더 포괄적인 성격으로서 지속가능발전위원회를 중심에 두고, 탄소중립위원회는 특별위원회 성격으로 자리매김하는 방안이 있다. 관련법 역시 지속가능발전기본법을 최상위법으로 하고 탄소중립·녹색성장기본법은 지속가능발전기본법의 이행법으로 조정할 필요가 있다.(한상운, 2022: 8)

이와는 별개로 중기적으로는 정권의 주기적 교체에 따른 영향을 최소화하고 중장기적 관점에서 전문성과 객관성을 바탕으로 지속가능성 의제를 다루면서 국가발전 방향에 대한 사회적 공감과 합의를 이끌어내는 역할을 하는 가칭 '지속가능미래위원회'를 헌법상 기구로 설치하여 독립성을 보장받도록 하는 방안도 고려해 볼 수 있다. 이와 함께 대한민국의 지속가능한 미래 발전방향과 관련한 정부출연 연구기관과 학회, 대학 등과의 공동연구를 활성화하고, 녹색전환을 위한 중앙정부와 지방자치단체 간의 유기적 협력과 역할 분담 체계를 강화하는 노력도 중요하다.

---

10 지속가능발전 과제는 성격상 중장기적 전망하에 일관성과 지속성을 갖고 다뤄야 하는데 우리 현실은 그렇지 못했다. 지속가능발전위원회의 위상 및 역할의 변화 과정은 이런 상황을 상징적으로 보여준다. 세계적 이슈로 등장한 지속가능발전 문제를 본격적으로 다루고자 2000년에 대통령 자문기관으로 출범한 '지속가능발전위원회'는 녹색성장을 앞세운 이명박정부 시절인 2010년에 환경부 자문기관으로 축소되었다가 문재인 정부인 2021년에 다시 대통령 소속 기관으로 복원되었다. 관련법 역시 같은 운명을 겪었는데, 2007년에 제정된 '지속가능발전기본법'은 2010년에 '녹색성장기본법'이 제정되면서 일반법인 '지속가능발전법'으로 격하되었다. 당시 녹색성장기본법에 지속가능발전전략과 기본계획 등의 내용을 담고 있으나 이행에 대한 제도적 장치가 부재하여 지속가능발전에 대한 추진 동력이 크게 약화 되었다. 그러다가 2021년에 '탄소중립·녹색성장기본법' 제정으로 '녹색성장기본법'은 폐지되고 '지속가능발전기본법'이 새롭게 제정되는 과정을 겪었다. 따라서 결과적으로 지금은 지속가능발전위원회와 탄소중립·녹색성장위원회, 지속가능발전기본법과 탄소중립·녹색성장기본법이 공존하고 있다.

3절 헌법의 녹색화

1. 녹색전환과 헌법

1) 헌법의 특성

일상생활에 바쁜 대다수 사람들은 특별한 상황에 맞닥뜨리지 않고서는 법에 대해 관심을 기울이기가 쉽지 않다. 법은 전문적인 학습과 훈련을 거친 사람들의 영역으로 취급되는 것이 일반적이다. 하지만 현대사회에서 법은 우리가 살아가는 사회와 국가는 물론 일상생활 깊숙이 영향을 준다. 따라서 녹색전환을 꿈꾸는 사람이라면 법이 가진 특성과 존재의 의미에 대해 관심을 갖고 적극적으로 활용할 수 있어야 한다. 특히 현대 대다수 국가들이 법치국가를 채택하고 있는 상황에서 사회의 기본적 가치에 대한 최고의 규범인 헌법에 대한 관심은 매우 중요하다. 헌법은 국가 공동체가 지향하는 가치와 우선순위, 시민들의 권리와 의무, 국가의 기본 구성과 운영방식을 제시하는 역할을 하기 때문이다.(최현, 2010: 16)

오늘날 모든 정상국가는 각자 고유한 헌법을 갖추고 있으며, 헌법에 따라 국가적 행위를 집행하는 헌정주의(constitutionalism)를 채택하고 있다. 국가는 강제적 수단을 통해 구성원들에게 영향력을 행사하는데,[11] 민주사회에 접어들면서 국가의 권력 행사는 자의적이지 않고 정당한 절차와 동의 과정을 통해 이루어지도록 하고 있다. 여기서 헌법은 국가 권력의 합법성과 정

---

11   막스 베버(Max Weber)는 국가를 '일정한 영토에서 각종 법률적, 행정적 장치를 통해 그 구성원들에게 물리적 힘을 독점적으로 행사하는 최고의 정치조직'으로 정의한다.(막스 베버, 2009: 331)

당성의 중요한 근거 역할을 한다. 국가의 행위가 헌법을 기반으로 할 때 이를 '합법적'이라고 부르며 정당성을 부여한다.(홍일립, 2021) 헌법은 국가 공동체의 존재 형태와 기본적 가치 질서의 바탕이 되는 법으로, 국가의 구성과 각 조직의 권한 및 역할, 통치자의 권한과 책임, 구성원들의 권리와 의무 등을 담고 있으며, 국가의 모든 권력과 하위 법률을 규정한다.[12]

2) 녹색전환과 법의 역할

전환이란 말 자체가 현재의 지배적인 질서 체계로부터 근본적인 변화를 의미하듯이, 녹색전환 역시 지속 불가능성을 야기하는 현실의 지배적 가치와 구조, 시스템의 근본적 변화를 지향한다. 따라서 녹색전환을 위해서는 현재의 다수의 의견을 최대한 왜곡 없이 담아서 실현하는 차원을 넘어서 미래지향적 관점에서 현재 구성원 다수의 인식과 가치 체계에도 지속가능성을 실현하는 방향으로 변화가 있어야 한다.

이런 측면에서 권리와 의무를 통해 사람들의 인식과 행위를 일정한 방향으로 유도해내는 데 법의 역할은 중요하다. 법은 생태위기 문제를 가장 실효성있게 해결할 수 있는 수단이 될 수도 있다.(한상수, 2011: 130) 따라서 현재의 직접적인 이해관계의 차원을 넘어서 장기적이고 종합적인 관점에서 지속가능성을 향한 가치를 법체계에 선제적으로 담아내는 것은 사회 전반의 녹색전환을 효과적으로 추동해 내는데 매우 중요하다. 2008년 제정된 영국의 '기후변화법'(climate change act)의 경우 시민사회의 요구가 구체화되기 이전에 영국 의회와 내각이 리더십을 발휘해 탄소배출 목표를 법에 명

---

12 그래서 독일 법철학자 카를 슈미트(Carl Schmitt)는 헌법을 국가의 신체이자 영혼에 비유한다.(칼 슈미트, 2015: 235~236)

시함으로써 국가와 사회를 강력히 견인하는 역할을 한 사례도 있다.

이처럼 생태위기 해결과 지속가능성 실현에 있어 법의 역할에 주목하면서 녹색입헌주의(green constitutionalism), 생태헌법(ecological constitution), 녹색헌법(green constitution), 녹색법학(green jurisprudence) 등 다양한 논의가 등장하고 있다.

3) 헌법의 녹색화 필요성

녹색법학은 녹색주의가 법의 기본 원리로 정립되어 법적 구속력을 갖도록 하는 것으로, 이것을 통해 개인, 기업, 국가의 활동이 법치주의의 원리에 따라 녹색주의를 실현하는 방향으로 행동하도록 한다.(한상수, 2011: 130) 특히 헌법은 최고 수준의 정치적 권위를 가지고 해당 국가의 구성원들에게 합법적이고 보편적인 구속력을 발휘하는 만큼, 사유재산권과 경제활동에 대한 규제, 생태계와 공유지 보호, 지구 생태계와 미래세대에 대한 책임성 확대 등을 통해 지속가능성을 실현하기 위해서는 헌법의 녹색화가 중요하다.(Barry, 2008: 5)

이를 위해 녹색국가(green state)의 원리를 헌법의 기본원리로 담아내야 한다. 헌법의 기본원리는 헌법의 이념적 기초인 동시에 헌법을 지배하는 지도원리로, 헌법의 각 조항을 비롯한 모든 법령 해석의 기준이 된다. 또한 기본권 제한 등 입법권의 범위와 한계 그리고 국가 정책 결정의 방향을 제시하고, 모든 국가기관과 국민이 함께 존중하고 준수해야 할 최고의 가치규범으로서 역할을 한다.(박태현, 2018: 18~19; 한상운, 2020: 267)

녹색국가의 원리가 헌법의 기본원리에 반영되어 지속가능성 실현이 헌법상 국가 목적이 되면, 녹색 가치가 국가의 임의적 선택 사항이 아니라 모든 국가 정책과 운영에서 항상 우선적으로 고려해야 하는 요소로 자리 잡게 될 것이다. 국회는 녹색국가의 원리에 부합하는 방향에서 법률을 제정하게 되고, 행정부 역시 법을 집행하는 과정에서 헌법상 녹색국가의 원리에 구속을 받게 된다. 법원 역시 재판을 할 때 녹색국가의 원리를 존중하는 방향에서 판결을 내리게 됨으로써, 사회 전체의 녹색전환을 효과적으로 앞당길 수 있게 될 것이다. 이처럼 헌법의 녹색화(greening of constitution)는 지속불가능성으로부터 전환을 만들어내는 가장 강력한 기제로 역할을 할 수 있다.(Barry, 2008: 4)

헌법의 녹색화는 기존의 권리의 발전 단계를 새로운 차원으로 확장시키는 것이기도 하다. 그동안 인류사회는 간섭없이 자유를 추구할 수 있는 권리로서 '자유권'(civil rights)을 확보하는 단계로부터, 시민으로서 정치적 권력 행사에 참여할 수 있는 권리로서 '참정권'(political rights) 확보 단계를 거쳐서, 문명사회에서 인간다운 삶을 살아갈 권리로서 '사회권'(social rights)을 확보하는 단계로 발전해 왔다.(최현, 2010: 19~20) 이처럼 그동안 개인의 안전보장 단계에서 개인의 자유와 평등의 보장 단계, 민주적 질서확립의 단계, 사회국가의 가치를 실현하는 단계를 거쳐왔는데, 오늘날 지속가능성 위기 상황을 맞아서 '생태적 헌법국가', '녹색헌법국가'의 단계로 진입해야 할 상황을 맞게 되었다.(박태현, 2018: 17; 김형성, 2004)

우리 헌법도 권리의 발전 단계를 거쳐 오면서 환경권이 사회권의 한 분야로서 다뤄진다. 그런데 지금은 기후위기를 비롯한 총체적 지속가능성 위기가 인간 기본권의 토대인 생존 가능성 자체를 위협하고 있는 상황을 맞고 있다. 개인의 자유 보장과 재산권 보호를 기반으로 한 현행 법치국가 체제로는 지속가능하지 못할 뿐 아니라 녹색전환을 이끌어내는 데 한계가 있다. 헌법을 비롯한 법체계 전반의 녹색화 방안을 적극 찾아내야 할 때다.

헌법의 녹색화는 기본 정신인 '민주공화국'[13] 원리를 녹색공화주의와 생태민주주의를 바탕으로 한 '녹색국가' 원리로 확장, 심화시키는 것이다. 특히 헌법상 공공복리 개념의 확장이 중요하다. 공공복리는 국가 공동체의 존재 의미이자 정치 행위의 궁극적 목적인데, 지금까지 헌법은 자유와 권리를 중심으로 한 기본권과 재산권 행사의 제한 근거로서 공공복리의 의미를 강조해 왔다.(정재요, 2020: 11)[14] 하지만 공공복리가 경제성장 논리와 연결되어 생태 파괴적인 대형 국책사업들과 선 성장 후 분배 정책들을 정당화시키는 역할도 해 온 만큼, 이제는 공공복리를 지속가능성 문제와 연결시켜 생태적 공공성 영역을 포괄할 수 있어야 한다.

2. 헌법상 환경권과 법 현실에 대한 진단

근대국가의 법체계는 인간중심주의와 개인주의적 권리중심주의, 그리고 성장지상주의 세계관에 기초해 있어 환경적 측면에서 한계가 있다는 지적이 제기되어 왔다.(한상수, 2011: 131~136) 즉, 기존의 법은 주로 인간들 상호 간 안정성에 초점을 맞춘 것으로, 인간 이외 존재가 법적 권리의 주체가 될

---

13 1948년 7월 17일에 공포된 제헌헌법 제1조에 '대한민국은 민주공화국'이라고 규정했으나 형식화되어 있다가, 40여 년이 지난 1987년 6월 민주항쟁을 통한 대통령 직선제로 '민주공화국'의 절차적 기본 요건이 갖춰지게 되었다. 하지만 실질적 민주화는 미완의 과제로 남아 정부의 일방적 정책 추진과 비민주적 정권에 대한 시민적 저항(2008년 광우병 촛불 집회, 2016~17 박근혜 대통령 탄핵 촛불 집회) 과정에서 헌법 1조의 '대한민국은 민주공화국'임을 상기하는 구호를 거리에서 외치기도 했다.

14 공공복리와 관련해 헌법 제23조 2항에 "재산권의 행사는 공공복리에 적합하도록 하여야 한다.", 헌법 제37조 2항에 "국민의 모든 자유와 권리는 국가안전보장 질서유지 또는 공공복리를 위하여 필요한 경우에 한하여 법률로써 제한할 수 있으며, 제한하는 경우에도 자유와 권리의 본질적인 내용을 침해할 수 없다"고 규정하고 있다.

수 없었다는 점에서 인간중심주의적이다. 자연보호 요구도 다른 인간에 대한 의무의 차원이지 자연 자체에 대한 의무에서 비롯된 것은 아니다. 또한 공동체에 대한 의무는 최소화하고 개인의 권리는 최대화 한다는 점에서 권리중심주의적이며, 재산권을 절대화하면서 자본주의의 이윤극대화와 성장 논리를 뒷받침한다는 점에서 성장지상주의적이라는 것이다.

이런 법체계의 한계 속에서도 우리나라 헌법에 '환경권' 조항이 들어간 것은 매우 주목할 일이다. 권위주의적 개발국가의 관성이 여전히 강력하던 1980년에 인간다운 생활 영위와 인간으로서 존엄을 유지하기 위한 기본권으로서 환경권을 헌법에 담은 것은 당시 시대 상황에 비춰볼 때 이례적이다. 환경권은 1980년에 헌법 제33조로 신설 도입된 후 1987년 일부 내용이 추가되어 현재에 이르고 있다.[15] 헌법 제35조 1항에서 국민의 환경권 보장과 함께 국가와 국민의 환경보전 의무를 규정하고, 2항에서 환경권의 내용과 행사 방법을 법률에 위임함으로써, 이후 환경 관련 법과 제도가 확대, 발전되는 기틀이 되었다.

하지만 최근 들어 지금의 헌법상 환경권으로는 기후위기를 비롯한 생태위기와 지속가능성 문제를 다루는 데 한계가 있다는 지적이 많이 나오고 있다. 먼저, 헌법상 환경권이 인간다운 생활을 할 권리에 관한 제34조 다음의 제35조에서 규정되어 있듯이, 환경권이 사회권의 하나로 다뤄짐으로써

---

15 현행 헌법 제35조의 환경권 조항 내용은 다음과 같다.
① 모든 국민은 건강하고 쾌적한 환경에서 생활할 권리를 가지며, 국가와 국민은 환경보전을 위하여 노력하여야 한다.
② 환경권의 내용과 행사에 관하여는 법률로 정한다.
③ 국가는 주택개발정책등을 통하여 모든 국민이 쾌적한 주거생활을 할 수 있도록 노력하여야 한다.

자연환경 자체 보다는 인간의 생활환경 보호에 초점이 맞춰진다는 비판이다.[16](이세주, 2016)

또한 헌법에 환경권이 규정되어 있으나 사법상 권리로서 환경권을 인정하는 명문 규정이 없다 보니 법원이나 헌법재판소에서 환경가치를 매우 제한적이고 소극적으로 판단하는 경우가 흔하다. 사법적 판단에서 환경권을 구체적 효력을 갖는 권리로 보지 않고 재판 청구권 자체를 인정하지 않다 보니 각종 환경 파괴적 개발사업들에 대한 소송 자체도 어려운 것이 현실이다. 법원은 개발사업으로 인한 환경파괴 영향이 분명하더라도 직접적인 피해 당사자가 아닌 제3자 또는 공익상 손해를 주장하는 사람들의 청구를 기각해 왔다. 이러한 현행법의 한계는 기존의 대표적 환경 소송 사례들을 통해서도 확인이 된다. 그동안 도롱뇽 등 자연물을 원고로 한 몇 차례의 소송이 있었으나 법원에서는 현행 소송법 체계에서 자연물인 도롱뇽 또는 그를 포함한 자연 그 자체에 대해 당사자능력을 인정하는 법률이 없고 이를 인정하는 관습법도 없다는 이유로 소송을 기각해 왔다.(이다솜, 2023)

〈표 21〉 자연물을 원고로 한 소송 사례

구분	내용
도롱뇽 소송(2003)	대구-부산 구간에서 천성산을 관통하는 터널 건설을 저지하기 위해 2003년 '도롱뇽의 친구들' 단체가 천성산에 사는 꼬리치레도롱뇽을 원고로 내세워 경부고속철도공사중지 가처분 소송 제기
황금박쥐 소송(2007)	충주시 가금면 창동리 쇠꼬지의 폐갱도와 습지에 서식하는 황금박쥐 등 7종의 동물과 환경관계자 등 48명이 충주시장을 상대로 '충주 가금-칠금도로확장포장공사 구역 결정처분 등 무효확인 소송 제기
검은머리물떼새 소송 (2008)	군산복합화력발전소 공사 인가 취소를 위해 발전소 예정지에 서식하는 천연기념물 검은머리물떼새를 대리해 공사 인가 처분 소송 제기

16　현행 헌법 제35조의 제3항의 주거환경 내용은 환경권의 본질적 내용에 적합하지 않다는 지적도 있다.(장영수, 2006)

산양 소송(2008)	설악산 오색케이블카 예정지에 서식하는 멸종위기 야생동물 산양 28마리를 원고로 문화재청을 상대로 제기한 문화재 현상변경 허가 취소 소송 제기

한편, 지속가능성에서 강조하는 미래세대를 원고로 한 소송도 있었는데, 2000년에 만 18세 미만의 어린이·청소년들 200명으로 구성된 미래세대 소송인단이 국가를 상대로 새만금 갯벌 간척사업을 중단해줄 것을 요구하는 소송을 제기했으나, 법원은 미래세대의 권리를 인정하지 않았다. 기후위기 문제를 중심으로 한 미래세대 소송은 계속되어 왔는데, 2020년 3월 청소년 19명이 제기한 '청소년 기후 소송', 같은 해 11월 중학생 2명 등이 제기한 기후 소송, 2021년 10월 기후위기비상행동과 녹색당 등 123명이 낸 기후 소송, 2022년 6월 태아를 포함한 어린아이 62명이 낸 '아기 기후 소송' 등이 있었다. 기후위기 해결을 위한 우리 국가의 온실가스 감축 대책이 불충분하여 미래세대의 기본권을 침해했다는 것이 소송의 핵심 이유였는데, 소송이 처음 제기된 지 4년 5개월 만인 2024년 8월 29일 헌법재판소는 한국 정부의 기후위기 대응을 위한 탄소중립·녹색성장기본법 제8조 제1항 내용에 2030년 이후 온실가스 감축 목표를 구체적으로 제시하지 않아 미래세대의 기본권 보호 의무를 위반했다는 이유로 헌법 불합치 판결을 내렸으며, 이로 인해 한국 정부는 2026년 2월까지 기후 대응 대책을 새롭게 수립하게 되었다.[17]

---

17 이번 기후 소송은 우리는 물론 아시아권에서 처음 있는 일로 많은 주목을 받았다. 다만 세계적으로 주목하는 탄소중립 2050 목표 실현을 위해서는 2018년 대비 2030년까지 탄소배출 40% 감축이라는 우리 정부의 목표가 불충분하다는 심판 청구에 대해서는 기각이 되어서 아쉬움이 남는다. 독일의 경우 2019년 제정된 연방기후보호법에 2030년 이후 감축 목표 계획이 명시되지 않아 헌법소원이 제기되어 2020년 헌법재판소의 일부

기후위기 시대를 맞아 한국을 비롯한 세계 곳곳에서 미래세대의 기후 소송이 계속 이어질 것으로 전망되는 가운데,[18] 해외에서는 의미 있는 사례들도 나오고 있다.[19] 하지만 현실의 법체계는 인간 이외의 생물종에 대해서는 인간이 주체가 되어 자신의 재산상 이익을 이유로 법적 보호를 받을 수 있으나, 생물종 고유의 이익이나 공공의 이익을 위해 인간 이외의 생물종이 주체가 되거나 인간이 주체가 되어 생물종에 관한 법적 보호를 요구할 수는 없는 상황이다.[20]

결국 개헌을 통해 녹색국가의 원리와 환경·생태적 가치를 헌법 전문이나 총강 등에 담아내는 헌법의 녹색화에 대한 적극적인 모색이 있어야 한다.

위헌 판결에 따라 개정이 이루어지는 과정에서 1990년 대비 2030년 감축 목표를 55%에서 65%로 늘리고, 탄소중립 실현 연도를 2050년에서 2045년으로 단축시켰다.

18 유엔환경계획(UNEP)과 미국 컬럼비아대가 공동 발간한 '2023 글로벌 기후 소송 보고서'에 따르면, 2018년부터 2022년까지 5년간 세계 65개국에서 기후 소송 2,180건이 제기된 것으로 알려져 있다.

19 2021년 독일연방헌법재판소는 '2030년 이후 온실가스의 구체적인 감축계획이 없다'는 이유로 연방기후보호법에 대해 헌법 불합치 결정을 내리고 미래세대의 기본권을 침해할 수 있다고 지적했다. 또한 2020년 미국 몬태나주 청소년 16명은 주 정부의 기후변화를 고려하지 않은 화석연료 정책이 기후위기를 심화시켰다며 주를 상대로 기후 소송을 제기했는데, 소송 제기 3년여 만인 2023년 8월 법원은 주 정부가 깨끗한 환경에서 살아갈 헌법상 권리를 침해했다며 원고 승소 판결을 내려, 미국의 청소년들이 주 정부를 상대로 제기한 기후 소송에서 처음으로 승리하게 되었다.

20 현행 법체계의 한계 속에서 대안에 대한 고민도 나타나고 있는데, 현행 법률상 법인격은 사람인 '자연인'과 사람으로 간주되는 법인' 두 형태뿐인 만큼, 생태계 비인간 존재들에게 '법인격' 자격을 부여하는 차원에서 '생태법인'을 활용하자는 의견도 나왔다.(황현진, 2023)

3. 헌법의 녹색화 방안

1) 헌법의 녹색화 제안과 사례들

그동안 국내에서 헌법의 녹색화, 녹색헌법, 생태헌법 등에 대한 제안은 환경 관련 단체와 연구자들을 통해 간간이 있어 왔다. 환경권 내용 개정을 비롯한 헌법의 녹색화와 관련해 법학 연구자들의 선행적 연구가 다수 있다.(강희원, 1994: 김형성: 2004; 한상수, 2001; 이세주, 2016; 박태현, 2018; 한상운, 2020) 환경 전문가로서 드물게 생태민주헌법에 대한 구상을 밝힌 연구도 있는데,(구도완, 2018: 185~187) 주요 내용은 약자 최대 배려, 미래세대 권리 보장, 비인간 생명의 내재적 가치 인정, 자연 서식지 등 공유자원의 지속가능한 관리, 지구적 관점, 분권과 자치를 통한 생태민주적 자치체들의 연방 등 헌법에 담을 기본 원칙에 관한 것이다. 민간 영역에서 전문가와 활동가들이 오랜 토의를 거쳐 정리한 '2016년 대화문화아카데미 새헌법안'은 인권헌법과 함께 생태헌법, 생명헌법을 지향하면서 전문에 생명 존중과 생태 보전을 헌법적 가치로 명시하고 있다.(김문현 외, 2016: 52~53) 2017년 환경운동연합의 정책제안 보고서에도 동물보호, 지속가능발전, 생명, 참여 등의 가치들을 담은 생태헌법의 개정 방안을 제시한 바 있다.(구도완, 2018: 188)

하지만 지금까지의 상황을 보면 헌법의 녹색화와 관련한 논의들을 지속적으로 계승, 발전시켜 현실화시키지는 못해왔다. 그 결과 지금 현실에서 헌법 개정과 관련한 주된 관심은 주로 주권자 시민의 권리확장 차원에서 정치개혁과 권력구조 변화, 국가 시스템 개편에 초점이 맞춰져 있다. 이렇게된 데는 환경문제, 생태위기 문제, 녹색전환 문제를 다루는 많은 현장 활동가와 연구자들이 헌법을 법학 전문가들의 영역으로 인식하고 적극적인 관심과 제안을 해 오지 못한 영향도 있다고 본다.

한편, 우리 헌법의 녹색화와 관련해서 해외 사례는 중요한 시사점을 준다. 우리는 아직 자연 자체의 법적 권리를 인정하지 않고 있는데 반해, 해외에는 자연권을 법체계에 담은 사례들이 있다.(데이비드 보이드, 2020) 중남미 국가들의 경우가 많은데, 에콰도르는 2008년에 세계 최초로 헌법에 자연의 권리를 명시했으며, 볼리비아는 2010년에 '어머니 지구의 권리에 관한 법', 2012년에 '어머니 지구와 좋은 삶을 위한 전일적 개발에 관한 기본법'을 제정했다. 콜롬비아는 헌법재판소가 헌법의 보호 범위를 자연의 권리로까지 확대해 아마존 강에 법적 권리를 부여했으며, 아르헨티나 법원은 2016년에 침팬지와 오랑우탄이 법적 강제력을 가진 권리를 가진 법인격체임을 인정하였다. 이 외에 오세아니아의 뉴질랜드도 국립공원과 강에 법적 권리를 부여하는 등, 2020년 기준 세계 30개국이 자연의 권리를 법적으로 명시하고 있는 것으로 알려져 있다.

2) 헌법의 녹색화 방향과 내용

우리나라는 광복 후 혼란기에 제헌 국회가 헌법을 제정함으로써 헌법의 역사가 시작되었다. 한때 독재 정권을 정당화하기 위한 수단으로서 유신헌법 시기를 거치는 등 우여곡절의 과정을 거쳐 1987년 국민투표를 통해[21] 현행 헌법으로 개정된 후 지금에 이르렀다. 하지만 1987년 제9차 헌법 개정 후 30여 년이 흐른 지금 당면하고 있는 생태위기는 '민주시민'으로서 권리는 물론 지구촌 이웃과 미래세대, 인간 외 생명 존재와의 공존, 공생을 위한 '생태시민'으로서 책임있는 역할을 요구받고 있다. 그만큼 헌법의 녹색화는

---

21 87년 당시 민주화의 성과로 직선제가 쟁취 등 시대적 분위기 속에서, 유권자 78.2%가 투표에 참여해 93.1% 찬성으로 헌법 개정이 이루어졌다.

시대적 과제가 되었다.

그동안 개헌에 대한 논의와 시도가 여러 차례 있었으나 결실을 거두지는 못했다.[22] 특히 국가질서 전체의 기본 틀을 바꾸는 개헌에 대한 논의가 정치권과 전문가들 중심으로 이루어짐으로써 사회적 관심과 참여가 부족했던 점은 헌법의 녹색화와 관련해서도 유념해야 할 부분이다.

헌법의 녹색화는 몇 가지 단계로 구분해 볼 수 있다. 먼저, 현행 헌법상 환경권을 자연권, 생명권으로 확장하는 방안이다. 자연물 개체들을 소유의 대상에서 권리의 주체로 인정하는 것에서부터, 생물 종 자체의 다양성 보존과 이들이 살아가는 서식지에 대한 보호와 보존으로 헌법상 권리의 영역을 넓히는 것이다. 하지만 이러한 접근 방식은 강화된 환경국가 유형에 가깝다.

따라서 좀 더 확장된 의미로 녹색국가의 원리를 헌법의 기본원리에 포함시키는 방안이 있다. 현행 헌법에서 기본원리로 규정하고 있는 국민주권과 자유민주주의 원리, 사회국가와 문화국가, 법치국가, 평화국가의 원리에 더해 녹색국가의 원리를 새롭게 반영하는 것이다. 나아가서는 녹색국가의 원리를 헌법의 다른 모든 기본원리를 포괄하는 최고의 헌법원리로 위치시키는 것이 중요하다.(한상수, 2011: 141~142) 녹색국가를 통해 녹색전환을 책임 있게 효과적으로 이뤄내기 위해서는 이 단계까지 나아가야 한다. 헌법을 통해 녹색전환을 국가가 지속적으로 추구해야 할 핵심 가치로 자리 잡도록 함으로써 관련 법들을 체계적으로 개선해 나가야 한다. 가칭 '녹색전환기본법' 제정과 함께 녹색성장기본법, 지속가능발전법, 환경정책기본법 등 기존

---

22 제18대 국회 '헌법연구 자문위원회', 제19대 국회 '헌법개정 자문위원회', 박근혜 대통령 탄핵 후 2017년 국회 '헌법개정특별위원회', 2018년 6·13지방선거에서 동시 국민투표를 실시해 제10차 개헌을 추진하려고 했던 문재인 대통령 계획 등은 모두 이루어지지 못했다.(구은정, 2020: 135)

법들을 정비하고, 정부 조직과 예산 구조도 녹색전환의 목적에 맞게 바꿔내는 것이다.

이와 함께 주기적 선거와 권력구조 변동으로부터 영향을 적게 받으면서 중장기적 안목을 가지고 대한민국의 지속가능한 미래를 위한 과제와 방안을 조사, 발굴, 제안하고 사회적 공론화를 뒷받침하는 헌법상 독립적인 기구로서 가칭 '지속가능미래위원회'[23]를 설치, 운영하는 근거를 개정 헌법에 담아낼 필요가 있다.

한편, 녹색헌법에 담아낼 내용과 관련해서 박태현(2018: 25, 34~36)은 헌법 전문(前文)에 지구 생명공동체의 존중, 자연(생태계)의 내재가치, 자연과 공존·조화, 커먼즈 공공재 보호 육성, 지속가능성 실현, 생태적 상한선(한계용량) 보존, 사전예방원칙의 제도화 등을 담을 것을 제안한다. 또한 녹색전환에 있어 농업이 중요성에 비해 잘 다뤄지지 않고 있는데, 식량 공급과 생태계 보전 기능 등 농업의 다면적인 공익적 기능을 헌법에 반영할 필요가 있다고 강조한 점과, 토건국가적 특성이 여전히 강한 우리 현실에서 헌법에 있는 국토 및 자연 자원 조항을 강화해서 사회 공동체 전체의 이익을 위한 계획 수립과 책임 및 의무를 부과할 것을 제안하고 있는 점은 주목해야 할 부분이다.

---

23 헌법상 기구로서 '지속가능미래위원회'에 대한 보다 자세한 내용은 이 책 9장 4절 중 '전환 역량 축적 및 확장을 위한 공론장과 숙의 기구 운영' 부분을 참조하기 바란다.

제7장 국가를 통한 녹색화
— 경제, 농업, 지역, 한반도, 지구의 녹색화

—

이 장에서는 정부와 헌법을 중심으로 녹색화된 국가의 기반을 적극 활용하여 전개할 '국가를 통한 녹색화'의 방향과 과제를 다루고자 한다. 구체적으로 사회적 신진대사 과정이 이루어지고, 인간 사회와 자연 생태계 간의 상호작용 관계가 구성되는 '경제'의 녹색화를 통해 지구 행성적 경계 내에서 지속가능한 삶을 실현하기 위한 방안들을 살펴보려 한다. 전환 논의에서 상대적으로 소홀히 다뤄져 온 '농업'의 녹색화도 매우 중요한데, 지속 불가능성이 집약되어 나타나는 농업으로부터 지속가능성 위기에 대응할 수 있는 전환적 역할을 다양하게 모색해 볼 계획이다. 또한 개발국가가 만들어낸 지속 불가능성이 집약되어 나타나는 '지역'의 녹색화를 통해 녹색전환의 가능성을 만들고 확장해 나가는 방안도 구체적으로 살펴보려 한다. 나아가 지속가능성 위기가 국경을 넘어서 확장되고 있는 만큼, 녹색국가의 역할로서 '한반도'와 '지구'적 차원의 지속가능성을 높이기 위한 방안도 함께 다뤄볼 예정이다.

1절 경제의 녹색화

1. 경제의 녹색화 의미와 과제

1) 경제의 녹색화의 의미

녹색전환을 위해서는 정부와 헌법을 중심으로 한 녹색화된 국가의 역할
이 중요한데, 그 핵심에 '경제' 문제가 자리하고 있다. 경제 영역은 외부로부
터의 강한 충격이나 개입 없이는 스스로 만들어 놓은 작동 논리와 체계에서
벗어나기가 쉽지 않다. 지금 현실을 지배하고 있는 자본주의 경제 시스템은
특히 그렇다. 세계의 보편 양식으로 작동하는 자본주의 경제 시스템은 그
영향력이 막강한데다 지속가능성 위기의 주요 원인으로 지목되고 있어, 녹
색전환을 위해서는 경제에 대한 국가의 적극적인 역할이 요구된다.

지금의 지속가능성 위기 문제를 해결하기 위해서는 현실 경제의 구조 및
시스템 전반의 변화 또는 전환이 있어야 한다. 따라서 환경경제, 녹색경제
나 생태경제에 대한 강조에 앞서 '경제의 녹색화'(greening of the economy)
문제부터 제대로 다뤄야 한다. 녹색경제나 생태경제도 다양한 의미와 차원
이 있다. 하지만 우리 현실에서는 전체 경제 영역 중에서 환경 또는 생태와
관련한 경제 영역의 활성화와 해당 산업의 기술 혁신 및 일자리 창출을 강
조하는 의미로 주로 쓰인다. 지속 불가능성을 만들어내는 경제 영역 전반의

변화를 만들어내지 못하면 녹색전환을 이루기는 쉽지 않을 것이다. 따라서 경제 영역 전반의 녹색화를 통해 경제 시스템의 작동 목적과 방식, 내용을 지속가능성을 높이는 방향으로 바꿔나가는 노력이 중요하다.

'경제'라는 말 속에는 재화와 용역을 생산·분배·소비하는 경제활동은 물론이고 이것을 지탱하는 사회적 관계와 체계도 포함되어 있다. 경제활동을 통해 물질과 에너지의 이용과 관련한 사회적 신진대사 과정이 이루어지고, 경제체제를 통해 인간 사회와 자연 생태계 간의 상호작용 관계가 구성된다. 그리고 인간의 경제활동 양식은 경제체제와 더불어 시간이 흐르면서 계속 변해 왔다. 오늘날 지속가능성 위기를 맞아 녹색전환을 고민하게 된 데는 오랜 기간 지속되어 오던 전통적 경제 양식이 근대사회에 들어서 자본주의의 시장경제 체제로 급속히 변화하면서 비롯된 측면이 크다. 그만큼 자본주의 시장경제는 경제의 녹색화의 주요 대상이 될 수밖에 없다.

2) 자본주의 경제체제 특성과 전환의 과제

인류 전체의 역사에 비춰서 그리 오래되지 않은 기간 동안 자본주의가 시장과 교환의 성격을 완전히 바꿔버린 결과 오늘날 지속가능성 위기로 나타나고 있다. 경제체제는 자본주의 사회에 들어서 무한성장과 이윤추구, 약육강식의 경쟁을 중심으로 본격적으로 작동하기 시작했다. 특히 2차 대전 후 자본주의 경제가 급속히 확장하면서 나타난 '거대한 가속화'(great acceleration)는 빠른 속도로 지속 불가능성을 지구 전체 차원으로 확대시켰다. 이러한 자본주의 경제체제는 지금 세계의 보편적 양식으로 자리 잡았으며, 우리나라도 예외가 아니다. 경제의 녹색화를 위해서는 지속 불가능성을 확대 재생산하는 자본주의 경제의 특성과 작동 방식에 대한 비판적 검토가 필요하다.

자본주의 경제체제에 대한 비판은 오랜 기간에 걸쳐 다양한 형태로 제기되어 왔다. 몇 가지로 유형화해 보면, 먼저 성장은 필요한데 이것을 가능하지 못하게 하는 현실에 대한 비판이 있다. 전문화, 분업화를 통한 조직 혁신, 에너지와 기계 사용을 통한 기술 혁신 등을 통한 생산성 증대가 한계에 직면하면서 나타나는 성장 정체 또는 침체 현상을 다루는 것이다. 또한 기존의 성장 체제가 만들어낸 부작용을 비판하는 입장도 있다. 20세기 중반 이후 급속한 산업화로 경제성장이 확대되면서 많은 사람들이 빈곤에서 벗어날 수 있었지만, 한편에서는 소득과 부의 불균등 분배와 양극화 확대로 경제적 불균형이 심화된 것에 대한 비판이 많았다. 이에 비해 녹색전환을 위한 경제의 녹색화는 자본주의 성장경제 시스템 자체의 지속 불가능성 문제에 비판의 초점을 맞춘다. 지금의 지속가능성 위기는 우리의 삶과 경제활동이 이루어지는 지구 행성의 생물물리적 한계와 자본주의 경제 시스템에 내재된 성장과 축적의 한계 요인이 함께 작용한 결과라는 것이다.(Klitgaard and Krall, 2012)

자본주의는 자연과 노동의 '상품화'를 통해 잉여를 뽑아내고 이윤을 축적하는 독특한 양식을 가지고 있는데, 자본의 축적을 위한 상품화 논리가 자연과 사회는 물론 인간 내면의 영역으로 침투해 재생산 구조를 훼손하고, 사회적 불안정과 취약성을 확대시켜 왔다.(Barry, 2919) 또한 자본주의는 생산과 소비의 부정적인 요소를 다른 곳으로 전가하는 '외부화' 기제를 작동시켜 불균형을 심화시켜 왔다.(Feola, 2020)[1] 미래를 저당 잡는 부채가 외부화의 시간적 확장이라면, 공간적으로는 식민지 수탈, 도시의 농촌 수탈 같은 수평적 확장과 고층화와 지하화를 통한 수직적 확장이 있다. 여기에 더

---

1   이것을 '외부화의 그림자'(shadow of externalisation)로 부르기도 한다.

해 요즘은 우주는 물론 사이버 공간 같은 비물리적 공간으로까지 외부화 방식을 확장하는 추세다. 게다가 자본주의의 외부화 기제는 인간 내면으로까지 확장해서 욕망을 자극하면서 성장 중독에 빠지게 만든다.(마루야마 슌이치 외, 2018)

문제는 이러한 자본주의적 시장경제가 신자유주의의 흐름을 타고 확산하면서, 불평등성은 더욱 확대되고, 공공재의 훼손과 사회적 관계의 해체는 더 빨라지고, 기후 및 생태 시스템은 더욱 빠른 속도로 파괴된다는 점이다. 녹색전환을 위해서는 자본주의적 시장경제에 대한 세밀한 개입 전략을 통해 경제를 전면적으로 녹색화해 나가야 한다. 여기서 말하는 녹색화는 자연 생태계 보호나 환경친화적 활동의 차원을 넘어서 지구 행성적 한계 내에서 지속가능한 삶을 지탱하기 위한 생산과 소비, 생활양식 전반의 전환을 의미한다. 구체적인 방안으로 자본주의의 상품화와 외부화에 대한 대안으로 탈상품화를 통한 공공화와 자립과 순환의 경제모델을 만들어내는 것이 있다. 시장경제와 공공경제의 역할 재정립과 함께 공동체적 지역 경제와 커먼즈의 재건, 사회적경제 영역의 활성화 등 다양한 대안의 경제 유형들을 복원, 확장하고, 지속가능한 방향으로 새롭게 관계 맺도록 해야 한다.

3) 한국 경제의 구조적 특성과 녹색화 과제

경제의 녹색화는 해당 국가가 처한 맥락과 사회적 여건을 바탕으로 구체화 된다. 따라서 한국 경제의 녹색화를 위해서는 자본주의 시장경제의 보편적 특성은 물론 한국 경제의 등장 과정과 이에 따른 구조적 특성에 대한 진단이 중요하다. 오랫동안 농업을 기반으로 한 전통사회의 경제체제를 유지해 오던 우리나라는 근대사회에 들어서 짧은 기간 동안 급속한 변화를 겪게 되었다. 일제 식민통치와 해방, 남북분단과 미군정 통치, 한국전쟁, 군사독재와 민주화 등 지난 세기 동안 우리가 경험한 급격한 정치적 변동은 경제 분야에도 고스란히 나타났다.

우리나라(남한)는 해방 이후 자본주의로의 발전 과정을 급격하게 겪어 왔는데, 경제의 구조적 특성은 시기별로 차이가 있다. 미군정 시기부터 제1, 2공화국까지 약 16년[2]은 새로운 국가 체제 구축과 경제 발전이라는 이중적 과제를 헤쳐 나가던 시기로, 국민경제 건설을 통한 민생문제 해결이 경제적 최대 관심사였다. 자본주의 시장경제로의 방향은 있었지만, 한국전쟁으로 산업 기반시설 전반이 파괴된 상태에서 미국을 비롯한 우방국의 원조를 바탕으로 전후 복구 사업과 국민경제의 토대를 구축하는 것이 우선적 과제였다. 이 시기 공업 부문 발전도 주로 원료의 90% 이상을 해외로부터 수입한 소비재 분야를 중심으로 이루어졌다.

이후 박정희정권(제3, 4 공화국)과 전두환정권(제5 공화국) 26년은 소위 한국형 개발국가 체제의 성장 모델이 본격적으로 작동하면서 경제적 기반이 확장되고 다변화되는 시기였다. 네 차례에 걸친 경제개발 5개년계획(1962~1981)이 말해주듯이,[3] 권위주의 국가의 전략적 기획과 자원 배분을 바탕으로 총량적 경제성장이 활발히 이루어졌다. 하지만 양적인 측면의 고도성장 체제가 남긴 후유증도 적지 않았는데, 수출주도형 성장전략으로 한국경제의 대외 의존성이 커졌고, 공업과 농업, 도시와 농촌, 대기업과 중소기업간 불균형도 심화되었다.

---

2 미군정기 약 3년, 이승만정권기 제1공화국 약 12년, 의원내각제 시기인 제2공화국 약 1년을 말한다.
3 1960년대의 1, 2차 경제개발계획이 경공업 부문 육성에 초점을 맞췄다면, 1970년대의 3, 4차 경제개발계획 기간에는 중화학공업 부문이 전략산업으로 육성되었다.

한국 경제는 1980년대 후반부터 시작된 민주화와, 1990년대의 지방화와 세계화 흐름을 통해 국가의 권위주의적 성향이 재편되는 과정에서 또 한 번 큰 변화를 겪으면서 지금까지 이어져오고 있다. 한국 경제는 수입 자유화, 금융 자율화 등 경제적 자유화와 개방화 조치로 세계 자본주의 시장경제 질서에 깊숙이 편입되면서 국가와 기업 모두 '경쟁력 강화'가 생존의 핵심 과제가 되었다. 이 과정에서 해외 자본의 차입 증대로 외환위기를 겪기도 했고, 세계 금융위기의 충격을 고스란히 받으면서 국가의 역할이 강조되기도 했다.

한편, 민주화와 지방화를 통해 시민사회, 시장사회, 지역사회가 확장되어 왔으나, 개발국가 체제를 작동시켜 온 성장제일주의, 결과중심주의, 속도주의의 관성은 여간해서 바뀌지 않았다. 특히 개발국가를 뒷받침해 온 토건형 경제의 비중과 영향력은 여전히 컸으며, 지금도 경기 활성화와 일자리 창출의 수단으로 토건형 개발을 뒷받침하는 각종 규제 완화가 이루어지고 있다.

결과적으로 수출중심 경제구조의 강한 대외 의존성과 상대적으로 취약한 생태학적 자급기반, 수도권과 지방의 불균형과 농업·농촌의 붕괴, 그 틈새를 비집고 확산되고 있는 신개발주의 등은 한국 경제의 녹색화를 위해 적극 해결해야 할 과제들이다.

2. 경제의 녹색화를 위한 전략적 차원

1) 경제 녹색화의 목표와 접근 방식

경제의 녹색화는 녹색전환에서 강조되는 '생태적 상한선'과 '사회적 최저선'의 기준을 동시에 지키면서 좋은 삶과 의미 있는 일자리를 만들어내는

데 목적을 둔다. 그만큼 경제의 성격과 역할의 변화가 적극 모색될 필요가 있다. 급속히 늘어나는 부채 문제를 관리하기 위해 더 많은 성장을 필요로 하는 금융경제와 지구적 차원의 생물물리적 한계 상황에서 성장의 조절이 불가피한 실물경제 사이의 모순과 딜레마는 결국 생산과 소비의 경제적 관계를 새롭게 구축함으로써 해결될 수 있다. 생태계 내에 사회를, 사회 내에 경제 영역을 다시 새롭게 위치시키는 전환적 노력 또한 마찬가지다. 지속가능한 자원 이용, 자원의 효율적 할당, 소득과 부의 공평한 분배 등은 이러한 목적을 달성하기 위한 수단으로서 의미가 있다.

　대외 의존성을 줄이고 자급력과 순환성을 높이는 것도 경제의 녹색화에서 중요하다. 이것은 특히 대외 의존성과 토건적 특성이 큰 우리나라 경제의 체질을 지속가능한 방향으로 바꾸는 데 중요하다. 우리의 경우 경제활동과 생존의 대표적 필요 자원인 식량과 에너지의 국내 충당률, 즉 자급률이 매우 낮아 지속가능성 기반이 취약하다. 우리의 식량 자급률은 2021년 기준으로 44.4%고, 곡물자급률도 20.9%에 그쳤다. 주곡인 쌀 자급률도 100% 이하로 떨어져 84.6%를 기록했고, 보리를 제외한 주요 곡물의 자급률은 매우 낮다.[4](농림축산식품부, 2022) 또한 우리나라는 에너지 자급률도 17% 수준으로 매우 낮고 에너지원의 대부분을 해외로부터 수입해서 쓰고 있다. 이런 가운데 전 세계 전체 발전량 대비 재생에너지 발전량 비율이 2023년 기준으로 30%를 넘었는데, 부존자원이 많지 않은 우리나라는 9%에 불과하다.

　코로나19 팬데믹 상황에서 경험했듯이 기후위기로 인한 재난 상황에서 글로벌 공급망 체계가 불안정해지면 생태적 자급률이 취약한 우리나라가 받게 될 충격은 특히 클 수밖에 없다. 자신에게 필요한 것을 스스로 생산하

4　보리의 경우 자급률이 31.3%이고, 밀 0.7%, 옥수수 0.8%, 콩 5.9%에 불과하다.

고 마련해서 충당하는 자급력의 확대는 자기 주체적으로 선택하고 결정하고 관계를 맺으면서 살아가는 자립의 핵심으로, 자본주의 시장경제로부터 녹색화를 이끌어내는 중요한 기반이 된다. 구체적인 방안의 하나가 자본주의의 상품화와 외부화 체계에서 벗어나 탈상품화를 확대하고 호혜와 순환의 자립적 관계망을 확장하는 것이다.

경제의 녹색화는 자본주의 시장경제의 폐지라기 보다는 성격과 역할 및 작동 방식을 지속가능한 방향으로 바꿔내는 것이다. 자본주의 시장경제의 대안은 자본주의 내부로부터의 전환 전략을 통해 찾아야 한다.[5] 이것은 자본주의 내부에서 출발해서 자본주의 넘어가기를 의미한다.(폴 메이슨, 2017: 9)

구체적으로 자본주의 시장 기제의 성격과 역할을 변화시켜 가는 것과, 비자본주의적인 대안경제 영역을 확장해 가는 것이 있다. 전자에는 잉여의 축적과 계획적 진부화에 대응하는 기업 지배구조의 투명성 및 책임성 강화와 참여 확대 방안 등이 해당한다면, 후자에는 개인화와 상품화에 대응하는 비자본주의적 대안으로서 커먼즈 만들기, 사회적으로 유용한 생산, 자발적이고 협동적인 생산 등이 해당할 수 있다. 녹색전환과 관련해서 보면 전자가 생태적 근대화를 비롯한 자본주의의 녹색화 전략이라면, 후자는 비자본주의에 기반해 탈자본주의 사회로 가는 새길 찾기 전략이 해당될 것이다.[6]

---

5   자본주의의 붕괴를 향한 반자본주의(anticapitalism) 전략은 사회주의 계획경제의 실패 등을 통해 현실적으로 가능하지도 적절치도 않다는 것이 확인되었다.
6   에릭 올린 라이트(Erik Olin Wright)의 '리얼 유토피아' 구상에 따르면, 전자가 공생 전략이라면 후자는 틈새 전략에 해당한다.(에릭 올린 라이트, 2012)

2) 경제의 녹색화 차원과 전략 모델

자본주의 내부로부터 경제의 녹색화를 이끌어내기 위해서는 총체적인 접근 전략이 중요하다. 자본주의 시장경제의 상품화 시스템이 글로벌 차원에서 영향력을 행사하고 있는 만큼, 탈상품화 전략 또한 입체적일 필요가 있다. 해서 탈성장론자들은 반대 운동에서부터 대안적 제도의 구축, 기존 제도의 개혁에 이르기까지 다양한 전략들이 지역과 지구적 차원에서 동시에 실행되어야 함을 강조한다.(Demaria, et. al., 2013) 풀뿌리 차원의 혁신과 대안을 통한 재지역화 및 지역 공동체 활성화와 국가 및 초국가 단위의 정치, 경제적 구조 변화가 함께 일어나야 한다는 것이다.(Asara, et al., 2015: 381) 이와 함께 공공경제, 참여적 계획경제, 협동조합, 커먼즈 및 연대경제 등 다양한 경제활동과 행위자가 공존하는 것을 탈성장 경제 유형으로 강조한다.(마티아스 슈멜처 외, 2023: 255) 자본주의 시장경제의 획일적이고 파괴적인 특성을 전환시켜 지속가능성 위기를 극복하고 품위 있는 삶이 가능하도록 하는 경제의 녹색화 전략은 창조적 융합경제(creative hybrid economy) 모델에 가깝다.[7]

전환의 시대에 필요한 대안경제는 단일 모델이 아니라 복수 모델의 유기적 결합 형태다. 비슷한 문제의식은 이미 여러 곳에서 제기되어 왔다. 에릭 올린 라이트(Erik Olin Wright)는 민주적이고 평등한 경제에서 최적의 제도적 지형은 참여적 계획, 공기업, 협동조합, 민주적으로 규제되는 사기업과 시장, 그 밖의 다양한 제도들의 혼합 형태로, 이 중 어떤 하나의 형태에

7　흔히 다양한 경제 유형의 결합을 '혼합경제'(mixed economy)로 부르는데, 생명의 원리로 강조되는 다양성, 관계성, 순환성, 창발성이 유기적으로 연결되어 작동하는 경제의 의미를 살려서 '융합경제'라는 말을 썼다.

배타적으로 의존하는 것으로 보지는 않았다.(에릭 올린 라이트, 2020: 120) 사회적경제 이론가 스테파노 자마니(Stefano Zamagni) 교수는 공공재는 정부가 책임지고 관리하고, 사적 재화 간 교환은 시장이 담당하는 반면, 호혜적 관계를 기반으로 한 시민경제(civil economy)는 시민사회 영역이 깊숙이 관여하는 모델을 강조한 바 있다.(스테파노 자마니 외, 2015) 신경제 재단(New Economic Foundation)[8]의 '핵심 경제'(core economy)[9] 역시 인간의 복지와 지구적 지속가능성을 고려하는 경제 모델로 공공과 지역사회, 가계 부문의 유기적 역할 분담 체계를 기반으로 한다. 이처럼 서로 다른 다양한 경제 유형들의 연계와 유기적 결합을 통해 질적 전환과 차원 변화를 만들어낼 때 생태학적 한계 기준과 사회적 최저 기준 사이에서 전환의 시너지 효과도 적극 발현될 수 있을 것이다.

경제의 녹색화를 위해서는 공공경제와 시민경제 영역을 확장시켜서 시장경제 중심의 역할 및 비중을 바꿔내는 동시에, 시장경제의 사회-생태적 책임성을 높이기 위한 종합적인 접근과 전략 모델이 필요하다. 이것을 개념화해 보면 다음과 같다.

---

8   신경제 재단(NEF, New Economics Foundation)은 영국의 사회적이며 환경적인 변화를 촉진하고, 지속 가능한 경제 모델을 구축하기 위해 1986년에 설립된 독립적인 연구 및 교육 기관으로, 기존의 전통적인 경제 모델에 도전하고 새로운 경제 모델을 제안하는데 초점을 맞추고 있다.

9   'Core Economy'(핵심 경제)는 NEF가 강조하는 개념으로, 사회적으로 필수적이며 인간 중심적인 가치를 갖는 일들에 대한 경제적 활동을 의미한다. 공공 서비스, 가사 노동, 자원 보존과 회복, 지역사회 활동 등과 같은 사회적으로 중요한 활동들을 포함한다.

〈표22〉 경제의 녹색화 차원과 전략 모델

유형		원리	성격	
시장경제		효율성	자본주의 경제	공식경제
시민경제	사회적경제	호혜성	비자본주의 경제	비공식 경제
	지역 공동체경제	자립, 순환		
	살림살이 자급경제	자급, 자조		
공공경제		공공성		공식경제

3. 경제의 녹색화 방향과 내용

1) 시장경제의 사회-생태적 책임성 강화

자본주의 사회에서 지속가능성 위기를 주로 발생시키는 곳은 시장경제 영역이다. 기후위기를 일으키는 온실가스 배출도 산업 부문이 가장 비중이 크다. 우리나라 경우 다른 국가들에 비해 탄소 배출량이 많은 제조업의 비중이 크다. 특히 수출 경제에서 주요 역할을 해 온 철강, 석유화학, 시멘트, 정유 산업은 탄소 배출량이 큰 대표적인 분야로, 국가 차원의 탄소중립 실현을 위해 변화가 필요한 핵심 분야 중 하나다. 지속가능성 문제의 해결을 위해서는 시장경제의 구조와 역할의 변화가 반드시 필요하다.

한편, 경제의 녹색화를 위해서는 자원의 효율적 이용과 경쟁을 통한 혁신 등 시장경제가 가진 특성을 적극 활용하는 것도 필요하다. 다만 지속가능성 위기 상황에서 시장경제의 상품화를 통한 이윤추구 방식은 바뀌어야 할 것이다. 유럽연합(EU)의 탄소국경조정제도(CBAM)[10] 등에서 보듯이 지속

---

10   탄소국경조정제도(Carbon Border Adjustment Mechanism)는 유럽연합(EU)에 수출하는 기업에 대해 대상 품목 제품의 생산 과정에서 배출한 탄소량을 확인하고 EU에서 생

가능성 문제에 대한 국제사회의 인식과 대응의 변화는 시장경제의 생존 방식 자체에 실질적인 변화를 만들어내고 있기도 하다. 시장경제에서 투자와 감사 구조의 변화를 통해 경제활동의 사회적 가치와 책임성을 높이려는 움직임도 다양하게 나타났다. 사회책임투자(SRI)[11] 확대와 기업의 ESG 경영[12], RE100 운동[13], 지속가능보고서 발간 등이 여기에 해당한다. 다만 시장에서 기업의 이러한 노력들이 그린 워싱(green washing)에 그치지 않고 녹색전환을 실질적으로 이끌어내려면, 정부 및 시민사회 영역과의 긴밀한 연계를 통해 대안적 경제 영역의 확장과 기존 경제 시스템의 전환이 함께 이루어져야 한다.

2) 시민경제의 전환적 역할 확대

시민경제(civil economy)는 상호성과 공동선의 원칙을 바탕으로 한 시민사회 기반 경제로, 자본주의의 이윤 극대화 체계에서 벗어나 사회-생태적 책임성을 높이고 좋은 삶을 추구한다.(스테파노 자마니 외, 2015: 11~12, 296) 시장과 제도의 실패에 대한 대안으로서 강조되는 시민경제 영역에는 협동조

산된 동일 품목이 부담하는 탄소 가격 만큼을 비용으로 부과하는 일종의 관세 제도로, 2026년부터 본격 시행될 예정이다.

11　사회책임투자(Socially Responsible Investment)는 주요 연기금과 자산운용사·보험사·증권사 등 기관투자자들이 투자를 할 때 기업의 재무적 분야는 물론 지속가능성과 같은 비재무적 분야도 함께 고려하는 것으로, 이것을 통해 기업의 장기적 안정성은 물론 사회 및 환경적 측면에서도 긍정적 영향을 주려는 취지를 담고 있다.

12　ESG는 환경(Environment), 사회(Social), 지배구조(Governance)를 말하는 것으로, 자선과 기부 등을 통한 기업의 사회공헌 활동을 확장하여 기업의 경영 활동 자체가 환경과 사회에 대한 책임과 지배구조의 개선과 연결되어야 함을 강조하고 있다.

13　기업이 사용하는 에너지를 100% 재생에너지로 하는 것을 목표로 하는 것을 말한다.

합, 사회적기업, 공유경제 기업, 시민기업 등 사회적경제 영역과 함께, 공동체 경제와 자급 경제 영역도 포함된다.[14]

① 사회적경제 활성화

사회적경제는 국가와 시장 사이에서 자발적인 참여와 협동, 연대를 통해 공동의 이익과 사회적 가치를 실현하고자 하는 경제활동을 말한다. 우리나라 경우 협동조합, 사회적기업, 마을기업, 자활기업, 소셜벤처 등을 사회적경제기업 범주에 포함시키고 있다.[15]

사회적경제는 재분배를 중심으로 한 국가와 교환을 중심으로 한 시장과 달리 호혜의 원리를 중심으로 작동하며, 의식주와 교육, 의료, 돌봄 등 생활과 밀접한 재화와 서비스를 생산, 이용하는 과정에 당사자들이 직접 참여하고 민주적으로 운영하는 것을 특징으로 한다. 자본주의 시장경제의 보완 또는 대안적 역할로서 주목받아 온 사회적경제는 지속가능성 위기 상황에서 전환적 역할을 적극 찾고 확대해 나가야 한다. 마침 협동조합을 포함한 사회적경제가 지속가능한 경제 실현에 중요한 영역일 뿐만 아니라, 전환의 공간을 효과적으로 마련해준다는 주장도 나오고 있다.(Barry, 2015: 338~339)

하지만 우리의 사회적경제 현실은 '일자리' 창출에 초점을 맞춘 정부 정책의 영향을 크게 받아왔다. 또한 자본주의적 시장경제와의 차별성을 강조하

---

14   이러한 특성에 주목해서 시민경제를 주류 정치경제학의 2개의 손('시장의 보이지 않는 손'과 '제도의 보이는 손')의 한계를 극복하고자 2개의 손('적극적 시민 참여'와 '지속가능한 생산 조직')을 새롭게 장착한 것으로 보기도 한다.(Becchetti and Cermelli, 2017)

15   사회적경제기업 유형별로 보면, 협동조합은 기획재정부, 사회적기업은 고용노동부, 마을기업은 행정안전부, 자활기업은 보건복지부, 소셜벤처기업은 중소벤처기업부가 맡는 등 담당 부처가 서로 다르다.

면서도 사회적경제로서 존재의 의미를 투입 대비 산출이라는 효율성을 기준으로 증명할 것을 요구받기도 한다. 이런 경향은 정부의 재정적 지원을 받는 조직일수록 더 크다. 그러다 보니 사회적경제 영역이 가진 전환적 의미를 제대로 설명하거나 발휘해내지 못하고 있다. 자본주의의 등장 및 확장기와 함께해 왔던 사회적경제는 이제 자본주의의 질적 전환기를 맞아 담론과 전략을 새롭게 해야 할 때다.

한국 사회적경제의 대표적 조직 중 하나인 한살림 생협을 예로 들자면, 생산 과정과 결과물의 대안적 가치에 대한 강조의 차원을 넘어서, 직거래 체계와 협의적 가격 시스템 등 생협 경제 시스템이 가진 대안적 경제모델로서 의미와 가능성을 분명히 하고, 초창기부터 꿈꿔왔던 생활공동체와 도농 상생의 공동체 사회에 대한 전망을 전환의 시대에 걸맞게 구체화해서 조합원과 공유하고 사회 속으로 적극 확장해 나가야 한다. 농장과 매장을 중심으로 한 지역살림의 거점과 공유지 만들기와 함께, 기후위기 대응과 자원순환 활동, 돌봄 실천 등이 하나의 프로그램이나 사업에 그치지 않고 전환사회를 만들어가는 실천 모델로 자리잡도록 하는 노력도 필요하다.

② 지역 공동체경제의 확장

공동체경제(community economy)와 사회적경제(social economy) 영역의 경계는 모호하고 서로 중첩되기도 한다. 다만 공동체경제는 지역사회를 기반으로 생산과 소비 영역을 긴밀히 연계시켜 자립과 순환의 경제를 만들어 삶의 문제를 공동으로 해결하는 것이 특징이다.

지역 공동체는 삶에 필요한 교육, 의료, 주거, 돌봄 등을 공공재로 보호하고 지역 기반 공유지를 확대하며 생산과 소비의 사회적 역할을 강화하는 것으로, 작은 규모 단위로의 분화와 자발적 참여, 민주적 관리는 중요한 기반이 된다. 나아가 지역 공동체경제는 생산과 소비의 경계를 넘어선 연계를 통해 상호 신뢰의 기반을 넓힘으로써 소외와 단절로 인한 지속 불가능성을 극복하는 역할을 한다. 사용자에게 제품의 수리 기회와 권한을 부여함으로써 사회적 관계성을 회복하고자 하는 '재생산 경제'(reproduction economy)의 활성화가 대표적인 예다.(Reichel and Perey, 2018)[16] 지역 공동체경제를 구성하는 대안적 실험들로 생태공동체, 전환마을, 도시농업, 공동체 지원농업(CSA), 협동조합, 사회적기업, 공유주택, 수선 카페 등 매우 다양하다. 특히 공동체 화폐나 시간 은행(time bank)[17]은 지역사회에서 공동체경제를 작동시키는 중요한 수단이 될 수 있다.

경제의 녹색화를 통해 자본주의 시장경제로부터 전환의 가능성을 확장시켜나가는 차원에서 지역 공동체경제가 가진 가능성은 상당하다. 지역 기반 공동체경제는 글로벌 공급망 체계로 작동하는 자본주의 경제 시스템의 불안정성이 만들어내는 충격을 견뎌내는 힘을 길러준다. 풀뿌리 차원의 생산으로 복잡한 가치사슬의 흐름을 단순화하고, 집합적 수리(collective repair)를 통해 생산과 소비의 순환 사이클을 단축시킬 수도 있다. 지역 공동체경제를 통한 비자본주의적 경제 영역의 활성화는 탈상품화의 길을 넓혀줄 뿐만 아니라 경제성장에 대한 사고의 전환을 이끌어내는 데도 의미 있는 역할을 할 수 있다.(Asara, et. al., 2015: 378; Eskelinen, 2020: 23)

---

16   생산과 사용의 경계를 넘어선 프로듀시지(produsage; production+usage),(Bruns 2007) 생산하는 소비자 또는 참여형 소비자로서 프로슈머(prosumer; producer+consumer) 운동도 여기에 해당한다.

17   제공되는 서비스의 가치를 시간으로 계산하며, 서비스 제공자와 수령자의 계좌에 시간이 입금과 차감 형태로 기록되어 전체적으로 잔액이 ZERO가 되는 중앙회계시스템을 기반으로 작동한다.

③ 살림살이 자급경제 구축

자본주의 시장경제 체제가 지배하는 상황에서 경제의 녹색화를 위해서는 살림살이와 밀접한 자급경제 영역을 단단하게 만들어야 한다. '살림살이 자급경제'는 가계를 비롯한 생활의 기본 단위에서 자급과 자조의 영역을 만들어 나가는 것을 말한다.[18] 살림살이 자급경제에는 삶의 자립과 정신적 충만함을 뒷받침하는 비공식 영역의 자급, 자조, 돌봄의 활동이 포함된다. 자기 노동 활동으로 자신이 필요한 것을 스스로 제작, 생산하고(DIY, 메이커 운동 등), 직접 수리, 수선하고, 텃밭 등을 통해 직접 재배하는 자급 농사와 직접 요리하기 등이 여기에 해당된다. 가정 내에서 가족 구성원이 서로 돌봄과 지원을 통해 이루어지는 가사노동도 일상의 살림살이에서 필수적인 영역이다. 가사노동의 불평등성과 사회적 평가 절하는 개선되어야 하지만 이것을 임금노동으로 전환하는 것이 대안일 수는 없다는 점에서,[19] 가사노동을 살림살이 경제로 적극 연결시켜내야 한다.

살림살이 영역에서 자가 생산, 자가 소비, 자기 충족 활동을 통한 자급 기반 확대는 자신과 이웃, 자연에 대한 돌봄으로도 연결된다. 화폐가치로 환산되지 않지만 좋은 삶을 위해 의미 있는 무보수 자원 활동, 돌봄 및 나눔 활동들이 살림살이 자급경제의 중요한 부분으로 자리 잡도록 해야 한다. 지

---

18 일찍이 홍기빈은 이윤만을 추구하는 주류의 '돈벌이 경제학'에 대비하여 경제학의 본래 의미를 담은 개념으로 '살림/살이 경제학'을 이야기 한 바 있는데(홍기빈, 2012), 기본 취지는 이어받되 여기서는 '살림살이 경제'를 기초 생활 단위에서 자급과 자조의 원리로 작동하는 경제 유형을 지칭하는 의미로 사용한다.

19 가사노동의 임금노동으로의 전환은 자연환경을 상품화하는 것처럼 본질적 가치를 손상시키고 인간관계를 송두리째 경제적 잣대의 지배 속으로 넘기는 결과 초래한다는 비판이 있다.(클라이브 해밀턴, 2011: 252)

속가능성 위기의 해결을 위해 자급경제가 현실에서 구축될 수 있도록 하려면 기본 생활권 과 기본소득 보장, 노동시간 단축 등 공식 영역의 제도 개선 노력도 중요하다.

3) 공공경제 확장을 통한 전환의 기반 조성

공공경제는 사회적으로 필요하고 사회적 가치도 높으나 생산과 공급의 효율성이 낮고 상품화를 통한 이윤 창출이 쉽지 않은 영역들을 공익 증진을 위해 국가 등 공공부문이 운영하는 국영기업, 공기업 등을 통해 수행하는 것을 말한다. 주로 사회적 기초가 되고 규모의 경제가 필요한 에너지, 교통, 물, 식량 등 기간산업 분야나 의료, 보건, 교육 등의 사회 기본서비스 분야가 여기에 해당한다.

공공경제는 공공성을 원칙으로 공정하고 안정적인 운영을 통해 일자리 창출과 사회 구성원들의 복리 증진, 불균형 해소와 사회 통합 실현은 물론이고, 자본주의 시장경제의 상품화와 외부화에 대항하여 탈상품화 영역을 확장시킴으로써 녹색전환의 지렛대 역할을 할 수 있다. 또한 공공경제 영역이 활성화되면 전환의 충격과 저항을 줄일 수 있을 뿐만 아니라, 공공재로서 생태적 자산을 보존하고 공동생산, 공동소유, 공동관리에 따른 커먼즈의 확장을 기대할 수 있다. 효율화, 민영화, 경쟁력 강화 논리를 앞세워 공공부문의 역할을 축소시키면서 상품화와 외부화 흐름을 확대시켜 온 신자유주의의 영향력이 여전한 만큼, 공공경제를 통해 전환의 기반을 조성해 나갈 수 있도록 하는 정부를 중심으로 한 국가의 역할이 중요하다.

4) 경제의 녹색화를 위한 국가 역할

국가는 정책 및 계획 수립과 집행, 국책기관 운영, 공공투자 및 보조금 지급 등을 통해 거시경제 정책을 조정하고 물가와 환율, 부채 등을 관리하면서 경제활동에 직접적인 영향을 미친다. 특히 자원 조달 및 배분에 대한 권한을 활용한 각종 규제와 인센티브 제도는 국가가 경제활동에 개입하는 대표적인 수단이다.(폴 메이슨, 2017: 455~456) 개발국가의 경험과 관성이 큰데다 강한 행정국가의 특성을 띠고 있는 우리나라의 경우 정부를 비롯한 국가가 경제에 미치는 영향이 상대적으로 크다. 따라서 시장경제의 전환을 유도하고, 시민경제 영역을 보호, 육성하고, 공공경제의 역할을 재정립함으로써 경제의 녹색화가 전체적으로 효과적으로 이루어질 수 있도록 정책 및 제도 형성과 운영, 자원의 재분배 등 국가가 가진 특성과 권능을 적극 활용할 필요가 있다.

국가는 시장경제의 상품화 방식에 책임성을 부여하고, 경제의 탈상품화를 위한 사회적 기능을 활성화하며, 공공재에 대한 사회적 권리와 관리 체계를 강화하는 데 중요한 역할자다. 이와 관련해서 주목할 것이 국가 차원에서 '전환의 방향 설정과 이행 촉진 역할'이다. 여기에는 지속가능성을 위한 국가 차원의 비전 및 목표 수립과 국가 계획에의 반영, 규제와 인센티브 제도를 활용한 경제 행위자들의 인식과 선택의 전환 유도, 대안적 경제 지표 개발과 사회적 학습 및 인식 재고, 지속가능한 모델 발굴 및 확산 등으로 다양한 내용이 있다. 또한 경제활동의 공공성과 탈상품화 강화 차원에서 제품의 내구성(설계, 재료 선택, 생산과정 등)과 수리 가능성(부품 조립, 수리, 예비 부품 교체 등)을 높여 제품의 수명 연장을 유도하고, 자본주의 정글에서 비자본주의적인 대안경제 씨앗들이 살아남을 수 있도록 보호, 육성하는 것도 여기에 해당한다.

'전환의 제도적 기반 조성'도 중요한데, 세제와 화폐, 금융 개혁이 그 예다. 먼저, 세제 개편을 통한 과감한 재분배와 함께, 생태적 자원의 지속가능한 보존과 온실가스 등 생태적 위해 요인의 감축 활동에 세제 혜택을 주고, 기준 이상의 생태적 위해 활동에는 누진세를 부과하며, 재생에너지, 교육, 의료, 돌봄 분야의 활성화를 지원함으로써 녹색전환을 이끌어내는 것이다.(히로이 요시노리, 2017: 164) 화폐 개혁도 중요한데, 부채와 복리이자는 노동력을 착취하고 자원을 약탈하는 만큼, 복리이자 시스템을 단순이자 시스템으로 바꾸고, 부채를 만들어내는 부분 지급 준비금 제도[20]를 개혁하고, 녹색전환 영역에 자금이 투입되도록 하는 것 등이 그것이다.

 또한 지속가능한 방향으로 금융의 사회적 역할을 높이기 위한 금융 개혁도 중요하다. 자원 및 에너지 효율 향상과 친환경 상품 및 서비스의 생산에 자금을 제공하고, 환경 파괴적 경제활동에 대해서는 자금 공급을 축소 또는 차단하는 방향으로 금융이 개혁되어야 한다는 것이다.(폴 메이슨, 2017: 467~473) 녹색전환을 위한 금융의 역할 확대를 위해서는 정부와 함께 통화 금융 정책의 컨트롤타워로서 중앙은행의 역할이 특히 중요하다. 이것은 중앙은행의 역할이 성장 지원에서 물가 안정을 넘어 녹색전환을 지원, 유도하는 방향으로 바뀌어야 함을 말해준다. 중앙은행이 가지고 있는 신용과 담보, 자산 매입 기능을 적극 활용해서 녹색채권, 지속가능금융(환경금융, 녹색금융, 기후금융, 탄소금융)을 활성화하고, 경제의 녹색전환과 함께 국가의 탄소중립 실현을 적극 뒷받침해 나가야 한다. 이런 관점에서 한국은행은 기

---

20 시중 민간은행이 고객 예금의 일부를 대출해서 수익을 올리는데, 지급준비율에 따라 실제 현금으로 전환 및 인출은 일부만이 가능한 은행 시스템을 말한다. 즉 지급준비율이 10%면, 고객이 은행에 맡긴 돈의 90%를 대출해 주는데, 모든 예금자가 동시에 출금을 요구할 경우 한 번에 상환할 만큼의 지급준비금이 없어 은행은 파산하게 된다. 이처럼 부채를 기반으로 한 화폐 시스템의 대안으로 은행 보유고 만큼 돈을 빌려주는 100% 지급준비제도가 이야기되고 있다.

후위기 시대를 맞아 리스크 분석을 넘어 전환적 역할을 적극 모색해 나가야한다.(사)녹색전환연구소, 2024)

4. 시간 빈곤 해결과 대안적 노동영역 확장

경제의 녹색화는 자본주의 경제체제에서의 노동의 성격과 역할을 지속 가능한 방향으로 바꾸는 것이기도 하다. 노동은 생활에 필요한 것을 생산하기 위한 육체적, 정신적 활동을 기본으로 할 뿐만 아니라, 인간으로서 존엄한 삶과 밀접하며, 인간과 자연의 상호작용과 신진대사 과정을 매개하는 것이기 때문이다.

노동은 인류 역사와 함께 지속해 온 행위로 시대별로 성격을 달리해 왔는데, 특히 자본주의 사회의 등장으로 노동의 소외와 상품화가 확대되면서 지금의 지속가능성 위기 문제로 이어졌다. 이윤 추구를 목적으로 생산이 이루어지는 자본주의 사회에서 노동자는 생산수단으로부터 소외된 채 노동력을 판매한 대가, 즉 임금으로 살아가게 된다. 이 과정에서 노동자들은 생존에 대한 불안감 속에서 과잉 노동에 내몰리게 되고, 자본주의가 만들어 놓은 소비사회의 굴레에 빠지는 악순환에 놓이게 된다. 따라서 사회적으로 유용하고 생태적으로 건강한 노동으로의 전환은 경제의 녹색화에 중요한 부분으로, 이를 위해서는 자본주의가 만들어 놓은 시간 빈곤 체제에서 벗어나기 위한 노동시간 단축과 기본소득제도 실시, 그리고 좋은 삶을 위한 대안적 노동영역의 확장을 함께 추구해야 한다.

1) 노동시간 단축과 기본소득제도 실시

녹색전환을 모색할 때 반드시 짚어야 할 부분이 바로 '시간 빈곤' 문제다.

생태위기, 지속가능성 위기 자체가 임계 상황을 앞에 둔 시간적 한계를 가지고 있는데, 전환 사회를 상상하며 대안의 씨앗을 뿌리고 가능성을 확장하기 위해서는 창조적 대안을 구상하고 실현하는 데 집중할 수 있는 시간적 여력이 있어야 한다. 그런데 현실의 자본주의 사회는 사활을 건 경쟁체제 속에서 생존에 대한 불안감을 바탕으로 한 과잉 노동으로 사람들을 시간 빈곤 상황에 몰아넣는다. 이 문제를 방치하면 민주주의의 확장된 공간도 결국 시간적 여력이 있는 사람들의 무대가 되어 정치 과정도 왜곡될 수 있다. 덜 일하고 덜 벌고 덜 소비하고 더 행복해지는 삶을 찾아가는 축소이행의 정치(political downshifting)는 결국 규모를 줄이고 속도를 늦추면서 관계를 재형성하기 위한 시간을 확보함으로써 가능한 일이다.[21]

시간 빈곤을 해결하기 위한 방안으로 '노동시간 단축'이 중요하다. 사실 총량적 노동시간은 산업과 인구구조 변화, 기술 혁신 등을 통해 단계적으로 줄어들기는 했다. 우리의 경우도 주 6일 노동에서 5일 노동으로 바뀌고, 지금은 주 4일 노동을 이야기한다.[22] 문제는 노동시간 단축에 대한 논의의 초점이 생산성과 비용 문제에 맞춰지거나, 일자리 나눔과 실업 감소, 여가 확대에 따른 소비 증진과 경기 활성화 차원에서 주로 다뤄진다는 점이다. 따라서 녹색전환을 이루기 위해서는 노동시간 단축에 담긴 전환적 의미를 확인하고 살려낼 필요가 있다.

노동시간 단축은 실업을 줄이고, 삶의 질을 높이고, 환경적 압력을 줄임

---

21   녹색전환에 있어 '시간'의 중요성은 9장 3절의 녹색국가 실현 조건 만들기에서 '시간 정치'에 대한 논의로 이어진다.

22   우리나라 근로자들의 연 평균 노동시간은 2013년 2,071시간에서 2023년 1,874시간으로 지난 10년 사이 연간 200시간 가까이 줄어들었다. 하지만 OECD 회원국 평균 노동시간(연 1,719시간) 보다는 150시간 이상 많은 상황이다.

으로써 사회에 삼중 배당의 효과를 제공한다고 한다.(제이슨 히켈, 2021: 297) 노동시간 단축으로 확보한 시간을 적극 활용하여 시간 빈곤 속에서 미처 살피지 못했던 삶의 의미를 찾아 자기 창조적인 활동으로 연결하고, 공동체 재생과 자연환경을 돌보는 데 쓰는 시간을 늘릴 수 있다. 또한 노동시간 단축으로 공공성에 대한 관심과 생태적 감수성을 높이고 과소비를 줄임으로써 지속가능성 실현에도 기여하게 된다.(Schor, 2005) 물론 부의 불평등이 시간적 불평등으로 이어지는 현실에서 노동시간 단축은 특정 계층에게 불평등을 전가할 수도 있다는 점에서, 노동시간 단축과 기본소득 실시가 함께 이루어져야 한다.

위기 자체가 곧 대안의 가능성을 넓혀주지는 않는다. 오히려 확대된 위기감으로 인해 생존에 대한 불안감이 커질수록 자본주의 사회는 사람들을 더 오랜 시간, 더 열심히 노동해야 한다는 강박관념으로 몰아넣어서 대안 모색과 창조의 가능성을 밑바닥부터 위축시킬 수 있다. 그런 점에서 기본소득 실시는 녹색전환의 기본조건 중 하나라고 할 수 있다. 기본소득은 임금 노동시간 단축과 사회적 필요 노동시간 확보를 위한 중요한 정책 수단이다. 기본소득은 노동과 일의 의미를 다시 정의하고 유급 노동과 무급 노동의 구분을 줄이는 역할을 한다.(Khan and Clark, 2017) 또한 과잉 노동에 종사하는 사람들에게 자본주의 시장경제가 만들어 놓은 치열한 생존경쟁 체제에서 벗어나서 살아갈 수 있는 여지를 마련해 준다. 나아가 기본소득을 통해 공동체경제 활성화와 사회적 기여를 확대하고(Alexander 2015; Gough, 2017) 지속가능한 가치 창출에 더 많은 시간을 할애할 수 있도록 한다.

2) 좋은 삶을 위한 대안적 노동 영역의 확장

자본주의 사회는 노동을 소외시키고 상품화함으로써 사람을 억압하고 착취하는 기제를 작동시켜 왔다. 이 과정에서 노동은 본래의 의미를 상실한 채 생계를 위해 치러야 할 불가피한 고통으로 인식되었고, 결국 인간 노동을 기계 작업으로 대체하거나 노동하지 않는 삶을 열망하면서 다른 사람의 노동의 결과물을 향유하는 것을 바람직한 삶으로 받아들이게 만들었다.(Barry, 2020)[23]

그런데 지금은 성장의 시대를 넘어 저성장, 나아가 탈성장 시대로의 전환을 고민하고 있다. 따라서 노동에 대한 인식과 접근도 새로워져야 한다. 특히 생태적 상한선과 사회적 최저선 사이에서 전환의 길을 찾아가는 방향에서 노동은 일과 생활의 균형 찾기 차원을 넘어서, 창조적인 자기실현으로서의 노동과 생활이 새롭게 결합하는 방안을 찾아야 한다.(클라이브 해밀턴, 2011)

먼저, 기존의 임금노동과 일자리 중심적 접근에서 소홀히 했거나 외면했던 비자본주의적인 노동 영역의 복원과 확장이 필요하다. 경제활동 전체에서 약 절반 정도를 차지하면서도 외면받아 왔던 무급 가사노동(Ironmonger, 1996; Gibson-Graham, 2008), 자원봉사 등 공동체경제에서 이루어지는 다양한 유형의 활동과 이웃과 지구를 돌보는 활동 등이 대표적이다.

나아가 녹색전환을 위해서는 유급 노동(paid work), 무급 노동(unpaid work), 시간제 노동(part time work), 자원 활동(volunteer work) 등 다양한 유형의 노동 양식이 유기적으로 결합해서 사회적 선순환 구조를 만들어야 한다. 또한 사회와 환경에 불필요하거나 해악적인 노동 영역은 단계적으로 축

---

23 '일'(work)이 사람들이 자기 주체성과 결정권을 가지고 행하는 창조적 활동으로서 긍정적인 의미를 가진다면, '노동'(labor)은 수고와 고통, 곤란을 의미하는 라틴어 'laborem'에서 유래한 것으로 알려져 있다.(Hirvilammi and Joutsenvirta, 2020)

소, 퇴출시키고, 위험하고 지루하고 매력적이지는 않지만 어쩔 수 없이 요구되는 필수노동은 자동화등을 통해 부담을 덜면서, 즐겁고 의미 있고 자기결정적인 필수노동 및 돌봄 노동을 확장시킴으로써 노동 구조를 재구성해 나가는 것도 녹색전환의 중요한 과제다.(마티아스 슈멜처 외, 2023: 271~276)

2절 농업의 녹색화

농업은 오랜 역사를 통해 인간과 자연의 상호작용으로 함께 진화해 오면서 생존에 필수적인 먹거리를 생산해 왔다. 그동안 농업의 생산 방식과 내용에는 많은 변화가 있었지만 먹거리 생산이라는 기본 역할은 변함이 없었고, 녹색국가가 실현된 미래 사회에서도 마찬가지일 것이다.[24] 이처럼 그 무엇도 대신할 수 없는 농업의 기본 역할은 녹색전환에 있어서도 핵심 과제로 자리잡아야 한다. 하지만 기존의 전환 논의에서도 농업의 중요성은 충분히 다뤄지지 못했다.

국가를 통한 녹색화에 있어 농업은 다른 분야와는 구분되는 특징이 있다. 농업 본연의 자연 친화적인 특성을 복원하는 일도 중요하지만, 이것만으로는 한계가 있다. 농업은 현대사회가 당면한 지속 불가능성 문제가 가장 집

---

24 우리 현실에서 농업(農業), 농민(農民), 농촌(農村)의 문제는 서로 긴밀하게 얽혀 있어서 통칭해서 3농(三農)의 문제로 부르기도 하는데, 여기서는 농업 문제 자체에 초점을 맞추려 한다. 농촌 문제는 '지역'의 녹색화 차원에서 다루고, 농민 문제는 농업이 되살아나야 비로소 해결의 가능성을 찾을 수 있기 때문이다. 또한 농업 문제에 대한 접근과 관련해서는 지속가능성을 위한 농업의 전환적 역할을 통해 농업이 지속가능할 수 있는 방안을 찾아보고자 한다.

중적으로 나타나는 분야다. 그런데 이러한 농업이 지속가능성 위기 상황을 맞아서 전환의 잠재력을 가진 곳으로 새롭게 주목받고 있다. 농업이 처한 이런 모순적 상황을 해결하고 농업의 녹색화[25]를 실현할 수 있는 방안을 찾아야 한다.

1. 지속가능성 위기에 처한 우리 농업

1) 농업을 둘러싼 총체적 위기

전형적인 농업국가였던 우리나라는 1960대부터 시작된 개발국가 체제에서 근대화, 산업화, 도시화가 본격적으로 추진되면서 커다란 변화를 겪었다. 근대화 과정이 압축적이었던 만큼 우리의 농업생태계와 농촌 지역사회가 겪은 변화의 충격은 상당했으며, 다양한 차원에서 지속 불가능성이 확대되어 왔다.

농경지는 지난 30년간(1990~2020) 210만 8천ha에서 156만 5천ha로 감소했는데, 그 규모가 자그마치 서울시 면적의 9배다. 농가인구 역시 20년 만에(2000~2020) 403만 명에서 231만 4천 명으로 줄어, 전체 인구에서 차지하는 비중도 8.8%에서 4.5%로 절반 수준으로 축소되었다. 50년 전 농가인구 비중이 45.8%였던 점을 고려하면 반세기 만에 1/10로 줄었다. 반면에 고령화율은 매우 빨라서, 농가 고령인구(65세 이상) 비율은 20년간(2000~2020) 21.7%에서 42.3%로 약 두 배 늘어났다.(통계청, 2021)

---

25   우리의 농업 분야에서 전혀 다른 의미로 녹색이 사용된 적이 있는데, 비료·농약 등 화학 농법을 도입해 농업 생산성을 증대시키고자 했던 정책을 '녹색혁명'으로 부른 것이다. 이는 오늘날 농업을 지속 불가능하게 만든 한 요인이 되었다.

이런 가운데 식량 자급률은 1970년 이후 계속 줄어들어 2022년 기준으로 44%이고, 곡물자급률은 20% 수준으로 OECD 국가 중 최하위다. 쌀을 제외한 곡물자급률은 3.4% 수준인데, 기후위기와 식량위기는 점점 심각한 양상으로 전개되고 있다. 이처럼 식량 자급 기반이 취약한 가운데 먹거리의 상당 부분을 외부에 의존함으로써, 먹거리 관련 산업 및 시장의 발달과 국내 농민들의 생산활동과의 연결성은 점점 약해지고 있다. 지금까지 우리가 식량위기 문제를 비교적 덜 민감하게 받아들인 것은 주식인 쌀 자급률이 상대적으로 높은 데다 해외로부터 식량을 값싸게 수입하는 구조의 영향이 컸기 때문인데, 기후위기와 식량위기의 재난 상황에서 식량 무기화 등에 취약한 이러한 구조는 결코 지속가능할 수 없다는 것이 명확하다.

농업의 핵심 요소인 종자와 노동력의 대외 의존성이 커져 온 것도 문제다. 주요 국가 12개 기업이 세계 종자 시장의 65%를 차지하는 가운데, 우리나라의 세계 종자 시장 점유율은 1.4% 수준에 불과해, 연간 약 140억 원의 로열티를 지불하며 종자를 수입하고 있다. 이 과정에 우리의 토종 종자 약 75%가 사라져 버렸다. 농업 인구 구성의 대외 의존성도 계속 커졌다. 농업 노동에 종사하는 외국인 노동자 수가 계속 늘어 2023년에는 전년보다 73% 증가한 약 3만 8,000명의 외국인 노동자가 농업 현장에 투입된 바 있다.

농업의 지속가능성 위기는 먹거리 시스템의 위기와도 연결된다. 자원과 에너지의 과도한 투입에 의존한 먹거리의 산업적 생산-유통-소비 체계는 먹거리 위기와 삶의 질 악화는 물론 지구적인 환경·생태 위기를 만들어낸다. 지금과 같은 글로벌 농식품 체계는 먹거리의 장거리 이동 과정에서 탄소발자국을 크게 남기게 된다. 그런데 세계적으로 상당한 생태학적 부담을 대가로 생산된 먹거리의 약 1/3은 그대로 버려지는 것이 현실이다. 우리나라도 하루 1만 5천 톤(1인당 300g), 연 570만 톤의 먹거리가 버려지고 있고, 처리

비용만도 연간 8천억에 달한다고 한다. 이런 가운데 한편에서는 먹거리 빈곤에 처한 사람들이 여전히 있고, 다른 한편에서는 비만과 과체중으로 고민하는 사람들이 존재하는 모순된 현실에서 우리는 살아가고 있다.

근대화를 추동한 산업화, 공업화 논리가 농업 현장에 적용되면서 생산의 기반이 되는 땅과 물이 오염되는 등 생태학적 부작용 또한 클 수밖에 없었다. 농업생산 방식이 화학농, 석유농, 기계농으로 바뀌고, 화학비료와 합성농약 사용이 늘어나면서 농지가 오염되고 하천의 부영양화가 일어났으며, 농업생태계의 파괴로 해충 발생 빈도가 높아지는 등 악순환이 나타났다. 질소비료 사용은 산화질소를, 공장식 축산은 메탄가스를 과다 배출시킴으로써 기후변화의 주범 중 하나로 지목된다.

한편, 기후위기 시대에 농업의 대안으로 주목받고 있는 친환경 유기농업의 국내 현실도 낙관적이지는 않다. 우리 현실에서 친환경농업은 1990년대 말 농산물 시장의 개방 상황에서 국내 농업 보호의 필요성과 안전한 먹거리에 대한 소비자의 요구, 농가소득 증대 필요성 등을 배경으로 정책적으로 도입, 확대되었다.[26] 하지만 양적 성장을 해오던 친환경농업은 현재 정체 상태에 놓여 있으며, 정부의 친환경농업 발전 계획도 선진국가들의 기후위기 대응을 위한 친환경농업 확대 계획에 비춰보면 한참 부족하다. 또한 우리의 친환경농업은 화학비료와 합성농약을 인증 기준치 이하로 줄이는 데 집중해 온 결과 농업생태계 전반을 지속가능하게 만드는 일에는 소홀했다. 오히려 친환경농업을 위해 화학자재 대신 천연자재를 사용하는 흐름이 확대되

---

26 물론 정부가 정책적으로 화학농업을 적극 권장하던 시기에 일찍이 민간 차원에서 인간과 자연, 생산자와 소비자의 공존과 공생의 필요성을 강조하면서 '생명농업', '바른농업'을 강조하고 실천에 나섰던 유기농 운동 1세대들의 노력이 있었다. 이 부분은 농업의 전환적 역할을 모색할 때 재평가되어야 할 부분이다.

면서 유기농업의 관행화(conventionalization) 현상까지 나타났다. 농업생산 과정에서 투입물의 성분과 양을 가지고 친환경 유기농업 여부를 판별하고 인증하는 우리나라의 방식은 농업생태계 전반의 순환성, 다양성, 건강성 등을 종합적으로 고려하는 국제 기준에도 맞지 않다. 친환경 유기농업 본래의 의미와 가치를 적극 되살려서 기후위기 시대에 농업의 잠재력을 확대 발전시켜 나가야 한다.

2) 절박한 농업 현실과 해결 주체의 문제

'농업의 위기'와 '먹거리 위기', '공동체의 위기', '생태계 위기'는 서로 긴밀하게 맞물려서 진행되어 왔다. 특히 기후위기와 고령화 등으로 자연생태계와 인구생태계가 동시에 무너지면서 농업, 농촌은 지금 절박한 상황에 놓여 있다. 문제는 이런 농업 현실에 대한 획기적인 대책이 필요한데 안타깝게도 이 문제를 함께 고민하고 해결해 나갈 주체 또한 빠른 속도로 줄어든다는 점이다. 농촌 고령화와 공동화도 심각한 문제인데, '국민 농업'이라는 말이 무색하게 도시민들의 농업과 농촌에 대한 관심과 지지 또한 계속 줄어들고 있다. 도시민들의 농업, 농촌의 공익적 기능에 대한 긍정적 평가는 2015년 70.5%에서 2020년 56.2%로 계속 감소해 왔고, 우리 농산물에 대한 충성도도 계속 낮아져서, 2020년에는 도시민의 49.2%가 수입 농산물에 '별다른 거부 반응이 없다'고 답하고 있다.(우병준 외, 2020) 농업, 농촌에 대한 애착심과 공익적 가치에 대한 공감도나 우리 농산물에 대한 충성도, 귀농귀촌에 대한 의향은 주로 60세 이상의 농촌 거주 경험자와 가족 중 농사를 짓는 사람들에게서 높게 나타났는데, 빠른 고령화와 탈농현상 속에서 농업, 농촌에 대한 경험과 인연을 가진 사람들은 빠른 속도로 줄어들어 결국 '세대 단절'까지 우려되는 상황이다.

이처럼 시급하고 중요한 농업의 현실을 사회적으로 여론화하고 신속한 해결을 촉구하기에는 농업 부문의 경제 정치적 위상과 영향력 또한 점점 약해져 왔다. 국민 의사를 대변하는 국회의원을 선출하는 선거구 획정을 인구수를 기준으로 하다 보니, 인구 과소지역인 농촌의 지역구는 축소되고 농촌 출신 의원 수 또한 계속 줄어들어 농업·농촌 의제는 정치 구조적으로도 소외될 수밖에 없다. 그러다 보니 '민주주의의 꽃'으로 불리는 선거가 농촌에서는 '남의 집 잔치'로 퇴색했다는 비판이 나온다.(농민신문, 2024)

2. 우리의 농업 인식과 접근 방식 진단

국민경제에서 농업 부문의 비중이 2%에 못 미치고 농가인구도 4.5% 수준이다 보니 농업은 그 중요성과는 별개로 국민적 관심사와 정책의 우선순위에서 계속 밀려나고 있다. 농산물 가격이 폭등해 농업이 여론의 관심을 잠깐 받더라도 수입 농산물로 소비자 가격이 안정화되면 금세 관심에서 멀어지는 것이 현실이다. 녹색전환에서 농업의 역할을 높이기 위해서는 농업에 대한 현재의 인식과 접근 방법부터 바꿔야 한다.

빠르게 무너져 가는 우리 농업의 현실에 비해 비상한 대책은 나오지 않고 있는 것은 '국내 농업이 무너져도 식량의 부족분을 수입을 통해 해결할 수 있다'는 강력한 믿음 체계가 상당한 역할을 하고 있다.(정규호, 2021a) 우리나라는 소위 '비교우위'라는 경제 논리를 앞세워 시장 개방과 농산물 수입을 확대해 왔으며, 그 결과 곡물 총공급량에서 수입량의 비중이 1970년대에 20%에서 50년 만에 70% 수준을 넘게 되었고, 결국 연간 1,600만 톤을 수입하는 세계 5위의 곡물 수입국이 되었다. 이처럼 수입농산물에 대한 의존도가 높아질수록 낮은 식량 자급률에 대한 국민적 체감도는 낮아질 수밖에 없다. 이런 상황에서 정부는 한편에서는 규모화, 전문화, 집적화를 통한 경쟁력 강화 논리로 농업 문제를 다루고, 다른 한편에서는 농산물 수입으로 소비자 물가를 조절하는데 골몰하면서 농업에 대한 전환적 접근을 외면하고 있다.

하지만 기후위기와 식량위기의 깊은 상관관계를 고려할 때, 먹거리의 상당 부분을 수입에 의존하는 우리나라 현실에서 농업에 대한 근본적인 인식 전환을 더 이상 미룰 수 없게 되었다. 지속가능한 삶과 생존을 위해 식량 자급이 얼마나 중요한지는 코로나19 팬데믹의 돌발성 재난 상황을 통해서도 절실하게 확인한 바 있다. 코로나19 바이러스가 세계적으로 창궐하면서 국경이 폐쇄되고 사람과 물자의 이동이 제한되자 글로벌 공급망을 통한 식량의 수급 체계가 바로 영향을 받았고, 결국 식량 가격 폭등과 사재기 같은 일이 세계 곳곳에서 일어났다. 그리고 이러한 식량위기 사태의 피해는 사회경제적 약자에게 집중되었다. 여기에다 러시아의 우크라이나 침공으로 세계적 곡창지대[27]가 전쟁에 휩싸이면서 곡물 공급망이 불안정해진 점도 식량위기 현상을 부추겼다.

문제는 기후위기로 인한 식량위기 문제는 이보다 훨씬 더 전면적이고 총체적이며 지속적이어서 회복가능성 자체를 장담하기 어렵다는 점이다. 기후를 비롯한 환경 변화에 적응하는 데 시간이 걸릴 수밖에 없는 농업의 특성을 고려할 때, 우리가 할 수 있는 최선의 노력은 사전예방적 대응을 통해 변화의 속도를 최대한 늦추고, 이로 인한 충격을 최소화하면서 지속가능한 삶이 가능한 길을 찾아내는 것이다.

---

27   세계 밀 수출량에서 러시아가 2위, 우크라이나는 5위를, 옥수수는 우크라이나가 4위, 러시아가 6위를 차지해 왔다.

기후위기 문제가 심각해지면서 우리 정부도 농업에 대한 여러 대책들을 내놓고 있는데, 농업 부문의 탄소중립 전략을 보면 문제 설정과 해결 방법에서 여러 한계가 발견된다. 농업 및 먹거리 체계에서 배출되는 온실가스의 양은 전체 온실가스 배출에서 상당히 높은 비중을 차지하는 것으로 알려져 있다. 세계자원연구소(World Resources Institute)는 '농업'과 농업 관련 '토지이용 변화' 분야에서의 온실가스 배출 비중이 각각 13.5%와 18.2%로, 총 31.7%를 차지해 온실가스 전체 배출량의 1/3 정도를 차지한다고 밝혔다. '기후변화에 관한 정부간 협의체'(IPCC)의 보고서에도 농식품 체계(food system)에서 배출하는 온실가스가 인간 활동으로 인한 전체 배출의 21~37%를 차지한다고 보았다. 세계 먹거리 시스템에서 발생하는 온실가스 배출량이 전체의 1/4~1/3 가량 차지한다는 연구도 있다.(Poore and Nemecek, 2018; Crippa, et al., 2020)[28]

하지만 우리나라는 국가 온실가스 인벤토리 보고서를 통해 농업 부문의 온실가스 배출량을 전체의 2.9%로 설정해 놓고[29](환경부, 2020), 이것을 기준으로 온실가스 감축 대책을 수립하고 있다. 이것은 우리나라가 농작물을 재배하는 경종(耕種) 농업의 온실가스 배출(벼재배, 농경지토양, 잔물잔사 소각 등)과 가축을 기르는 축산(畜産)업의 온실가스 배출(장내 발효, 가축분뇨 처리 등)만을 대상으로 조사한 데 따른 것으로, 국내 농업과 먹거리 시스템 전체

---

28 Poor와 Nemeneck은 농식품 생산 과정에서 세계 온실가스 배출량의 26%, 비식품농산물 생산을 포함하면 33%를 차지한다고 하였으며, Crippa 등은 농식품 체계에서 세계 온실가스 배출량의 34%가 배출된다고 밝힌 바 있다.
29 2020년 국가 온실가스 인벤토리 보고서에 따르면, 2018년 기준 전체 온실가스 배출량 7억2천7백만 톤 중 농업 부문은 2천1백만 톤 CO2e인 것으로 보고 있다.

의 온실가스 배출량을 말하는 것이 아니다.[30] 기후위기를 일으키는 온실가스 배출에 있어 농업의 비중을 매우 제한적으로 설정함으로써,[31] 농업의 전환적 측면을 제대로 다루지 않고 있는 것이다. 우리나라 농식품 체계 전 과정에서 온실가스 배출에 대한 조사 자료도 제대로 갖춰지지 않은데다, 국내에서 소비되는 농식품의 해외 의존도가 높은 만큼, 농식품 전체 분야에서 배출되는 온실가스 양은 '기후변화에 관한 정부간 협의체'(IPCC)의 추정치 (21~37%)를 초과할 것으로 전망하기도 한다.(친환경농업TF, 2021: 38)

우리 정부의 탄소중립 전략이 에너지 및 산업구조 전환에 초점을 맞추고 있는 것도 농업과 먹거리의 역할을 상대적으로 소홀히 다루는 요인이다. 탄소중립 전략에서 농업 부문 대책은 주로 연료 전환과 영농법 개선에 맞춰져 있다. 그러다 보니 우리의 전체 에너지 소비량에서 농림어업의 비중이 1.5% 수준인 만큼, 탄소중립 전체 목표 달성에서 농업의 중요성은 낮게 취급될 수밖에 없다. 온실가스 흡수·흡착과 관련해도 산림과 해양 부문에 비해 농업은 소홀히 다뤄지고 있으며, 이마저도 농업의 생물·생태학적 특성을 살리기보다는 정밀농업, 바이오차(Biochar)[32] 등 물리·화학적 접근이 주로 다뤄진다. 대응 방안이 화석연료를 중심으로 한 에너지 문제에 집중되다 보니 농업과 밀접한 온실가스인 메탄가스에 대한 대책 논의도 상대적으로

30　'2050 농식품 탄소중립 추진전략'에는 유통(수송)과 소비(폐기물)는 배출량 산정이 곤란해서 농업 생산 부문만 고려했다고 밝히고 있다.

31　산업이나 건물, 교통 분야에 비해 농업 생산활동에서 배출되는 온실가스(이산화탄소, 메탄 등)는 비점오염원으로써 측정과 통제가 쉽지 않은 점도 한 원인이다.

32　바이오매스(Biomass)와 숯(Charcoal)의 합성어로, 산소가 없는 조건에서 유기성 바이오매스를 열분해해서 만든 탄소 함량이 높은 고형물로, 토양에 투입된 탄소원을 흡착, 격리시켜 농경지에서 배출되는 온실가스를 줄이는 역할을 한다.

부족하다. 이런 상황에서 정밀농업, 스마트농업, 스마트마을, 대체식품, 배양육 등 고도의 기술과 자본을 요구하는 방식들이 농업부문의 탄소중립 대안으로 나오고 있어, 대응 과정에서 고령농, 소농들이 배제될 가능성 또한 크다.

농업과 먹거리 분야 전체를 종합적으로 연계해서 대응 방안을 마련해야 하는데, 기후위기 대응 차원에서 국가 먹거리 시스템의 역할과 방향은 아직 체계화되어 있지 못하다. 특히 먹거리 시스템의 정비로 먹거리의 손실(loss)과 낭비(waste)[33]를 줄이고 순환하는 체계를 만드는 일은 지속가능성 위기 해결에도 매우 중요한데, 우리의 경우 먹거리 생산과 소비의 긴밀한 연계를 통한 대안 마련이 여전히 부족한 실정이다.

3. 농업의 녹색화와 전환적 역할 확대 방안

농산물 가격에다 기상까지 변동이 심해지면서 한 해 농사조차 앞을 내다보기가 점점 어려워지는 상황에서 지속가능성 위기에 대응하는 농업의 전환적 역할을 이야기하기가 쉽지는 않다. 하지만 농업의 지속가능성이 뒷받침되지 않는 지속가능한 미래는 상상하기 어렵다. 농업의 녹색화를 통한 전환의 실마리를 찾아 확대해야 할 때다.

---

33   먹거리 손실(loss)은 농산물 수확 후 가공 및 유통 과정에서 발생하는 것으로, 수확 후 감염이나 부패, 상품성이나 가격 문제로 인한 폐기가 주요 원인이라면, 먹거리 낭비 (waste)는 소매와 소비 단계에서 가정이나 식당 등을 통해 먹지 않고 버려지는 것을 말한다.

1) 유기농 운동의 전환적 의미의 확장

자연의 질서에 의존해 온 전통농업이 자연 순응적이라면, 유기농 운동은 근대적 화학농업에 대한 대안은 물론이고 새로운 사회를 지향하는 능동적인 의미가 강하다. 농업의 녹색화와 녹색전환의 길을 찾기 위해서는 유기농 운동의 전환적 의미를 확인하고 새롭게 확장해 나가야 한다. 유기농 운동은 화학비료와 농약을 사용하지 않고 건강한 먹거리를 생산하는 차원을 넘어서, 생산과 소비, 농촌과 도시, 자연과 사회의 왜곡된 관계를 바로잡고자 하는 적극적인 의미를 가지고 있다.(정규호, 2013a)

유기농 개념에 대한 접근의 차원을 크게 '물질 중심적 접근'과 '농생태학적 접근', '총체적 생명으로서 통합적 접근'으로 구분해 볼 수 있다.(Verhoog, et. al., 2003)

물질 중심적 접근(matter oriented approach)은 위해한 화학물질을 제거하기 위한 네거티브(negative) 접근으로, 지금 우리나라의 친환경 유기농업 정책이 여기에 해당한다. 문제는 이런 접근 방식은 유기농업 자체 보다는 유기물농업(organic matter farming)에 초점을 맞추게 되어, 소위 유기농업의 관행화 문제를 초래할 수 있다. 그 대안으로 강조되는 것이 농생태학적 접근(agro-ecological approach)이다. 여기서는 농업생태계 전체를 고려해 자원 순환과 건강한 환경을 만들어내는 농업이 강조된다. 당연히 생태계 구성 요소의 긴밀한 상호작용과 생물학적 다양성, 생태학적 맥락을 고려한 농업 활동이 권장된다. 통합적 접근(integrity approach)은 여기서 한 차원 더 나아간다. 농업 활동이 이루어지는 농경지 내의 유기적 순환 관계를 지역사회로 확장시켜 지역자립과 순환의 농업 생산과 소비 체계를 만들고, 나아가 생산자와 소비자, 농촌과 도시가 함께 살아가는 사회에 대한 전망을 함께 담아내는 것이다.

사실 유기농 운동의 전환적 의미를 담은 통합적 접근은 우리에게 전혀 새로운 것이 아니다. 일찍이 인간과 자연 생태계가 공생하는 생명살림 농업을 시작한 '한살림 운동'이 대표적인데, 경종 농업과 축산이 결합하는 복합영농 시스템으로 지역순환 농업을 실천하고, '생산과 소비는 하나'라는 원칙을 가지고 생산과 소비, 농촌과 도시의 관계를 새롭게 이어서 도농 상생의 공동체 실현을 위해 노력해 왔다. 다만 유기농의 제도화와 상품화라는 사회적 흐름과 안전한 먹거리에 대한 소비자들의 요구 속에서 유기농 '운동'이 애초에 가지고 있던 전환적 의미가 점점 희석되고 있는 점은 해결해야 할 과제다.

결국 지속가능성 위기 속에서 농업은 전환의 대상을 넘어서 전환의 주체로서 새롭게 자리매김 해야 할 때다. 유기농 운동의 통합적 접근이 가진 의미를 새롭게 확인하고 지속가능한 사회와의 연결 지점을 만들어 확장해 나가야 한다.

2) 농업을 기반으로 한 관계성 회복과 연결성 강화[34]

유기농 운동의 통합적 접근의 취지를 살리는 차원에서 농업을 기반으로 한 관계성 회복과 연결성 강화가 중요하다. 농업을 둘러싼 상호의존적 관계의 단절로 생긴 틈을 자본주의 시장의 경쟁과 상품화 논리가 파고들어 영역을 넓혀 왔다는 점에서, 관계성 회복과 연결성 강화는 농업의 탈상품화와 비자본주의 경제 영역의 확장과도 연결이 된다.

농업과 관련된 다양한 관계를 기준으로 실행 과제와 방안을 살펴보면 다

---

34 이 부분은 필자도 함께 참여한 농특위의 연구보고서(친환경농업TF, 2021) 내용을 토대로 해서 필자 관점을 담아 요약, 재정리한 것이다.

음과 같다. 먼저 농업의 자연과의 관계성을 고려한 농생태학적 접근을 통해 관행농업으로부터 생태적 가치를 이끌어내고, 친환경 유기농업의 확대, 발전을 통해 기후위기에 대응하는 농업으로 전환시켜 나가는 것이다. 정부는 제5차 친환경농업육성 5개년계획(2021~25)에 전체 경지면적에서 친환경농업 비중을 2020년 5.2%에서 2025년에 10%로 확대하는 내용을 담고 있는데, EU 등 선진국가들의 목표에 많이 못 미치는 수준이어서,[35] 친환경 유기농업의 확대를 위한 전향적인 목표 설정과[36] 획기적인 실행 대책이 나와야 한다.[37]

생산과 소비, 생산자와 소비자의 단절된 관계를 회복하고 상호 신뢰를 기반으로 한 협력 체계를 만들어가는 노력도 중요하다. 2050년 온실가스 배출 제로를 목표로 한 유럽의 그린 딜(Green Deal) 전략에서 '농장에서 식탁까지'(farm to fork) 연계를 통해 건강하고 지속가능한 먹거리 시스템을 만들기 위한 노력도 이러한 배경에서 나왔다. 우리의 경우 한살림을 비롯한 한국의 생협 모델이 기반하고 있는 도농 직거래 활동과 공동체 지원농업(CSA)의 확대, 도시농업 활성화 등이 여기에 해당한다고 볼 수 있다.

앞에서 농업의 지속가능성 위기가 먹거리 위기로 연결된다는 것을 확인했듯이, 농업의 전환적 역할은 먹거리 영역과 함께 살펴봐야 한다. 먹거리

---

35   EU의 경우 유기농 면적을 2020년 기준 8%에서 2030년에 25%로 확대하는 계획을 세우고 추진하고 있다.

36   농특위 친환경농업TF에서는 2030년까지 유기인증 면적 10%, 무농약인증 면적 20%, 유기·무농약 외 환경친화형농업 30% 등 환경친화형 생산 면적을 60%로 확대할 것을 제안한 바 있다.(친환경농업TF, 2021)

37   사실 지난 제 4차 친환경농업육성 5개년계획(2016~20)에서 2020년까지 8.0% 달성 계획을 세웠으나 추진 의지와 실행 체계의 미비로 5.2% 수준에 머물렀다.

문제는 우리 사회의 다수를 차지하는 비농업인인 도시민들이 농업의 가치를 이해하고 관심을 가지도록 하는 중요한 연결고리다. 농(農)과 식(食)을 함께 연결한 식생활 교육이나 도농교류 체험 활동을 통해 먹거리 시민(food citizen)을 양성하는 노력이 더욱 중요해졌다. 녹색전환에 있어 먹거리에 대한 접근성과 나눔을 활성화하는 노력도 필요하다. 잉여 식량은 필요 이상으로 생태계를 과다하게 이용한 결과인 만큼, 공유자원으로서의 의미를 살려 공익적 목적에 잘 활용되도록 해야 한다.(Isola and Laiho, 2020) 먹거리에 대한 인식을 높이고 소비 습관을 바꾸고 이웃 관계를 회복함으로써 생활 속에서 녹색전환의 가능성을 만들어가는 사례로 '커뮤니티 냉장고'나 '푸드 뱅크'(food bank) 등을 들 수 있다.

농업 생산과 가공을 긴밀하게 연결시키는 노력도 중요하다. 우리 현실을 보면 주로 기업이 농식품 가공을 주도한 결과, 식품산업이 성장해 제조업 GDP의 11%를 차지하는 가운데 국내산 원료 사용 비율은 전체의 1/3 수준이다.(윤병선, 2021: 23) 이런 상황에서 식품 소비 지출의 증가가 실제 먹거리를 생산하는 국내 농업의 발전과 농가 소득으로 이어지는 연관성이 매우 약하다. 생산자 공동체들의 가공 활성화와 안정적인 원료 농업 육성 등으로 국내 농업 생산과 가공의 연계성을 높여서 원거리 가공 원료 수입에 따른 온실가스 배출을 줄이고, 지역 일자리 창출과 지역경제 활성화도 기대해 볼 수 있다.

농업과 지역사회와의 관계성을 더욱 밀도 있게 넓혀나가는 노력도 중요하다. 이는 자유무역의 비교우위 논리를 기반으로 한 글로벌 농식품 체계에 대한 대응이자, 기후위기 시대에 에너지 소비와 온실가스 배출을 줄여나가는 대안이기도 하다. 푸드 마일리지(food mileage), 로컬푸드(local food), 지역농업과 지역순환 경제 등 지역을 기반으로 한 농업과 먹거리 관련 활동은 이미 다양하게 나타나고 있다. 특히 지역 차원의 먹거리 선순환과 자급력을 높여 지속가능한 사회로 전환해 가는 먹거리 종합전략이자 실천계획으로서 푸드플랜(Food Plan)은 주목할 필요가 있다. 푸드플랜을 통해 생산자 농민은 물론 급식, 식교육, 생협, 도농교류 등 먹거리 관련 다양한 단체가 함께 지역사회의 대안을 만들고, 환경, 복지, 교육, 마을공동체, 지역자치 등으로 교류 및 협력 관계를 넓히는 과정은, 농업과 먹거리의 전환적 역량을 아래로부터 만들어내는 중요한 토대가 될 것이다.

마지막으로 농촌과 도시의 기능적 구분과 공간적 경계를 넘어선 연대도 강화되어야 한다. 급격한 도시화, 산업화 과정에서 도농 간에 공간적인 분리가 크게 일어나고, 농업 또한 산업형 구조로 빠르게 재편되는 과정에서 생산지와 소비지의 분리는 물론 생산지 또한 주요 품목별로 특정 지역에 편중되는 농업생산 체계가 만들어졌다. 이러한 분리와 불균형은 정책 당국이 농업 문제를 국가 전체 차원의 공통 과제가 아닌 특정 시기의 특정 산지, 특정 품목, 특정 집단의 문제로 환원시켜 버렸다. 농업 문제를 국가의 경제 정책, 물가조절 정책의 수단으로 안일하게 취급하도록 만든 이유도 여기에 있다.

그런데 지속가능성 위기와 맞물려 농업의 전환적 역할의 중요성이 점점 더 커지면서 식량 자급 문제는 더 이상 농업과 농민만의 문제일 수 없게 되었다. 이 문제를 타개하려면 농업에 대한 사회적 인식 변화와 지지기반 확대가 중요하다. 소위 국민 농업 시대를 맞아서 문명 전환의 실마리를 찾는 데 도시와 소비자들의 역할도 중요해졌다. 구매 운동, 불매 운동 등을 통해 소비자들이 생산과정에 미치는 영향도 더욱 커진 만큼, 가치소비, 윤리적 소비, 녹색소비, 지속가능한 소비 등 소비자들의 책임 소비와 책임 행동이 농업의 전환적 역할을 확대하는 방향으로 연결되도록 해야 한다.

물론 어려운 농업 현실을 반영하듯 전체 인구와 GDP에서 농업인과 농업

경제가 차지하는 비중은 계속 줄어들어 온 것이 현실이다. 그럼에도 우리가 희망의 근거를 찾아본다면, 최근 코로나19 팬데믹 상황과 요소수 사태, 우크라이나 전쟁 여파로 말미암아 식량 자급의 중요성에 대한 국민 인식이 기존보다 많이 높아졌다는 점이다. 농업의 전환적 역할을 모색할 때 주목해야 할 부분이다.

3) 농업의 공익적 역할 확대를 위한 기반 조성

농업을 기반으로 한 관계성 회복과 연결성 강화는 결국 농업의 공익적 역할을 확대하는 방향으로 이어져야 한다. 식량 생산, 환경·생태계 보존, 대기 정화, 홍수 조절, 토양유실 방지, 지역 공동체 유지, 치유와 휴식의 공간 제공[38] 등 농업의 공익적 가치를 인정하고 그 역할을 확대해 나가야 한다.

먼저, 농업의 기본 역할이자 대표적인 공익적 역할로서 식량 자급력을 높이기 위한 사회 전체의 노력이 중요하다. 식량생산이 지속가능하려면 농업이 지속가능해야 하고, 그러려면 농민의 삶이 지속가능할 수 있도록 해야 한다. 또한 기후위기 대응처럼(예, 탄소중립 2050) 식량 자급 문제도 구체적 목표 연도를 정하고 자원 투입, 제도 정비 등 단계별 실현 방안을 구체적으로 마련해 가야 한다.

농업의 공익적 역할과 관련해 소득과 상관없이 모든 사람이 양질의 먹거리를 제공받을 수 있도록 하는 먹거리 정의(food justice)의 실현도 중요하다. 기후 재난이나 전환 과정에서의 충격은 특히 사회경제적 약자에게 집중된다. 따라서 푸드뱅크, 공유 부엌, 취약계층 바우처 사업, 긴급식량 지원 체계

---

38   근래에 치유농업, 돌봄농업, 사회적농업에 대한 논의가 활발해졌고, 실제로 지역별로 다양한 모델 농장들이 등장하고 있다.

등을 통해 생존과 직결된 먹거리에 대한 취약계층의 접근성을 높여야 한다.

한편, 민간 차원의 노력 못지않게 농업과 먹거리의 공공성 확대를 위해서는 농산물 생산지에서 최종 소비지까지 최적화된 품질을 유지할 수 있도록 하는 물류와 저장, 가공 등의 시설과, 학교급식 및 공공급식 확대를 위한 기반시설 마련 등이 뒷받침되어야 한다. 이러한 기반시설에는 상당한 자본과 전문성이 필요한 만큼 중소농과 민간 활동 단체 역량으로는 한계가 있는 만큼, 정부의 지원 역할이 중요하다.

농업과 먹거리 분야의 녹색전환과 관련해 디지털 기술의 변화도 적극 주시하고 활용할 필요가 있다. 이미 디지털 기술은 농식품 유통 체널에서 혁명적인 변화를 만들어내고 있으며, 현재 상태라면 유통이 농업 관련 생산과 소비 영역을 지배할 가능성이 높다. 우리의 경우 쿠팡, 네이버, 카카오 등 빅데이터 기반 초대형 플랫폼 기업들이 농식품 유통 분야를 주도하면서, 농식품 유통 및 판매 영역의 양극화가 확대되고, 생산자 농민과 소비자 시민들의 주체적 역할은 갈수록 위축되는 모습이다. 이 과정에 도농 상생의 가치를 표방해 온 한살림과 같은 생협의 직거래 시스템도 상당한 영향을 받고 있다. 하지만 정부의 농업 및 먹거리 관련 디지털 정책은 '농식품 빅데이터 구축', '정밀농업', '스마트팜', '스마트 농촌마을' 조성 등에 초점이 맞춰져 있다. 녹색전환을 위해서는 농업 부문의 공공적 역할이 더욱 강화되어야 하는 만큼, 농업과 먹거리 관련 중소 규모 업체와 비영리 사회적경제 주체들의 디지털 전환 역량 강화와 빅데이터 구축, 물류 및 전산 시스템 마련 등 인프라 조성에 정책적 관심과 지원이 있어야 할 것이다. 또한 농민 고령화와 각종 개발 압력 속에서 농업 생산의 핵심 기반인 농지를 안정적으로 보존하기 위한 제도적 기반 마련도 농업의 전환적 역할을 확대해 나가는 데 있어 중요한 과제다.

마지막으로, 농업의 공익적 역할이 사회적으로 인정받고 우선순위로 자리매김하기 위해서는 헌법에 그 내용을 담아낼 필요도 있다. 현행 헌법에는 농·어민의 이익 보호 차원에서 농어업의 보호, 육성에 대한 내용을 담고 있는 수준이다. 식량의 안정적 생산과 생태계 보호 등 농업의 공익적 가치와 역할을 헌법에 명문화하여 이에 대한 국가 책임의 근거를 마련할 필요가 있다.

3절 지역의 녹색화

1. 녹색전환과 지역

지난 시절 권위주의 국가가 주도해 온 근대화 과정에서 지역은 국가 통치의 대상이자 경제성장 및 개발의 수단으로 다뤄졌다. 지역이 국가중심적 사고와 접근 방식에서 벗어나 온전히 주목받게 된 것은 1990년대에 들어서 지방화 시대가 본격화되면서다. 1987년 민주화의 성과를 바탕으로 1991년에 지방자치제도가 30년 만에 부활하고, 1995년 지방선거를 통해 지역사회를 이끌어갈 단체장과 지방의원 모두를 지역주민이 직접 선출하게 되었다. 이때부터 지역은 국가의 일방적인 통치 대상에서 벗어나 자신의 운명을 스스로 결정하는 지방자치 시대를 맞게 되었다.

하지만 이런 상황 변화에도 불구하고 지역을 경제성장 및 개발의 수단이자 대상으로 삼던 관행은 크게 바뀌지 않았다. '산업정책'과 '공간개발 정책'을 결합시켜 개발성장 체제를 이끌어 오는 과정에서 수도권의 과대화와 지역의 과소화로 대변되는 지역간 불균형이 심화되었으며, 이로 인한 상대적 박탈감은 지역들을 치열한 개발 경쟁으로 내모는 요인으로 작용했다. 하지만 이러한 방식으로는 해당 지역은 물론 국가 전체의 지속가능성을 장담하기가 어렵게 되었다. 지속가능성 위기의 시대를 맞아서 녹색전환의 관점에서 지역의 의미와 역할을 새롭게 살펴봐야 하는 이유가 여기에 있다.

지역은 다양한 측면에서 녹색전환과 관련이 깊다. 지역은 지속가능성을 실질적으로 지탱하는 곳이자 지속 불가능성이 압축되어 발현되는 현장이기도 하다. 지역은 생태적 자원이 보존, 이용되고, 사회와 자연 생태계 간의 상호작용과 신진대사가 이루어지는 곳이자, 다른 한편에서는 각종 욕망이 분출하여 갈등하고 개발 이익을 둘러싸고 치열한 경합이 일어나는 현장이기 때문이다. 이와 함께 지역은 녹색전환의 가능성을 발견하고 대안을 실험하고 전환의 역량을 길러내는 거점이다. 또한 지역은 생태적 재난에 따른 충격은 물론 전환 이행 과정에서의 충격을 최소화하는 완충지대이자 회복탄력성을 발휘하는 곳이기도 하다. 이런 문제의식을 바탕으로 지역을 '생태주의적 전환을 위한 실천의 거점'이라고 강조하기도 한다.(이상헌·정태석, 2010: 114)

결국 녹색전환을 위해서는 지역을 통해 확대·재생산되고 있는 지속 불가능성을 최소화하면서, 동시에 지속가능성을 향한 전환적 실천들이 지역을 기반으로 다양하게 이루어질 필요가 있다. 이처럼 녹색전환과 지역의 상호 관계와 역할에 주목해서 현재 우리나라의 지역이 당면하고 있는 현실과 과제를 살펴보자.

2. 지역이 당면한 현실

1) 지역 불균형 문제와 접근 방식의 한계

지방자치제도의 부활로 지역이 어느 정도 자기 결정권을 갖추었음에도 경제성장 및 개발 논리에서 자유롭지 못하고 오히려 더 의존하는 모습을 보이는 것이 지금의 현실이다. 여기에는 지역을 둘러싼 구조적 요인이 주는 영향이 적지 않은데, 공간적 불균형에 따른 상대적 박탈감과 취약한 자립 기반이 상호 작용해서 만들어내는 문제가 특히 크다.

우리나라는 물론 세계적으로도 지역의 구조적 변화에는 도시화가 미친 영향이 매우 크다. 도시화(urbanization)는 인구와 함께 비농업적 산업 시설이 공간에 집중되면서 나타나는 현상을 말하는데, 우리나라 경우 1960년대 이후 본격적인 경제개발 정책이 추진되면서 산업화와 연계해서 도시화가 급속하게 이루어졌다. 1960년 이후 국가의 산업구조가 공업화로 바뀌면서 수도권과 광역 대도시, 공업단지 인근 지역을 중심으로 도시개발과 신도시 건설이 추진되고 대량의 주택 공급이 이루어졌다. 그 결과 전체 인구 중 도시 지역 거주 인구 비중을 나타내는 도시화 비율이 1950년 21.4%, 1960년 37%이던 것이, 1970년 50.2%로 절반을 넘더니, 2021년에는 90.7%를 기록했다. 이중 수도권의 도시화율은 97.1%다. 이처럼 비교적 짧은 기간에 오랫동안 유지해 오던 전통사회의 전형적인 농업·농촌사회가 산업·도시사회로 바뀌었으며, 이 과정에서 물리적 공간, 경제 및 사회 구조, 사람들의 의식과 문화 전반에 큰 변화를 겪게 되었다.

우리가 경험하고 있는 지역 불균형은 도시화 과정의 자연스러운 결과라기보다는 국가 차원에서 의지를 갖고 추진한 정책의 결과로 보는 것이 타당하다. 지난 시절 우리의 성장체제는 불균형 개발 전략을 기반으로 하고 있었다. 즉 성장 잠재력이 높은 곳에 자원을 집중 투자해서 규모의 경제, 집적 경제 효과를 거두는 것을 정책의 목표로 삼았다. 여기에는 한정된 자원의 효율적 활용이라는 논리와 함께 성장의 결과가 공간적으로 확산되리라는 낙수효과(trickle down effect)에 대한 강력한 믿음이 있었다. 하지만 불균형 개발 전략은 결과적으로 집중 투자했던 수도권 지역으로 오히려 자원이 더 집중되는 소위 '블랙홀 효과', '빨대 효과'가 나타나 불균형을 더욱 심화시켰다.

그 결과 급속한 도시화, 산업화에 따른 수도권과 비수도권 지역 간의 공간적 불균형은 지금까지 구조화된 형태로 영향을 미치고 있다. 국토의 0.6% 면적에 해당하는 서울 지역에 인구의 20% 수준인 1,000만 명 정도가 모여 살고, 국토의 11%에 해당하는 수도권에 인구의 절반에 해당하는 약 2,500만 명 정도가 살고 있다. 이러한 수도권 대도시 지역으로의 인구 과집중 현상과 대비해서 비수도권 중소도시 지역, 특히 농촌 지역은 인구가 급속히 줄어들어 소위 '지역 소멸'이 가시화되는 실정이다.

이러한 수도권 대도시와 비수도권 지역 사이의 공간적 불균형은 권력과 자본을 비롯한 정치, 경제적 불균형을 낳는다.[39] 뿐만 아니라 도시의 과밀(過密)과 지역의 과소(過疏) 모두 지속가능성 측면에서 바람직하지 않다는 점에서, 지역 불균형은 녹색전환의 주요 과제이기도 하다. 특히 수도권 대도시 지역의 환경·생태 문제가 결국 비수도권과 비도시 지역으로 확산되는 만큼, 수도권과 도시 지역의 생태적 전환이 핵심 과제가 된다.(홍성태, 2019: 77)

우리나라의 '지역'들이 처한 불균형 문제를 해결하고자 역대 정부는 '균형발전'을 국가 정책의 주요 과제로 추진해 왔다. 그러나 균형발전을 내세웠

---

39 이런 이유로 한국 현실에서 수도권, 중앙에 대비되는 지역으로서의 지방을 '식민지'에 비유하기도 한다.(강준만, 2008)

지만 기존의 도시 및 산업적 개발 논리와 정책 수단을 지역에 적용하면서 정책적 효과를 거두기는커녕 부작용을 키운다는 지적도 나오고 있다. 2000년대 참여정부부터 지역 균형발전 정책을 지속적으로 추진했지만, 전국 시군구 228개 중 46%인 105개가 소멸위험 지역이고, 이 중 92.4%인 97곳이 비수도권일 만큼, 지역은 심각한 위기 상황에 직면해 있기 때문이다.(김재훈, 2022)

초창기 신도시 건설 당시 자족도시 개념이 적용되기도 했으나, 이후 도시개발 및 재개발은 주거환경 개선 목적과 함께 부동산 투자 및 개발 이익에 대한 기대 심리가 강하게 결합되어 이루어졌다. 2000년대 중반부터 수도권 규제 완화가 이루어지면서 수도권으로 권력, 자본, 인구 집중이 가속화 되고 지역 간 불균형은 더욱 커지게 되었다. 이러한 부작용에 주목해서 도시 정책 및 개발 패러다임을 바꿔내는 차원에서 도시재생, 마을공동체 사업에 주력하기도 했으나, 정권 교체에 따라 정책 기조 자체가 바뀌어 버렸다.

지역의 균형발전 정책 또한 일관되게 추진되지 못하고 지역의 경쟁력 강화를 명분으로 한 혁신도시, 기업도시 전략 등이 추진되기도 했다. 근래에는 수도권에 버금가는 초광역 경제권, 메가시티 논의가 활발한데, 지역을 광역 단위로 묶어내는 이러한 접근은 개별 지역들이 당면한 구체적인 문제를 경제 논리로 획일화시킬 뿐만 아니라, 불균형 상태에 처한 지역 현실의 문제를 흐릿하게 해서 왜곡시킬 우려가 크다. 지속가능성 위기에 대응하는 녹색전환을 위해서는 지역을 개발 및 성장 논리의 대상이자 수단으로 삼는 오래된 관성에서부터 벗어나야 한다.

2) 토건국가의 지역화와 부작용

지역의 운명을 국가의 지원과 시장의 투자만에 맡길 수는 없다. 그런데 우리의 개발국가 체제에서 비롯된 토건국가적 관성은 지방화 시대를 맞아 지역 현장에서 오히려 확대 재생산되고 있다. 지방자치제도의 긍정적 측면들이 다양하지만 다른 한편에서는 민주적 정치 과정의 확장된 공간이 개발 이익을 앞세운 세력의 각축장으로 활용되는 사례를 자주 목격하게 된다.

우리의 지역이 토건 지향적 개발과 성장주의에 포획된 데는 재정적 자립이 취약한 현실의 문제도 있다. 지난 시절 국가 총량적 성장체제를 통해 경제적으로 빠른 성장을 해왔는데, 우리 지역은 전체적으로 재정자립도가 낮고 지역 간 재정 격차도 상당히 크다. 행정안전부의 '2023년도 지방자치단체 통합재정 개요'를 보면, 2014년부터 2023년까지 10년간의 전국 평균 재정자립도[40]는 51.1%인데, 특별시·광역시 평균이 63.5%인 반면에 자치구는 29.6%, 군 단위는 17.4%에 불과하다. 이처럼 재정자립도가 취약한 지역은 부족한 예산을 중앙정부의 보조금과 교부세로 충당하거나, 지방채 발행을 통해 충당하게 되는데,[41] 후자의 경우 지방채무 증가로 자치단체의 재정 위기를 초래할 수도 있다.

또 하나 주목할 점은 재정적 취약성을 타개하기 위해 지역들이 국책사업 등 각종 토건형 개발사업과 산업 유치에 경쟁적으로 나서고 있다는 점이다. 이것은 건설 및 부동산 등 토건형 개발사업이 지역경제 및 세수 확보에 차지하는 비중이 크기 때문으로, 전체 지방재정 수입에서 직접적인 건설업 관련 수입 비중은 크지 않지만, 건설 프로젝트를 통해 고용이 증가하고,

---

40 지방자치단체 재정수입의 자체 충당 능력을 나타내는 지표로, 지방자치단체의 전체 수입에서 자체 수입(지방세+세외수입)이 차지하는 비율로 측정하며, 이 비율이 높을수록 세입 징수 기반이 건전하다는 것을 의미한다.

41 행정안전부의 '지방채무현황'을 보면 2022년 기준 자치단체 채무가 38조 3천억원으로 GDP의 1.8%를 차지하고 있다.

이에 따른 주민소득세 및 지방소비세 등이 증가하는 효과가 있다. 해서 지자체도 지방재정의 약 20~25%를 건설업 관련 분야에 지출하고 있다.

한편, 지역이 토건형 개발사업을 추진하는 밑바탕에는 '지속적인 인구 증가'를 전제로 주거, 교통, 교육 등 인프라 투자 계획을 세우고 있다는 점도 잘 살펴봐야 한다. 국가 전체적으로 인구 감소를 우려하는 상황에서도 지역들이 지속적인 인구 증가를 전제로 지역발전 계획을 세운 데는, 인구가 늘어나야 생산과 소비가 늘어 경제가 활성화되고 기업이 유치되어 일자리 증가와 함께 지역 세수도 늘어난다는 믿음이 전제되어 있다. 인구 증가에 따른 수요 확대를 충족시키기 위해 공급 측면에서 각종 인프라 투자 계획을 세우면 중앙정부로부터 재정 지원과 투자를 받기가 용이하고, 인구 증가가 곧 지역발전과 경쟁력으로 이어져 지역의 자산 가치를 높일 수 있다는 기대에 힘입어 지역주민과 정치인의 지지를 얻기도 수월하다는 것이다.

하지만 지역의 인구 증가에 대한 낙관적 기대와 달리 현실의 전체 인구 감소 추세는 명확하고,[42] 이로 인한 불일치는 지역의 과도한 인프라 투자와 유지 및 관리 비용에 따른 지방재정 부담으로 이어져 지역의 지속 불가능성을 높일 가능성이 크다. 인구의 자연 증가가 어려운 상황에서 다른 지역의 인구를 유치하기 위한 경쟁 체제 또한 지속가능성과는 거리가 멀다.

그런데 개발사업 유치에 대한 관심은 지자체는 물론 지역주민들 사이에도 여전히 높아서, 각종 집회 등 집단행동을 통해 영향력을 행사하는 모습을 흔히 볼 수 있다. 문제는 중앙정부로부터의 재정과 사업 유치를 위한 경

42　2030년까지 인천시와 부산시는 각각 인구 400만, 광주시는 180만, 세종시는 50만 명을 목표로 하였으나, 2024년 현재 인천시는 300만, 부산시는 340만, 광주시는 150만, 세종시는 37만 명으로, 앞으로 2030년까지 목표 달성을 하려면 4개 시를 합쳐 지금보다 약 200만 명의 인구 가 더 늘어나야 하는데, 목표와 현실 사이의 괴리가 크다.

쟁 구조가 강하게 작동하는 상황에서는 제대로 된 지역발전에 대한 구상은 커녕[43] 지역정치와 지역민주주의도 왜곡되기 쉽다는 점이다. 대규모 자금 이 오가고 개발로 인한 기대 수익이 높은 토건형 개발사업의 경우 사업추진 단계에서 부패가 발생할 가능성 또한 높은데, 특히 공공 프로젝트를 통해 정부와 민간 부문의 계약이 많이 이루어져 인허가 과정에서 비리와 부패 문 제가 자주 발생한다. 토건업 인허가 등을 둘러싼 자치단체장과 지방의원의 사법처리 비율이 계속 증가하고 있는 점이 이런 현실을 잘 말해준다.[44] 제도 적 측면에서 지역민주주의는 단계별로 확대되어 왔는데,[45] 중앙정치의 갈 등 구조가 지역정치에 그대로 재현되고 단체장에 대한 견제와 감시가 제대 로 이루어지지 못하다 보니 지방자치제도 무용론에 빌미를 주기도 한다.

하지만 선거 과정에서 충분한 검증 과정 없이 유권자들의 환심을 사기 위 한 대규모 개발사업이 공약으로 등장하고, 이것이 선거 후 생명력을 얻어서

---

43 중앙정부의 통치와 맹목적 성장 이데올로기에 종속된 채 지역발전의 다양한 상상력 마저 차단된 지역의 현실을 두고 이중적 식민지 상태에 놓여 있다고 진단하기도 한다.(박배균, 2009: 128)

44 인·허가 관련, 관급공사 등의 계약·입찰, 공유재산 처리 과정에서 지자체장이 비리로 입건된 경우가 민선 1기에는 9.1%(245명 중 23명), 민선 2기에는 23%(248명 중 59명), 민선 3기에는 24%(248명 중 60명), 민선 4기에는 38%(248명 중 95명)로 계속 증가했 다. 임기 중 비리로 기소된 지방의원 역시 1기가 164명, 2기가 82명, 3기가 224명, 4기가 293명으로 늘어나는 추세다.(법무연수원, 2010: 10) 부패 문제로 단체장이 사법부의 당 선무효 수준의 범죄 확정판결을 받은 경우도 민선 1기에는 4건에 불과하였으나, 2기에 는 26건, 3기에는 23건, 4기에는 34건, 5기에는 55건으로 나타났다.(황해동, 2021: 129)

45 1999년부터 각 동사무소마다 주민자치위원회가 구성되고 주민자치센터가 개소되었 으며, 2015년 법규에 의한 주민참여제도로 주민투표제, 주민소환제, 주민감사청구제, 주민소송제, 조례개폐청구제, 주민참여예산제, 국민신문고, 행정절차법에 의한 주민참 여 형태의 공청회 등이 이루어졌으나, 주로 이미 결정된 사항과 결과에 대해 사후 평가 적인 의미가 강하다는 문제도 있다.(박근형, 2017: 20)

추진되는 경우가 여전히 많으며, 이로 인한 사회-생태적 부작용으로 문제가 되는 악순환이 되풀이된다.

3. 지역의 녹색화 방안

1) 지역의 재발견과 접근 방식의 전환

지역은 국가의 일방적 통치나 관리의 대상도, 개발 및 성장의 수단도 아니다. 지속가능성 위기의 시대를 맞아 지역의 의미와 역할을 새롭게 하고 녹색전환의 방향과 가능성을 지역으로부터 찾아내는 노력이 필요하다.[46] 지역은 생명 활동이 이루어지는 모듬살이의 기본 공간이자, 생산-소비-여가 활동이 총체적으로 이루어지는 살림의 현장이다. 또한 지역은 추상적 경제 공간(economic space)이 아닌 구체적인 삶의 장소(life place)로, 전환의 대상이자 전환의 거점이기도 하다. 지속가능성 위기의 충격으로부터 삶을 보호하고 지켜내는 '울타리'이자 '안식처'이며, 생활양식(생산 및 소비양식)의 전환은 물론 사회 전반의 전환을 매개하고 촉진하는 거점이다. 지역의 전환과 전환을 위한 지역의 과제를 함께 다뤄야 한다.

지역의 녹색화는 이러한 전환적 관점을 담아내는 것으로, 이와 관련된 문제의식은 일찍부터 제기되어 온 '생물지역주의'(bioregionalism)나 '생태적 재지역화'(ecological relocalization) 논의에서도 엿볼 수 있다.[47] 생물지역주

---

46 이러한 문제의식을 바탕으로 자기살림과 서로살림을 하는 순환경제의 터전인 지역을 발견하고 발명하여 지역으로 돌아갈 것을 강조하는 목소리도 나오고 있다.(이무열, 2022: 5~7)

47 '생물지역주의'가 1974년 캐나다 생물 지리학자이자 시인인 알렌 반 뉴커크(Allen Van Newkirk)가 처음 사용한 개념이라면, '생태적 재지역화'는 2006년 영국에서 시작된 전

의는 지역의 자연 생태계 조건에 맞게 삶의 방식을 재조직하고 재정착하는 것으로, 공존의 터전인 땅에 대한 책임감을 갖고, 그곳의 생명부양 체계를 복원하고 생명을 풍성하게 하면서, 지속가능한 삶의 양식의 실천을 통해 그곳의 장소와 더불어 살아가는 것을 강조한다.(신명화, 2016: 40)

생물지역주의가 생태적 원리를 지역에 적용하는 것이라면, 생태적 재지역화는 식량과 에너지를 비롯해 자립과 순환의 원리로 지역을 재구성하는 것을 말한다.(김성균, 2013: 307~309) 따라서 좀 더 능동적이고 전략적인 차원에서 전환적 의미를 담고 있는 생태적 재지역화가 지역의 녹색화 논리에 더 부합한다고 볼 수 있다. 우리 현실에서 보면 민간 차원의 자발적 운동으로서 전환마을 실험이 일부 지역에서 있었고, 기후위기에 대한 지역적 실천으로서 '생태적 전환', '에너지 전환', '탈탄소 전환', '지속가능성 전환', '시민 주도 전환', '전환 도시' 등의 논의가 다양하게 나오고 있는데, 전환에 대한 담론과 현실 사이의 괴리는 여전히 큰 상황이다. 특히 서울시를 중심으로 에너지 전환 마을과 햇빛발전소 건립 등이 '원전 하나 줄이기' 정책 기조와 맞물려 활발히 진행되는 듯했으나, 정권(중앙과 지방정부) 교체와 함께 정부 정책 기조가 바뀌면서 활력을 잃은 모습이다. 중장기적 관점에서 정책적 일관성을 바탕으로 경험과 역량을 축적해 나갈 때 녹색전환도 비로소 가능하다는 점에서 매우 안타까운 일이다.

지역의 녹색화와 관련해서 기존의 지역 정책에 대한 평가도 필요한데, 2010년에 실시된 '저탄소 녹색마을' 조성 사업의 경우 마을에서 발생하는 음식물쓰레기와 가축분뇨, 농업부산물 등의 폐기물을 이용해 에너지를 생

환마을(transition town) 운동 창시자 중 한 명인 환경운동가 롭 호킨스(Rob Hopkins)를 통해 알려지기 시작했다.

산하고 마을 주민들이 활용하는 자원순환형 마을을 조성하는 것을 목적으로 추진되었다. 도시형, 농촌형, 산촌형, 도농복합형, 어촌형 등 지역 특성에 맞는 모델을 만들고자 했으나, 정부 주도의 하향식 접근에다 시설과 물량 위주로 사업이 추진되면서 지역주민의 의견 청취 부족 등으로 이 사업은 실패했다.(성지은·조예진, 2013: 37) 지역의 녹색화를 위해서는 지역주민들의 전환적 역할과 역량 강화가 함께 이루어져야 한다는 점을 확인해 주는 대목이다.

한편, 전환의 관점에서 다양한 대안적 지역 실천에 대한 연구도 있는데, 주로 지역 사례를 통해 가능성을 찾아 의미를 부여하고 제도적 개선 방안을 제안하는 수준의 작업이 이루어져 왔다. 다만 대안적 지역 실천에 대한 사례 연구가 십여 년째 이어지고 있지만 해당 사례가 우리 사회 전체에서 차지하는 비중은 1%에도 채 못 미친다는 점은 풀어야 할 과제다. 지속가능성 위기의 임계 상황을 목전에 두고 있는 가운데, 지역 차원의 미시적 실천이 사회 전체의 거시적이고 구조적인 전환과 구체적으로 연결될 수 있는 방안을 적극 찾아내야 할 때다.

2) 지역의 녹색화 의미와 방향

지역의 녹색화는 해당 지역의 지속가능성을 높이기 위한 '지역 자체의 녹색화' 노력과 함께, 사회 전체의 지속가능성을 위한 지역의 역할로서 '지역을 통한 녹색화' 차원을 모두 포함한다. 전자의 의미에서 지역이 녹색전환의 대상이라면, 후자의 지역은 녹색전환의 주체이자 거점이 된다.

먼저, 녹색전환에 있어 생산-소비-폐기의 전 과정이 이루어지는 지역을 녹색화하는 일이 중요하다. 지구적인 차원의 기후위기 문제도 결국 지역 차원에서 비롯되었고, 기후위기의 영향을 직접 받는 당사자 또한 바로 지역이다. 지속가능발전 개념이 등장하면서 '지구적으로 사고하고 지역적으로 실천하라'(think globally act locally)는 구호와 함께 우리나라를 포함해 세계 각국들이 '지방의제 21'(local agenda 21)의 수립 및 실천에 나선 것도 지속가능성 문제에서 지역의 역할이 중요하다는 것을 인식했기 때문이다.

지역 중에서도 도시가 세계 에너지의 약 70%를 사용하고 온실가스의 80%를 배출하며 폐기물의 50%를 발생시킨다는 점에서(김선배 외, 2021: 91) 생태도시, 자원순환 도시, 슬로시티, 지속가능한 도시, 탄소중립 도시, 압축도시 등 다양한 대안들이 제안되었다. 생태공동체, 생태마을, 에너지자립마을, 전환마을 등 자연과의 공생을 강조하는 지역적 실천도 다양하게 있어 왔다.

자립과 순환의 원리로 지역을 지속가능하게 만들어내기 위한 방안을 좀 더 구체적으로 살펴보자. 먼저, 지역이 가진 환경과 특성을 고려한 생산기술과 생산기반을 토대로 지역 자립적인 순환경제 체제를 만들어 지역 자산의 역외(域外) 유출을 최소화하고 고용 창출 효과를 높여나가는 것이다. 자원 절약 및 재활용, 에너지 자립 등을 통해 지역 차원의 물질 순환을 높이고, 지역순환 농업과 로컬 푸드, 직거래 장터, 도시 텃밭 활성화 등으로 먹거리 자급과 순환 체계를 만들어내는 일 등이 그 예라 할 수 있다. 지역 화폐, 마을 기업, 대안 은행, 사회적 기업, 협동조합, 공동체 기반 경제활동으로 자본이 최대한 지역 내에 머물게 하는 경제구조를 만들어내는 일도 마찬가지다. 이처럼 자립과 순환의 원리가 지역에 장착될 때 자원과 정보, 권력이 지역을 기반으로 공평하게 공유되고 순환함으로써 지역사회 구성원들의 자발적 참여와 균형 있는 발전도 가능할 것이다. 또한 지역 생태계와 생물자원의 지속가능한 보호와 공유지의 확대를 추구하고, 물질과 에너지의 지역 순환 체계를 통해 지역의 생태적 자립 기반을 높임으로써, 장소와 사람, 자연생태계의 발전이 서로 조화를 이룰 수 있도록 해야 한다.

하지만 지역 차원의 지속가능성 확보만으로는 지금과 같은 총체적인 지속가능성 위기 문제를 해결해 내기가 쉽지 않은 것이 지금의 현실이다. 자립과 순환의 원리를 바탕으로 한 지역의 녹색화는 다양한 대안의 영역들을 유기적으로 연결하여 지역사회를 살림의 그물망으로 촘촘하게 짜나가는 것이다. 지역을 통한 녹색화의 주체로서 좀 더 적극적이고 전환적인 지역의 역할이 더욱 중요해졌다. 전환의 거점으로서의 지역의 역할과 잠재력에 대한 관심은 이전부터 다양하게 있어 왔다. 에너지·주거·교통·환경 등 다양한 사회문제가 통합적으로 녹아있는 실제 생활공간인 도시·지역·마을이 시스템 전환 실험에 적합한 공간이라는 주장(성지은·조예진, 2013), 주민들이 살고 있는 공간을 바탕으로 한 장소기반 혁신(place-based innovation) 모델에 대한 강조(김선우, 2019) 등이 그러하다.

한편, 데마리아(Federico Demaria) 등은 탈성장 지역을 '임계 영토'(liminal territories)[48], '나우토피아 영토'(nowtopian territories), '반란의 영토'(insurgent territories) 등 세 가지로 유형화 한 바 있는데,(Demaria, et. al, 2019: 437~442) 이것을 녹색전환의 차원에서 지역의 의미 및 역할과 연결해서 살펴보면 다음과 같다.

먼저, '임계 영토'로서의 지역은 기존의 질서가 뒤집히거나 해체되고 미래로의 연속성이 의심받으면서 과도기적 불확실성에 노출된 상태를 특징으로 한다. 기존의 성장경제 체제에서 비롯된 지속가능성 위기로 인해 낡은

48　여기서 임계를 뜻하는 리미널(liminal) 개념은 네덜란드의 인류학자 아르놀트 판 헤네프(Arnold Van Gennep, 1873~1957)가 '경계' 또는 '문턱'의 의미로 처음 사용했으며, 이후 영국 문화인류학자 빅터 터너(Victor Turner, 1920~1983)가 다른 상태로 이동을 위한 '중간 상태'로서 의미를 강조하고자 사용되었다.

것과 새로운 것 사이 경계의 위태로운 상태에 직면한 지역들이 여기에 해당한다. 녹색전환의 관점에서 보면 이러한 지역들은 불확실성에 따른 위험과 함께 창조적 기회의 가능성도 가지고 있다. 견고했던 구조와 질서가 해체되면서 새로운 제도와 관습이 자리 잡을 수 있는 유동적이고 유연한 환경이 조성됨으로써 새로운 상상력을 담은 다양한 전환적 실험이 가능해지기 때문이다.

'나우토피아 영토'로서 지역은 전환에 대한 구상을 지역의 현실 속에서 구체화시키는 것이다. 지역을 더 이상 경제적 의미의 추상화된 공간으로서가 아니라 살아 움직이는 구체적인 삶의 장소로 바라보고 대안적 미래의 가능성을 담은 재생과 전환의 공간을 만들어내는 것이다. 전환마을이나 생태마을 등 탈성장의 자발적 영역을 지역에서 만들어내는 것도 마찬가지다.

'반란의 영토'로서 지역은 좀 더 적극적인 의미에서 지역의 주권 또는 자치권을 확립함으로써 전환의 영향력을 확장하는 것이다. 자본주의 시장경제와 제1세계의 제국주의적 침탈로부터 지역을 지켜내고 토지를 비롯한 공유지에 대한 통제권을 확대하면서 지역 간 공동체적 연대와 협력을 확대해 가는 것이다.

지역적 실천들을 주류 시스템의 전환으로 연결하기 위해서는 양적 축적과 질적 전환의 과제가 함께 해결되어야 하는데, 이런 과정은 저절로 일어나기 어렵고 전략적 기획과 의도적 노력이 뒷받침되어야 한다. 지역 차원에서 환경, 에너지, 돌봄, 커뮤니티 형성 등 다양한 전환 실험들이 이루어지고, 지역적 대안의 영역들을 유기적으로 연결하여 전환의 시너지 효과를 높이는 것이 그러하다. 지역 차원의 전환 실험과 다양한 대안적 실천이 지역을 중심으로 유기적으로 연계되어 자립과 순환의 그물망을 조밀하게 짜나감으로써 지역의 지속가능성을 높이는 것으로, 이것을 도식화하면 다음과 같다.

<図 7> 자립과 순환의 지역 그물망

〈그림 7〉 자립과 순환의 지역 그물망

일자리
돌봄노동
(간병인)
방과후교실
공부방
강사양성
직업훈련
교육
복지
재활용센터
(음식물쓰레기)
워커즈
(반찬가게)
도시락배달
김장나누기
에너지복지
(주택단열사업)
환경강좌
체험학습
식생활교육
학교급식
학운위참여
조례제정
지원센터건립
자치
환경
도시농업
텃밭가꾸기
먹거리
예산감시
참여예산
재생에너지
노인, 청소년
장애인복지
마을만들기조례
지원센터
인문학강좌
마을도서관
도농교류
꾸러미사업
농민장터
공동체밥집
매니페스토
선거참여
경제
지역아동센터
돌봄케어
재가케어
문화
카셰어링
품앗이
벼룩시장
지역화폐
마을카페
마을축제
대안학교
어린이집
소액대출
생활재생사업
사회적기업
리사이클샵
공동체
마을만들기

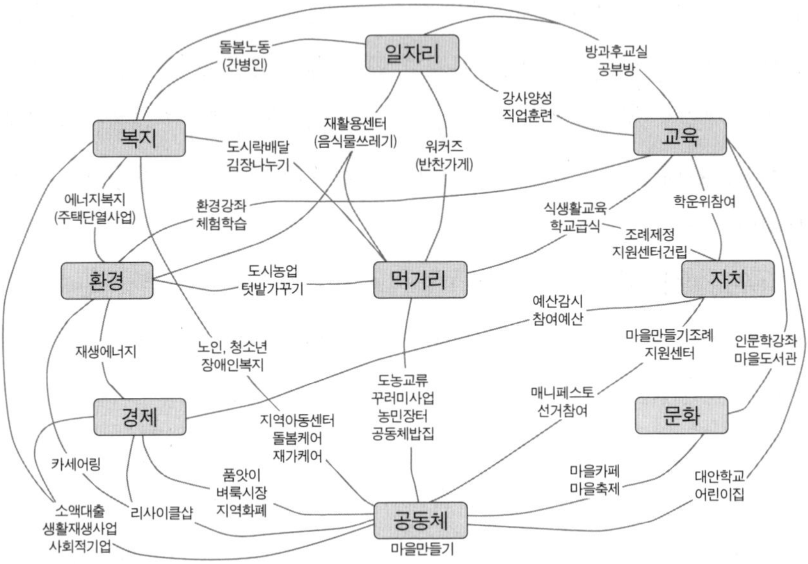

출처: 정규호의 글(2012) 85쪽

전환의 거점으로서 지역의 역할을 사회 전체로 확장시켜 나가기 위해서는 경계를 넘어선 지역 간 연대와 협력도 중요하다. 도시와 지역 각각의 특성이 지속가능한 방향으로 발현되고 서로를 살리는 관계로 발전하는 방향에서 지역 간 상생의 협력체계를 마련하는 것이다. 특히 도시와 농촌 지역 간 연계와 상생의 공동체 실현은 중요하며, 이것을 뒷받침하기 위해 생태부채가 큰 대도시 지역의 재정과 기술 등이 여타 지역의 녹색전환을 위해 효과적으로 이전하는 방안도 적극 모색되어야 할 것이다.

3) 녹색전환을 위한 지역의 역할 확대

녹색전환을 위해 지역이 주체적으로 기능하기 위해서는 지역민주주의를 기반으로 한 지역의 자치력 확대가 중요한 전제 조건이다. 국가의 권한과 재원 및 책임을 지방자치단체에 배분하는 지방분권 확대와 행정 자치 영역을 주민 자치 차원으로 확장하는 노력이 여기에 해당한다. 지역별 특성을 고려한 맞춤형 전환 전략 역시 지역의 자기결정권이 뒷받침될 때 성과를 거둘 수 있다. 다만 지역의 녹색화가 지속가능성 확대로 이어지려면, 지역의 민주적 권리의 확장과 사회-생태적 책임성 확대가 균형 있게 결합되어야 한다. 그 구체적 방안을 살펴보면 다음과 같다.

먼저, 지방자치단체의 책임성 강화를 위한 중층적 견제 체계를 제도적으로 마련하는 것이다. 지방자치단체가 막강한 영향력을 바탕으로 무분별한 개발사업들을 추진하고 낭비성 예산집행과 방만한 재정 운영 등으로 지역의 지속 불가능성을 확대시키는 경우가 자주 발생하기 때문이다. 특히 우리나라 경우 강력한 행정국가에서 대통령의 권한이 막강하듯이 지역에서 자치단체장은 각종 인사권, 인허가권을 내세워 영향력을 행사하고 있으며, 이 과정에서 이권 개입과 권한 남용 등 각종 비리와 부패에 연루되는 사례도 다수 발생해 왔다. 결국 지역의 녹색전환을 위해서는 자치단체장의 공적 책임성 강화를 위한 다층적 통제 체계를 효과적으로 작동시킬 필요가 있다. 우선 '외부적 통제'로 국회의 국정감사, 감사원 감사, 행안부의 행정감사와 합동감사, 상급 자치단체의 지도 감독 등이 있다. 입법과 사법적 통제는 또 다른 차원이다. 한편, '내부적 통제'도 있는데 내부 감사, 지방의회에 의한 통제(의결권, 감시권, 예결산심사권 등) 등이 있다. 한편, 이와 다른 차원에서 정보공개, 주민소송, 주민소환, 주민감사청구제, 주민투표제 등 '주민에

의한 감시 및 통제'도 있다.[49]

하지만 제도를 활용한 통제나 주민감시는 지역주민들의 폭넓은 관심과 참여가 있을 때 효력을 발휘할 수 있다. 또한 지속가능성 문제와 관련해서 지역주민 다수가 개발과 성장을 우선순위로 삼는다면, 지역민주주의를 통한 주민참여 확대는 오히려 지역사회를 개발 경쟁의 소용돌이 속에 빠트려 지속 불가능성을 확대시킬 수 있다는 점도 간과해서는 안 된다. 사회-문화적 차원에서 공공성에 대한 인식의 전환을 위한 선행 작업이 필요한 이유다. 앞에서 지역민주주의의 확대가 토건국가의 지역화에 대한 빌미를 제공해 준다고 진단한 바 있는 만큼, 지역의 녹색전환을 위해서는 지속가능성 차원에서 공공성이 새롭게 검토되어야 한다. 성장제일주의, 목표달성주의, 속도주의, 결과중심주의 같은 기존의 개발국가 체제의 관성이 지역에 깊숙이 뿌리내리고 있는 상황에서 지역의 녹색화는 공공성의 차원을 새롭게 열어감으로써 가능할 것이다.

기존의 개발국가 체제에서 공공성은 '국익(國益)은 곧 공익(公益)'이라는 논리를 바탕으로 한 것으로, 멸사봉공(滅私奉公)이란 말에서 드러나듯이, 총체적 의미로서 국가 영역을 의미하는 '공'(公)에 대해 사사로운 개인의 영역을 의미하는 '사'(私)는 억압과 복종의 대상이었다. 그러다가 민주화와 함께 국가의 권위적 역할이 약화되고 시장사회의 영향력이 커지면서 개인의 자유로운 선택에 우선하는 공공성은 설 자리를 점차 잃게 되었다. 이 과정에서 멸공종사(滅公從私)로 불릴 만큼 사적 이익을 좇는 경향의 확대와 함께

---

49 우리나라의 주민 직접참여제도로 2000년에 조례 제정·개폐청구제도와 주민감사 청구제도가, 2004년에 주민투표제도가, 2005년에는 주민소송제도가, 2006년에는 주민소환제도가 각각 도입되었다.

공공성이 상실되는 상황이 나타났다. 그런 점에서 녹색전환의 시대를 맞아 공공성의 재정립 또는 재창조는 중요한 과제다. 녹색전환을 위해서는 소위 활사개공(活私開公)[50]의 원리에 따라 개성이 넘치는 자유로운 개인들의 자발적 참여와 활력을 바탕으로 공공성의 새로운 차원을 열어나가야 한다. 자율과 자치, 자기 선택을 통해 사람들의 다양한 관심과 능력을 살리고 모아내고 연결함으로써 공공성이 새롭게 창조되고 확장될 때 지역의 녹색전환 역량도 높아질 것이다. 이것을 위해서는 지속가능한 삶과 미래에 대한 지역주민들의 적극적인 관심과 동의를 이끌어내는 공론의 장이 활성화되어야 한다. 지역민회 또는 시민의회를 통해 지역사회의 지속가능성에 대한 책임성을 높이는 노력과 함께,[51] 전환 모델에 대한 성공 사례의 축적과 학습을 뒷받침하는 교육과 언론의 역할도 중요하다.

한편, 중층적 견제 제도와 공공성 확대를 통한 지역의 책임성 확대가 녹색전환으로 효과적으로 연결되기 위해서는 지역 전체의 녹색화를 견인하는 국가의 역할도 중요하다. 글로벌 차원으로 확대된 자본주의 시장경제의 치열한 생존경쟁에 지역이 무방비 상태로 노출되지 않도록 최소한의 보호막으로서 국가가 제 역할을 해야 한다는 주장은 일찍부터 있어 왔다. 그런데 지속가능성 위기 시대를 맞아 녹색전환을 위한 지역의 역할을 확대하는데 있어서 국가는 좀 더 적극적이고 전략적인 자세를 취해야 한다. 현실에서 지역 문제를 국가와 떼어놓고 볼 수는 없다. 특히 개발국가적 특성이 강한 한국 현실에서는 국가와 지역 공동체가 대립 및 대체 관계가 아니라 상

---

50 이 개념은 공공철학자 김태창 선생이 창안해서 제안한 것이다. (김태창, 2012)
51 이와 관련된 구체적인 내용은 이 책 9장 4절 중 '전환 역량 축적 및 확장을 위한 공론장과 숙의 기구 운영' 부분을 참조하기 바란다.

보적 관계라는 점을 주목해야 한다.(홍성태, 2019: 76)

앞에서 지방 권력에 대한 감시와 견제를 위한 제도적 장치를 통해 지역의 공공성과 책임성을 높이는 방안이 다뤄진 바 있는데, 제도적 통제 방식은 권한 남용을 막고 공적 책임성을 높이기 위한 최소한의 장치로, 주로 사후적 접근에 치우쳐 사회 전반의 녹색전환을 이끌어내는 데 한계가 있다. 지역 자율성을 강조하는 지방자치의 정신에 비춰볼 때, 지역주민들에 의해 직접 선출된 자치단체장을 견제하는 데 한계가 있는 데다, 주민 통제 또한 개발 이익을 추구하는 주민들에게 활용되어 오히려 지속가능성을 훼손시킬 수도 있다. 개발이익 집단을 대변하는 정치인이 국정감사 등을 통해 녹색전환을 위한 지역의 혁신적 노력을 견제, 압박할 수도 있다.

결국 지역의 녹색화를 위한 다양한 노력들이 안정적으로 추진되고 성과를 내기 위해서는 국가 차원의 녹색전환에 대한 명확한 비전 및 목표 설정과 함께 자원 재분배 전략이 분명하게 설정되어야 한다. 이를 위해서는 녹색국가 원리를 헌법에 반영하고, 녹색국가를 국가 운영의 중심 과제로 자리매김해야 하며, 이러한 맥락에서 중앙정부와 지방자치단체 간의 긴밀한 역할 분담 체계가 마련되어야 한다. 나아가 중장기적으로 생태민주주의를 통해 인간중심적 대의제 정치구조의 한계를 극복하고, 생물지역주의를 기반으로 한 행정구역 개편과 주요 생태자원의 공동관리 체계 등을 마련하여 지역의 녹색전환 노력을 체계적으로 뒷받침해 줄 필요가 있다.

4절 한반도 녹색화와 평화녹색국가

1. 녹색전환과 평화

지속가능성 위기가 다양한 차원과 영역의 복합적인 연결을 통해 발생하는 만큼, 해결을 위해서는 경계를 넘어선 공동의 인식과 대응이 중요하다. 녹색전환을 위한 국가의 역할 또한 국경을 넘어선 연대와 협력이 요구된다. 이 점에서 평화는 녹색전환에서 매우 중요한 과제다. 평화는 녹색전환의 목적이자 수단이고 조건이다. 녹색전환의 목적이 지속가능성 위기에 따른 재난 상황에 대비하여 생명을 지키고 평화로운 공존을 실현하는 데 있으며, 이것을 위한 수단과 방법, 이행 과정은 민주적이고 평화적이어야 한다. 또한 평화는 녹색전환의 역량을 모으고 시너지 효과를 이끌어내는 중요한 조건이기도 하다.

기후 문제를 비롯한 지속가능성 위기가 글로벌 차원의 문제가 된 만큼, 녹색전환을 위한 공동 대응에 세계 모든 국가의 지혜와 역량을 모아내야 한다. 하지만 안타깝게도 지금의 현실은 국가 간 긴장과 갈등이 더욱 심화되어 신냉전체제로 회귀하는 모습을 보이고 있다. 군사적 긴장과 대결이 격화되면서 녹색전환에 쏟아야 할 역량과 자산을 전쟁을 대비한 군사력 증강에 투입하고 있다. 냉전의 종식과 함께 세계 평화 체제가 정착될 것이라는 기대와 달리, 세계적으로 국방비는 계속 증가해 왔다. 러시아와 우크라이나 간 전쟁, 중동에서의 무력 충돌, 중국의 군사력 확장 등에 따른 국가 간 긴장이 고조되면서 세계 주요국들의 국방비는 더욱 늘어나는 추세다.

특히 한반도를 둘러싼 주변 강대국들의 군사적 대결 구조와 국방비 증액 흐름은 주목하지 않을 수 없다. 국방비 세계 1위인 미국은 2024년도 국방비를 전년 대비 14.6% 증액해 약 1,160조 원을 배정했고, 30년 연속으로 국방비를 늘려온 중국은 전년 대비 7.2% 늘려 2024년 국방비를 300조 원으로 편성했다. 우크라이나 침략 전쟁을 이어가고 있는 러시아는 재정 지출의 30%에 달하는 약 151조 2천억 원을 국방비로 책정했으며, 일본도 방위비를 2024년에 역대 최대 규모인 70조 7천억 원으로 늘렸다.

군비 경쟁과 과다한 군사비 지출은 해당 국가의 자원 배분 및 이용을 심각하게 왜곡시키는 대표적인 문제다.(Sorman and Giampietro, 2013: 89) 2021년 기준으로 세계 전체적으로 생산된 부가 10,477조 원이고 이중 약 2,300조 원을 군비로 지출했는데, 이는 세계 전체 차원의 협력과 원조를 위해 사용된 액수의 여섯 배에 달한다.(리카르도 페트렐라, 2021: 55) 이런 상황에서는 지속가능성 위기에 대한 계속되는 징후와 경고에도 불구하고 지구적 차원의 녹색전환은 기대하기 어렵다. 앞으로 지속가능성 위기는 더욱 심화되고 생태적 재난으로 인한 갈등과 분쟁도 더욱 커질 수밖에 없을 텐데, 지금 상태로는 국가 간 협력은커녕 긴장과 대결의 확대로 더욱 심각한 지속 불가능 상태에 빠질 가능성이 크다. 오늘날 국방은 군대나 군사 담당 개념을 넘어섰다. 특히 지속가능성 문제는 국민의 생명과 직결된 만큼 만일의 사태에 대비해 사전예방적 대응을 해야 하는 대표적인 영역으로, 현대적 의미에서 국방과도 직결된 문제다.

남북한을 포함한 한반도도 예외가 아니다. 녹색전환과 평화의 관계를 고려할 때, 남과 북이 분단된 채 수십 년째 긴장 상태를 지속해 오는 가운데, 주변 강대국들의 대결 구조가 증폭되어 한반도에 영향을 미침으로써 경제와 안보는 물론 녹색전환의 차원에서도 많은 우려를 낳고 있다.

2. 한반도 분단 상황과 녹색전환의 과제

1) 국방비의 과다 지출과 자원 배분의 왜곡

분단 상황에서 남북한 간의 체제 대결구조는 과다한 군사비 지출에 따른 심각한 자원배분의 왜곡 상황을 만들어냈으며, 권위주의 국가 체제가 정치 사회와 시민사회의 발전을 제약하는 빌미를 제공해 주었다. 또한 극단적 이념대결 속에서 다양한 대안적 사상의 출현이 가로막혔을 뿐만 아니라, 주변 강대국들의 대리전 체제 속에서 남과 북 모두 자생적인 국가 발전의 비전과 역량을 갖추기가 어려웠다.[52] 결국 분단 상황에서 비롯된 이러한 문제들은 한반도에서 녹색국가로의 전환에 중요한 장애 요소로 작용하게 된다.

녹색전환에서 특히 주목할 부분은 남북한 모두 지속적으로 국방비를 늘려오는 과정에서 나타난 자원배분의 심각한 왜곡 현상이다. 한국의 국방 예산은 1997년 외환위기로 예산 전반을 긴축해야 하던 때와 2004년 노무현 정부 초기 남북 관계 개선과 평화 정책 기조 속에서 삭감된 경우를 제외하고는 진보와 보수정권 공통으로 규모를 계속 늘려왔다.[53] 2024년에는 정부 총 예산을 전년 대비 5.1%에서 2.8%로 대폭 줄이면서도 국방 예산은 4.2% 증액해 59조 4천억 원을 편성한 바 있다. 그 결과 우리나라 국방비 규모는 2024년 기준으로 세계 10위 수준이다. 우리의 무기 수입 규모 또한 세계 9

---

52 북한이 걸어 온 주체 노선은 국제 정세와 역학 관계의 변화 속에서 체제 유지를 위한 방어적 전략의 차원에서 선택된 것으로 본다.

53 한국 정부 재정에서 국방비 비중은 2000년대 초 15% 수준에서 조금씩 줄어 2023년에는 12.8%를 차지했는데, 전체 경제 규모의 확대와 사회복지 예산의 증가가 정부 재정에서 국방비의 비중을 낮추는 요인으로 작용했다.

위다. 하지만 한반도를 둘러싼 주변 군사강국들[54]과 분단체제에서 북한과의 긴장 관계로 인해 더 강력한 군사력을 유지하기 위해서는 국방 예산을 지금 수준보다 더 많이 올려야 한다는 주장이 계속 나오고 있다. 이런 가운데 미국 우선주의를 내세우면서 한국의 방위비 분담금 인상을 요구하는 트럼프 정부의 등장은 우리 정부의 재정 운영에 대한 부담과 함께 자원 배분 구조의 불확실성을 높여 줄 전망이다.

국방비의 과다한 지출로 인한 자원배분의 왜곡 현상은 북한의 경우 더욱 심하고 극단적이다. 북한은 2009년부터 2019년까지 국내총생산(GDP) 중 평균 23.5%를 군사비로 지출해 GDP 대비 군사비 지출이 가장 많은 대표적인 나라로 손꼽혀 왔다. 남북 대결구조 속에서 핵무기와 미사일 개발에 집중하는 가운데, GDP의 약 1/4을 군사비 지출에 사용하는 구조는 심각한 자원배분 왜곡과 함께 경제적 어려움을 가중시키는 요인이 되었다.

결국 남북한 모두가 겪고 있는 국방비의 과다한 지출 구조는 녹색전환을 가로막는 주요 요인이 되고 있다. 남북한 간의 긴장 해소와 평화 정착을 통해 국방비로 편중되었던 국가 재정을 지속가능성을 높이는데 선용(善用)함으로써 남한과 북한 모두에게 상생의 길을 열어주는 방안을 찾아야 할 것이다.

2) 북한의 생태적 취약성과 한반도 지속가능성 문제

지속가능성 위기의 특성이 그러하듯이, 북한의 지속가능성 문제는 북한

---

54   2024년 기준 한반도를 둘러싼 4대 강국의 국방비 규모는 미국이 1위, 중국이 2위, 러시아가 3위, 일본이 8위를 차지하고 있으며, 전체 군사력 순위는 미국이 1위, 러시아가 2위, 중국이 3위, 일본이 7위를 차지하는 것으로 나타났다.

만의 문제일 수는 없으며, 특히 지리적으로 인접한 한국 사회는 직접적인 영향을 받을 수밖에 없다. 북한의 경우 식량과 에너지 등 생태적 자립의 토대가 약하고 산림과 토양, 수질 등 환경·생태 문제도 심각해서[55,] 기후위기로 인한 재난 상황에 매우 취약한 것으로 알려져 있다. 따라서 정치, 경제, 군사적 요인 외에 생태 문제가 한반도 전체를 지속가능성 위기 상황에 빠지게 할 가능성이 크다.

북한이 당면하고 있는 환경·생태 문제를 좀 더 자세히 살펴보면, 한때 '공해가 없는 금수강산', '인민의 지상낙원'을 외쳤던 북한 사회의 지금 모습은 매우 열악하다. 자력갱생과 강성대국을 표방했지만 인민들의 삶은 크게 개선되지 못했고 생존에 필수적인 식량과 에너지의 자립 기반은 매우 취약하다. 북한은 농업생산력 증대에 노력해 왔으나 결과는 성공적이지 못했고, 식량난 문제를 수입을 통해 해결하거나 국제사회의 지원을 받기도 현재 상황이 녹록치 않다. 또한 석탄을 주요 에너지원으로 삼아 중화학공업을 가동시켜 온 가운데 낙후된 생산설비와 오염처리 기반시설의 부족 등으로 환경·생태 문제가 확대되어 왔으나, 군사국가 체제의 경직된 관료주의로는 신속하고 효과적인 대응이 어려운 상황이다. 권위주의 국가에서 공통적으로 발견되듯이, 환경·생태 문제에 대한 사회적 감시 기능을 하는 시민환경운동과 주민 자발적인 환경실천 노력을 북한 사회에 기대하기란 쉽지 않다.

지금의 북한 사회는 생태적 자립 기반이 무너지는 상황에서 국가 발전과 성장은 결국 '모래 위에 성을 쌓는 일'과 같다는 점을 우리에게 역설적으로

---

55 여기서 환경·생태 문제는 환경오염(대기, 수질, 토양오염, 폐기물문제 등), 자연생태계 파괴(산림, 해양, 생물다양성 등), 자연자원 고갈(식량, 에너지, 물 등) 등 다양한 차원을 포괄하는 의미로 사용한다.

보여주고 있다. 사회주의권 붕괴로 중국, 러시아로부터 석유를 값싸게 제공받지 못하게 되자 북한은 심각한 에너지난을 겪게 되는데, 이 과정에서 석탄 채굴 확대와 함께 땔감용 벌목이 광범위하게 진행되었다. 또한 외화벌이 목적의 산림벌채 확대와 함께 식량증산 목적의 다락밭 개간 사업으로 산림파괴가 급속히 진행된 결과 대홍수와 가뭄, 식량생산 기반 붕괴에 따른 식량난 등 생태적 재난 상황이 반복적으로 일어나고 있다.

이처럼 북한의 심각한 환경·생태 문제는 남한 사회에도 직접적인 영향을 줄 뿐만 아니라, 통일시대가 되었을 때 반드시 치러야 할 엄청난 부담으로 작용하게 된다. 독일이 통일되었을 때 전체 통일비용 중 환경비용이 약 10%를 차지했다고 하는데, 우리의 경우 그 부담이 훨씬 더 클 전망이다. 따라서 북한의 생태적 취약성을 해결하는 것은 미래의 통일 상황을 사전에 대비하는 노력이기도 하다.

북한의 녹색화는 한반도 전체의 녹색화 차원에서 중요하게 다뤄져야 한다. 지속가능성 위기가 글로벌 차원으로 확대되고 있는 지금, 북한의 녹색전환의 필요성 또한 여느 곳보다 크다. 하지만 지금 상태에서 녹색전환의 가능성은 잘 보이지 않고, 오히려 지속 불가능한 발전 경로를 선택할 가능성도 배제하기 어렵다. 단절 및 폐쇄 구조 속에서 당면한 빈곤 문제는 북한으로 하여금 개발과 성장에 대한 절박함을 더욱 키워서 생태적 희생을 대가로 치르더라도 단기적이고 가시적인 생산력 증대 방식을 채택하게 만들 수 있기 때문이다.

녹색전환의 차원에서 예상 가능한 우려스러운 점 몇 가지를 살펴보면 다음과 같다. 먼저, 사전환경영향평가 등 제도적 기반이 미비한 상태에서 생태 파괴적인 개발사업이 무분별하게 진행되고, 주민들의 억눌렸던 개발 및 소비 욕구의 분출과 생활양식 변화가 환경 및 생태계에 상당한 부담으로 작용할 가능성이 크다. 이것은 북한 내부적 요인과 관련된 것인데, 더욱 우려스러운 것은 외부적 요인이 북한의 성장 전략과 결합해서 생태적 파괴와 지속가능성 위기를 확대, 심화시킬 수 있다는 점이다. 북한 스스로 외화벌이목적으로 유해성 폐기물 수입에 적극 나서거나, 중국을 포함한 주변국의 오염산업이 환경규제가 상대적으로 덜한 북한에 대량으로 이전, 유입될 가능성이 있다.[56] 또한 주변국의 자본, 특히 다국적 기업의 자본이 북한 지역을 투자 또는 투기 대상으로 삼아 진출하면서 일으키는 문제인데, 예를 들어 북한의 식량난 해결과 결합해서 선진국 자본들이 북한을 GMO 농작물의 안전성 검증 무대로 삼거나, 또는 생산성을 내세워 공장식 축산, 화학형 집약농업 등 환경·생태적 부담이 큰 형태의 농축산 산업이 북한에 앞다투어 진출할 수도 있다. 결국 이러한 일들은 북한은 물론 한반도 전체의 지속가능성에 부정적 영향을 줄 수밖에 없다. 한반도 전체의 녹색화와 평화녹색국가에 대한 전망을 갖고 남북한의 생태적 조건과 지속가능성 높이는 방안을 지혜를 모아 마련하고 단계별로 실행해 나갈 필요가 있다.

3. 한반도 녹색화를 향한 평화녹색국가 모색

1) 한반도 문제에 대한 평화와 녹색 관점의 접근

많지는 않지만 환경·생태적 관점에서 남북 관계를 다룬 연구들이 있다.

---

56 북한은 1990년대부터 프랑스, 중국, 독일, 영국, 오스트리아, 스위스 등으로부터 수만 톤의 생활쓰레기와 산업폐기물을 수입한 바 있고, 1997년에는 대만과 비밀계약을 통해 고준위가 포함된 핵폐기물 20만 배럴을 반입하려는 시도를 한 전례가 있다. 우리의 경우도 일찍이 우리가 근대화 과정에서 일본의 오염산업을 수출산업단지에 유치한 사례가 있다.

에너지와 농업문제를 포괄하는 녹색경제 체제를 바탕으로 한 녹색평화론(송태수, 2002), 남북한 모두의 발전·안보국가에서 녹색·평화국가로의 전환(구갑우, 2010), 생태민주주의를 기반으로 한 녹색통일론(임진철, 2014), 생태주의와 녹색 관점에서의 통일사회에 대한 전망(박명수, 2015; 박민철, 2017) 등이 있다. 또한 이런 기존 연구들이 생태보다는 평화적 측면에 초점을 맞추고 있다는 지적이나(조배준, 2017) 초록 모순이 분단 모순에 선행하는 만큼, 기후위기나 생태적 조건을 고려하지 않은 통일론은 한계가 있다는 지적도 있다.(조영호, 2022)

필자는 '지구상 유일의 분단국가'라는 오명을 벗어던지고 남북한 간의 체제적 이질성을 창조적으로 녹여내서 서로를 살려낼 수 있는 통일사회는 '녹색'의 관점에서 접근했을 때 가능하다고 생각한다. 녹색화의 차원을 한반도 차원으로 확장하는 것은 당면한 지속가능성 위기를 해결하는 데도 중요하다. 이런 전환적 관점에서 남북 관계를 상생적으로 발전시켜야 하며, 통일은 이런 과정에서 얻어질 수 있는 하나의 결과물이 될 것이다.

2) 평화녹색국가로의 전환 방향과 과제

녹색전환을 위해서는 남북한 관계의 근본적인 변화가 필요하다. 지금과 같은 대결적 긴장 관계를 활발한 상호 교류와 신뢰 형성을 통해 평화적 공존 관계로 바꿔내고, 더 나아가 남북한 각자의 특성과 역량을 적극 활용해서 지속가능성 위기에 공동 대응하면서 서로를 살려내는 협력적 상생의 관계로 전환시켜 나가야 한다. 지속가능성 위기 시대를 맞아 남과 북은 녹색전환의 파트너로서 한반도 전체 차원에서 기후위기 해결과 식량 및 에너지 자급 문제 등을 해결하기 위해 함께 머리를 맞대고 지혜와 역량을 모아낼 필요가 있다.

그동안은 경제성장 및 개발의 논리로 남한의 자본 및 기술력과 북한의 자원 자원과 노동력의 상생적 결합의 필요성을 강조해 왔는데, 이제는 녹색전환의 차원에서 지속가능성 문제를 함께 해결하는 방향에서 상호 교류와 협력의 방안을 찾아내야 하며, 이 과정에서 한반도의 평화녹색국가에 대한 전망도 구체화될 수 있을 것이다.

또한 평화녹색국가는 어느 한쪽만의 과제일 수는 없는 만큼, 남한과 북한 모두 자기 성찰과 혁신이 있어야 한다. 남한 자본주의와 북한 사회주의 체제의 특성과 본질적 한계에 대한 자각은 평화녹색국가로의 전환에 있어 중요한 전제조건이다. 남북한 모두 자기 진단과 준비가 채 되지 못한 상태에서, 비록 가능성은 희박하지만, 어느 날 갑자기 '도둑'처럼 찾아오는 통일은 예기치 못한 부작용과 함께 사회, 생태적으로 재앙적인 결과를 가져다줄 수도 있다. 결국 녹색평화의 관점에서 볼 때 통일은 명분과 당위의 차원을 넘어서 목적과 방향, 내용, 방식, 조건 등에 대한 구체적인 검토와 준비를 통해 이루어지는 것이 바람직하다.

평화녹색국가로의 전환은 남북한 서로에게 도움이 되는 방향에서 교류와 협력의 경험이 쌓이고 상호 신뢰가 형성될 때 비로소 가능할 것이다. 이 점에서 남북한 공동의 과제로서 환경·생태 문제는 중요한 연결고리가 될 수 있다. 백두대간과 접경지역 등 주요 생태계와 환경오염에 대한 공동 조사, 조류독감과 재선충 등 각종 생태학적 질병에 대한 공동 대응, 어족 자원과 멸종위기종, 주요 생태계 서식지 등에 대한 공동 관리, 중국발 황사와 스모그 및 황해 오염과 일본의 방사능 오염수 해양 투기 등 한반도를 둘러싼 환경·생태 문제와 기후위기와 같은 글로벌 차원의 생태학적 위기에 대한 공동 대응 및 적응 전략 등이 그 예라 할 수 있다.

평화녹색국가로의 전환에 있어서 해결해야 할 대표적 과제로서 먼저, 남북한 공동의 생태적 완충 지대 확충과 자립 기반 확대가 필요하다. 변화에 따른 충격을 흡수하고 새로운 차원으로의 전환을 만들어내는 역할로서 생태적 완충 지대를 적극 도입해야 한다. 지역의 녹색화와 관련해 생물지역주의를 기반으로 한 행정구역 개편의 필요성을 언급한 바 있는데, 이러한 문제의식을 한반도 전체로 확장해 보면, 통일 시대를 맞이하여 강의 흐름과 산맥, 주요 서식환경 등 자연생태계의 조건을 고려해 통합적으로 관리할 수 있도록 관리구역과 관리체계를 개편하는 것도 필요해 보인다.

또한 완충 지대는 물리적, 공간적 영역은 물론 사회문화적, 제도적 영역도 포함된다. 지속 불가능성을 최소화하는 방향에서 각종 개발사업과 정책에 대한 사전예방적 검증과 평가 시스템을 정교하게 마련해 운용하고, 생산 및 소비구조의 생태효율성을 높이며, 교육 및 소통 체계 활성화로 사회적 인식 전환을 이끌어내는 노력이 여기에 해당된다. 이처럼 가치와 문화, 제도 영역에서의 녹색화 역량이 갖추어질 때, 부작용을 최소화하는 가운데 자본과 기술을 활용한 물리적, 공간적 녹색화도 제대로 이루어질 수 있을 것이다.

한반도 전체 차원에서 생존과 경제활동에 필수적인 식량과 에너지의 자급 기반을 높이는 방안을 새롭게 모색하는 것도 중요하다. 지속가능한 농업 생산 기반 구축과 식량 자급력 향상은 남북한 공동의 주요 과제인데, 현재 남한 사회는 정부의 농업 무시 정책으로 농업과 농촌이 고사 위기로 내몰려 있다. 이런 상황에서 도시민들의 귀농 움직임과 도시농업 확대, 농민들의 친환경농업과 직거래 활동 경험의 축적은 의미 있는 가능성을 보여준다. 한편, 북한은 농업국가로서 특성들을 상당 부분 유지하고 있다. 통계청 자료에 따르면 1970년을 기준으로 남북한의 농가 인구비가 각각 44.7%와 40.5%로 비슷했으나, 현재 남한의 농가인구 비율이 4% 대로 급격히 줄어든 반면,

북한은 2008년까지 36.8% 대로 우리보다 매우 높은 편이다.[57] 전체 경제에서 농림어업 부문이 차지하는 비중도 2022년 기준으로 남한은 1.8%인데 반해 북한은 23.1%로 약 13배가 높다. 하지만 북한은 생태적 특성을 고려하지 못한 농업방식과 자연재해 등으로 농업생산 기반이 오히려 상당히 황폐화된 상태다. 농업기반시설과 농자재 수급도 열악하다. 따라서 남북한 농업의 각각의 조건과 특성, 경험들을 아울러 한반도 농업 전체의 지속가능성을 높이고 식량 자급기반을 확충해 나가는 남북한 공동의 노력이 매우 중요하다.[58]

에너지 문제 역시 한반도 전체의 균형을 고려해서 분산과 자립의 원칙을 가지고 에너지 생산 및 소비구조와 체계를 재설계 해야 한다. 석유와 원자력 에너지 비중이 상대적으로 높은 남한과 석탄과 수력 에너지 비중이 높은 북한의 특성을 고려하여 녹색전환을 위한 이행기로서 에너지 혼합(energy mix)의 지점을 만들어낼 필요가 있다. 특히 북한의 경우 산업부문 에너지의 고급화, 효율화 노력 못지않게, 주민 실생활과 연결된 에너지는 지역분산형 저비용 고효율의 적정기술을 활용해 생산, 공급하는 방식을 적극 만들어낼 필요가 있으며, 이것을 남한 사회의 기술과 자본이 뒷받침해 주면서 한반도 전체 에너지 소비구조의 탄력성을 높여나가야 한다.

한편, '군비축소'와 '탈핵' 문제 또한 반드시 짚고 넘어가야 할 과제다. 평화녹색국가로 가는데 있어 전환 비용(transition cost)이 상당할 수밖에 없는

---

57 통계청 자료에서 2008년 이후 북한 농가인구 비율에 대한 확인은 어려웠다.

58 북한이 식량난을 겪은 이후 1990년대 중반부터 정부는 물론 민간 차원에서도 대북 농업지원 활동이 활발했다. 하지만 남북관계가 경색된 지금은 남북간 농업교류는커녕 '통일농업'에 대한 논의 조차 사라진 상태다.

데, 기존과 같은 성장 모델로는 해당 비용을 충당하는데 한계가 있다. 결국 불필요한 비용을 줄이고 절약하는 노력이 중요한 만큼, 남북 간 화해와 평화 체제의 정착을 통해 과다하게 지출되는 군비를 축소시켜 나가는 노력이 매우 중요하다. 특히 북한은 남한과 비교해서 사회경제적으로 열악한 상태인데,[59] 그럼에도 불구하고 북한은 GDP의 15~25%를 군사비에 지출하고 있다. 물론 경제력 차이로 국방비 총액 규모로 보면 북한은 남한의 1/4 수준이고, 군사력도 한국이 세계 5위인 반면 북한은 36위 수준이다. 그런데 북한은 이런 힘의 불균형을 핵무기나 화학무기 등 절멸적 군사무기를 통해 해결하려 함으로써 한반도 전체의 생존과 평화를 위태롭게 하고 있다.

'탈핵' 문제 또한 평화녹색국가 핵심적인 걸림돌이자 남북한이 공동으로 해결해야 할 과제다. 남한의 핵발전소와 북한의 핵무기는 반드시 해결되어야 할 공통의 과제다. 남북한 교류 확대와 국제사회로부터의 지원 관계를 회복하기 위해서는 북한의 핵무기 문제가 해결되어야 하며, 남한 역시 생산과 소비, 생활양식 전반의 녹색전환 차원에서 탈핵에 대한 명확한 사회적 합의를 통해 공급 중심의 에너지 정책에서 원전에 대한 의존도를 줄여나가야 한다.

3) 평화녹색국가로의 이행 방안

한반도 전체 차원에서 평화녹색국가로 가기 위해서는 남북한 각자의 제반 조건과 특성을 고려한 이행 전략과 단계적 접근이 요구된다. 한국과 북

---

59 2022년 기준으로 남한과 북한을 비교하면, 남한은 인구 규모 2배, 1인당 국민소득 약 29배, 무역 총액은 약 890배 더 높고, 평균 기대 수명도 남한이 약 8년 더 긴 것으로 나타났다.

한이 분단된 지 80여 년간 각자 서로 다른 경로를 걸어오면서 이념과 제도, 경제구조, 삶의 방식 등에 상당한 차이가 존재하기 때문이다.

남북한 모두 발전·안보국가를 추구했지만 이후 진행 과정과 결과는 서로 달랐다. 1960~70년대에 남한이 사적 소유에 기초한 시장경제 체제를 바탕으로 외자 도입형 수출중심적 축적 전략을 추진한 반면, 북한은 국가 소유에 기초한 관료적 계획경제를 바탕으로 외자 배제와 수입대체 산업화를 통한 자립적 발전전략을 추진했다. 이후 남한은 1990년대 들어 금융 및 자본시장 개방 등 신자유주의 정책을 적극 추진하다가 IMF 외환위기 상황을 거치면서 경제의 대외 의존성이 더욱 심화된 반면, 북한은 폐쇄적 경제체제 속에서 식량과 에너지, 원자재, 외화 부족으로 인한 심각한 경제위기를 겪으면서 선군정치(先軍政治)를 앞세운 군사국가로 전환하게 된다.(구갑우, 2010: 13)

이처럼 남북한 간의 이질성이 심화되는 가운데 2000년 이후 한동안 남북한 간의 관계 개선을 위한 상호 교류 활동과 정상 회담 및 합의들이 있었으나 지속되지는 못했다. 오히려 지금은 북한의 핵무장과 함께 한미일 동맹의 구체화와 북러 군사동맹 강화가 긴장을 이루는 가운데, 강력한 대중(對中) 견제를 내세운 트럼프 정부의 등장으로 한반도는 정치, 외교, 군사, 경제 등 총체적 질서가 요동치고 있다. 그만큼 한반도의 녹색평화의 필요성은 더욱 커졌지만 가능성은 오히려 한층 위축된 모습이다. 이런 가운데 '하나의 민족'에 대한 정서적 호소나 통일을 규범적 목표로 설정하는 논리 또한 설득력이 약해지고 있다. 이런 상황에서 남북한이 서로의 관계를 적대적 공존에서 공생과 상생의 관계로 차원 변화시키는 데 있어 지속가능성 문제는 중요한 계기가 될 수 있다.

이와 관련해서 개헌 때 헌법상 영토 조항 개정도 필요하다고 본다. 현행 헌법 제3조는 "대한민국의 영토는 한반도와 그 부속도서로 한다."고 되어 있는데, 이것이 북한 지역과 북한 주민을 대한민국 헌법의 적용 대상에 포함시키고 분단을 비정상인 상태로 규정해 통일의 근거를 헌법을 통해 제시한다는 측면도 있으나, 다른 한편으로 남북한이 국제연합(UN)에 동시에 가입했음에도 서로를 정상 국가로 인정하지 않은 채 분쟁과 갈등을 낳고, 나아가 남북한이 한반도의 평화녹색국가로의 전환을 위한 협력의 파트너로서 관계를 발전시켜 나가는 데 장애 요소가 될 수도 있기 때문이다.[60]

지속가능성 위기에 대한 녹색전환의 차원에서 남북한이 당면한 문제를 새롭게 설정하고 접근 방식을 달리해야 한다. 우선, 남한과 북한은 환경·생태 문제에 있어 공통적이면서도, 한편으로 서로 다른 특성을 가지고 있다는 점부터 다시 확인할 필요가 있다. 남한의 환경문제가 '풍요와 과잉'의 결과물이라면, 북한의 환경문제는 '빈곤과 결핍'의 결과물에 가깝다. 따라서 평화녹색국가로의 이행 전략도 남북한이 서로 달라야 한다.(정규호, 2013b) 예를 들어 남한은 '생태적 탈근대화'를 통한 성장관리 전략이 요구된다. 자본과 기술력을 바탕으로 한 성장 효율성과 경쟁력 강화 방식에서 벗어나 사회문화와 제도, 생활양식 전반에 생태적 가치를 담아내는 전략이 필요한 것이다. 남한 사회의 정보통신 기술력을 기반으로 한 소통 역량과 시민사회의 높은 활력, 삶의 질에 대한 깊은 관심은 생태적 탈근대화를 이끌어가는 중요한 동력이 될 것이다.

반면에 북한은 '생태적 근대화'를 통해 생태효율성을 높여 생산성을 높이

---

60   최근 들어 남북 관계의 악화 속에 북한이 적대적 두 국가를 선언하고, 남한 내에서는 특수관계론과 두 국가론이 이념 논쟁으로 비화되고 있어, 통일 보다 녹색평화를 우선 가치로 삼아 지속가능성 위기를 함께 극복하는 방안이 더욱 절실해 보인다.

는 것이 우선적 과제일 수 있다. 석탄 의존도가 높은 에너지 구조와 중화학 공업을 기반으로 한 생산구조는 근본적으로 환경 및 생태계에 대한 상당한 부담을 줄 수밖에 없다. 여기에다 낡은 생산설비와 오염처리 시설의 부족은 경제적으로는 물론 환경·생태적 부작용이 크다. 따라서 적은 자원과 에너지를 가지고 높은 생산성을 유지하면서 지속가능성에 기여할 수 있는 생태적 근대화 전략이 적합할 수 있다. 다만 이것이 가능하려면 남한 사회가 축적한 자본과 기술력이 북한 사회에 효과적으로 연결되고 적용되도록 해야 한다. 이것은 국제사회에서 선진국의 자본과 기술력을 개도국에 이전함으로써 지구적인 환경문제의 해결 방안을 찾고자 하는 방식과 기본 문제의식이 맞닿아 있기도 하다.

5절 지구의 녹색화를 위한 책임 있는 역할

1. 국익 우선주의를 넘어 지구적 책임 자각하기

이 책 1장 4절에서 녹색국가의 특징 중 하나로 '지속가능성을 위한 글로벌 차원의 책임 있는 역할'을 강조한 바 있다. 이처럼 녹색국가는 영토를 기반으로 한 배타적 관할권으로서 주권 개념을 확장한 녹색주권(green sovereignty)을 바탕으로, 사회·생태적 부담을 다른 곳으로 떠넘기지 않고 지역(국가) 내에서 책임지고 해결하면서, 국경을 초월한 문제에도 적극 참여하며 전환을 위한 노력에 동참하는 것을 중요한 특징으로 한다.

지구적 차원의 지속가능성을 높이기 위해서는 모든 국가가 책임 있는 역할자로 나서야 한다. 그런데 지구적 생태위기와 인류 공멸에 대한 위기 인식은 점점 커지고 있으나 현실에서 국가 간 협력과 공동의 해결 노력은 기대에 많이 못미치고 있다. 국가 간 군사적 충돌 및 전쟁과 같은 극단적 상황도 문제지만,[61] 대부분의 국가가 배타적 경쟁 구조 속에서 '자국 이익 우선주의'의 틀을 쉽게 넘어서지 못하고 있기 때문이다. 환경문제를 둘러싸고 국제사회에서 반복되어 온 논쟁거리가 있는데, 선진국은 개도국의 과도한 인구 증가와 자원과 에너지의 비효율적 이용, 오염물질 과다 배출의 산업구조를 지속 불가능성의 주요 원인으로 들고 있는 반면에, 개도국은 선진국의 자원 낭비적 생산·소비 방식과 오염산업과 자원 추출의 외부화를 문제의 근원으로 지적한다. 이러한 원인 진단에 대한 인식 차이는 해결 방식을 둘러싼 국가 간 협상과 협력을 어렵게 하고 지구적 환경·생태 문제에 대한 글로벌 리더십을 가로막는다.

그렇다면 녹색전환의 관점에서 이러한 문제를 어떻게 다뤄야 할까? 생태적 상한선과 사회적 최저선 사이에서 녹색전환의 길을 찾기 위해서는 선진국과 개도국 각자가 처한 조건과 특성을 우선 고려해야 한다. 기후위기 문제를 놓고 보면, 개도국은 식량, 에너지, 물, 위생 등 생활의 기본 토대가 취약해 기후위기의 영향을 더 직접적으로 받는다. 그런데 굶주림에 직면하고 깨끗한 물이 없어 전염병으로 생명을 위협받는 상황에서 기후위기 대응을 우선적인 과제로 삼기도 현실적으로 어렵고, 문제 해결 역량 또한 취약하다. 반면에 선진국들은 기술 개발, 인프라 건설, 사회복지 투자 등에서 개도국보다 여력이 더 있고 사회 구성원들의 탈물질적 가치 지향도 상대적으로 더 높

---

61 유럽에 천연가스 공급지 역할을 했던 러시아와 식량 곡창지대 역할을 해 온 우크라이나 간의 전쟁과 중동의 지정학적 불안정성은 세계의 식량과 에너지 공급에 불확실성을 높이는 대표적인 문제다.

아서 녹색전환을 위해 국가가 책임 있는 행동에 나설 가능성 또한 크다.

하지만 선진국들이 현재 가지고 있는 이러한 여건과 역량은 역사적으로나 사회, 공간적으로 마땅히 져야 할 상당한 생태 부채를 개도국들이 감당해 온 데서 비롯된 것이다. 그만큼 개도국의 빈곤과 환경·생태 문제의 동시적 해결을 위해서는 선진국으로부터 개도국에 대한 재정 재원과 기술 이전, 부채 탕감 등의 책임 있는 노력이 있어야 한다. 이런 과정을 통해 개도국의 녹색전환이 효과적으로 이루어지고, 선진국과 개도국이 서로의 차이를 넘어 지구적 지속가능성을 실현하는 책임 있는 파트너로 자리매김해 나가야 한다.

이와 관련해서 유엔기후변화협약에서 강조한 '공동의 차별적 책임' (CBDR, Common But Differentiated Responsibilities) 원칙에 다시 주목할 필요가 있다. 이 원칙은 지구 환경문제에 대해 모든 국가가 공동의 책임을 가지고 있지만, 각 나라의 경제 및 기술적인 상황 등을 고려해서 차별화된 책임을 부담해야 한다는 것으로, 기후 문제와 관련해서 선진국의 책임이 큰 만큼, 자국의 온실가스 배출량 감축과 함께 개도국이 책임 있는 역할을 하도록 필요 재원을 선진국이 선도적으로 제공해야 함을 강조하고 있다. 기후변화에 의한 개도국의 손실과 피해 보상을 위한 기금 조성에 대한 합의를 통해 글로벌 차원에서 개도국의 기후 대응 지원을 구체화하고 있는 것도 이런 문제의식에서 비롯되었다.

그렇다면 이러한 흐름 속에서 우리나라의 위치와 역할은 어떠해야 하는가? 우리나라는 이미 1996년에 경제협력개발기구(OECD)에 가입했고, 2021년에는 유엔무역개발회의(UNCTAD)를 통해 선진국 그룹으로 공식 인정받았다. 그렇다면 선진국의 위치에서 지구적 지속가능성을 위한 책임 있는 역할을 적극 찾아내고 실천하는 것은 당연한 일이다.

2. 지구적 지속가능성을 위한 녹색국가 한국의 역할

우리나라는 경제적으로 선진국가 위치에 있는 만큼 지구적 지속가능성 측면에서 직간접적으로 미치는 영향도 상당하다. 지속가능성 위기 시대를 맞아 '국가의 녹색화'와 '국가를 통한 녹색화'를 통해 녹색국가 한국이 지구적 차원에서 감당해야 할 역할과 책임이 크다. 녹색국가로서 한국의 역할을 크게 세 가지 차원, 즉 '자국의 녹색화로 지속가능성 높이기'와 '타국의 지속가능성에 대한 부정적 영향 줄이기', 그리고 '타국의 녹색전환을 책임 있게 지원하기'로 구분해서 살펴볼 수 있다.

1) 자국의 녹색화로 지속가능성 높이기

먼저 자국(自國)의 녹색화에 책임을 다함으로써 생태적 부담 또는 부채를 시공간적으로 떠넘기지 말아야 한다. 한때 우리나라는 세계 4대 '기후 악당 국가' 중 하나로 불렸는데, 지금도 이런 상태가 크게 개선되지 못한 채 지구적 지속가능성 위기에 영향을 준다. 2022년 기준으로 한국은 이산화탄소 배출량이 세계에서 아홉 번째로 많은 나라로, 이산화탄소 배출량 증가율은 OECD 국가 중 최상위권이다. 석탄 발전 비중도 세계 4위권인데, 재생에너지 발전 비중(7.7%)은 OECD 국가 평균(34%)은 물론 세계 평균(14.8%)에도 한참 못 미친다.

한국이 세계 경제와 생태계에 미치는 영향이 큰 만큼 한국 자체의 녹색화를 위한 노력 자체가 지구적 지속가능성에 대해 책임지는 일이기도 하다. 대외 의존형 경제구조와 취약한 생태적 자립 기반, 높은 생태 부채 등 우리가 가지고 있는 문제의 해결은 지구적 차원의 지속가능성을 높이는 것과 밀접하게 연결되어 있다. 이 책에서 녹색국가의 필요성을 강조하고 녹색국가 대한민국의 가능성을 찾으려는 시도도 이러한 문제의식과 맞닿아 있다.

2) 타국의 지속가능성에 대한 부정적 영향 줄이기

우리나라의 경제활동이 다른 나라의 지속가능성에 직간접적으로 영향을 주는 경우가 적지 않은 만큼, 자국의 녹색화 못지않게 타국에 부정적 영향을 미치는 것을 줄이는 노력도 중요하다. 구체적인 예를 유형화해서 보면 다음과 같다.

먼저, 높은 환경 기준을 피해 국내 '회색산업[62]'이 해외로 진출하면서 현지에서 환경·생태 문제를 일으키는 경우가 있다. 석탄화력발전, 석유화학 산업, 철강·제철 및 시멘트 산업, 광산업 등이 대표적인 회색산업인데, 우리의 경우 롯데케미칼 등 대형 화학 기업이 베트남에 석유화학 공장을 지어 운영하고, 한국전력공사와 포스코건설은 필리핀에 석탄화력발전소를 건설해 운영하면서 현지의 생태계 파괴와 환경오염, 주민건강 위협 등의 문제를 발생시켰다.

또한, 국내 기업들이 수입하는 자원 및 원료를 생산하는 과정에서 해외 현지의 생태계를 파괴하는 문제도 있다. 국내 식품 및 화장품 제조 업체들이 많이 사용하는 팜 오일을 말레이시아나 인도네시아 등에서 주로 수입하는데, 팜 오일 생산 과정에서 대규모 벌목과 열대우림 파괴 등의 문제가 발생한다. 국내 에너지 기업이 몽골과 필리핀 등에서 석탄 채굴 사업을 진행하거나, 미얀마나 페루, 칠레 등지에서 광물 채굴을 위해 광산을 개발하는

---

62 산업활동 과정에서 공기, 물, 토양 등 환경을 오염시키고, 자원과 에너지를 과소비하고, 유해 물질을 발생시키는 등 환경·생태적으로 해로운 영향을 주는 산업으로, 환경친화적인 의미의 '녹색산업'과 대비되는 개념이다.

과정에서 현지의 수질과 토양, 대기 오염 문제를 일으키기도 한다. 한국 기업이 호주 북부 해안의 가스전 개발에 참여해 환경 파괴와 원주민 권리를 침해했다는 이유로 한국은 2023년 제28차 기후변화당사국총회(COP) 기간에 세계 기후환경단체들로부터 노르웨이, 캐나다 앨버타주와 함께 '오늘의 화석상'을 수상해 기후협상을 방해하는 대표적 국가로 지목되기도 했다.

한편, 회색산업과는 성격이 다르지만 우리가 수출한 상품이 해당 국가의 녹색전환에 부정적 영향을 주는 경우도 있다. 대표적인 것이 방산 무기 수출이다. 앞에서 평화와 녹색의 관점에서 군사적 긴장과 군비 확대의 문제점을 다룬 바 있는데, 우리나라는 전차와 장갑차, 항공기, 함정, 미사일 및 로켓, 방공 시스템 등 다양한 분야에서 무기 수출을 늘려왔고, 수출 대상 국가도 아시아 외에 유럽, 중동, 아프리카 등 다양한 지역으로 확대해 오고 있다. 그 결과 지난 10년 동안 한국의 무기 수출은 연평균 약 10% 이상의 성장률을 기록했고, 2020년대 들어 세계 10위권의 방산 수출국이 되었는데, 그 이면에서는 해당 국가의 심각한 자원 배분 왜곡과 함께 녹색전환을 가로막는데 일조하고 있는 셈이다.

이와 함께 원전 산업의 안전성과 환경적 영향에 대한 국제사회의 우려가 높아지는 가운데, 우리나라는 아랍에미리트와 사우디아라비아의 원전 건설과 운영에 주도적으로 참여하고 '원전 수출'을 적극 추진함으로써, 해당 국가의 재생 에너지로의 전환 가능성을 불확실하게 만든다는 점도 살펴봐야 할 대목이다.

3) 타국의 녹색전환을 책임 있게 지원하기

대표적인 것으로 녹색 공적개발원조, 즉 그린 ODA의 규모와 비중을 확대하는 것이다. 우리나라 그린 ODA의 전개 과정을 간략히 살펴보면 다음과 같다. 해외로부터 원조에 힘입어 개발국가 경영이 한창이던 1960~70년대에는 그린 ODA 자체가 없었다가, 1980~90년대에 들어 자원봉사형 또는 환경개발형 그린 ODA가 시작되었다. 초기에는 주로 개도국의 폐기물 처리, 상하수도 설치, 물관리, 주거환경 개선, 조림 등 환경개선 및 개발사업들을 지원하는 것이었다. 그러다가 2000대 이후 개도국의 녹색성장을 지원하는 그린 ODA 사업들이 추진되었고, 2020년대에 들어서는 그린 ODA를 그린뉴딜 ODA로 확대하였다. 탄소중립에 대한 개도국 참여가 늘면서 ODA도 환경개선이나 환경개발을 지원하던 것에서 기후위기 대응을 지원하는 방향으로 흐름을 바꾸는 것이 세계적 추세가 되었는데, 그린 ODA 내용도 물관리, 폐기물 관리 등 단일 환경개선 과제에서 개도국의 녹색전환을 지원하는 방향으로 이동하게 되었다.(조명래, 2023c)

우리나라 그린 ODA의 비중을 보면, 2015~19년 기준 전체 ODA의 19.6% 수준으로 OECD 개발원조위원회(DAC)[63] 회원국 평균(28.1%)에 많이 못 미치는 만큼, 한국의 경제적 지위에 걸맞은 노력이 요구된다.(관계부처합동, 2021) 정부도 2021년 '그린뉴딜 ODA 추진 전략'에서 우리나라 그린 ODA 지원 비중을 2025년까지 OECD DAC 평균 28.1%까지 높이도록 하고 있으나, EU가 그린딜(green deal)의 일환으로 그린 ODA 비중을 50%까지 늘리는 등 적극적인 대책을 내놓고 있는 만큼, 글로벌 차원의 녹색전환을 지원하는 방향에서 우리나라의 그린 ODA 수준을 더 높여가야 할 것이다.

---

63 원조 선진국 클럽으로 불리는 OECD의 공적개발원조 공여국들의 협의체로, 우리나라는 2009년에 가입해 원조 수혜국에서 공여국으로 지위가 바뀐 첫 사례가 되었다.

제8장 녹색국가로의 전환 주체와 동력

— 시민사회와 정치의 녹색화

—

지속 불가능성을 확대 재생산하는 현실로부터 녹색국가로 전환하기 위해서는 이것을 추동하는 주체와 힘이 있어야 한다. 이 장에서는 먼저 전환의 주체로서 인간이 가진 특성과 인식론적 전환의 차원에서 내면의 녹색화, 자아의 녹색화 부분을 집중해서 살펴보고자 한다. 이어서 전환의 주체 형성과 역량 강화를 위한 토대이자 '국가의 녹색화'와 '국가를 통한 녹색화'를 연결하는 시민사회 영역의 녹색화 방안을 현실 진단을 통해 다룬 다음, 녹색전환의 조건과 실행 기반을 만들기 위한 정치의 녹색화 방안을 살펴보고자 한다. 정치의 녹색화는 주류 정치 영역의 지속 불가능성을 줄이고 사회-생태적 책임성을 높이는 것과 함께, 대안정치로서 녹색정치 영역의 활성화를 포함한다.

1절 녹색전환 주체에 대한 새로운 인식과 접근

1. 인간의 존재론적 특성과 전환적 접근

시간이 지날수록 '전환'에 대한 관심이 높아지고 관련 논의도 활발하다. 그런데 전환을 실질적으로 이끌어갈 주체에 대한 고민은 여전히 부족하다. 녹색전환 역시 마찬가지다.[1] 녹색전환의 주체로서 '녹색계급'[2]에 대한 이야기도 있으나, 전환의 대상자이자 당사자이면서 동시에 전환의 핵심 주체로서 인간이 가진 특성에 대해서는 더 깊은 이해가 필요하다. 위기를 인지하는 것도 인간이고, 녹색전환을 고민하고 실천하는 주체도 인간이기 때문이다.

인간은 긍정적 측면과 부정적 측면을 모두 가지고 있는 존재다. 따라서 '인간은 무엇인가'에 대한 질문보다는 '어떤 인간이어야 하는가'라는 질문을 통해 인간 존재의 의미를 찾는 것이 유효한 결과에 이르기 쉽다. 이런 관점

1 　이런 이유로 오늘날 생태위기는 그 위기를 다룰 수 있는 주체의 부재로 인한 '주체성의 위기'라는 진단도 나오고 있다.(권범철, 2023: 234)
2 　기존의 사회적 계급이 생산 시스템에 초점을 맞춰 생산과 분배 문제에 관심을 둔다면, 녹색계급은 생성 시스템에 초점 맞춰 지구의 물질적 조건이 가진 한계를 인식하고 거주 가능성에 관심을 둔다.(브뤼노 라투르·니콜라이 슐츠, 2022: 36)

에서 녹색전환의 주체로서 인간은 생태위기의 '무기력한 피해자'거나 '오만한 가해자'에 국한되지 않고, 자연과 연결된 존재로서 자신의 운명과 책임을 자각하고 공존과 공생의 길을 적극 모색해 가는 '창조적 해결자'로 자리매김하는 존재다.

지속가능성 위기 시대에 녹색전환은 '관계적 존재'[3]로서 인간의 의미와 역할을 자각하고 인식과 행동의 변화를 만들어냄으로써 비로소 이루어질 것이다. 녹색전환은 인간에 대한 혐오나 인간 개조를 통해서가 아니라 인간 본성에 내재된 긍정적 가능성에 주목해서 이것을 확장해 나감으로써 시작된다. 이것은 매우 중요한데, 불안, 불신, 공포감을 바탕으로 한 생존 본능은 파괴적 행동으로 이어질 수 있으며, 위기의식에 따른 각성 상태가 지속되면 정신적 탈진과 우울감, 무기력증에 빠져 전환의 가능성을 오히려 제약할 수 있기 때문이다.[4] 따라서 '좋은 삶'(good life)을 향한 긍정적 비전과 메시지를 바탕으로 한 녹색전환이 바람직하고 필요하다. 과도한 겁주기나 책임에 대한 압박과 강요 보다는 긍정적이고 미래지향적인 가치가 전환 사회를 향한 지속가능한 동력이 되도록 해야 한다. 이 점에서 믿음이 행동에 영향을 준다는 의미에서 '자기충족적 예언'(self-fulfilling prophecy)[5] 기능을 적

---

3   자연과 깊은 상호 유기적 관계를 맺으면서 전체적으로 자연과 순환의 질서를 이루는 인간(人間)의 특성을 하늘과 땅 사이에 존재하는 '사이 존재'로 부르기도 한다.(이기상, 2010: 32~33)

4   뇌과학자들은 우리의 뇌가 만성적 스트레스에 노출되면, 감정, 특히 두려움을 처리하는 편도체는 과잉 활성화되고 의사결정과 충동 조절을 포함한 실행 기능에 관여하는 전전두피질의 활성은 저하되어, 정신적 탈진 상태 즉 번아웃 증후군(Burnout syndrome)이 나타날 수 있음을 뇌영상 촬영기법을 통해 밝히고 있다.

5   자기실현적 예언 또는 자기 성취적 예언으로 불리기도 하는데, 이 장 3절의 '예시적 정치'와도 연결된다.

극 활성화시킬 필요가 있다. 미래지향적인 메시지에 대한 반복적 확인은 긍정적인 행동 변화로 연결될 가능성이 높다.[6] 그만큼 긍정적 행동을 습관화함으로써 최소한의 에너지로 전환을 향한 행동 변화를 지속할 수 있도록 해야 한다.

또한, 녹색전환을 위해서는 인간 특유의 상상의 힘을 적극 활용할 수 있어야 한다. 불안감과 공포감은 자연스럽게 나타나는 현상이지만 이것을 막연한 상태로 둬서는 전환으로 연결되기 어렵다. 생태위기로 인한 재난 상황을 구체적으로 상상해 보고 불안과 공포의 실체를 깊이 들여다볼 때 사전예방적 대응을 위한 집중력도 높아질 수 있다. 이것은 외부로부터 강요된 불안이나 공포와는 성격 자체가 다르다. 상상과 실제를 구분하지 않는 우리 뇌의 특성을 활용해서 상상력을 최대한 발휘한 '파국 시나리오' 같은 가상의 환경을 만들어 보는 것도 전환을 위한 유용한 방법이 될 수 있다.

한편, 녹색전환의 주체인 인간의 의식과 심리 체계 측면에서 나타나는 취약성을 인식하고 지혜와 통찰력을 길러내는 노력도 필요하다. 녹색전환 자체가 기존의 사고 및 가치 체계에 대한 도전을 의미하는데, 전환의 주체가 자기 확신과 집단적 신념의 오류에 빠져버리면 오히려 전환을 가로막는 걸림돌이 될 수도 있다. '내 생각이 옳다'는 강한 '자기 확신'(self-confidence)은 지적 능력과는 상관없이 집단화 된 '우리 편 편향'(myside bias)과 결합할 가능성이 매우 높은 것으로 알려져 있다.(올리비에 시보니, 2019) 자신의 세계관과 일치하는 주장만을 선호하고 진전시키는 경향은 사람들의 교육 수준과는 무관하다는 것이다.(키스E. 스타노비치, 2022) 따라서 녹색전환

---

6   우리 뇌의 보상 회로는 미래지향적 메시지를 통해 더 강화되고 심리적 회복탄력성도 더 높은 것으로 알려져 있다.

을 위해서는 집단사고(group think)의 함정에서 벗어나 집단지성(collective intelligence)의 지혜를 발휘할 수 있는 통찰력(insight)이 요구된다. 사람들이 녹색전환의 주체로 성장해 가기 위해서는 지나온 경험의 재구성을 통한 후견지명(hindsight)과 다가올 미래에 대한 상상력과 예측을 활용한 선견지명(foresight)의 유기적인 연결과 함께, 긴밀한 소통과 숙의가 이루어지는 사회적 과정을 잘 설계하고 운영해 나가야 한다.(매슈 커츠, 2018).[7]

2. 인식론적 전환의 차원과 인간 내면의 녹색화

당면한 지속가능성 위기 문제를 해결하려면 정책과 제도, 구조, 시스템은 물론 사람들의 가치와 인식 체계를 포함한 다차원적인 영역에서 전환이 동시다발적으로 일어나야 한다. 특히 대다수 사람들이 보편타당하게 받아들여 온 개발 및 성장에 대한 강력한 믿음 체계가 지속가능성 위기의 주요 원인이라는 점에서, 인식론적 전환(epistemic transformation)은 사회시스템과 생태계 전환의 중요한 토대가 된다. 지속가능한 방향으로 인식론적 전환이 이루어지지 않으면 민주주의의 확장과 참여 기회의 확대가 오히려 사적 이익과 욕망을 추구하는 집단 간의 경쟁과 갈등을 부추겨 전환을 제약하는 요인이 될 수도 있다. 이런 이유로 공식적 구조가 바뀌더라도 사람들이 동일한 사고와 관행을 유지한다면 전환은 환상에 불과하다는 지적도 나온다.(Nalau and Handmer 2015)

인간의 인식과 가치 체계는 그 자체로 지속가능성의 중요한 차원이며, 지속가능성을 위한 행동과 사회 구조 및 시스템 변화를 위한 강력한 힘을 가

---

7 이것은 이 장 3절에서 다루는 '공론 정치 활성화'와도 관련이 깊다.

지고 있다.(Ives, et. al., 2020: 208) 그래서 환경문제를 다루는 영역에서는 오래전부터 가치관과 생활양식의 전환을 강조해 왔다. 하지만 당위적이고 계몽적인 주장에 머무른 채 구체적인 방법론에 대한 심도 있는 검토와 준비는 부족했다. 인식론적 전환의 중요성과 필요성에 대한 강조에도 불구하고 현실에서 이것이 저절로 일어나기는 어렵다. 이것이 가능한 조건을 구체적으로 살펴보면 다음과 같다.

첫째, 심각한 재난이나 재해 등 기존의 가치나 신념 체계를 뒤흔드는 '충격적인 경험'을 했을 때다. 하지만 이 경우 기존 인식 체계에 미치는 영향은 강력하지만 시간이 지나면서 지속되지 못하는 경우들이 많다. 우리의 경우 세월호 참사나 코로나19 팬데믹을 경험하면서 '돈보다 생명'이라는 사회적 각성이 일어났고 대한민국 대개조와 전환에 대한 논의도 많았지만 시간이 지나면서 점점 희미해지는 현실을 자주 겪어왔다. 충격적인 경험에 따른 사회적 각성을 지속시키고 현실 변화와 구체적으로 연결시키는 노력의 필요성을 확인시켜주는 대목이다.

둘째, 새로운 정보의 습득과 체험을 통해 기존의 인식 체계와 인지적 불일치를 경험하고, 이것이 현실 변화를 요구하는 '사회적 압력'으로 연결되었을 경우다. 새로운 성찰과 혁신적 사고를 자극하는 교육과 홍보, 소통의 활성화와 사회운동을 통한 정책 및 제도 변화 요구 확대 등이 그 예라 할 수 있다. 인식론적 전환을 위한 기존의 접근 방식 대부분이 여기에 해당하는데, 주로 인간의 이성적 판단 영역에 초점을 맞추는 경향이 있다. 하지만 녹색전환이 강조하는 총체적이고 전면적인 전환을 위해서는 이보다 한 차원 더 깊이 들어가야 한다.

바로 세 번째로 말하고자 하는 인간 한 사람 한 사람 내면의 '깊은 자기성찰'을 기반으로 한 전환의 차원이다. 이것은 인식의 점진적 변화를 넘어선

질적 비약(飛躍)[8]의 차원을 강조하는 것이다. 이런 점에서 인간 내면의 녹색화야말로 인식론적 전환의 출발점이자 귀결점으로, 구조 및 시스템 전환과 개인적 실천이 연결되는 지점이기도 하다. 인간 내면의 변화의 계기는 사람마다 다양한데, 어떤 사람은 공동체적이고 사회적인 실천에 함께 할 때, 또 어떤 사람은 독서, 명상 등 홀로 실천을 통해서 내면의 변화가 더 잘 일어난다.(Buch-Hansen and Nesterova, 2023: 7)

그런데 그동안의 지속가능성과 전환에 대한 논의와 연구는 주로 사회, 생태적 환경과 구조 등 '외부 세계'(outer world)에 초점이 맞춰져 있어, 인간 '내면 세계'(inner world)는 상대적으로 소홀히 다뤄져 왔다.(Ives, et. al., 2020: 208) 인간과 자연, 사회시스템의 객관적 상호작용 및 관계에 대한 관심에 비해, 인간 내면의 주관적인 측면은 무시된 경향이 있었다는 것이다.(Sumi, 2007) 인간의 이기심과 탐욕, 무관심이 지속가능성 위기의 주요 원인으로 지목되고 있는 가운데, 기존의 논의는 주로 사회적이고 집단적인 차원에서 인식과 가치 체계의 변화를 규범적으로 다루다 보니 개개인들의 내적 삶의 동기와 인식의 영역으로까지 깊이 다가가지 못했던 것이다.

인간의 내면 세계는 인식과 행동의 가장 깊은 동인으로, 지속가능성을 위한 전환의 '깊은 지렛대' 역할을 한다.(Abson, et. al., 2017) 즉 내면의 전환은 미래세대와 비인간 존재를 포함한 타자에 대한 연민과 배려의 마음을 길러내고, 자기중심적이고 이기적이고 탐욕적인 물질주의적 경향에서 벗어나 성찰적이고 내면이 충만한 삶을 지향하도록 이끈다. 또한 내면 세계의 전환

---

8   비약은 일정한 단계나 순서를 따르지 않고 빠른 속도로 높은 수준이나 단계로 건너뛰는 것으로, 원자에 에너지를 가하면 핵 주위를 도는 전자가 낮은 궤도에서 높은 궤도로 한꺼번에 뛰어오르는 양자적 점프(Quantum jump)에 비유하기도 한다.

은 녹색전환이 강조하는 겸손, 검약, 축소, 감축과 같은 '자기 제한'과 관계의 시공간적 확장을 위한 '자기 초월'의 이중적 과제를 해결하는 역할을 한다. 또한 깊은 상호의존성에 대한 자각과 호혜적 관계의 확장 등 '연결성' 논리와 기존 가치 체계와 시스템의 영향력으로부터의 '분리 및 단절' 논리를 조화시키는 초월적 동기를 발현시켜 심오한 사회 변화의 가능성을 확장시킨다.(Ives, et. al., 2020: 212)

3. 자아의 녹색화와 마음챙김의 역할

지속 불가능성을 야기한 성장 체제에서 벗어나 녹색전환으로 가는 데 있어 인간 내면의 변화와 인식론적 전환은 중요한 과제다.[9] 이와 관련해서 인간 내면의 변화에 따른 '자아의 녹색화'(greening of the self)[10]가 중요한데, 구체적 방법으로서 건강한 신체 활동과 좋은 식습관은 건강한 마음과 몸이 서로 밀접히 연결되어 있다는 점에서 중요할 뿐만 아니라 우리에게도 비교적 익숙하기도 하다.[11] 해서 여기서는 자아의 녹색화와 관련해서 중요하지만

---

9   브로스만 등은 탈성장을 위한 전환 전략으로 '사회를 다시 생각하기'(Rethinking society), '정치적으로 행동하기'(acting political), '대안 창조하기'(creating alternatives), '연결 촉진하기'(fostering connections)와 함께 '자아 드러내기'(unveiling the self)를 제안하고 있는데,(Brossmann and Islar, 2020: 921~926) 여기서 자아 드러내기는 곧 인간 내면의 전환, 인식론적 전환과 연결된다.

10   이 개념은 생태철학자 조애나 메이시(Joanna Macy)가 주창한 개념으로, 인간과 자연의 생명의 그물망에서 살아가는 관계적 존재로서 자각을 통해 미래세대와 비인간 존재를 포괄하는 확장된 의미의 생태적 자아를 의미한다.

11   이와 관련해서 뇌과학 분야의 연구 성과들에도 주목할 필요가 있는데, 예를 들어 세로토닌이 부족한 사람은 단기적 보상에 집착하는 반면, 세로토닌이 많은 사람은 중장기적 목표에 대한 인내의 경향이 높은데, 이 세로토닌은 햇빛 속에서의 걷기와 규칙적인 운

상대적으로 덜 다뤄진 '마음챙김'(mindfulness) 문제를 더 집중해서 살펴보고자 한다.

마음챙김은 의식의 확장을 통해 지속가능성 문제를 다루는 새로운 영역으로 주목받고 있으며,(Wamsler, 2018) 이런 흐름을 타고 '생태적 마음챙김'(ecological mindfulness), '마음챙김 혁명'(mindfulness revolution)과 같은 개념이 등장했다.(Sol and Wals, 2015; Wamsler, et al., 2017; Wamsler, 2018: 148)

환경·생태 문제와 마음의 문제를 다룬 기존의 연구들도 없지는 않은데, 주로 기후위기와 같은 생태적 재난 상황에서의 긴급구호와 재활 및 재건을 포함한 복구 차원에서 재난 취약층의 심리적 회복(트라우마 및 외상성 스트레스 감소 등)과 관련된 회복탄력성 문제에 초점이 맞춰졌다. 이와 달리 여기서는 녹색전환의 차원에서 마음챙김의 '전환적 역할'을 강조해서 살펴보고자 한다.

첫째, 마음챙김은 사람들로 하여금 자연 세계와의 깊은 상호의존성을 재발견하고 자신의 행동이 환경에 미치는 영향을 잘 인식하도록 하여 생태적으로 책임 있는 행동을 이끌어 낸다.(Brown and Kasser, 2005)

둘째, 마음챙김은 생태적 위기 상황에 대한 불안과 공포감을 기반으로 한 해결책 모색을 넘어서, 좋은 삶에 대한 긍정과 희망을 통해 지속가능성을 위한 행동을 뒷받침해 준다.(Ericson, et. al., 2014)

동을 통해 활성화된다. 또한 세로토닌은 뇌보다 소장 점막에서 상당량이 생성되는데, 건강한 음식을 감사하는 마음으로 꼭꼭 씹어 먹는 행위로도 상당량의 세로토닌 분비가 활성화된다고 한다. 한편, 뇌는 위장계와 면역계에 영향을 미쳐 장내 미생물군의 조성 비율 조절에 영향을 주고, 장내세균은 소화관과 뇌를 연결하는 미주신경을 통해 뇌와 영향을 주고받는 등 우리 인간의 뇌(腦)와 장(腸)은 긴밀한 소통 관계를 갖고 있는 만큼, 건강한 식생활과 운동은 장내 세균 조성의 변화와 함께 뇌를 통한 우리의 인식 체계에도 영향을 주는 것으로 알려져 있다.

셋째, 마음챙김은 기후위기와 같은 복잡하면서도 재난적인 문제와 관련해서 사후적 대응을 넘어 집단적인 학습과 성찰에 따른 마음챙김의 조직화를 통해 사전예방적 대응을 가능하게 해 준다.(Wamsler, 2018)

넷째, 마음챙김은 일상생활에 '틈'과 '쉼'을 만들어 전환의 여지를 확장시켜 준다. '틈'이 없으면 몸과 마음은 질식될 수밖에 없다는 점에서 마음챙김을 통해 숨 쉴 틈, 생각할 틈을 만들고, 여기서 창조적 생명력을 만들어내야 한다. 익숙한 환경으로부터 의식적 단절을 위한 동안거, 하안거 등 칩거(蟄居)와 명상은 물론 여행과 독서도 마음챙김의 중요한 방법이다.

이와 같은 마음챙김의 다양한 긍정적 역할에도 불구하고, 전환적 잠재력을 확장시켜 현실의 변화로 연결해 내지 못하면 한계에 직면하게 된다. 이 점에서 한편에서 마음챙김이 자기개발의 실용적 수단으로 포장되어 상업화되었다거나, 사회 구조적 문제를 개인화, 탈정치화시켜 외면하도록 만든다는 비판에도 귀를 기울여야 한다. 마음챙김과 인간 내면 세계의 변화는 중요하나, 이것만으로는 글로벌 차원으로 확대되고 있는 지속가능성 문제를 해결하기 어렵다. 마음챙김이 개인주의적 실천에 머물지 않고, 인간 내면 세계의 탐구와 함께 사회적 맥락과 구조 등에 대한 총체적인 분석 및 사회화 과정이 함께 이루어져 사회-정치적 구조와 시스템의 변화로 연결시켜 내야 한다.

2절 시민사회의 녹색화

1. 녹색전환과 시민사회

1) 시민사회 녹색화의 의미와 역할

'시민사회'(Civil Society)란 강제적인 '국가' 영역, 경쟁적인 '시장' 영역과 구별되는 자유롭고 평등한 시민[12]들의 자발적 영역을 말한다. 이들 시민사회는 '국가의 녹색화'와 '국가를 통한 녹색화'를 연결하는 곳으로, 녹색전환의 주체 형성과 역량 강화를 위한 토대이기도 하다. 따라서 지속가능성 위기에 대한 자각을 통해 녹색전환에 대한 책임 의식과 문제 해결의 역량을 갖추기 위한 '시민사회의 녹색화'는 매우 중요하다. 그 의미를 좀 더 살펴보면 다음과 같다.

첫째, 녹색전환을 민주적인 방식으로 지속적으로 책임있게 이끌어내기 위한 기본 조건으로서 시민사회 녹색화의 의미가 있다. 녹색전환은 현실을 지탱하는 주류의 질서와 관계를 근본적으로 바꿔내는 것인 만큼, 전환 과정에서 필연적으로 당면하게 될 제도적 관성과 치러야 할 비용과 부담의 문제를 극복해야 하는데, 그러기 위해서는 전환의 필요성에 공감하고 지지할 수 있는 시민사회의 기반이 튼튼해야 한다. 시민사회의 전환적 역할이 제대로 뒷받침되지 않으면 제도 및 구조적 변화의 노력들은 언제든지 이전 상태로 퇴행할 수 있다. 또한 시민사회의 동의와 지지 기반 확대는 급속한 전환 과정에서 나타나는 갈등과 저항을 권위주의적인 방식으로 다루는 것을 방지

---

12   여기서 시민은 공동선으로서의 보편적 가치를 추구하는 공적 시민(公民)과 개인의 자유와 권리를 우선하는 사적 존재로서 시민(私人) 모두를 포함한 개념이다.

하는 역할도 한다.

둘째, 좀 더 적극적인 의미에서 시민사회의 녹색화된 힘을 바탕으로 정치사회와 경제사회의 녹색전환을 이끌어내는 역할도 중요하다. 시민사회는 생산 및 소비와 연계된 생활 현장이자 지속가능성 문제와 밀접한 관계를 가지고 있는 만큼, 녹색전환을 위한 시민사회의 성찰과 혁신을 통해 국가와 시장, 정치사회와 경제사회의 녹색화와 시스템 전환을 이끌어낼 뿐만 아니라, 국익 중심주의의 틀에 갇히지 않고 지구 행성의 지속가능성을 위한 연대와 협력을 촉진하는 역할을 할 수 있는 곳이다.[13]

물론 시민사회가 당면한 현실을 보면 녹색전환의 필요성 만큼 가능성 영역이 아직 넓지 않고, 심지어 척박하기까지 하다. 그럼에도 갈수록 심각성을 더해가고 있는 기후위기 문제를 통해 국내외 공통적으로 시민들의 인식이 빠르게 바뀌고 있는 점은 주목할 부분이다.[14]

2) 인식과 실천의 괴리 현상 극복

우리 현실로 돌아와서 보면 기후 문제에 대한 시민들의 인식 변화가 구체적인 변화를 만들어내기에는 아직 역부족인 것도 사실이다. 2024년 4월 10일에 치러진 22대 총선은 대표적 사례 중 하나로, 기후 총선을 통해 기후정

---

13 최근 미국의 47대 대통령으로 당선된 트럼프가 '미국 우선주의'를 내세우면서 국제사회의 기후위기 대응과 녹색전환의 노력에 역행(逆行)할 조짐을 보이는 가운데, 이런 트럼프주의(Trumpism)을 견제, 견인할 일차적 책임 또한 미국 시민사회에 있다.

14 세계 125개국 시민 약 13만 명을 대상으로 기후위기 대응에 대한 시민의식 조사 결과를 국제학술지 네이처에 발표했는데, 응답자 69%가 매달 소득의 1%를 지구 온난화에 맞서기 위해 기부할 의향이 있다고 밝혔으며, 이중 우리나라 시민들의 응답자 중 70.89%가 긍정적 의향을 나타냈다. (경향신문 2024년 2월 12일자)

치의 원년으로 만들고자 많은 환경사회단체와 진보적 정당들이 노력했으나 실제 결과는 '기후투표'에 대한 기대에 많이 미치지 못했다. 환경단체 '기후정치바람'이 전국 1만 7천 명을 대상으로 설문조사를 실시한 결과, 기후위기 문제를 민감하게 생각하고 이것을 투표 선택에 고려하겠다는 소위 '기후유권자'가 전체 응답자의 33.5%로 나타난 것을 고려하면, 유권자들의 기후 문제에 대한 인식이 실제 선거 과정에서 투표 행위로는 연결되지 못하고 있음을 단적으로 보여준다.

기후 문제에 대한 정부나 경제계의 대응 노력이 미진한 것에 대한 시민들의 불만과 비판의 목소리가 예전과 달리 크게 높아졌지만, 문제 해결을 위해 시민 스스로 불편과 부담을 기꺼이 감내하면서 적극 나서지는 못해왔다. 여기에는 우리의 선거제도의 한계도 작용하고 있다. 또한 좀 더 확장해서 보면, 시민들의 일상적 삶 자체가 자본주의적 생활양식에 노출되어 있는 데다, 개발국가 체제가 만들어 놓은 불균형과 상대적 박탈감은 시민들을 경쟁적 개발과 성장에 대한 중독 상황에서 벗어나기 어렵게 하고 있다. 그 결과 한국 시민들의 권위주의 정권에 대한 저항적 에너지와 광장의 촛불로 결집된 역동적 에너지가 기후위기 시대가 필요로 하는 녹색전환으로는 아직이어지지 못하는 것이 현실이다.

시민들의 인식과 실천의 연결과 시민사회의 전환적 역할을 위해서는 기후 문제 자체가 가진 특성부터 충분히 이해할 필요가 있다. 오늘날 기후위기 문제는 환경, 노동, 여성, 소비자, 정치 등 시민사회를 기반으로 한 다양한 영역의 의제를 모으고 연결시키는 역할을 한다. 하지만 동시에 기후위기 문제의 한편에는 지구적 차원의 거시적 문제에 대한 미시적 실천 담론의 한계에서 유래하는 무기력감과, 모두가 문제의 원인자고 피해자라는 논리의 막연함이 자리하고 있다. 또한 환경오염과 생태계 파괴, 자원고갈 등 현실의 구체적이고 물리적인 문제를 다룰 때는 문제의 원인과 책임 대상, 대안적 과제 등이 비교적 명확했고 그만큼 사회적 소통도 분명한 측면이 있었다. 하지만 기후위기 문제는 생산과 유통, 소비 전 과정이 복잡하게 얽혀 있는 데다, 문제의 영향도 장기적이고 광범위해서 대응 전선이 불명확하고 실천 주체를 조직해서 운동을 펼치기도 용이하지 않다. 그러다 보니 기후위기 문제의 복잡성을 이유로 한편에서는 전문화 경향이 강하게 나타나 대중의 능동적인 참여를 이끌어내지 못하고 있고, 다른 한편에서는 문제 해결을 위한 실천들이 개별 프로그램으로 파편화되거나 제도화되는 경향이 나타나고 있다.

또한 당면한 기후위기 문제가 지금도 대다수 사람들이 여전히 믿고 의지하는 가치 체계 및 행동 양식과 무관하지 않은 만큼, 문제의 원인을 외부화하고 대상화하면서 자신에게 향하는 책임의 문제를 회피하는 경향도 있다. 기후위기의 원인 제거를 위한 탄소중립 문제도 마찬가지다. 사회구조의 문제와 개인의 생활양식 문제 중 어느 것이 더 중요한지를 밝히는 것은 문제 해결에 별 도움이 되지 않는다. 개인의 인식과 실천의 중요성을 간과한 사회 구조적 전환 논리는 공허하고, 구조와 시스템의 전환에 대한 관심을 놓친 개인적 실천은 소박함을 넘어 무기력할 뿐이다.

녹색전환의 장애 요소를 제거하고, 전환의 조건과 토대를 만들어내고, 전환 역량을 강화하기 위한 사회-제도적 변화와 연대 및 협력 방안이 시민사회의 녹색화 차원에서 함께 다뤄질 필요가 있다. 그러기 위해서는 해당 시민사회의 구조적 특성에 대한 세밀한 분석과 검토가 있어야 한다.

2. 한국 시민사회 특성과 전환의 과제

1) 한국 시민사회의 특성 진단

한국 시민사회의 녹색화 방안을 찾기 위해서는 한국 시민사회의 특성부터 구체적으로 살펴봐야 한다. 한국 현실에서는 시민들의 의견을 조직적으로 대변하면서 정부나 기업, 언론 등에 영향력을 행사하는 시민사회단체[15]를 통해서 시민사회의 특성과 역할을 설명하는 경우가 많다. 여기에는 한국 시민사회가 형성되고 발전해 온 과정 자체에서 비롯된 측면도 분명히 있다.

한국 시민사회는 자유주의를 기반으로 해서 아래로부터 발전해 온 영미 선진국가들과는 다른 경로를 걸어왔다. 한국은 근대국가 시작 단계부터 일제의 식민통치와 해방 후 미군정 통치, 한국 전쟁과 분단, 군부 쿠데타와 강력한 권위주의 국가 체제의 등장에 이르기까지 정치, 사회적 격변기를 거쳐왔으며, 이런 상황에서 시민사회가 아래로부터 자생적으로 발전할 수 있는 기회는 협소했고 토대는 매우 취약했다.

한국 시민사회는 1987년 민주화 이후 높아진 시민들의 권리 의식을 바탕으로 한 '시민운동'을 통해 존재감을 드러내기 시작했다. 물론 군사독재 시절에도 저항적 민중운동들이 있어 왔으나 학생 그룹을 제외하고는 비공식적, 비합법적 단체의 성격이 강했다. 반면 민주화 이후 등장한 시민운동은 중산층을 포괄한 시민들의 생활과 밀착된 다양한 의제를 새로운 방식으로 다루면서 시민들의 폭넓은 관심과 지지를 이끌어 냈다. 당시 시민운동은 환

---

15 시민사회단체(CSO, Civil Society Organization)는 시민사회 영역에서 공익적 활동을 목적으로 시민들의 자발적 의사에 따라 결성된 비정부, 비영리 조직체를 의미한다.

경, 교육, 여성, 인권, 평화, 언론, 문화, 복지, 소비자 등 다양한 분야로 확대, 발전해 나갔다.

이런 과정을 통해 한국 시민운동을 주도한 시민사회단체들은 시민사회를 상징하는 대표적인 존재가 되었으며, 한때 우리 사회 어떤 기관이나 조직보다도 정치, 사회적 영향력과 신뢰도가 높았다.[16] 한국의 경제성장이 압축적이었듯이 시민운동을 중심으로 한 시민사회의 발전도 압축적이었다. 즉 권위주의 정권하에서 오랜 기간 정치사회의 발전은 지체되고 정당 또한 제자리를 잡지 못한 채 지속되어 왔는데, 민주화 과정을 통해 시민사회단체가 활성화되면서 그 빈자리를 매워 나갔다. 여기에는 민주화를 통해 시민사회 활동이 공식성과 합법성을 인정받은 점과 시민사회 활동가들의 헌신과 전문가의 참여, 언론과의 우호적 관계 등 다양한 요인이 작용했다.

그런데 한국 시민운동과 시민단체의 현주소는 예전 같지 않다. 2000년대를 정점으로 한국 시민운동이 쇠퇴하고 시민사회 발전이 정체되었다는 진단이 나오기 시작했다. 시민운동이 언론 등을 통해 여론을 움직이고, 정책과 제도 변화를 만들어내는 등 활발히 활동하던 때와 비교하면, 지금은 국가와 시장의 영향력에 비해 시민운동과 시민사회의 역량이 많이 약해졌다는 것이다.

한국 시민운동과 시민사회에 대한 비판과 성찰의 목소리는 다양하게 제기되었다. 시민 없는 시민운동, 정치, 사회적 영향력 감소와 사회적 신뢰 저하 등 현상에 대한 진단과 함께 그 원인에 대해서도 다양한 의견이 있었다.

---

16 「시사저널」은 매년 '누가 한국을 움직이는가'에 대한 여론조사를 해 왔는데, 김영삼, 김대중 정부를 거치면서 시민단체 NGO의 영향력 순위가 점점 높아지다가, 노무현 정부인 2004년 조사에서는 정당과 언론계, 국회, 경제계, 종교계를 누르고 1위를 차지한 것으로 나타났다.

먼저, 시민운동이 한국 시민사회를 실질적으로 대표하기에는 일반 시민들의 시민사회단체에 대한 회원 참여가 선진국가들에 비해 미약하다는 점이다. 이것은 다양한 문제를 낳는데, 회비 회원의 부족은 시민사회단체의 재정적 자립의 약화로 이어져 재원 확보를 위해 용역 사업에 관여하게 되고, 결국 중앙과 지방의 권력 교체에 따라 단체 활동 자체가 영향을 받는 일이 자주 발생하게 되었으며, 이 과정에서 일부 단체의 회계 관련 비리 등 투명성 문제가 생기면 시민사회단체 전체가 불신을 받는 악순환을 되풀이해 왔다.

이와 함께 시민운동의 영향력만큼 책임성 문제도 따를 수밖에 없는데, 시민운동 경력자가 정·관계에 진출하고 정부 기관의 각종 위원회 등에 참여하는 일이 많아지면서, 정부 권력 감시 및 견제라는 본연의 역할과 시민적 요구의 정책화와 제도화를 위한 역할 사이에 긴장이 발생하였다. 뿐만 아니라 한편에서는 시민운동이 권력화하였다거나 시민운동 경력을 권력 획득 수단으로 삼았다는 비판을 낳기도 했다.

한편, 한때 진보와 개혁을 상징했던 시민운동 영역에 보수 성향의 시민단체들이 등장하면서 시민사회단체가 정파적 편향성 논란의 당사자가 되었고, 동일한 사안에 대해서도 서로 다른 메시지를 발신해 시민들의 혼란을 가중시키면서 '탈-시민단체' 경향을 만들어내고 있다. 여기에다 언론까지 편을 나눠서 이념 논쟁에 가세함으로써 시민사회의 이념적 갈등은 커지고 공론화 기능은 취약해지는 문제가 발생하고 있다.

시민운동과 시민사회단체의 영향력이 약화된 또 다른 이유로, 민주화를 거쳐 정치사회가 발전하면서 시민사회가 담당하던 대변 역할을 정당이 상당 부분 흡수하게 된 점도 있다. 기존에 시민사회단체와 참여 전문가들이 시민의 의견을 대변하는 '준 정당적' 역할을 수행해 왔다면, 이제 그 역할을

정당정치가 이어받았다는 것이다.[17]

또한, 기후위기 시대를 맞아 시민사회의 녹색화와 전환적 역할의 확대를 가로막는 요인으로 대통령중심제 국가의 강력한 행정국가 특성을 들 수 있다. 시민사회와의 파트너십과 거버넌스(governance)를 강조하지만 현실에서는 관료적 편의주의에 따라 설계된 절차적이고 형식적 요건에 맞춰 시민사회를 들러리화시킴으로써 시민의 실질적 참여로 나아가지 못하는 경우가 많다. 심지어는 민주화가 되었다고 하지만 비판적 시민단체에 대한 정부차원의 노골적 억압과 시민단체 길들이기 모습도 여전히 확인되는데, 특히 이명박, 박근혜 정부와 윤석열 정부 경우 정부 정책에 반대하는 시민단체에 대한 배제와 지원 예산 삭감 조치 등이 공공연히 이루어졌다. 이런 가운데 다수의 시민사회단체들은 조직 생존문제 해결에 집중하면서 기후위기 시대가 요구하는 녹색전환으로 역량을 모아내지 못하고 있다.

한편, 시민사회단체의 조직을 중심에 둔 평가와는 별개로, 한국 시민사회는 지속적으로 분화, 발전해 왔으며, 결과적으로 한국 시민사회 생태계가 분명하게 바뀌었다는 의견도 있다. 공식적 단체 활동과는 다른 차원에서 온-오프라인을 기반으로 한 시민들의 참여 활동이 꾸준히 늘어왔고, 청년 노동운동, 페미니즘, 동물권, 기후행동 등 다양한 의제를 중심으로 새로운 세대의 사회운동이 확산되어 왔다는 것이다. 대변형 운동에 의존하지 않고 캠페인과 촛불 행동 등 시민의 직접 참여 활동들이 SNS 등 새로운 소통 채널과 글로벌 차원으로 확장된 인식을 바탕으로 활발하게 나타나고 있으며, 교육,

---

17   실제로 시민들이 시민사회단체 가입 대신에 정당 가입을 선택한 비율도 계속 증가해 왔는데, 전체 선거인 중 정당 당원수가 2010년 12%에서 2020년에 20%로 급증한 것으로 나타났다. (신진욱·정보영, 2022: 111)

복지, 돌봄 등 생활밀착형 공동체 활동, 지역 기반 주민조직과 마을 만들기, 자원순환 운동, 소셜 벤처, 협동조합을 포함한 사회적경제 영역의 확대 등으로 한국 시민사회 지형 전체가 더욱 다양하게 발전했다는 것이다.

하지만 시민사회 영역의 이러한 변화들의 한계도 분명히 있는데, 전환적 관점을 놓친 채 미시적 차원의 실천에 머물거나 공익 활동 대행자로 전락할 수 있기 때문이다. 기후위기 상황에서 탄소발자국 줄이기, 윤리적 소비, 채식 등 시민 개인의 생활 실천이 강조되고 있으나, 이것을 거시적이고 구조적인 변화와 연결시킬 수 있는 이념과 실천 모델은 여전히 부족한 실정이다. 그러다 보니 전환의 시너지 효과를 만들어내지 못한 채 계몽적이고 파편화된 실천 프로그램에 머무르는 경향이 나타나고 있다. 사업과 활동을 함께 펼쳐온 사회적경제 운동의 경우도 시민의 참여 문턱을 낮추고 활동의 물적 토대를 어느 정도 갖추었다는 점에서 대안적 가능성을 주목받고 있지만, 한편에서는 경제사업에 매몰된 채 전환에 대한 책임 있는 역할을 제대로 해내지 못한다는 비판을 받기도 한다.

이처럼 한국 시민사회는 관점에 따라 분열과 정체 또는 분화와 발전의 측면을 서로 다르게 보여주고 있다. 지금 필요한 것은 국가와 시장에 대한 견제와 감시 또는 국가와 시장의 기능적 한계에 대한 보완의 차원을 넘어서 전환의 관점에서 시민사회 및 시민운동의 역할을 새롭게 모색하는 것이다.

사회가 당면한 문제의 이슈화와 정책화를 통한 해결, 주요 현안에 대한 갈등 중재, 사회적 약자와 소수자 권리 옹호, 공공재 공급의 보충적 역할 수행 등 시민사회의 역할은 다양한데, 특히 전환의 관점에서 공론의 장을 통한 시민적 소통과 참여로 시민의식 향상과 공공성을 창출함으로써 새로운 사회적 가치와 규범을 가진 시민 주체를 형성해 가는 역할은 매우 중요하다. 녹색전환의 주체로서 생태시민 역시 이런 과정을 통해 등장하게 될 것

이다.[18]

2) 시민사회의 전환적 역할 찾기

한국 시민사회가 민주화 이후 본격적으로 등장했다는 점에서, 30여 년의 한 세대가 조금 넘는 시간이 흘렀다. 이제 한국 시민사회는 국가 의존성과 개발 및 성장에 대한 중독 현상에서 벗어나 시민사회의 성숙과 급진화를 통해 새로운 차원으로 질적인 발전을 해야 할 때다.

무엇보다 정부와 기업에 대한 감시와 견제 또는 정부와 시장의 실패에 대한 보완 역할을 넘어서 전환의 역량을 높이는 일이 중요하다. 이를 위해서는 자유로운 시민의 자발적 선택이 공공성으로 연결되도록 하는 시민적 공론의 장 역할이 중요하다. 이것은 녹색국가의 원리인 생태민주주의와 녹색공화주의의 중요한 토대로서, 공적 숙의를 통해 새로운 공공성과 사회 운영 원리를 창출하고 책임의 윤리를 길러내는 역할을 한다.

녹색전환을 위해서는 환경보호와 생태계 보전은 물론, 자원순환과 에너지 전환을 위한 생산 및 소비체계 변화, 생태적 자급기반 확대, 돌봄과 공동체, 생활자치 활동 등 다양한 시민사회 실천 노력이 체계적으로 연결되어 전환의 시너지 효과를 높이고, 동시에 전환 이행 과정에서의 충격과 부담을 줄이면서 전환의 문턱을 낮추는 역할이 중요하다.

이러한 시민사회의 전환적 역할은, 에릭 올린 라이트(Erik Olin Wright)의 주장을 빌리면, 단절적 변혁, 공생적 변혁, 틈새적 변혁을 전환적 관점에서

---

18 이나미는 생태시민의 역할을 자연생태계를 돌보고 사랑하는 '집사'로서 역할과 서로 협력하고 연대하는 '동료'로서 역할, 함께하면서 책임지고 조화를 만들어가는 '참여자' 역할로 구체화해서 제시하고 있다.(이나미, 2023)

종합적으로 연결시켜 시민사회 생태계를 풍요롭게 만들어내는 데서 찾을 수 있을 것이다. 예를 들어 '단절적 변혁'은 시민사회의 대항적 역할과 관련된 것으로, 강력한 행정국가 체계 속에서 자원과 정보, 권력이 집중된 정부 관료 시스템과 자본의 세계화를 주도하는 자본주의 시장 시스템의 영향력으로부터 시민사회의 자유와 자율의 영역을 지켜내고 확대해가기 위한 노력으로, 집회, 캠페인, 광장의 촛불 운동 등을 통해 기존 사회시스템에 영향을 주고 균열을 만들어내는 시민사회 저항운동이 여기에 해당된다. '공생적 변혁'은 시민사회의 보완적 역할에 해당하는 것으로, 기존 질서로부터 발생하는 결함을 기능적으로 보완하는 데 집중하는 것이다. 자선 활동, 자발적 기부와 봉사, 긴급구호 활동, 정책 및 제도 개선, 거버넌스에 대한 참여와 협력적 파트너로서 역할 등이 그 예라 할 수 있다. 한편, '틈새적 변혁'은 시민사회의 대안적 역할을 말하는 것으로, 국가나 시장으로부터 독립된 시민사회 고유의 가치와 원리를 중시하면서, 권력과 자본의 질서로부터 시민사회를 지켜내고, 대안적인 삶의 양식을 창출하는 등의 활동을 말한다. 지역사회 마을공동체, 풀뿌리 대안운동 등을 통한 대안의 실험과 거점 만들기 등이 여기에 해당한다.

3. 시민사회 녹색화 방향과 실현 방안

1) 시민사회 녹색화 과제와 방향

한국 사회는 불평등에 따른 상대적 박탈감이 크고, 가계부채, 고용불안 등으로 미래에 대한 불안감 또한 점점 커지고 있다. 특히 미래세대 청년들은 '헬조선'(hell chosun), '이생망'(이번 생은 망했다) 같은 자조적 표현에서처럼 미래에 대한 희망을 잃어가고 있다. 저출산 문제는 이런 사회 현실이 반영된 결과다.

이런 가운데 각종 갈등과 분열, 불신이 확대되면서 시민사회로부터의 문제 해결 전망을 흐리게 하고 있다. 한국의 '번영 지수'[19]를 보면, 종합 순위는 29위인데 비해 대인관계 신뢰와 제도적 신뢰를 포함한 '사회적 자본'은 107위로 매우 낮다. 한국의 '더 나은 삶 지수'에서도 어려움을 당했을 때 도움받을 수 있는 이웃 관계를 나타내는 '공동체 지수'가 OECD 국가 중 최하위 수준이다. 이렇게 된 데는 한국 사회가 걸어 온 압축적 성장 과정에서 전통사회를 지탱해 온 이웃 및 가족 관계가 급속히 변화, 해체되고, 높은 거주 이동성으로 삶의 정착성은 약해진 가운데, 개개인이 치열한 경쟁사회 속에서 각자도생의 삶으로 내몰린 영향이 큰 것으로 판단된다.

〈표 23〉 한국의 '번영 지수'(prosperity index) 순위

한국 국가 순위 (전체 167개 국가 중)	번영 지수 종합	사회적 포용성				경제적 개방성				시민적 역량			
		안전 및 보안	개인적 자유	거버넌스	사회적 자본	투자 환경	기업 조건	사회간접 자본과 시장 접근성	경제의 질	생활 조건	건강	교육	자연 환경
	29위	37위	42위	30위	107위	25위	37위	21위	9위	26위	3위	3위	63위

출처: 레가툼 번영 지수 자료(LEGATUM Institute, 2023) 8쪽과 22쪽을 참조해 재정리 함

---

19 모든 사람이 각자 고유의 잠재력을 발휘할 수 있는 기회와 자유 및 안전이 보장되는 '사회적 포용성'과 재능과 창의력을 활용해 빈곤에서 벗어나기 위한 경로를 지속가능하게 만들어가는 '경제적 개방성', 그리고 삶의 질을 증진 시켜나가는 '시민적 역량'을 진정한 번영(true prosperity)의 조건으로 들고 있다.

<표 24> 한국의 '더 나은 삶 지수'(Better Life Index) 순위

구분	주택	소득	일자리	공동체 (사회적 관계)	교육	환경	시민 참여	건강 (신체, 정신)	생활 만족도	안전	일과 삶 의 균형
점수 (10점 만점)	7.5	3.4	7.8	1.5	7.8	3.1	7.8	4.8	3.1	8.8	3.8
순위 (41개국 중)[20]	7위	22위	19위	38위	11위	38위	2위	37위	35위	11위	35위

출처: OECD '더 나은 삶 지수' 자료(https://www.oecdbetterlifeindex.org/countries/korea/)

결국 녹색전환을 위한 시민사회의 녹색화는 해체되고 파편화된 시민사회의 관계를 새롭게 연결하고 재구성하는 데서부터 찾아야 한다. 이 점에서 지속가능성 위기에 대한 공동운명체로서 자각은 시민사회의 연결과 재구성을 위한 중요한 전제 조건이 될 수 있다. 이와 관련해서 '번영 지수'와 '더 나은 삶 지수'에서 공통적으로 확인되는 한국 시민사회의 또 다른 특성, 즉 교육과 시민참여 등 상대적으로 높은 시민적 역량에 주목할 필요가 있다. 2020년 기준 한국의 대학 진학률은 70.4%에 이를 정도로 다른 국가들에 비해 한국 사회의 교육 수준이 매우 높다. 또한 시민의 힘으로 민주주의를 성취한 데다 시민들의 직접 참여로 탄핵과 정권 교체를 이끌어낼 만큼 한국 시민사회의 역동성 또한 매우 크다.

지속가능성 위기 시대를 맞아 한국 시민사회의 역량과 역동성을 적극 살려내서 녹색전환으로 연결시키는 방안을 찾아야 한다. 구체적인 방안 몇 가지를 개인적 차원과 집합적 차원으로 나눠서 살펴보면 다음과 같다.

2) 생태시민으로서 자각과 대안적 생활 실천

시민사회로부터 녹색전환을 위해서는 양적 성장과 물질적 풍요가 삶의 중심이 되었던 시민들의 인식 기준부터 새로워져야 한다. 녹색전환의 차원에서 '좋은 삶'의 기준은 인간의 욕구(wants)나 주관적 웰빙이 아니라 객관적이고 보편적인 인간 필요(human needs)가 중심이 되어야 한다.(Koch, et. al., 2017; Büchs and Koch, 2019) 녹색전환에서 생태적 상한선과 사회적 최저선을 기준으로 삼듯이, 모든 개인이 좋은 삶을 살 수 있는 '최소 기준'과 현재와 미래세대의 좋은 삶을 위해 자연 및 사회적 자원의 사용 한도를 보장하는 '최대 기준' 사이에서 기본 필요(basic needs) 충족을 통해 지속가능한 삶의 방안을 찾는 것이다.

좋은 삶에 대한 인식의 변화는 자신이 그동안 열망하고 익숙한 채 의지해 온 삶의 방식에 대한 자각을 통해 이루어진다. 지속가능성 위기를 맞아 생태시민으로서 인간과 자연이 서로 깊이 연결되어 있다는 자각, 기존의 삶의 방식이 수탈과 착취에 기반한 불평등 구조와 맞물려 있다는 자각 등이 그러하다. 기후위기라는 예견된 재난 상황을 방지하기 위해 기존의 생산과 소비, 생활양식 전반의 전환적 노력이 강조되고 있는 가운데,[20] 우리나라를 포함한 선진국가 시민들 대다수가 누리고 있는 삶의 방식 자체가 '제국주의적 생활양식'(imperial Lebensweise)[21]에 의존한다는 자각 역시 마찬가지다. 제국주의적 생활양식이 가지고 있는 국가 간 관계의 불평등 구조 문제는 농산어촌 지역에 대비한 대도시민들의 생활양식 문제에도 적용해 볼 수 있다.

---

20 2023년 발표된 기후변화에 관한 정부간 협의체(IPCC)의 6차 종합 보고서는 2030년까지 각국이 기존에 합의한 목표를 따른다고 해도 21세기에 온도 상승을 1.5°C로 제한하기는 어려울 것으로 보고, 2050년까지 순배출 제로(net-zero)에 도달할 수 있도록 2030~2035년에 온실가스 배출량을 2019년 수준에서 약 절반으로 줄일 것을 강조하고 있다.

21 독일 사회학자 Ulrich Brand와 Markus Wissen의 2017년 저작인 "Imperiale Lebensweise: Zur Ausbeutung von Mensch und Natur im globalen Kapitalismus"에서 처음으로 소개된 개념으로, 경제적으로 발전된 국가와 그 시민들의 고도로 소비 중심적인 생활양식이 불균형한 자원 이용, 환경 파괴 및 사회적 불평등을 지속시킨다는 점을 강조하기 위해 '제국주의적 생활양식'(Imperial Lebensweise) 개념을 강조했다.

녹색전환을 위해서는 이러한 불평등을 기반으로 한 왜곡된 생활양식에서 벗어나 지속가능한 대안적 생활양식을 실천하고 확장해 가는 시민사회의 역할이 매우 중요하다. 기후위기 시대의 '1.5℃ 라이프스타일'을 강조하는 것도 이런 맥락에서 나왔다.

〈표 25〉 1.5℃ 라이프스타일(예시)

구분		내용
영양 분야	진단	탄소 배출량이 높은 육류와 유제품 소비량이 크게 증가 영양가 대비 탄소 배출량이 낮은 식품(콩·채소·과일 등) 소비량은 상대적으로 적음
	대안	식물성 식단(채식 및 비건) 채택하기, 유제품 및 육류(특히 붉은 육류) 소비 줄이기, 음식물 쓰레기 줄이기, 식품 생산-공급-유통-소비망 개선을 통한 식량 손실 줄이기
주거 분야	진단	석탄 및 LNG 같은 화석 연료 기반 전기와 비전기 화석 연료 사용이 탄소 발자국의 주요 원인
	대안	직장이나 학교와 가까운 곳에 거주하기, 더 작은 주거 공간에서 생활하기, 공동주택, 가정 에너지(전기·난방)를 화석에너지에서 재생가능에너지로 대체, 저탄소 주택과 단열재 등을 통한 에너지 손실 줄이기
이동 분야	진단	자가용 사용 비중과 강도가 높은 것이 탄소 발자국에 가장 큰 영향, 항공편이 그 다음 영향, 대중교통과 자전거의 사용은 부족한 상황
	대안	저탄소 차량으로 전환(전기 및 하이브리드 자동차, 차량 연비 개선), 대중교통이나 전기 자전거 이용하기, 차량 공유(카풀) 활용, 항공 여행 줄이기

출처: IGES(Institute for Global Environmental Strategies) 보고서(2019)를 참조해 재정리함

　지구환경전략연구소(IGES)가 2019년에 발표한 1.5℃ 라이프스타일 보고서(IGES, et al., 2019)는 기후변화에 관한 파리 협정의 1.5도 상승 목표를 달성하기 위한 생활양식의 변화 문제를 다루는데, 소비에 따른 탄소 배출 또는 탄소 발자국을 줄이기 위한 명확한 목표와 대안을 구체적인 수치로 제시하고 있는 것이 특징이다. 즉 1.5℃ 라이프스타일은 1인당 탄소발자국(tCO2e)을 2030년 2.5, 2040년 1.4, 2050년 0.7로 줄이는 것을 목표로 제시하여, 개인이 배출하는 탄소 배출량의 75% 이상을 차지하는 주거, 영양, 이동, 여가, 소비재 및 서비스 등 여섯 가지 주요 영역(lifestyle hot spot)의 탄소발

자국을 동시에 줄이기 위한 방안을 다루고 있다.

개인과 가정에서 우리가 무엇을 사고 먹는지, 어디서 어떻게 생활하는지, 어디로 어떻게 여행하는지 등을 탄소발자국으로 계산하고 배출량 감축을 제안하고 있는데, 선진국 경우 2030년까지 영양 분야는 최소 47%, 주거 분야는 68%, 이동 분야는 72% 수준으로 감축을 해야 한다. 2050년을 기준으로 하면 영양은 75%, 주거는 93%, 이동은 96%로 감축 수준이 훨씬 높다. 개발도상국 역시 탄소 배출량이 모든 분야에서 이미 2050년 목표를 초과한 상태인데,[22] 아직 인구 상당수가 기본적인 필요를 충족시키지 못하고 있는 상황이어서 탄소 배출량 감축은 큰 도전이 될 전망이다.

이런 상황에서 세계 각국별로 1.5℃ 라이프스타일을 실제 생활 현장에 적용하려는 노력들이 있고, 우리나라 역시 녹색전환연구소가 중심이 되어 1.5℃ 라이프스타일로 한 달 살기 시민 실천 프로젝트를 시작하는 등 구체적인 움직임이 나타나고 있어 매우 고무적이다.

물론, 1.5℃ 라이프스타일과 관련해 제시된 분야는 데이터를 사용해 분석 가능한 것에서 유망한 것을 뽑은 것인 데다, 정부의 소비와 인프라 등 자본 형성에 의해 유발되는 배출량은 제외한 한계도 있다. 따라서 시민 개개인의 생활 실천이 생산 및 소비 시스템을 비롯한 사회 전체 차원의 변화로 이어지기 위해서는 좀 더 조직화 된 노력이 함께 이루어져야 할 것이다.

3) 생태적 공공성과 녹색 공론장의 활성화

앞의 7장 3절에서 녹색전환을 위해서는 새로운 공공성이 정립되어야 함을 강조한 바 있다. 구체적으로 우리 현실에서 시민사회의 녹색화를 통해

---

22   이동 분야는 이미 2030년 목표를 초과한 상태다.

시민 개개인의 실천을 사회 전체의 녹색전환으로 연결시키기 위해서는 생태적 공공성이 활성화되어야 한다.

사실 우리나라는 근대국가 시작 단계부터 일제 식민통치로부터 독립한 자주국가 건설과 한국전쟁의 폐허에서의 국가 재건이라는 시대적 과제를 배경으로 강한 국가주의가 작동했다. 국가주의와 결합한 성장주의는 '국가'라는 집단적 이익에 대한 환상과 함께 국가 중심의 사회 통합 논리를 작동시키고, 이것에 의문을 품고 도전하는 것은 국익에 반하는 행위로 간주해서 탄압하게 되는데,(Akbulut, 2019)[23] 우리의 경우 군사정권이 반공과 애국주의를 앞세워 조국 근대화 전략을 추진하면서 시민 개인의 자유와 권리보다 '국익'(國益)을 우선하는 '멸사봉공'(滅私奉公)의 논리를 작동시켜 왔다. 그러다가 민주화 국면을 통해 국가의 권위적 역할을 대신해 시민사회와 시장의 영향력이 커지게 되었다. 특히 경제의 세계화를 바탕으로 한 시장자유주의가 급속히 확대되면서 국익 또는 공공의 이익보다는 사적 이익이 우선적으로 강조되는 소위 '선사후공'(先私後公)의 시대가 강화되었다. 이런 상황의 변화는 오늘날 문제가 되고 있는 지속가능성 위기를 더욱 확대, 심화시킬 뿐만 아니라, 문제 해결의 가능성 자체를 근본적으로 위축시킨다.

녹색전환의 시대를 맞아 국가 통치 수단으로 왜곡되었던 공공(公共)의 영역을 새롭게 확장시키면서 개별화된 이해관계에 머물러 있는 사적(私的) 영역을 새로운 차원으로 끌어올려야 한다. 당연히 그 방식은 공권력과 같은 강제적 수단이 아니라 자발적이고 성찰적인 개인들의 연대를 통해 이루어

---

23 아크불루트(Bengi Akbulut)는 터키를 사례로 경제성장 논리와 국가 헤게모니 재생산 구조의 관계성을 밝힌 바 있는데, 경제성장 제일주의를 기치로 개발국가를 추동해 온 우리의 근대화 과정도 예외가 아님을 보여주었다.

져야 한다. '활사개공'(活私開公)이자 '개공활사'(開公活私)다. 자유로운 개인의 성찰과 연대의 힘으로 공공의 영역을 새롭게 확장해 가고, 그러한 공공의 영역을 통해 개인들을 새롭게 살려내는 방안을 찾아가는 것이다.

녹색국가의 구성 원리로서 생태민주주의가 활사(活私)의 영역이라면, 녹색공화주의는 개공(開公)의 영역에 가깝다. 생태시민으로서 대중의 집단지성을 통해 녹색전환의 시대를 열어갈 생태적 공공성을 활성화하고 확장시켜 나가야 한다. 이와 관련해 다양한 방안이 있지만 미래세대에 대한 교육과정에서부터 녹색전환의 필요성과 생태시민으로서 책임과 역할에 대한 내용을 담아내야 한다. 이탈리아가 세계 최초로 공립학교에서 기후변화 교육을 의무화하고, 2020년부터 공립학교 의무 과정에서 기후변화 교육을 주 1시간, 연간 약 33시간을 이수하도록 하고 있는 점은 참고할 필요가 있다. 프랑스도 2022년부터 교육부가 5대 우선 과제 중 하나로 '생태전환'을 선정해 정책을 시행하고 있는 것으로 알려져 있다.(이코리아, 2024)

우리나라는 일찍이 1980년 헌법에 환경권이 포함되면서 학교교육에 환경교육 내용을 포함시켰다. 하지만 교육과정에 일반 교과로 '환경' 과목은 있지만, 2018년 기준으로 실제 채택한 학교는 8%에 불과할 만큼 매우 미진한 상황이다. 이런 가운데 2022년 '환경교육의 활성화 및 지원에 관한 법률' 개정으로 2023년부터 초·중학교에서 학교 환경교육이 의무화되어, 기후위기와 지속가능한 삶, 생태전환에 대한 내용이 교육으로 다뤄질 수 있게 된 점은 다행이다.

이제 중요한 것은 학교교육을 넘어서 사회교육을 어떻게 효과적으로 만들어낼 수 있는가다. 집단적 학습과 성찰, 숙의의 시간을 통해 녹색전환에 대한 사회적 인식과 문화를 만들어내기 위한 '녹색 공론장'(green public sphere)이 다양하게 활성화되어야 한다.

사실 시민 대중은 다양한 가치관을 가진 개인들의 집합체이고, 이들의 가치관 또한 고정되어 있지 않고 상황과 조건에 따라 변화한다. 따라서 공감과 합의를 바탕으로 인식의 전환을 이끌어내는 것이 중요하다. 생태민주주의에서 녹색 공론장을 중시하는 이유이기도 하다. 녹색 공론장은 지속가능성 위기 상황에서 그 의미가 크다. 위기 인식이 커질수록 호흡은 짧아지고 시야는 좁아지고 판단은 성급해지는데, 실은 상황이 엄중할수록 더 넓은 안목과 긴 호흡으로 심사숙고하는 숙의의 과정이 중요하다. 소셜 미디어 등을 통한 정보 소통의 확대만으로는 확증편향의 오류에 빠질 수 있다. 반면에 숙의를 통한 시간의 축적은 양의 질적 전환을 이끌어내는 힘을 만들어낸다.

사람은 자신의 운명과 관련된 공동의 의제에 대한 활발한 논의와 숙고의 과정에서 의식의 질적 전환이 일어난다. 녹색전환을 위한 집단적 지혜와 공감 및 지지 기반의 확대를 위해 숙의 과정이 정교하게 설계되고 운영될 필요가 있다.[24]

진정한 숙의가 가능하면서 시민들이 대표성을 갖고 참여할 수 있는 크기의 숙의형 포럼 또는 숙의적 미니 퍼블릭(DMP, Deliberative Mini-public)이 구체적인 방안으로 제시되기도 한다.(Goodin and Dryzek, 2006: 220; Brown, 2006) 숙의적 미니 퍼블릭(DMP)의 실질적 형태와 규모는 다양하다. 15~30명 규모의 시민 배심원단(citizens' juries), 15명 정도의 시민협의회(citizens' councils), 16명 수준의 합의회의(consensus conferences) 같은 소규모 단위부터, 90~150명이 참여하는 시민의회(citizens' assemblies), 150명 수준의 시민대화(citizens' dialogues), 200명 이상의 숙의형 설문조사(deliberative surveys)

---

24 우리 현실에 적용하기 위한 구체적인 방안에 대해서는 이 책 9장 4절에 있는 '전환 역량 축적 및 확장을 위한 공론장과 숙의 기구 운영' 부분을 참조하기 바란다.

같은 대규모 프로세스까지 다양하다.(Torney, 2021: 381) 이들 숙의 기구가 공론의 장 역할을 함으로써 장기적 관점에서 지구 생태계와 비인간 존재를 아우를 수 있도록 책임 의식을 높이고, 녹색전환의 차원에서 시민사회와 국가를 연결할 수 있을 것이다.

　2019년 프랑스 마크롱 대통령 주도의 국민 대토론회를 통해 전국 지자체에서 1만 회가 넘는 토론회와 1만 6천 건이 넘는 토론 자료가 제출된 것과, 기후시민의회[25]를 개최해 프랑스의 온실가스 감축 계획을 발표한 것도 숙의 기구를 통한 공론의 장이 적극 활용된 사례라 할 수 있다. 우리나라도 최근 들어 지역민회, 시민의회에 대한 구상과 제안이 다양하게 나오고 있는 만큼, 이것을 녹색전환을 위한 시민 공론의 장으로 적극 활용해 볼 필요가 있다.

3절 정치의 녹색화

1. 정치의 녹색화에 대하여

1) 정치의 역할과 녹색전환

　인간이 관계적 존재로서 더불어 함께 살아가려면 정치가 중요할 수밖에 없다. 정치를 다루는 글은 이미 수없이 나와 있고, 정치를 바라보는 관점도 다양하다. 이런 가운데 나라를 다스리고 권력을 획득해서 행사하는 국가의 통치 영역으로서 정치를 제한적으로 바라봤던 견해를 확장해서 국가와 사

25　제비뽑기를 통해 150명의 시민의회가 구성되었으며, 전문가들의 정보 제공을 토대로 시민의회 차원에서 활발한 토론과 숙고를 통해 의사결정이 이루어졌다.

회의 상호 관계 및 작용 과정을 포괄해서 정치 영역으로 다루는 경향이 공통된 흐름을 형성하고 있다. 오늘날 정치는 공식 영역에서의 권력 획득과 유지 및 확대를 위한 활동은 물론이고, 사회 속 개인과 집단의 이해관계 및 갈등 조정과 희소 자원의 배분을 통해 공동체적 질서와 목적을 실현시키기 위한 제반 활동을 의미한다.

정치의 목적은 소수의 권력 엘리트가 아니라 사회 공동체 전체의 이익을 민주적이고 평화적인 방식으로 실현하여 사람들의 행복을 증진 시키는 것이다. 따라서 정치의 기본 역할은 시민들의 요구를 구체화하여 사회적 환경을 개선하고 공통의 사회문제를 해결하는 데 있다. 시민들의 정치적 의사 형성과 정치적 참여 과정을 통해 시민 인식과 역량을 성장시키고, 정치적 리더십을 발전시켜 정부와 의회 중심의 정치를 견제하고 견인하는 것도 현대 정치에서 중요한 역할이다. 또한 시민들이 토의 과정에 참여해서 공적 가치에 대한 합의를 만들어내고, 이것을 바탕으로 미래 사회에 대한 비전과 삶의 방향을 제시하는 것 역시 정치가 해야 할 중요한 일이다.

이처럼 정치의 의미와 역할을 확장해서 바라보면, 이 책에서 다루는 녹색전환과 정치는 매우 밀접한 관계에 있음을 알 수 있다. 먼저, 녹색전환 자체가 정치적 성격을 갖는다는 점을 들 수 있다. 녹색전환의 기준으로 강조되는 생태적 상한선과 사회적 최저선은 물리적 차원이나 경제적 차원을 넘어서 기준 설정을 둘러싼 사회적 갈등 및 합의와 관련된 정치적 문제이기 때문이다. 또한 자원 배분을 둘러싼 권력관계를 정치적 과정을 통해 바꿔낼 수 있을 때 녹색전환이 필요로 하는 사회적 자원 및 정보의 흐름과 배치가 가능하다는 점도 녹색전환에서 정치가 중요하다는 것을 말해준다.

결국 현실에서 정치의 구성 및 작동 방식을 어떻게 하느냐에 따라 녹색전환은 촉진될 수도 있고 위축될 수도 있다. 그만큼 지속가능한 사회를 위해서는 경제, 사회, 생태적 지속가능성 못지않게 정치적 지속가능성 또한 매우 중요한 영역일 수밖에 없다.

한국 사회 역시 지속가능한 미래를 위해 정치의 역할이 매우 중요하다. 그런데 지속가능성 위기 상황에서 녹색전환을 위한 정치적 역할이 정말 절실함에도 불구하고 안타깝게도 현실에서 정치적 역할은 매우 빈약하다. 갈등 해결이 정치의 핵심 역할 중 하나인데, 한국의 현실 정치는 오히려 갈등과 분열을 조장하고 확대재생산 함으로써 전환에 필요한 역량마저 소진 시키면서 황금 같은 시간을 허비하고 있다.

2) 현실 정치의 지속 불가능성

대의제가 중심이 된 정치의 구조적 특성부터 살펴보자. 앞서 생태민주주의 논의에서도 다룬 바 있지만, 대의민주주의를 기반으로 한 정치는 구조적으로 지속가능성 문제를 제대로 다루지 못한다. 대의제 체제의 근간인 선거 정치가 주기적으로 이루어지는 상황에서는 기후위기나 지속가능성 문제처럼 장기적인 전망을 필요로 하는 의제를 책임 있게 다루기가 어려운 데다, 사전예방적 대응을 위한 급격한 변화나 부담을 져야 하는 문제를 차기 선거에서 당선을 목적으로 하는 정치가들이 선도적으로 제기하기도 어렵다. 물론 이러한 정치 현실의 밑바탕에는 물질적 욕망과 단기적 이해관계의 실현을 우선시하는 유권자들의 인식이 자리하고 있다. 중앙의 정치권력에 초점 맞춰 작동하는 정당정치도 문제지만, 시민 생활과 밀접한 생활정치, 동네정치, 풀뿌리 정치 영역도 이익 갈등과 권리 배분의 틀에 갇혀있기 때문이다.

이와 함께 한국의 정치 현실은 더욱 다양한 문제점을 보여주고 있다. 기후위기의 심각성을 인지한 사람들이 기후정치, 녹색정치에 대한 관심을 높이고 있으나, 현실의 주류 정치 영역은 오히려 지속 불가능성을 확대 재생산하고 있다. 지금 한국의 정치는 기득권 양당 체제가 고착된 가운데 사회적 연결과 소통은 매우 취약하다. 그 결과로 정치권력 교체가 기존 기득권 정치 집단 간의 수평적 권력 이동 수준에 그치고 시민들의 정치적 권리 확장으로 연결되지 못하고 있다. 거대 정당 간 퇴행적 이념 경쟁과 권력 쟁투 속에서 우리 사회가 나아가야 할 미래지향적 비전을 내놓지 못하고 있는 것도 문제다. 특히 경직된 정치적 신념과 진영논리가 만들어내는 적대 정치, 분노의 정치, 세력 대결 정치는 자기 혁신과 성찰을 제약할 뿐 아니라 생명, 평화, 녹색, 돌봄 등 대안적 가치를 표방하는 새로운 정치의 등장을 가로막고 있다. 이런 가운데 한편에서는 정치적 불신과 무관심이 커지고 있고, 다른 한편에서는 불신과 갈등을 자양분으로 삼은 포퓰리즘 정치, 팬덤정치가 확산되면서 정치 생태계가 점점 더 척박해지고 있다. 그만큼 지속가능성 위기 시대를 맞아 녹색전환을 위한 정치의 역할을 새롭게 찾고 발전시키는 일이 더욱 중요해졌다.

3) 정치의 녹색화 의미와 과제

국가와 시민사회 간의 긴밀한 상호관계는 정치적 환경과 조건에 따라 변화한다.(Koch, 2022: 7) 따라서 정치의 녹색화를 통해 정치적 다양성과 관계성, 순환성을 토대로 녹색전환을 위한 창발성을 만들어내야 한다.

시민사회 녹색화가 녹색전환의 주체와 역량을 길러내는 것이라면, 정치의 녹색화는 녹색전환의 조건을 만들고 실행하는 것과 관련이 깊다. 헌법과 정부조직을 포함한 '국가의 녹색화'와, 경제와 농업, 지역과 한반도, 글로벌 차원을 포함한 '국가를 통한 녹색화'를 달성하기 위해서는 정치의 녹색화를 통해 의사결정 체계와 자원 배분 등 권력 구조와 작동 방식 자체에 변화를 만들어내야 하기 때문이다.

정치의 녹색화는 주류 정치 영역의 지속 불가능성을 줄이고 사회-생태적 책임성을 높이는 것과 함께, 대안정치로서 녹색정치, 기후정치 영역을 활성화하는 것을 포함한다. 정치의 녹색화를 통해 사회와 생태계의 상호 관계에 대한 총체적 인식을 바탕으로 '좋은 삶', '지속가능한 삶'의 방향을 설정하고, 녹색전환의 방향과 방법에 대한 이해 기반을 넓혀서, 전환 과정에서 충격과 부담을 줄이고 갈등을 관리할 수 있어야 한다.

또한 정치의 녹색화는 투표권을 가진 현세대는 물론, 미래세대와 자연 생태계 비인간 존재의 지속가능성 문제를 함께 다루는 것으로, 작동 영역 또한 생활세계의 미시정치부터 인류세 시대의 지구 행성적 정치까지 다양하다. 이런 관점에서 정치의 녹색화는 권리의 정치를 책임의 정치로 전환하고 확장하는 것이기도 하다. 한국 현실에 비춰보면, 민주주의 1차 과제가 1987년 민주화를 통한 절차적 민주주의를 확립하는 것이고, 민주주의 2차 과제가 민주주의의 민주화를 통해 사회경제적 권리를 확장하는 것이라면, 정치의 녹색화는 생태민주주의를 통해 지속가능성에 대한 공적 책임성을 높이는 의미에서 민주주의 3차 과제에 해당한다고 볼 수 있다.

녹색전환을 위한 정치의 녹색화에서 '시간'의 문제는 중요한데, 속도전 민주주의의 한계와 위험성을 자각하면서 동시에 전환의 속도를 늦추지 않는 이중적 노력이 필요하다. 앞서 생태민주주의 논의에서도 다룬 바 있지만 민주주의는 심의와 숙고, 조정과 타협의 긴 시간을 필요로 한다. 반면에 민주주의가 속도전을 동반하면 습관적으로 위기론을 동원하고 긴급한 비상 대책이나 혁신적 해결을 다그치는 사회가 된다.(박상훈, 2023: 257)[26] 문제는 기

---

26 개발국가의 경제성장을 목표로 한 총력전과 추격전 체제의 속도주의는 '빨리빨리 문화'를 한국 사회의 특성으로 자리 잡도록 했고, 이로 인해 '다르게 생각하고 느리게 일하

후위기를 비롯해 당면한 지속가능성 위기 문제가 우리에게 충분히 여유로운 시간을 주는 것도 아니라는 점이다. 생태학적 임계점을 넘기지 않도록 사회 전체가 총력을 모아 시행착오를 최소화하면서 최대한 신속하게 대응해야 하는데, 그러려면 속도전 민주주의의 부작용을 최소화하면서 동시에 전환의 속도를 높여야 하는 딜레마를 해결해야 한다. 이런 과제가 제대로 다뤄질 때 인식론적 전환의 가속화와 시스템 전환의 촉진으로 대가속화에 따른 지속가능성 위기에 대응할 수 있는 정치의 녹색화 방안이 마련될 수 있을 것이다.

권력의 구조와 관계의 문제를 다루는 것이 정치라고 할 때 정치의 녹색화는 권력의 총체적, 심층적 변화를 이끌어내는 전환정치를 의미하기도 한다. 기후위기와 관련해서 보면 '이 문제가 왜 일어났는지', '이것이 어떻게 영향을 주는지', '왜 해결이 잘 안되는지', '무엇이 인식과 실천을 가로막고 있는지', '주요 책임이 어디에 있는지' 등의 질문 자체가 정치적이고 권력관계의 문제와 맞닿아 있다. 전환정치는 기존의 체제를 유지, 강화하려는 권력 체계를 약화시키는 것과 바람직한 방향의 변화를 이끌어내는 권력 체계를 강화시키는 것의 이중적 과제를 함께 해결하는 것이다. 따라서 권력의 다차원적인 성격을 참고 해서 녹색전환의 전략과 이행 과정을 설계하고 실천해 나가야 한다. 전환정치는 대항 권력과 대안 권력의 차원을 포괄한다.[27] 전

기'가 어려운 현실은 한국 민주주의가 안고 있는 문제라는 지적도 있다.(박상훈, 2023: 255)

27   권력의 성격을 '억압 권력(power over), '대항 권력(power against), '실행 권력(power to), '연대 권력(power with)으로 구분한 하우가드의 논의((Haugaard, 2012)에 필자가 '내재적 힘(power within) 차원을 추가해서 녹색전환 정치로서 '대안권력 개념을 정리해 보았다.

환을 위해서는 지배 집단의 권위적 통제를 뒷받침하는 '억압 권력'(power over)에 저항하기 위한 '대항 권력'(power against)과 함께, 전환 목표를 향한 기회를 창출하고 변화를 이끌어내는 '실행 권력'(power to)을 강화해야 하며, 이를 위해서는 대안을 지향하는 다양한 세력들이 협력하여 공동의 권력을 만들어내는 '연대 권력'(power with)이 탄탄하게 갖춰져야 한다. 이와 함께 주목해야 할 것이 바로 대안세력 주체들(개인과 집단)이 자기 성찰을 통해 자기 안에 있는 힘의 원천 즉 '내재적 힘'(power within)[28]을 발견하고 활성화하는 것이다. 이는 녹색국가와 관련해서 인식론적 전환과 자아의 녹색화 논의와도 연결된다.

일찍이 스티븐 룩스(Steven Lukes)는 행위자가 직접 의사결정에 영향을 미치는 1차원적 권력과 제도화된 권력을 통해 의견 형성과 의제 설정 등 의사결정 단계에 영향을 미치는 2차원적 권력, 그리고 사람의 욕망과 인식 체계에 은밀하게 영향을 미쳐 의사결정의 의미와 방식 자체를 바꿔버리는 3차원적 권력 등 권력의 다차원적 속성을 밝힌 바 있다.(스티븐 룩스, 1992) 한편, 스티그 하우가드(Stig H. Haugaard)는 권력을 4차원으로 구분한다. 물리적 억압이나 위협을 통해 다른 개인이나 집단의 행동을 통제, 제약하는 강제적 권력(coercive power)이 권력의 1차원이라면, 의사 결정 과정에 영향을 줘서 개인이나 집단의 행동 방식을 바꿔내는 정치적 권력(political power)을 2차원, 사람의 의식이나 의미 체계에 영향을 줘서 의사 결정 과정 자체를 형성 또는 조작하는 문화적 권력(cultural power)을 3차원, 상징 조작과 의미 체계 형성을 통해 개인이나 집단의 자기 판단과 선택에 영향을 주는 상징적

---

28   여기서는 power의 방향과 작동 방식이 상대가 아닌 전환 주체 내부로 향하고 있다는 점에서 '권력' 보다는 '힘'이란 개념어 더 적합하다고 본다.

권력(symbolic power) 권력의 4차원으로 구분하였다.(Haugaard, 2012) 이러한 권력의 다차원적 속성에 대한 분석은 현실에서 사람을 교체하고 제도를 바꿨는데도 같은 문제가 반복되는 데는 심층적인 차원에서 권력이 변함없이 그대로 작동하기 때문이라는 점을 말해준다. 따라서 녹색전환을 위해서는 사람의 무의식적 판단과 행동이 일으키는 지속 불가능성 문제까지 다룰 수 있는 권력의 심층적 전환이 필요하다.(Pichler, 2023)

결국 녹색전환을 위해서는 인물 교체, 제도 개혁의 차원을 넘어 현실을 지배하는 가치와 문화, 사람의 기본 욕망의 차원까지 다차원적인 변화를 만들어내는 전략이 중요하다. 이런 관점에서 한국의 녹색정치 실험의 의미와 과제를 살펴보도록 하자.

2. 한국의 녹색정치 실험에 대한 진단

1) 한국 녹색정치의 전개 과정

한국의 주류 정치 영역을 보면 정치의 녹색화를 위한 토양은 척박한 데다 실제로 녹색정치가 제대로 뿌리내리지 못하고 있다. 물론 어려운 여건 속에서 녹색정치의 씨앗을 뿌리고 싹을 틔우려는 지난한 노력의 과정은 계속 있어 왔다. 따라서 아직은 실험 단계에 가깝지만, 한국의 녹색정치 현실에 대한 진단은 향후 녹색정치의 주류화 또는 주류 정치의 녹색화 측면에서 필요한 일이다.

한국에서 녹색정치에 대한 시도는 1990년대 들어 지방자치제도가 부활하고 지방선거를 치르는 과정에서 나타났다. 대표적 환경운동 단체인 환경운동연합은 1995년과 1998년의 두 차례 지방선거에서 '환경 후보'를 선정해 지지 운동을 펼쳤고, 각각 50%가 넘는 당선 결과를 얻었다. 2002년 지방선거에는 환경운동연합에서 녹색자치위원회를 구성해 독자적인 녹색후보를 출마시켜 기초의원 15명을 당선시켰다. 이후 당선자들은 초록정치연대를 결성해 활동하기도 했다. 하지만 2006년 지방선거에서는 현역 10명을 포함해 21명이 풀뿌리 후보로 참여했지만 2명만 당선되는 결과를 얻었다.

한편, 녹색 가치를 표방한 정당 운동도 일찍부터 있었는데, 2002년에 녹색연합 등 환경운동 단체들이 주도해 '녹색평화당'을 창당하고 지방선거에 참여했으나 성과를 거두지는 못했고, 결국 녹색평화당은 2004년 2월 한국사회민주당과 통합해 '녹색사민당'을 창당했으나 이 또한 얼마 못가 등록이 취소되었다.

그러다가 2012년 3월에 한국에서 최초로 '녹색당'이 전국 정당으로 출범하게 되었다. 여기에는 2011년에 동일본 대지진으로 후쿠시마 원전이 폭발하면서 탈핵이 주요 이슈로 등장함에 따라 녹색정치에 대한 사회적 관심이 높아진 배경도 있었다.

하지만 녹색당은 창당 후 지금까지 12년간 총선과 지방선거에 지속적으로 참여했으나 현실 정치의 벽을 아직 넘지 못해왔다. 총선에서 정당 득표율을 보면, 2012년 총선 0.48%, 2016년 총선 0.76%, 2020년 총선 0.21%를 얻었으며, 2024년 총선에서는 기후정치 실현을 목표로 녹색당과 정의당이 연합해 '녹색정의당'으로 선거에 참여했으나 2.14%를 얻어서 정당 득표 3% 기준을 충족시키지 못해 원내 진입에 실패했다.

이런 가운데 환경 및 기후 문제에 대한 활동 경력과 전문성을 배경으로 개인적으로 기성 정당이나 비례위성정당에 참여해 정계에 진출한 경우도 있었으나, 한국 정치의 녹색화 측면에서 보면 적지않은 한계가 있었다.

2) 현실 녹색정치에 대한 평가와 과제

한국의 녹색정치는 시민환경운동을 기반으로 등장했다. 여기에는 한국 사회의 현실적 특성에 따른 영향도 컸다. 권위주의적 개발국가의 관성이 강했던 상황에서 각종 환경 파괴적 개발사업이 충분한 사전 소통과 정보제공 없이 일방적으로 추진되는 가운데, 제도권 밖 현장에서 사후적으로 대응해 오던 시민환경운동 단체를 중심으로 정책 결정 과정에 대한 사전예방적 대응의 필요성이 제기되었고, 이런 문제의식이 제도정치 영역에 대한 참여를 적극 고민하도록 만들었다.

녹색 가치를 가지고 현실 정치에 참여하는 것은 주로 선거 과정을 통해 이루어졌으며, 그 방식은 다양했다. 환경친화적 공약을 개발해서 제안하고 후보자들과 협약을 맺거나 또는 반환경적인 후보 리스트를 작성해 유권자들의 선택에 영향을 주는 방식, 그리고 환경 후보를 직접 선출해서 선거에 내보내는 방식 등이 있었다. 환경 후보로 직접 참여하는 방식도 크게 두 가지로 구분할 수 있는데, 환경운동에 대한 경험 또는 전문성을 바탕으로 기성 정당에 참여하는 방식과, 녹색 가치를 표방하는 독자적인 정치조직을 만들어 이곳을 통해 참여하는 방식이 있었다.

결과적으로 보면, 지역주의와 기득권 양당의 적대적 공생구조 속에서 정책선거 자체가 작동하기 어려운 상황에서 환경 공약 개발과 정책 협약 운동은 한계를 가질 수밖에 없었고, 환경문제가 핵심 현안으로 대두된 일부 지역을 제외하고는 환경후보 지지 또는 반환경 후보 낙선 운동 또한 별 영향력을 주지는 못했다. 그리고 녹색정당 운동은 여전히 '실험' 단계에 놓여 있다. 환경 관련 인사들이 개별적으로 기성 정치권에 참여한 경우 역시 개인기에 의존한 채 정치적으로 의미 있는 변화를 만들어내지 못함으로써 '충원', '수혈' 또는 '들러리' 역할에 그쳤다는 비판을 받기도 한다. 물론 이런 진단은 한국 녹색정치의 현실적 조건과 역량의 문제를 확인하기 위한 것으로, 다양한 시도 자체의 의미를 모두 평가절하할 필요는 없다. 각각의 시도들이 축적과 연계를 통해 전환의 시너지 효과를 만들어내는 방안을 찾아내야 한다.

이와 관련해서 한국 사회에서의 녹색정치의 현실적 조건을 살펴보면 척박하고 불리한 측면이 많다. 먼저, 사회적 인식 측면에서 탈물질적 가치를 추구하는 사람들이 점점 늘어나고는 있으나 아직 소수이고, 대다수 사람들은 여전히 개발과 물질적 성장에 강한 기대감을 갖고 있어, 녹색정치의 발전을 더디게 한다. 이런 현상은 선거 과정에서 뚜렷이 나타나는데, 이번 22대 총선의 경우도 유권자들은 기후위기의 심각성에 공감하는 만큼 실제 투표 행위로 연결시키지는 못했다.

제도적 측면에서 우리나라 선거제도와 정당법의 폐쇄적인 특성도 녹색 가치를 표방한 새로운 정치조직의 출현에 진입 장벽으로 작용하고 있다. 유럽 녹색당이 비례대표제 같은 개방적 선거제도를 기반으로 등장했다는 점에서 선거제도 개혁에 대한 요구는 계속 있었으나, 기득권 정당의 이해관계에 가로막혀 아직까지 별 변화를 못 만들어냈다. 게다가 기득권 양당 체제에서 비롯된 혐오와 대결의 정치구조는 정책선거의 실종은 물론 유권자들의 선택의 폭을 제한시켜 녹색 가치의 정치적 진입을 가로막고 있다.

한편, 외부적 환경 못지않게 녹색정치 내부의 과제도 적지 않다. 한국의 경우 서구 녹색당에 비해 저변이 약하고 외연이 협소 한데다 연합정치의 경험도 부족하다. 그나마 2024년 총선을 앞두고 녹색정의당이라는 선거연합 정당을 만들었으나 기대했던 결과를 얻지 못했다. 여기에는 한국의 녹색정치가 시민환경운동을 기반으로 한 운동정당(movement party)으로 시작한 만큼, 현실 정치에 대응하고 기존 정당과 경쟁하는 과정에서 정체성을 둘러싼 내부적 갈등이 자주 발생했다. 독일과 프랑스 등 서구 녹색당에서도 근본파와 현실파의 갈등이 있었는데, 한국 녹색당 내에서도 기성 정당과의 관계 설정과 선거 전략 등을 둘러싼 갈등이 재현되었다. 문제는 이런 논쟁과 갈등이 내부의 역량을 분산, 소진시키고 구성원들이 이탈하는 결과를 낳았다는 점이다. 정체성을 둘러싼 갈등이 생산적인 방향으로 이어질 수 있도록 하는 정치적 역량과 리더십이 요구되는 부분이다.

녹색정치의 발전을 위해서는 정치적 민주화와 녹색 의제의 보편화에 따른 역설적 상황을 고려한 새로운 접근이 필요하다. 녹색정치는 현실의 정부 정책과 정당정치가 녹색 가치에 배타적이거나 억압적일 때 시민적 지지를 바탕으로 확장될 가능성이 높다. 그런데 우리의 경우를 보면 민주화 과정을 통해 권위주의적 개발국가가 연성화(軟性化)되고 각종 정부 위원회나 거버넌스 기구에 시민참여가 확대되는 가운데, 환경 이슈나 녹색 의제가 정부와 정당의 정책에 반영되는 기회가 넓어짐으로써, 녹색정치 고유의 정체성과 차별성의 경계가 흐릿해졌다. 특히 기후위기와 탄소중립 이슈는 복잡성이 큰 만큼 시민들이 유권자로서 정책적 차별성을 판별하기가 쉽지 않다. 결국 그린 워싱(green washing)을 둘러싼 논란 속에서 녹색정치가 차별성을 가지려면 패키지 형태로 나열된 형태의 정책 제안이나 평가의 방식을 넘어서야 한다. 지속가능성에 대한 정책의 우선순위를 기준으로 정부 정책의 핵심 기조와 권력의 작동 방향의 지속 불가능성을 드러내고 전환의 방향을 구체적으로 제안해 나가야 한다.

녹색정치의 활성화를 위해서는 주류 정치의 녹색화가 함께 이루어져야 한다. 녹색정당을 포함한 녹색정치의 세력화와 기성 정당들의 녹색 의제 채택과 우선순위 설정, 시민들의 생활정치 영역에서 녹색 의제의 채택과 실천 등이 함께 이루어져서 우리 사회를 움직이는 권력의 심층 구조까지 변화를 만들어낼 수 있어야 한다. 그러려면 정당과 정치의 목적을 선거 승리와 권력 획득, 정권 창출이라는 수단적 가치로 제한 해오던 것을 국민 행복 증진과 지속가능성 실현이라는 본질적 가치에 맞게 재설정할 필요가 있다. 정치의 녹색화와 녹색정치의 외연을 확장하기 위해서는 정당정치는 물론 운동정치, 생활정치 각각이 활성화되고 서로 유기적으로 연결되어야 한다. 이 점에서 22대 총선 후 녹색당이 자체 평가를 통해 지역의 생활 현장과 밀착된 풀뿌리 운동, 생활정치의 중요성 강조한 점은 주목할 필요가 있다.[29]

한편, 한국 녹색정치의 외연 확장과 관련해서 '생명민회'의 지난 활동 경험도 다시 살펴볼 필요가 있다. '생명민회'(생명가치를 찾는 민초들의 모임)는 1991년 지방선거 대응 경험을 바탕으로[30] 1995년 지방선거에는 생명가치를 기반으로 한 담론과 전략을 미리 준비해서 대응하고자 1994년 10월에 공식 출범했다. 당시 생명민회에는 환경, 여성, 지역자치, 생명운동 등 다양한 영역과 지역의 활동가들이 함께 했고, 생명과 자치에 대한 담론을 생산하고 연결하는 역할을 자임했다는 점에서,(정규호, 2024) 이런 활동이 지속되었더라면 한국의 녹색정치 저변이 훨씬 더 확장될 수 있지 않았을까 하는 생각을 해 본다. 당시 시민사회운동은 확장기에 있었고 자신감도 컸던 만큼, 각자 자신의 고유 활동 영역에 집중하면서 지금까지 분화해 왔다. 하지만 지금은 시민사회운동의 영향력은 물론 시민사회의 지형도 많이 달라졌고, 기

---

29   녹색당의 선거 평가 과정에서 녹색당 정치가 의회 진출 우선론을 앞세워 선거 참여로 좁혀지고 시민적 지지 획득 노력이 미약했다는 반성과 함께, 녹색당이 사회운동정당으로서 풀뿌리 지역에서 다시 출발하고 총선보다 지방선거에 집중할 것을 제안하는 의견이 나왔다.(한재각, 2024)

30   1991년 지방자치제가 부활해 치러지는 첫 선거에 시민사회 영역에서 '참여와 자치를 위한 시민연대'를 만들어 참여했으나, 준비 부족으로 성과를 만들어내지 못했다. 당시 지방선거 자체 또한 지방의원만 선출하는 반쪽짜리에다 투표율도 60%에 못 미칠 정도로 졸속으로 진행되었다.

후위기를 비롯한 사회-생태계 전반의 지속가능성 위기가 확대되고 있다. 그만큼 시민사회 각 영역의 활동 경험과 역량을 총체적 녹색전환의 차원에서 모아내고 연결하고 재구성하는 정치적 기획이 중요한 과제로 다가와 있다. 물론 현실의 정치적 여건은 여전히 녹록치 않다. 하지만 기후위기를 비롯한 지구적 차원의 지속가능성 위기에 대한 시민 유권자들의 인식이 빠르게 높아지고 있는 점에 주목해서, 이런 변화를 녹색전환의 정치로 연결시켜 내는 일이 매우 중요해졌다.

3. 녹색전환 정치의 구상과 실행 방안

1) 녹색전환 정치 체계 구상

녹색전환을 위한 정치는 제도정치, 운동정치, 생활정치, 공론의 정치 영역을 포괄할 수 있어야 한다. 따라서 현실의 지배적 유형인 대의민주주의는 물론 직접민주주의, 참여민주주의, 숙의민주주의 각각의 특성과 장점이 유기적으로 연결된 복합민주주의가 녹색전환의 정치 체계로 적합할 것이다.[31]

대의민주주의는 주어진 선호를 선거 과정 등을 통해 결집시켜 효율적으로 의사결정을 하는 장점이 있다. 하지만 한편으로 선거민주주의의 부작용과 대리인의 기득권화 속에 참여가 약화되는 등 대의의 실패 문제가 지적되어 왔다. 특히 눈앞의 이익과 욕망을 자극해 표를 얻으려는 방식은 기후위

---

[31] 이런 복합민주주의 모델의 현실화와 관련해서 이미 우리의 헌법 제1조 제1항에 있는 "민주공화국"의 민주가 포괄적 의미의 민주주의를 의미하는 것으로, 직접민주주의, 대의민주주의, 참여민주주의, 숙의민주주의의 헌법적 근거가 될 수 있다는 주장도 있다.(임지봉, 2017: 101)

기와 지속가능성 문제를 제대로 다루지 못한다. 녹색전환을 위해서는 미래 세대와 자연생태계 등 지속가능성을 위한 가치를 책임 있게 대변할 수 있도록 선거제도와 정치구조 가 개혁되어야 한다.

한편 민주주의의 발전과 함께 시민들이 정치적 주체로서 역할을 확대해 가는 차원에서 직접민주주의와 참여민주주의가 강조되고 있다. 정치 과정에 대한 시민들의 직접 참여는 민주주의 원리상 바람직할 뿐 아니라 시민들의 정치적 역량과 책임 인식을 실질적으로 높이는 역할을 한다. 하지만 참여의 폭과 기회의 확대가 오히려 다수의 욕망 표출 수단으로 활용되고 이해관계를 둘러싼 갈등을 증폭시켜 의사결정의 질을 떨어뜨릴 수도 있다. 직접민주주의 논리가 '팬덤정치'를 자극하고 소비자 주권을 앞세워 신자유주의 논리를 뒷받침한다는 비판도 나온다.[32] 지속 불가능성을 만들어내는 개발 및 성장 논리가 현실을 지배하고 녹색 가치는 여전히 비주류 위치에 있는 상황이라면, 직접과 참여민주주의의 의도치 않은 부작용에 대해 녹색전환의 관점에서 주의를 기울여야 한다.

이런 점에서 시민들의 날것 그대로의 여론(輿論)을 성숙한 공론(公論)으로 전환시켜 참여와 의사결정의 질을 높이는 숙의민주주의의 역할이 중요하다. 숙의민주주의는 사리분별(事理分別)식 토론 보다는 심사숙고(深思熟考)식 토의를 강조한다. 숙의민주주의를 통해 의사결정 수단으로서의 의미를 넘어서 의사 형성 과정에서 시민들의 사려 깊은 판단과 통찰력을 이끌어내 의사결정의 질을 높이고, 자기중심적 이해관계를 넘어서 더불어 함께 살아

---

32 직접민주주의는 숙의, 조정, 합의 등 민주적 절차와 과정의 시간을 견딜 수 없어 한다는 점에서 '조급한 민주주의', '성급한 민주주의', '화내는 민주주의', '응징 민주주의'에 가깝다고 지적을 하기도 한다.(박상훈, 2023: 238)

가는 공동의 대안을 찾아내는 힘을 길러낼 때 녹색전환도 비로소 가능할 것이다.(정규호, 2021b: 51-52) 각종 정책과 제도, 시스템의 변화 또한 이러한 인식론적 전환을 촉진하고 지속시키는 방향에서 이루어져야 할 것이다.

녹색전환의 정치는 권리에서 책임으로 정치적 자기 전환을 추구하는 의미를 포함한다. 이러한 녹색전환의 정치가 효과적이고 체계적으로 이뤄지기 위해서는 정당을 기반으로 한 제도정치 영역과 시민들의 일상생활이 이루어지는 생활정치 영역, 시민사회를 기반으로 제도정치와 생활정치를 연결하는 운동정치 영역, 그리고 다양한 형태의 공론의 장을 통해 여론을 숙성시켜 정부와 의회에 권고하고 사회적 협약을 이끌어내는 공론의 정치 영역을 포괄하는 종합적인 노력이 함께 전개되어야 한다.

2) 주류 정치의 녹색화

주류 정치란 대의민주주의에 기반한 의회정치, 특히 정당이 정치의 중심적 역할을 하는 정당정치를 주로 말한다. 정당은 시민들의 정치 참여 공간이자 책임정치를 실현하는 주체이며, 선거를 통해 국가 권력을 구성하거나 또는 견제하는 등 그 역할이 다양한데, 공통된 목표는 공공의 이익 실현에 있다. 따라서 주류 정치의 녹색화 근거 또한 당면한 지속가능성 위기가 공공의 이익 실현이라는 정당의 목표 자체를 근본적으로 위협한다는 점에서 찾을 수 있다.[33]

주류 정치의 녹색화는 우리 한국 현실의 특성을 고려할 때 그 의미가 크다. 한국은 지속 불가능성을 야기한 개발국가의 관성이 여전히 큰 데다, 대

---

33 구체적인 내용은 위에서 언급한 정치의 녹색화 의미와 녹색정치에 대한 진단 부분을 참고하기 바란다.

통령중심제의 강력한 행정국가 특성을 띠고 있다. 그만큼 삼권 분립을 통해 정당으로 구성된 국회가 입법권과 예산권, 국정감사 등을 활용해서 행정부를 견제하는 역할은 매우 중요하다. 정당정치 특성상 정치의 녹색화는 선거 과정을 통해 주로 이루어지는데, 녹색후보 지지나 반(反)녹색후보 저지와 같은 유권자 운동이나 선거 공약 개발 및 정책 협약과 실행 여부를 점검하는 매니페스토(Manifesto) 운동 등은 이미 실행되어 왔다. 녹색정당을 통한 활동도 계속되어 왔는데, 다수결 승자독식의 선거제도 장벽에 가로막혀 있는 상태다.

주류 정치의 녹색화를 위해서는 녹색정치 영역을 포함해 정당 간의 연대와 협력이 필요하다. 선거 과정에서 비례연합공천과 선거용 연합정당, 나아가 통합정당 구성 등 다양한 방식을 열어놓고 녹색전환의 힘을 효과적으로 연결하고 모아내는 방안을 찾아야 한다. 이와 함께 정당 간 정책 연대도 활성화 되어야 하는데, 이런 관점에서 이번 22대 국회에서 기후위기특별위원회 상설화 방안이 초당적으로 추진되고 있는 점은 의미 있는 시도라 할 수 있다.

3) 예시적 정치와 전환 역량 구축

주류 정치의 녹색화를 촉진하고 지속시키기 위해서는 시민사회로부터 녹색 가치에 대한 든든한 지지기반이 만들어져야 한다. 의회정치, 정당정치의 틀을 넘어서 시민사회 영역에서부터 녹색정치의 저변이 확장될 때 녹색전환도 더 탄력을 받을 것이다.

이와 관련해서 시민사회 비제도 영역의 미시정치, 생활정치, 상향식 정치를 이어주는 개념으로 '예시적 정치'(prefigurative politics)[34]가 새롭게 강조되고 있다. 예시적 정치는 말 그대로 더 나은 세상 또는 미래 사회에 대한 비전을 지금 여기의 현실에 실현시키고자 집단적으로 정치적 변화를 만들어 내는 것을 말한다.(Hammond and Smith, 2017; Fians, 2022) 예시적 정치에는 자신들의 삶의 거점을 지켜내기 위한 저항운동이 포함되는데, 1994년 멕시코의 사파티스타 운동처럼 농민, 원주민, 소외된 도시민들이 신자유주의에 반대하면서 자신의 지역에서 자치권을 쟁취하려는 활동이나, 1999년 시애틀 시위나 2011년 월스트리트 점령 등 신자유주의에 맞선 풀뿌리 차원의 저항운동 등이 대표적이다.(Yates, 2015)

예시적 정치의 또 다른 차원은 대안사회에 대한 구상을 지금 현실에서 실험하고 실천하고 실현하는 것으로, 비위계적이고 민주적이며 자율적인 형태의 풀뿌리 운동과 대안적 생활양식 실천, 새로운 사회에 대한 실험과 지역사회의 재구성 등이 여기에 해당한다. 이것은 현실을 살아가는 사람들의 생활 속 변화가 뒷받침되지 않는 사회 구조적 변화는 한계가 있을 수밖에 없다는 예시적 정치의 문제의식과도 맞닿아 있다.

우리의 경우 협동조합, 대안학교, 영성공동체, 생태마을, 친환경유기농업, 지역적 생산과 유통-소비 체계와의 연계 등 예시적 정치 유형에 해당하는 활동이 다양한 형태로 있어 왔다. 하지만 대안사회에 대한 구상을 구체화하고 이것을 실행할 수 있는 역량과 거점을 만들어내는 일은 아직 과제로 남아 있다. 우리의 촛불 운동의 높은 역동성에도 불구하고 주로 초점을 중

---

34 예시적 정치는 국가주의적 마르크스주의와 노동자계급 정치를 비판하는 차원에서 칼 보그스(Carl Boggs)가 처음 사용한 개념으로 알려져 있는데, 1960년대에 등장했다가 1990년대 들어서 국가주의를 넘어선 사회운동 차원에서 다시 주목받고 있다.(Fians, 2022: 4~5)

앙 정치권력의 구조와 제도 개선에 맞춤으로써, 우리 사회가 가야 할 대안 사회에 대한 명확한 비전과 생활세계와 연결된 지속가능한 실천은 상대적으로 취약했다는 점에서, 예시적 정치의 의미를 주요하게 살펴봐야 한다. 예시적 정치를 통해 지속가능한 미래의 비전을 구체화하고 대안적 실천을 활성화시켜 녹색전환의 역량을 높임으로써 정치의 녹색화 영역을 확장시켜 나가야 한다.

4) 민회의 공론 정치 활성화와 정치와 시민사회 연계

시민사회의 녹색화는 정치적 영향력으로 연결되어야 하고, 정치의 녹색화는 시민사회의 전환적 실천으로 이어져야 하는데, 이것을 매개 하는 정치적 기제로서 '민회'(民會)의 역할에 주목할 필요가 있다.

사실 민회는 고대 그리스 폴리스에서 개최된 시민 총회에서 그 원형을 찾을 만큼 역사가 오래되었다. 우리의 경우도 동학의 보은취회(1893), 독립협회의 만민공동회(1898), 3.1운동(1919), 해방 직후 자치 조직인 인민위원회 등 근대 초기 단계의 활동에서 민회의 역사를 찾기도 한다. '민회'라는 이름으로 구체적 활동이 나타난 것은 민주화와 지방화 시대를 맞은 1990년대부터로, 시민자치를 위한 사회운동으로서 신촌민회(1992), 생명민회(1994) 등이 있었으며,(주요섭, 2013, 25~27) 2010년대 들어서 '대한민국 민회 조직위원회' 출범(2012) 등을 통해 직접민주주의의 실현 방안으로 민회에 대한 구상과 제안이 있었다. 최근에는 시민정치의 확장으로서 민회를 활성화하고자 '시민의회법' 제정 움직임도 나타났다.[35]

---

35 2024년 12월 9일에는 시민의회법 및 관련 조례 제정과 플랫폼 구축, 한국형 시민의회 모델 개발 등을 목표로 시민의회전국포럼이 발대식을 갖기도 했다.

대안적 정치 양식으로 민회의 역할에 주목하는 이유는 정치적 주요 의제를 시민들이 참여하는 공론의 장과 연결해서 집단적 지혜를 발현시키고, 이것을 제도정치 및 생활정치와 연결하는 데 대한 기대감 때문이다. 임진철은 직접민주주의와 숙의민주주의에 기초해 새로운 공동체에 대한 열망을 모아가는 대안적 공론장이자, 문명전환의 새로운 공동체에 대한 사회적 합의와 시민협약을 만들어나가는 시민정치운동으로 민회의 역할을 강조하고 있다.(임진철, 2013: 127~128) 같은 맥락에서 필자는 대의정치와 생활정치의 연결을 통해 녹색전환을 위한 정치를 매개, 촉진하는 역할로서 민회의 의미와 역할에 주목하고자 한다. 직접참여에 기반한 시민 권리 확장의 수단으로 민회를 바라보는 것은 너무 협소한 접근이다. 민주주의의 지평을 넓히고 전환의 영역을 활성화하는 공론의 정치로서 민회는 풀뿌리 시민들의 공론장으로서 '시민회의'(civil agora)와 시민들의 의사를 총합하고 숙성해서 전달하는 '시민의회'(civil assembly)의 차원을 모두 포함한다.

이런 측면에서 우리나라는 숙의 기구를 통한 공론장의 운영 경험은 있으나, 풀뿌리 공론장으로서 시민회의 활동은 아직 미진하고, 공론 정치 기구로서 시민의회도 아직 제대로 작동시키지 못했다. '민회'란 이름의 시민운동 정도가 지금까지의 모습이다.

우리나라에서는 공론화위원회라는 숙의 기구의 설치 및 운영 사례가 시민의회 활동으로 소개되고 있는데, 2017년 신고리 5, 6호기 원전 공론화위원회를 시작으로, 2018년 대입제도개편 공론화위원회, 2023년 선거제도개혁 500인 회의, 2024년 국회의 연금개혁 공론화위원회까지, 중앙과 지방정부 주도의 크고 작은 공론화위원회는 지금까지 70여 차례 있었다.(김상준, 2024: 70) 하지만 주요 정책 사안을 둘러싼 갈등 해소와 사회통합을 목적으로 한 숙의형 공론조사와 위원회 운영이 대부분으로, 관 주도적 접근, 정형화 된 숙의 절차 진행, 찬반 투표를 둘러싼 세력대결 양상, 일회성 행사, 풀뿌리 공론장 및 시민사회와의 연계 부족 등에 대한 비판이 제기되어 왔다.(김주형·서현수, 2024: 195~196)

녹색전환을 위해서는 민회의 숙의 과정의 독립성과 자율성은 물론 숙의에 필요한 시간이 충분히 보장되도록 해야 한다. 장기적인 관점과 사전예방적 대응을 필요로 하는 녹색전환의 과제를 다루는 데 있어 민회가 가지고 있는 숙의와 공론의 기능이 적극 활용될 수 있어야 한다.[36] 이와 관련해서 2000년대 이후 세계 각국에서 시민의회를 운영하는 사례가 늘어나고 있는 가운데,[37] 아일랜드, 프랑스, 영국, 스코틀랜드, 덴마크, 핀란드, 독일 등 유럽의 여러 국가들에서는 시민의회를 통해 기후 문제를 다루는 경우도 나타나고 있어 주목할 만하다.

아일랜드는 기후변화에 관한 시민의회를 2017년부터 2018년까지 운영하였다.(Torney, 2021: 384~385) 2016년 시민의회를 설립하면서 다루기로 한 다섯 개 주제 중 하나가 기후변화로, 2017년 9월과 11월 두 차례 주말에 걸쳐 기후변화에 대한 심의가 진행되었으며, 총 26시간 경청과 토론, 심의가 이루어졌다. 이 과정에 15명의 전문가와 6명의 개인 발표가 있었다. 총회에는

---

36   민회가 다루기 적합한 의제로 선출의회의 이해관계와 연관된 선거 및 정치개혁 사안과 카르텔이 작동하는 중대 정책 사안, 민감한 가치 딜레마 사안들과 기후위기 대응 등 선출의회의 임기보다 훨씬 긴 호흡으로 초당파적 대응이 필요한 중대 정책 사안들을 들 수 있다.(곽노현, 2024: 29~30)

37   시민의회는 2004년 캐나다 브리티시컬럼비아주의 선거법 개정 시민의회를 시작으로, 현재 서유럽과 북미주, 호주와 뉴질랜드 등 서방권 거의 모든 국가들과 한국, 일본 중국, 인도 등 아시아와 브라질, 칠레, 페루, 멕시코, 콜롬비아, 파나마 등 남미의 여러 나라에서 시민의회가 개최 되었으며,(김상준, 2024: 69) OECD 국가들에서도 2022년까지 총 282회의 시민의회가 운영 중인 것으로 알려져 있다.

인구통계학적으로 추출된 99명이 참가했으며, 작성된 권고안은 비밀투표를 통해 모두 80% 이상 지지를 받았다. 시민의회는 2018년 4월에 기후변화에 대한 보고서를 공식 발표하고, 권고안에 대한 응답과 후속 조치를 요구하였다. 아일랜드 의회는 결의를 통해 시민의회의 권고안 검토를 위한 특별위원회 설립했으며, 2019년 3월에 기후변화를 정책 결정의 중심에 둘 것을 내용으로 하는 의회 자체의 권고안을 발표하였다. 정부는 2019년 6월에 이것을 기후행동 계획과 연계하였고, 2021년 7월 기후행동 및 저탄소 개발 법안을 법제화하였다. 이처럼 아일랜드 시민의회는 기후변화 관련 법 개정과 구속력 있는 5개년 탄소 예산 등의 제도적 성과와 함께 권고안을 통해 기후문제에 대한 사회적 인식을 높이는 역할을 하였다. 물론 시민의회의 권고안 중 농업분야 온실가스 배출에 대한 세금 부과 등의 내용은 반영되지 못한 한계도 있다.

한편, 프랑스는 시민의회로 기후를 위한 시민협약(Citizens Convention for Climate)을 운영하였다.(Torney, 2021: 385~387) 유류세 인상에 반대하는 노란조끼 시위에 대한 대응으로 마크롱 대통령이 소집한 대토론회에서 18개 지역 시민의회가 소집되었는데, 기후를 위한 시민협약은 2019년 7월 총리 서한을 통해 공식적으로 시작되어, 2019년 10월부터 2020년 6월까지 7회에 걸쳐 진행되었다. 프랑스 시민의회는 행정부의 위임을 받아 1990년 대비 2030년까지 온실가스 배출량을 최소 40% 감축하기 위한 방안을 심의하는 명확한 목표를 가지고 시작했다. 시민의회는 무작위로 추출된 150명의 참가자로 구성되었으며, 소비, 여행, 주거, 식생활, 생산 및 노동 등 5개의 주제별 작업 그룹으로 나눠 운영되었다. 시민의회는 논의를 통해 총 149개 조치로 구성된 권고안을 작성해 발표했으며, 마크롱 대통령은 권고안 발표 1주일 후 149개 권고안 중 146개를 지지하는 입장을 밝혔다. 2021년 2월 프랑스 정부는 시민의회의 협약 권고에 따른 대응책으로 기후 및 복원력 법안을 발표했다. 하지만 2021년 7월 상원과 합의한 최종 버전에는 협약의 원래 내용이 그대로 담기지는 않았다. 마크롱 대통령은 초기에 시민의회의 권고안을 국민투표나 의회에 여과 없이 제출하거나 직접 규제에 적용하겠다고 약속한 바 있어, 협약에 대한 대통령의 약속이 지켜지지 않았다는 비판을 받기도 했다.

이처럼 시민의회는 국가별로 운영 구조나 방식 등에 차이도 있지만 기후위기를 비롯한 지속가능성 문제를 다루는 데 있어 대의제의 결함을 보완하는 장점을 가지고 있다. 또한 시민의회의 권고 사항이 주로 국민투표를 통해 정당화되고 공식화된다는 점에서, 공론의 장으로서 민회의 역할도 더욱 중요해졌다. 민회가 시민의회와 시민회의의 두 차원을 포괄하면서 시민사회와 정치 영역을 연결시키는 역할로 주목하는 이유도 여기에 있다. 녹색전환의 측면에서 보면, 기후위기 등 지속가능성과 관련한 핵심 의제가 민회의 숙의 과정에서 개방적으로 다뤄져 공론 정치를 활성화하는 것이 중요하다. 이 점에서 그동안 우리가 해 왔던 방식, 즉 민감하고 갈등적인 정책 사안에 대한 의사결정의 수단으로 삼아 온 공론조사와 같은 숙의 기구의 운영 방식은 재검토되어야 한다. 녹색전환을 위해서는 민회를 운영하는 과정에서 지속가능성과 관련한 다양한 정보와 견해가 언론을 통해 중개되고 홈페이지 등을 통해 공개되도록 하는 등 공론 정치를 통한 '사회적 학습'을 촉발시켜 생태시민들의 집단적 지혜가 발현될 수 있도록 하는 노력이 무엇보다 중요하다.

제9장 녹색국가, 어떻게 만들 것인가?

—

지금까지 지속가능성 위기 시대를 맞아 녹색전환을 위한 녹색국가의 필요성과 역할을 검토한 후 이것을 우리 현실에 적용하기 위한 조건과 과제를 각 분야별로 살펴보았다. 이 장에서는 더 이상 미룰 수 없는 시대적 과제가 된 녹색국가를 대한민국 상황에 맞게 현실화 하는 방안을 다루고자 한다. 우리로서는 아직 가 보지 않은 새로운 길이기도 한 녹색국가를 실현하기 위해서는 우리사회의 특성에 맞게 입체적이면서 맞춤형으로 다가가야 한다. 이를 위해 한국 현실에서 녹색국가를 실현시키는 데 필요한 여건을 조성하는 방안을 살펴본 다음, 전환의 임계점을 앞당기면서 녹색국가로 효과적으로 이행할 수 있도록 하는 구체적인 실행 전략들을 제안해 보고자 한다.

1절 녹색국가, 더 이상 미룰 수 없는 시대적 과제

지속가능성 위기는 점점 확대, 심화되고 그만큼 녹색전환을 위한 국가의 역할에 대한 관심과 기대는 커질 수밖에 없다. 우리나라에서도 녹색국가의 출현을 이제 더 이상 미룰 수 없다. 녹색국가에 거는 다양한 기대와 열망을 모으고 연결해서 현실화시키는 방안을 적극 찾고 만들어 나가야 할 때다.

이런 문제의식을 바탕으로 이 책 1부(1~4장)에서는 지속가능성 위기 시대에 녹색전환의 필요성과 녹색국가의 의미와 특성, 그리고 녹색국가의 역할 및 과제들을 이론적으로 살펴보았다. 이어진 2부(5~8장)에서는 한국 현실에서 녹색국가를 실현하는 데 필요한 조건과 가능성을 진단한 후, 녹색국가를 실현하기 위한 방향과 실천 과제들을 살펴보았다. 이제 남은 것은 더 이상 미룰 수 없는 시대적 과제가 된 녹색국가를 대한민국 현실에 구체화시키기 위한 전략적 실행 방안이다.

지금까지의 논의를 종합해 볼 때 지속가능성 위기의 시대에 녹색전환을 이뤄내는 데 있어 녹색국가에 거는 기대는 명확하다. 먼저, 녹색전환에 필요한 환경과 조건을 만들어 전환의 장벽을 낮추고 전환 과정에서의 충격과 부작용을 줄이는 것이다. 이것을 구체적으로 살펴보면 다음과 같다. 첫째, 국가 차원에서 녹색전환의 방향 및 목표와 우선순위를 명확히 하고, 재분배와 선순환 체계를 통해 권력과 자본, 정보의 작동 방식과 흐름을 바꿔냄으로써 지속 불가능한 경로에서 신속하고 효과적으로 빠져나올 수 있도록 한다. 둘째, 이윤과 경쟁을 앞세운 시장 자본주의의 강력한 영향력과 불평등 및 상대적 박탈감으로 인해 주요 생태적 자원과 공유지 등이 파괴되지 않도록 책임 있는 보호와 관리 체계를 강화한다. 셋째, 식량, 에너지, 물 등에 대한 생태적 자립 기반 확대와 함께, 산업의 탈탄소화 실현과 주택, 보건, 교통, 통신, 교육 등 지속가능성을 위한 인프라를 조성하고, 녹색전환을 뒷받침하는 과학기술 분야에 대한 적극적인 예산 지원과 더불어 기술 혁신의 성과가 공적으로 활용될 수 있도록 한다. 넷째, 사회와 생태계의 회복탄력성을 높임으로써 기후위기 등 지속가능성 위기로 인한 충격은 물론 이것을 해결하는 과정에서 발생하는 갈등과 부작용을 줄이고, 생태학적 재난과 환경 난민 발생 등의 위협으로부터 생명을 보호하는 것이다.

한편, 녹색전환을 추동하는 주체의 역량 강화와 함께 대안적 모델이 창출되고 확장할 수 있도록 뒷받침하는 것도 녹색국가의 중요한 역할이다. 구체적으로 살펴보면 다음과 같다. 첫째, 국가의 규제 및 인센티브 제도의 활용과 교육 및 홍보 체계의 개선 등으로 시민들의 인식과 행동이 지속가능한 방향으로 효과적으로 전환될 수 있도록 하고, 국가 차원에서 녹색전환의 가능성을 담은 미시적 실험과 프로젝트들을 보호, 육성하여 대안적 모델이 활성화되고 확산될 수 있도록 한다. 둘째, 국가의 녹색화는 지역의 녹색화를 토대로 한다는 점에서, 녹색국가에서 지방정부의 역할도 중요하다. 중앙정부는 지방정부가 녹색전환의 적극적인 역할자로 나설 수 있도록 국가 정책 방향을 명확히 해야 한다.[1] 또 분권과 자치의 확대를 통해 지역의 권한과 책

---

1 지난 문재인정부 시절 기후위기 대응을 위한 탄소중립을 국가적 주요 과제로 설정한 후 많은 지자체들이 기후위기 비상행동에 참여하고 탄소중립 및 에너지 전환 계획을 수

임을 높이는 노력과 함께, 중앙정부의 교부금 등 예산 배정에 있어 지속가능성이 중요한 평가의 기준이 되도록 한다. 셋째, 지구적 차원의 지속가능성 위기 해결을 위한 글로벌 협력의 핵심 주체로서 역할을 해야 한다. 다자간 조약 체결로 성층권의 오존층 파괴 위협은 줄어들었지만, 기후변화와 생물다양성 파괴는 여전히 심각한 문제로 국제사회의 협력이 절실한 사안이다. 우리도 기후악당 국가라는 오명을 벗고 그린 ODA 확대 등 책임 있는 노력과 함께, 녹색전환의 모델을 선도적으로 만들고 그 경험을 국제사회와 공유해 나가야 한다.

이처럼 녹색전환을 위해 다양한 역할을 해야하는 녹색국가를 실제 우리 현실에 적용하고 구체화시켜야 하는데, 현재로서는 관련된 논의가 별로 없고, 참고할 만한 사례나 경험도 많이 부족하다. 근래에 '전환'에 대한 논의가 비교적 활발하지만 관련 사례의 나열식 소개에 그치는 경우가 많고, 우리 현실에 적합한 전환 전략으로 구체화시키지는 못해왔다. 특히 우리의 현실적 조건에 대한 분석과 진단을 통해 전환의 과제를 국가의 역할과 구체적으로 연결시켜서 다루는 논의는 많지 않다.

이 책에서 다룬 다양한 국가 유형들을 '지속가능성'과 '국가 역량'을 기준으로 해서 살펴보면, 녹색국가의 위치는 보다 분명해진다. 취약국가, 약탈국가, 채굴국가, 군사국가 등은 지속 불가능성이 매우 높은 국가 유형이다. 개발국가, 토건국가는 국가 역량은 상대적으로 높으나 지속가능성이 낮고, 시장 원리를 앞세운 경쟁국가, 기업국가는 국가 역량이 약하고 지속가능성

립하는 등 적극적인 움직임을 보였다. 윤석열정부 들어서 지역 자율성을 강조하는 등 실행 방식에 변화는 있지만 지자체들의 기후위기 대응에 대한 관심과 참여는 계속 이어지고 있다.

도 그리 높지 않다. 반면 복지국가는 국가 역량과 지속가능성을 어느 정도 갖추었으나 저성장 국면을 맞아 커다란 도전을 맞고 있다. 환경·생태적 가치가 중요해지면서 환경국가가 주목받고 있으나, 지속가능성 위기를 맞아 녹색전환을 실현해 내려면 녹색국가로 한 차원 더 나아가야 한다. 녹색전환은 환경부의 기능 확대나 환경친화적 정부 형태로는 한계가 있다. 녹색국가는 지속가능성 위기라는 시대적 과제와 녹색전환이라는 사회적 열망을 담아서 국가가 가진 역량을 최대한 책임있게 발휘하는 국가다. 국가 기구를 통한 억압과 강제적 동원 방식에 의존하는 형태의 국가 역량은 지속되기 어렵다는 점에서, 녹색국가의 역량은 생태민주주를 기반으로 사회 전체가 가진 지혜와 역량을 모으고 연결시킴으로써 최대한 발휘된다. 복지와 평화 등 대안적 가치도 녹색국가에서 새롭게 자리매김 한다.

〈그림 8〉 지속가능성과 국가 역량으로 본 녹색국가 위치

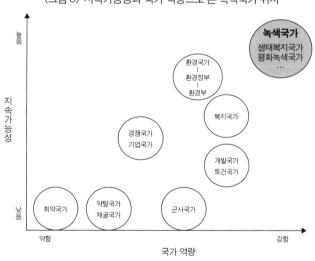

우리 현실에서 이런 녹색국가의 실현은 아직 가 보지 않은 새로운 길에 가깝다. 게다가 녹색국가를 실현하기 위한 우리의 현실적 조건이나 선결 과

제 또한 만만치 않다. 하지만 지속가능성 위기 문제가 시대적 과제로 등장하고 녹색전환과 국가의 역할에 대한 관심도 빠르게 높아지는 점은 녹색국가 논의의 전망을 밝게 한다. 녹색전환과 녹색국가는 가능성보다는 필요성이 만들어내는 새로운 영역이다. 우리에게 녹색국가는 필요성을 바탕으로 우리가 가진 상상력과 지혜와 역량을 최대한 모아서 현실화시켜야 하는 시대적 과제가 되었다.

2절 녹색국가, 입체적이면서 맞춤형으로 다가가기

1. 입체적으로 접근하기

녹색국가는 '국가의 녹색화'와 '국가를 통한 녹색화'라는 이중적 과제를 함께 가지고 있다. '국가의 녹색화'는 녹색국가로서 제도적 성찰성과 지속가능성을 높이는 방향에서 자기 혁신을 추진하는 것으로, 헌법과 사법 체계의 녹색화와 함께, 정부의 조직 구조와 운영 체계 전반을 아우르는 정부의 녹색화가 여기에 해당한다. 발전 및 성과 지표를 개선하고 재분배 정책과 산업정책 및 공간정책 등을 사전예방적이고 민주적이면서 효율적인 방향으로 바꿔내는 것도 포함된다. '국가를 통한 녹색화'는 국가가 녹색전환을 적극 지지하고 추진하는 것으로, 지속가능성과 밀접한 경제와 농업, 지역 등의 녹색화와 함께, 그 역할과 책임을 국경을 넘어서 한반도와 지구적 차원으로 확장하는 것도 포함된다.

한편, 녹색국가의 실현을 위한 조건을 만들고 역량을 강화하는 차원에서 시민사회와 정치의 녹색화도 중요하다. 사회, 정치적 과정을 통해 녹색전환의 주체를 발굴하고 역량을 높임으로써 지속 불가능성을 확대, 심화시켜 온 성장 중독, 개발 중독, 탄소 중독에서 벗어나도록 할 뿐만 아니라, 다양한 전환 모델 실험과 거점 만들기, 순환과 자립 기반 확대 등을 통해 전환의 가능성을 사회 전반으로 확장시켜나가는 것이다.

이처럼 녹색전환의 영역과 차원이 복잡한 만큼, 녹색국가의 구상과 실현 방식도 종합적이고 입체적일 필요가 있다. 그 이유를 크게 두 가지 차원에서 살펴볼 수 있다. 첫째, 지속가능성 딜레마의 해결이다. 지속가능성 문제를 놓고 서로 다른 접근과 처방이 상호 모순과 충돌을 일으키는 것을 '지속가능성 딜레마'라고 부르는데, 녹색전환 과정에서 이런 일이 발생하지 않도록 국가 전체 차원에서 방향과 내용을 조율하고 조정할 필요가 있다. 둘째, 기존의 시스템을 유지, 존속시키려는 경로의존성, 제도적 관성에서 효과적으로 벗어나기 위해서는 전환적 노력이 파편화, 개별화되지 않고 유기적으로 연결되어 전환의 시너지 효과를 증폭시킬 수 있어야 한다.

설계도 없이 집을 지을 경우 시행착오를 반복하면서 자원을 낭비하고 시간을 허비할 수 있다. 결국 전환의 실마리가 되는 다양한 대안의 영역을 연결하여 시너지 효과를 높이는 종합적인 기획과 입체적인 접근이 중요하다. 중요한 질병을 치료할 때 양방과 한방, 현대의학과 대체의학, 내과-외과-신경과-마취과-정형외과 등을 아우르는 협진과 통합 치료가 중요한 것과 같은 원리다. 또한 효과적인 치료는 응급의료 시스템, 전문 종합병원, 동네 병원 등 의료 기관의 유기적 역할 분담과 협력 체계 속에서 가능하다는 점도 녹색국가의 현실화 측면에서 시사하는 바가 적지 않다.

녹색전환을 위해서는 전환을 위한 종합적인 구상을 바탕으로 각자 자기 위치에서 필요한 역할을 해나가면서 서로의 경험과 역량을 효과적으로 모으고 연결시킬 수 있어야 한다. 지역 단위에서 전환에 대한 실험과 거점을 마련하고, 공동체와 커먼즈를 기반으로 한 자생력과 자급력을 높이기 위해 노력을 기울이는 것과 함께, 국가 차원에서 정책의 우선순위 조정과 자원의 전략적 재분배, 장기적이고 사전예방적인 대응체계가 같이 마련되어야 한다. 이와 함께 지역으로부터의 상향식 접근과 국가 차원의 하향식 접근이 유기적으로 연결될 수 있도록, 국가 차원에서 지역과 공동체, 풀뿌리 자발적 단위로의 분산과 분화를 추진하면서, 동시에 풀뿌리 지역 공동체 단위의 작은 실험들을 각자의 장소적 특성을 살리면서 국가 차원으로 연결시켜 나가는 노력을 함께 진행해야 한다.(Koch, 2020: 126)

이와 관련해서 에릭 올린 라이트(Erik Olin Wright)가 강조하는 자본주의의 종합적 전환 전략 체계는 중요한 시사점을 준다. 아래 표는 자본주의 체제에 대한 전환 전략은 시민사회·공동체 중심의 상향식 기획으로서 '틈새적 변혁'(저항하기와 벗어나기)과 국가 중심적 하향식 전략으로서 '공생적 변혁'(길들이기와 해체하기)이 유기적으로 결합 될 때 실현 가능하다는 점을 말해준다.[2]

〈표 26〉 전환 전략 유형

차원	목표	
	폐해 중화하기	구조 넘어서기
공생적 변혁 (시스템 내부로부터 변화)	체제를 '길들이기' (국가 권력을 이용한 시스템 개선)	체제를 '해체하기' (시스템의 점진적 해체와 대안 만들기)
틈새적 변혁 (주변부 · 외부로부터 상향식 대안 추구)	체제에 '저항하기' (소비자, 풀뿌리 시민, 노동영역의 반자본주의 활동)	체제에서 '벗어나기' (협동조합, 공동체적 대안 건설, 생활양식 전환 등)

출처: 에릭 올린 라이트가 쓴 2012년 책 421쪽과 2020년 책 96쪽 내용을 필자가 재정리함.(정규호, 2023: 8)

---

2 에릭 올린 라이트는 자본주의 전환 전략 유형으로 '공생적 변혁'과 '틈새적 변혁' 외에 '단절적 변혁'도 함께 제시했는데, 국가 권력 장악을 통해 자본주의를 분쇄하는 혁명적 사회주의 전략으로서 '단절적 변혁'은 현실 적합성이 낮다는 점에서 여기서는 다루지 않았다.

2. 현실의 특성을 고려한 맞춤형 전환 전략

지속가능성 위기가 지구적 차원의 인류 보편의 문제임을 인식하는 것은 중요하다. 하지만 문제 해결을 위해서는 위기의 발생 원인과 경로, 이로 인한 영향 등에서 각 지역과 국가별로 나타나는 고유한 특성들을 잘 살펴봐야 한다. 지속가능한 방향으로 근본적인 변화를 지향하는 녹색전환은 현실 사회에 대한 구체적인 진단과 분석을 전제로 한다. 녹색국가 역시 마찬가지다. 현실의 국가 및 사회시스템의 특성과 조건에 따라 녹색국가를 위해 다뤄야 할 우선적인 과제와 실천 전략도 달라질 수 있다.

예를 들어 정치 체제가 민주적인지 권위적인지, 정부 형태가 대통령중심제인지 의원내각제인지, 정당 구조가 양당제인지 다당제인지, 경제 구조가 자본주의 형태인지 사회주의 형태인지,[3] 경제적 상황이 선진국 수준인지 저개발국 수준인지 등에 따라 녹색국가의 성격과 이행 전략은 다를 수밖에 없고, 그만큼 상황과 조건에 맞게 접근하는 것이 바람직하다.

따라서 대한민국의 녹색국가 구성 및 작동 방식과 실행 전략은 한국 사회의 역사적 맥락과 발전 경로, 현실의 구조적 조건과 특성, 당면한 핵심 문제의 성격, 국가와 시민사회와의 관계 등을 종합적으로 고려해서 맞춤형으로 다뤄져야 할 것이다. 한국은 강력한 대통령중심제 국가로 국민에 의해 선출된 대통령은 행정부 수장으로서 임기가 보장되고 의회의 법률안에 대해 거부권을 가지는 등 권한이 막강하다. 입법부와 행정부의 상호 협조를 기반으로 책임정치를 구현하는 의원내각제와 달리, 대통령중심제는 통치의 안

---

3   같은 자본주의라 하더라도 등장 배경이 봉건제나 공산 체제냐에 따라서도 경로의존성과 전환의 궤적이 달라진다는 주장도 나오고 있다.(Buch-Hansen, 2014)

정성에 기반한 리더십이 강한 반면에 권력 집중과 독재에 따른 부작용도 크다. 우리의 녹색국가 실현에 있어 막강한 행정부를 견제, 견인할 수 있는 시민사회와 정치의 녹색화 역량이 중요한 이유다.

한편, 한국은 복지국가 체제의 경험을 바탕으로 녹색국가로의 전환을 모색하고 있는 서구 선진국가들과 달리, 기존의 권위적 개발국가 체제에서 비롯된 사회· 문화적, 제도적 관성과 복지 기반이 취약한 문제들을 함께 극복하면서 녹색국가로의 전환을 모색해야 한다. 특히 대외 의존형 경제구조가 확대되어 오는 가운데 지역 자립과 생태적 자급력은 취약해졌고, 사회와 경제, 공간적으로 양극화가 심해진 상황에서 상대적 박탈감을 자양분 삼아 토건국가 시스템이 여전히 강력한 힘을 발휘하고 있는 점은 한국의 녹색국가로의 전환에서 해결해야 할 중요한 과제다.

전체적으로 한국이 당면한 현실을 살펴보면, 녹색국가로의 전환의 필요성이 여느 나라보다 큰데 반해,[4] 전환을 위한 비용(transition cost) 또한 매우 크다는 것을 알 수 있다. 무역의존도가 90%에 달하는데, 곡물자급률은 19.3%, 에너지 자급률은 3%에 불과하고, 수도권은 과집중되고 지역은 소멸 위기를 우려할 만큼 공간적 불균형이 극심한 데다,[5] 분단 상황에서 남북 간 대결 구조는 자원 배분을 심각하게 제약하면서 왜곡시키고 있다. 이런 가운

4　한국은 이산화탄소 배출량 세계 7위에 1인당 배출량도 세계 평균보다 2.5배 더 많은 가운데, 원유 수입 5위에다 에너지 소비는 세계 6위이고, 공공금융기관을 통해 석탄화력발전소 해외 투자를 확대하는 등 세계적인 '기후 악당 국가'로 지목된 바 있다.

5　지역균형발전 등 여러 대책들을 내놓고 있지만, 지금 추세로는 수도권(서울, 인천, 경기) 인구가 2023년에 전체 인구의 약 50.9%를 차지하던 것이, 50년 후인 2073년에는 10.4%p 더 오른 60.8%를 차지할 것으로 보고 있다. 총 인구수의 감소 추세에도 수도권 인구 집중 현상은 더 심화될 전망이다.

데 지난 시절 개발국가 체제를 뒷받침했던 성장주의, 속도주의, 중앙집중주의, 결과중심주의는 지속가능발전과 탈성장이 대안으로 강조되는 오늘날에도 사회문화와 제도는 물론 개인의 생활과 인식 체계에 영향력을 행사하고 있다. 또한 이념과 지역, 세대, 성별, 가치를 둘러싼 갈등들이 복합되어서 사회적 불신을 확대시키는 가운데, 미래지향적 국가발전 모델에 대한 합의된 비전과 전환을 이끌어낼 주체와 전략은 아직 불분명한 상황이다. 성장경제와 연계된 제도들이 공진화해 오면서 경로의존성이 강화되는데, 한국은 지난 시절 개발국가 시기의 고속성장 과정에서 형성된 강력한 유산이 녹색국가로의 전환을 전반적으로 제약하고 있다.

물론 불리한 조건만 있는 것은 아니다. 한국은 세계적으로도 드물게 짧은 기간 동안에 절대 빈곤으로부터의 탈출과 민주주의의 제도적 정착을 함께 일궈낼 만큼 시민사회의 역동성이 매우 높다. 한국은 높은 교육열을 바탕으로 기술과 문화의 혁신을 주도해 옴으로써 오늘날 세계적으로도 그 위상을 높이고 있다. 또한 한국은 단일 언어에 기반한 민족국가이면서 동시에 다양한 종교가 공존하는 국가로, 이질적인 것이 공존하고 소통할 수 있는 가능성이 상대적으로 높다. 이처럼 한국은 세계 어느 나라보다 높은 역동성과 혁신성, 창조적 융합의 잠재력을 가지고 있는 만큼, 이런 특성을 녹색국가로의 전환에 적극 활용할 수 있어야 한다.

3절 녹색국가 실현을 위한 조건 만들기

1. 중독과 경로의존성에서 벗어나기

기후위기의 심각성에 대한 계속된 경고와 함께 지속가능한 방향으로 근본적인 전환이 필요하다는 이야기가 계속 나오고 있지만 막상 현실의 변화는 너무나 더디다. '기후 변화를 막으려면 우리가 변해야 한다'는 사람들은 여전히 소수에 머물러 있다. 녹색국가를 통해 녹색전환을 실현하려면 이런 답답한 현상이 반복, 지속되고 있는 이유를 밝히고 해결책을 찾아내야 한다.

대표적 지속가능성 위기인 기후 문제를 놓고 보면, 욕망을 확대 재생산하는 자본주의의 영향력, 정보와 지식의 부족, 인식론적 한계와 무지 등 다양한 요인들이 문제에 대한 근본적인 인식과 접근을 가로막고 있다. 구체적으로 살펴보면, 먼저 지금까지 기후위기를 확대시켜 온 데는 주체를 억압하는 강제적 권력(1, 2차원적 권력) 못지않게 자발적 긍정성을 기반으로 한 유혹적 권력(3차원적 권력)의 힘이 강력했다. '더 많은 생산과 소비를 위한 더 높고 빠른 성장'에 대한 강력한 믿음이야말로 기후위기를 가져온 유혹적 권력의 대표적인 예로, 좋은 삶에 대한 감각을 마비시키고, 문제를 개인화, 탈정치화시켜서, 문제 해결의 '골든 타임'(golden time)을 놓치게 만든다.

또한 이런 유혹적 권력은 위험을 회피하는 심리와 습관적 사고 및 관성적 행동과 결합해서 더 큰 힘을 발휘하기도 한다. 위기에 대한 경고나 관련 정보에 반복적으로 노출됨으로써 무감각화를 초래하게 되고, 인식과 결정의 피로를 줄이고자 기존의 정보나 경험에 의존하는 일이 자주 발생하는 것이

다.[6]

녹색전환과 녹색국가의 성공 여부는 문제의 원인으로 작용하고 있음에
도 여전히 다수가 보편타당하다고 강력하게 믿고 의지하고 있는 지배적 가
치와 시스템의 '중독'과 '경로의존성'에서 어떻게 하면 신속하게 민주적이면
서 평화적인 방식으로 벗어나도록 하느냐에 달려 있다. 성공적인 탈주를 위
해서는 개인 차원에서 인식론적 전환과 함께 사회적인 차원에서 제도 및 시
스템 전환이 함께 이루어져야 한다.

2. 불평등 해소로 전환의 문턱 낮추기

한편, 생태적 상한선(ecological ceiling)과 사회적 최저선(social floor) 사이
에서 지속가능한 길을 찾아가려면, 사회경제적 불평등을 줄여서 전환의 문
턱을 낮춰야 한다. 불평등 해소와 기본 필요 충족은 해당 사회로부터 전환
에 대한 지지를 이끌어내는 데 매우 중요하다.(이병천, 2021)

기존의 성장경제 시스템은 성장의 결실이 쌓이면 분배는 자연스럽게 이
루어진다는 낙수효과 논리를 내세워 '선(先) 성장 후(後) 분배' 전략을 정당
화시켜 왔는데, 결과적으로 성장과 분배가 연결되기는커녕 오히려 불평등
과 양극화가 확대되었다. 불평등은 규제 완화와 노동 시장 유연화, 세율 인
하 등을 앞세운 신자유주의가 확산되면서 더욱 커졌고, 글로벌 금융위기와
코로나19 팬데믹 상황을 거치면서 더 심화되었다. 이처럼 세계 보편적 현

---

6   이런 현상은 인류의 진화 과정에서 획득한 생존의 비결에서 비롯된 것으로, 우리 몸 전
    체 무게의 2%를 차지하지만 에너지는 전체의 20%를 사용하는 두뇌가 에너지 사용을
    최적화 하기 위해 획득한 방식이기도 하다.

상이 된 불평등 구조는 지속가능성 위기에 대한 공동 대응과 전환적 노력을 어렵게 만든다.

한국은 경제 규모로 선진국이지만 불평등 문제는 구조적으로 매우 심각해서 녹색국가로의 전환을 가로막는 핵심 과제가 되고 있다. 한국의 소득 불평등은 특히 1997년 IMF 경제위기 이후부터 급격히 확대되었다. 많은 사람들이 장시간 노동에다 노후까지 일하느라 생애 전체에 걸쳐 '시간 빈곤' 상태에 빠져 있으며, 비정규직 비율 또한 임금노동자의 1/3 수준을 넘을 만큼 높아 삶의 불안정성이 크다.[7] 하지만 한국의 사회복지 지출은 여타의 선진국들에 비해 낮은 데다, 조세부담률[8] 또한 낮아서,[9] 재분배 기능이 매우 취약하다.

지속가능성 위기 시대에 녹색전환이 강조하는 생태적 상한선과 사회적 최저선의 기준을 조화롭게 충족시키기 위해서는 불평등 문제가 반드시 다뤄져야 한다. 특히 강제적 수단에 의존하지 않고 민주적 과정을 통해 생태적 상한선을 지켜내기 위해서는 자원 분배 시스템을 획기적으로 개선하여 사회적 최저선을 충족시킴으로써 기본적 삶이 유지되도록 해야 한다.

시장경제의 소득 분배 기능이 불완전한 가운데, 근로소득 보다 자본소득

---

7   한국의 상위 10%의 소득이 하위 10% 보다 약 12배 정도 높고(2020년), 연간 평균 노동 시간(1,915시간)은 OECD 국가 평균(1,716시간) 보다 10.4% 더 많으며(2021년), 65살 이상 경제활동 참가율(35.3%)과 비정규직 비율(37%)은 OECD 국가 평균(15.3%과 11.8%) 보다 두 배 더 높다(2022년).

8   조세부담률은 경상 GDP에서 국세 및 지방세 등의 조세가 차지하는 비중으로, 특정 국가 국민들의 조세부담을 측정하는 지표를 말한다.

9   한국의 사회복지 지출은 GDP 대비 약 12% 수준으로 OECD 국가 평균 20% 보다 많이 낮고, 조세부담률 또한 약 28%로 OECD 국가 평균 약 34%보다 6%포인트 낮은 것으로 나타났다.

이 불평등에 더 큰 영향을 주는 현실에서, 불평등 해소를 위한 구체적인 방안으로 재분배(re-distribution)와 선분배(pre-distribution) 정책을 들 수 있다. 재분배 정책이 소득 불평등이 이미 발생한 이후에 이를 수정하기 위해 정부가 개입하는 2차 분배 방식이라면, 선분배 정책은 불평등이 발생하기 전에 이를 미리 방지하기 위해 접근하는 1차 분배에 해당한다. 재분배 정책은 비교적 우리에게 익숙한데, 누진세와 같은 조세제도, 의료보험이나 국민연금, 실업급여, 기초연금 등 사회보장 정책, 저소득계층 생활보조금, 재난지원금, 기본소득 등 공공부조 정책 등이 있다. 반면, 선분배 정책은 최저임금제도를 제외하고는 아직 우리에게 익숙치 않은 영역이다.[10] 최저임금제도는 국가가 노·사간 임금결정 과정에 개입해 임금의 최저수준을 정하고 법적으로 지키도록 하여 저임금 근로자를 보호하기 위한 것으로, 우리나라는 「최저임금법」 제정을 통해 1988년부터 실시해오고 있다.

한편, 이와 달리 임금의 상한선(wage ceiling)을 정하는 '최고임금제도'도 선분배 정책에 해당하는데, 프랑스 등 일부 국가에서 적용하는 것으로 알려져 있다. 최고소득에 법적 한도를 정하는 일명 '살찐고양이법'으로 불리는 최고임금제도는 오늘날 부의 공평한 분배는 물론 사회 경제 시스템이 생태적 상한선 이하로 유지하도록 하는 방안으로도 주목받고 있다.(Khan, et al., 2023: 1521) 기업 임원의 보수와 최저임금 근로자 연봉의 격차가 큰 우리 현실에서는[11] 2020년 정의당이 총선 공약으로 국회의원은 최저임금의 5배, 공

---

10   선분배(Pre-distribution) 개념은 미국 예일대 제이컵 해커(Jacob Hacker) 교수가 2011년에 발표한 논문에서 기존의 재분배(re-distribution) 정책과 구분하기 위해 도입한 개념으로, 영국 노동당 정책으로 채택되기도 했다.

11   2023년 기준으로 몇몇 대기업의 임원 연봉은 10억 원에서 30억 원 사이인 반면, 같은 해 최저임금은 연간 약 2,010만 원 정도로, 50배에서 150배 정도 더 높다.

공기관은 7배, 민간기업은 30배까지로 제한하는 내용의 '최고임금제도'를 제안한 바 있다.[12]

선분배 정책으로 또 하나 강조되는 것이 바로 '부유세'다. 고소득층을 대상으로 보유한 자산에서 관련된 부채를 차감한 순자산에 대해 과세하는 순부유세(net wealth tax) 도입은 조세 형평성을 높여 불평등을 완화하고, 사회복지 재원을 확보하는 데 의미가 있는 것으로 강조되고 있다. 부유세는 유럽 국가 일부에서 적용되어 왔으며, 조지 소로스(George Soros) 등 미국 억만장자들이 자신에게 부유세를 부과할 것을 제안하면서 주목을 끌기도 했다. 부유세는 오늘날 재분배는 물론 기후변화 완화하는데 기여할 수 있는 방안으로 다시 주목받고 있다.(Khan, et al., 2023: 1521) 우리나라에서는 2002년 대선에서 민주노동당 권영길 후보가 순자산가액이 10억 원을 초과하는 부유층을 대상으로 1~3%의 세금을 부과하는 부유세를 공약으로 내세운 바 있다.

한편, 지속가능성을 위한 불평등 해소 노력은 국제사회에서도 구체화되고 있는데, '공동의 차별적 책임의 원칙'을 통해 생태 부채와 기후위기 책임이 더 큰 선진국가들[13]의 재정과 기술을 저개발 국가로 이전해, 이들의 빈

---

12 임금 격차 해소 측면에서 선분배 정책과는 성격이 다르지만 영리를 목적으로 하지 않고 조합원이 주인이 되어 민주적으로 운영하는 협동조합 기업이 가진 역할도 살펴볼 필요가 있다. 대표적 협동조합 기업인 이탈리아 레가 협동조합(Lega Coop)은 최저임금과 최고임금의 격차가 8배 수준이며, 스페인 몬드라곤 협동조합(Mondragon Co-operative Group)의 경우 규모가 작은 단위 노동자협동조합은 3~6배, 그룹 전체로는 9배까지 허용하고 있는데, 비슷한 매출의 자본기업과 비교하면 임금격차가 매우 적은 편이다.(정원각, 2019)

13 세계 최대 국제구호개발기구인 옥스팜(oxfarm)의 조사에 따르면, 상위 10%의 부유층이 전 세계 누적 탄소 배출량의 52%를 차지해 1.5℃를 위한 전 세계 탄소 예산의 거의

곤과 양극화 문제를 해결함으로써 지속가능한 공존의 길을 찾으려 하고 있다.

3. 시간 정치로 전환 영역 확장하기

전환의 문턱을 낮추는 노력과 함께 전환의 영역을 확장하기 위해서는 '위기'에 대한 인식과 '시간'에 대한 접근을 새롭게 할 필요가 있다. 우리가 어떤 것을 '위기'라고 부를 때는 그것이 가진 문제를 자각한다는 점을 전제로 한다. 객관적 사실로서 심각성이 아무리 커도 그것을 '문제'로 인식하지 않으면 위기 인식의 범주에 들어오기 어렵다. 지속가능성 문제 역시 마찬가지다. 이것을 위기로 받아들이는 데는 여러 차원이 있다. 다양한 환경·생태적 문제가 심상치 않은 방향으로 진행되는데 그 원인이 도대체 무엇인지 알기가 어려울 때, 문제의 원인을 찾아냈는데 해결 방법이 난망할 때, 원인과 해결책을 알았지만 이것을 실제로 다룰 수 있는 주체와 역량이 덜 갖춰져 있을 때, 그리고 마지막으로 위기적 문제를 다루기 위한 준비를 갖췄는데 막상 해결에 필요한 '시간'이 별로 없을 때, 우리는 위기로 부른다. 기후 문제에 대비해 보면, 문제의 심각성을 인지하고 원인과 해결책도 어느 정도 찾았는데, 문제를 해결할 주체적 역량이 아직 부족한 데다가, 기후 문제가 돌이킬 수 없는 파국적 상황으로 넘어가는 임계점까지 우리에게 주어진 시간이 넉넉지 않다는 점에서 기후위기의 심각성이 잘 나타난다.

31%를 고갈시켰으며, 이중 상위 1%는 탄소 배출량의 15% 이상, 탄소 예산의 9%를 사용한데 반해, 인류의 절반에 해당하는 최빈층은 누적 배출량의 7%, 탄소 예산의 4%를 사용한데 불과한 것으로 나타났다.(Gore, 2020: 3).

기후위기를 비롯한 지속가능성 위기를 해결하기 위한 녹색전환에 있어 '시간'은 매우 중요한 변수다. 그만큼 녹색전환과 '시간 정치'의 관계성에 주목할 필요가 있다. 시간이 곧 정치이고 현실을 움직이는 권력의 문제라는 점에서 시간 정치 즉 '크로노폴리틱스'(chronopolitics)[14]는 전환의 영역을 확장시켜나가는 데 중요한 관건이 된다. 전환을 가로막는 현실의 불평등 구조 속에는 시간 불평등이 자리하고 있다. 건강한 삶을 바탕으로 기대 수명을 늘리고, 시간적 제약에서 벗어나 원하는 대로 자유롭게 선택할 수 있는 삶을 누구나 원하지만 현실에서는 매우 제한된 사람들만 이런 삶이 가능하다. 사회경제적 약자는 항상 시간 빈곤에 노출된 채 전환적 삶을 상상하고 준비할 여력조차 없다.

시간 정치는 사회시스템에도 작동하는데, 우리의 근대화 과정에서 개발국가 체제를 뒷받침했던 진화론적 사고를 기반으로 한 발전단계론도 여기에 해당한다. 국가 총량적 성장 목표를 향한 총력 동원 방식을 작동시켰던 우리의 개발국가 체제는 성장주의와 속도주의의 강력한 결합과 함께 '빨리 빨리' 문화를 만들어 냈으며, 이런 상황에서 민주주의를 기반으로 한 성찰과 숙의의 시간은 제대로 경험하기 어려웠다. 녹색전환을 모색할 때 반드시 짚어봐야 할 부분이다.

지속가능성 위기에 대응하기 위해서는 우리의 삶과 사회 전반에서 작동하는 시간의 배치와 작동 방식에 근본적인 변화를 일으켜야 한다. 녹색전환을 위한 새로운 시간 정치가 필요하다. 사실 녹색전환과 관련한 논의 속에

---

14   에스포지토와 베커는 크로노폴리틱스(chronopolitics)를 다시 정치의 대상으로서 시간을 다룬 '시간의 정치'(politics of time)와 시간 속에서 이루어지는 정치로서 '정치의 시간'(time of politics), 그리고 시간을 도구로 삼은 정치로서 '정치화된 시간'(politicized time)으로 구분하고 있다.(Esposito and Becker, 2023: 15~19)

이미 다양한 시간 정치의 요소가 발견된다. 인류세 논의를 통해 진화론적 발전 논리의 허상을 드러내고, 중장기적 관점에서 생태학적 붕괴의 임계점을 넘어서기 전에 사전예방적 대응이 필요하다는 점을 강조하는 것도 시간 정치다. 기후위기에 따른 파국 시나리오를 통해 즉각적 행동을 촉구하거나, 지속가능성과 관련해 세대 간 형평성과 정의, 미래세대에 대한 책임을 강조하는 것도 시간 정치다.

지속가능한 미래를 지향하는 전환의 정치가 곧 시간 정치이기도 하다. 지속 불가능성을 양산하는 자본과 권력에 의해 식민화된 시간을 해방하기 위한 시간의 정치, 전환의 영역을 새로운 차원으로 확장하기 위한 시간의 정치가 모두 필요하다. 전환을 위해서는 현실을 지배하고 움직이는 제도와 시스템 자체에 내재되어 있는 시간의 속성을 바꿔내야 한다. 지금의 정치 및 경제 시스템은 단기적 성과와 이윤을 추구하는 방향으로 설계되어 작동한다. 지속가능성에 대한 가치를 경제활동 전반에 반영하고, 4~5년 주기의 선거를 중심으로 작동하는 현실 정치 시스템의 작동 방식에 변화를 주기 위해 투표 연령과 선거 기간, 대통령 임기 등을 조정하고, 주요 선거 공약에 대한 지속가능성 평가와 사회적 공론과 숙의의 기간을 확장해 나가는 것이다.

자본주의 시장의 경쟁체제와 결합된 시간 빈곤에서 벗어나 전환에 필요한 재생산과 돌봄, 공동체적 활동에 더 많은 시간을 쓸 수 있는 환경을 만들어내는 일도 중요하다. 마침 녹색전환과 관련해 시간 정치의 가능성을 담은 구체적인 움직임도 나타나고 있다. 생산성과 효율성을 앞세운 기존의 '패스트'(fast) 문화에 대한 대안으로 슬로우 시티(slow city), 슬로우 라이프(slow life), 슬로우 푸드(slow food), 슬로우 패션(slow fashion), 슬로우 투어리즘(slow tourism) 등 시간의 속도를 늦춘 '느림'의 가치가 강조되고 있다. 삶의 만족도와 밀접한 여가 시간 비율이 OECD 국가 중 하위권인 우리 현실에서,

미래세대 청년들은 직업 선택시 급여 수준과 고용 보장 못지않게 시간적 여유를 점점 중요하게 고려하고 있는 것은 의미있는 변화다.[15]

　녹색전환의 측면에서 시간 정치를 사회경제 시스템과 연결하는 움직임도 있다. 노동시간 단축을 통해 고용노동으로부터 자유시간을 늘리는 것이 대표적이다. 노동시간 단축은 시간 불평등성의 해소와 함께 노동과 삶에 대한 자기 통제권을 확보하는 것이자 전환의 주체와 영역을 확장하는 의미가 있다. 노동시간 단축은 유급 노동에서 무급 활동으로 시간 사용을 재분배하여 사회적 최저선을 충족하고 나아가 물질적 생산과 소비를 줄여 생태적 상한선을 보호하는 역할도 한다.(Khan, et al., 2023: 1521~1522) 노동시간 단축의 전환적 역할을 확대하려면 기본소득과 함께 이루어져야 한다. 기본소득은 모든 시민에게 최소한의 소득을 보장하여 사람들이 유급 노동에 덜 의존할 수 있도록 함으로써 생활양식의 탈상품화를 뒷받침하기 때문이다.(Mulvale, 2019)

4절 녹색전환과 녹색국가로의 이행 전략

1. 역량 결집을 통한 전환의 물꼬 트기

전환은 한 사회를 지탱해 온 가치의 중심을 이동시키는 것이자, 선택의

15　최근 조사에서 MZ세대들은 취업시 월급과 정년보장, 발전 가능성 보다 일과 삶의 균형을 의미하는 '워라밸'을 보장하는 기업을 가장 선호하는 것으로 나타났다.(전경련, 2023)

기준과 의사결정의 우선순위를 바꾸는 일이며, 권력과 자원, 정보의 흐름과 작동 방식을 교체하는 것이다. 이처럼 새로운 차원을 여는 전환의 과정은 단계적이고 점진적이기보다는 불규칙하고 불연속적이다. 녹색국가로의 전환 역시 마찬가지다. 기존의 사회를 유지시켜 온 가치와 제도, 시스템의 관성과 영향력이 크고 균질적이지 않기 때문이다.

현실에 대한 구체적인 분석을 바탕으로 녹색국가로의 이행을 위한 전환 전략이 중요하다. 특히 지속 불가능성을 확대, 심화시키는 주류의 가치와 제도, 시스템의 경로의존성과 관성에서 벗어나 새로운 흐름을 만들어내려면 초기 단계에서 전환의 '물꼬'를 트는 일이 매우 중요하다. 전환을 향한 작지만 다양한 시도가 이루어지고 이것이 연결되고 모아져 초기 단계에 하나의 흐름을 형성하게 되면, 이후의 전환 과정은 상대적으로 수월해지기 때문이다.

하지만 기존의 지배적인 가치와 제도, 시스템에 균열을 내고, 비집고 들어가 틈새를 벌려 새로운 실험과 시도를 해 보고, 이것을 대안의 영역으로 구체화 하려면 상당히 집중된 노력이 필요하다. 따라서 가능하다면 우리가 가진 역량의 상당 부분을 초기 단계에 전환의 물꼬를 트는 데 집중 투입할 필요가 있다. 최대한 신속하게 전환의 임계점을 넘어서려면 초기 단계에 자원과 에너지를 집중시켜야 한다는 것이다. 이런 관점에서 기후위기 대응 방안으로 강조되는 '탄소중립 2050' 목표의 달성 여부도 향후 4~5년 사이에 우리가 얼마나 집중된 노력을 하느냐에 결판이 날 것으로 보인다.

문제는 불확실성을 동반하는 중장기적 목표를 위해 초기 단계에 부담을 감내하면서 자원과 역량을 집중 투입하는 결정을 이끌어내기가 현실적으로 쉽지 않다는 점이다. 전환의 가치가 여전히 비주류 영역에 머물고 주체들의 역량 또한 미약한 상황에서 다수결을 통해 이러한 문제가 제대로 다뤄지기도 어렵다. 전환의 물꼬를 트고 주류로 자리매김하기 위한 전략적 접근이 있어야 한다. 이와 관련해서 기존에 없던 새로운 혁신 기술이나 제품이 사회적으로 확산, 수용되는 과정을 다룬 혁신확산이론(Innovation Diffusion Theory)이 담고 있는 메시지는 의미 있는 시사점을 주고 있다.

혁신확산이론가 로저스(Everett M. Rogers)는 혁신이 시간이 지나면서 사회시스템에서 어떻게 수용되고 확산되는지를 신제품 수용자 관점에서 다섯 가지로 유형화해서 설명한다. 우선 사회의 약 2.5%는 '혁신자' (innovators)로 강한 호기심과 창조적 열정을 가지고 집단 규범에 의존하지 않으며, 소명 의식으로 위험도 감내하면서 혁신을 기획하고 주도하는 성향의 사람들이다. 또한 사회의 약 13.5%는 '조기 수용자'(early adopter)로 주변의 평판 보다 자신의 직관에 따라 새로운 가치를 앞장서 수용하고, 그 의미와 가치를 주위에 알려 여론을 선도하는 오피니언 리더 역할을 하는 사람들이다. 또한 약 34%에 해당하는 '전기 다수 수용자'(early majority)는 앞선 사람들의 평판 등 다양한 정보를 수집하고 비교 분석을 통해 신중하게 결정하는 현실적인 사람들이다. 역시 34%를 차지하는 '후기 다수 수용자'(late majority)는 다수의 사람들이 혁신을 받아들여서 사회적 규범으로 자리잡을 때 대세에 따라 수용하는 사람이다. 마지막으로 약 16%는 사회의 지배적 평판에도 불구하고 새로운 것을 수용하는데 소극적이거나 변화에 완고한 태도를 보이는 사람들로 '지체자'(laggards)로 분류하고 있다.(Rogers, 2004) 이런 로저스의 혁신확산이론을 전환 논의와 연결해서 다음 그림과 같이 재정리해 볼 수 있다.

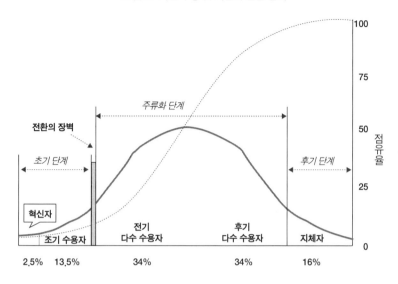

〈그림 9〉 혁신 수용 및 확산과 전환 단계

위의 그림처럼 혁신 즉 기존과 다른 새로움을 받아들이는 사회 구성원들의 속도와 태도는 결코 균질적이지 않으며, 혁신의 채택과 확산 과정 역시 불연속적이다. 전환 전략 역시 현실의 이런 특성을 고려해서 맞춤형으로 다뤄져야 할 것이다. 전환을 위해서는 초기 단계에서 혁신을 기획하고 제안하는 창조적 소수로서 '혁신자'[16]와 혁신에 앞장서서 공감하고 사회 속으로 전파하고 확산시키는 열정적 지지자인 '조기 수용자'들이 긴밀히 연결되어 사회적 영향력을 높일 수 있어야 한다. 이상적으로 이들이 사회의 약 16% 정도가 될 때 다음 단계로 넘어갈 수 있다고 본다. 물론 해당 사회의 특성과

16   영적 사회운동가 사카르(Prabhat Ranjan Sarkar)가 자본주의를 넘어 인류 문명을 구원하기 위해서는 영적 수련과 사회적 실천을 겸비한 혁명가 즉 사드비프라(sadvipras)들의 출현을 강조한 바 있는데,(다다 마헤슈와라난다, 2014: 331~334) 이들을 전환 시대의 혁신자로 부를 수 있을 것이다.

다루는 내용에 따라 이들의 사회적 구성 비율은 차이가 있을 것이다. 이후 다루게 될 3.5% 법칙과 25% 법칙 역시 비율의 정도는 차이가 있으나 기본 문제의식은 서로 통한다.

전환의 측면에서 주목할 점은 초기 단계와 주류화 단계 사이에 깊은 '간극'(chasm)이 존재한다는 점이다. 초기 단계에서 주류화 단계로의 전환은 저절로 일어나지 않으며, 이 간극, 즉 전환의 장벽을 극복하지 못하면 얼마든지 기존 상태로 퇴행할 수도 있다. 따라서 다양한 전환적 실험이 임계점을 넘을 수 있도록 초기 단계에 집중된 노력을 통해 전환의 물꼬를 터서 흐름을 만들고 대세(大勢)를 형성해 가는 노력이 중요하다. 이처럼 비주류의 주류화 과정은 근본적 가치를 구체적 현실과 연결시킴으로써 대중의 눈높이로부터 필요와 열망을 찾아 새로운 차원으로 전환해가는 구체적인 모델과 경로가 뒷받침되어야 한다.

2. 아래로부터 녹색전환의 유리천장 깨기

현대 국가는 사회질서 유지, 민주주의 증진, 외부로부터 방어 등 국민의 생존과 안전보장을 기본 역할로 한다. 그런데 이런 현대 국가의 역할이 자본 축적 촉진과 세입 증가를 바탕으로 한다는 점에서 환경국가에서 녹색국가로의 전환이 쉽지는 않다. 특히 국가의 정당화 기반이 선거정치를 통해 이뤄지는 상황에서는, 자본 축적과 민주적 정당성 간의 딜레마로 인해 성장을 제약하는 탈성장 같은 의사결정을 내리기가 어렵다.(Eckersley, 2021: 249)

다니엘 하우즈노스트(Daniel Hausknost)는 현대 국가의 이러한 구조적 특성을 '녹색전환의 유리천장'이라 불렀다.(Hausknost, 2020) 그러면서 이 유리천장이 깨져서 녹색전환이 일어나는 경우는 시스템 차원의 지속 불가능성이 축적되어 시민들의 생활세계를 직접적으로 위협함으로써 생존과 안전 보장을 기본으로 하는 국가의 정당화 기반 자체가 흔들릴 때라고 하였다. 이러한 극적인 변화는 코로나19 팬데믹 상황[17]을 통해 경험한 바 있는데, 팬데믹 상황에서 국가는 그토록 강력하게 유지해오던 축적 기능을 일시적으로 뒤로하고 생명과 생활을 지키는 사회적 보호 기능을 획기적으로 확장시켰기 때문이다.(Eckersley, 2021: 260) 기후위기 문제 역시 행성적 한계 속에서 생물물리적으로 시스템의 지속 불가능성이 축적되어 시민들의 생활세계를 직접적으로 위협하게 되면, 결국 국가가 정당성 확보 차원에서 녹색전환을 위해 책임있는 행동에 나설 수 있다는 것이다.

하지만 국가의 정당화 체계를 기반으로 한 유리천장이 깨질 만큼의 충격적 사건을 마냥 기다리는 것은 옳지 않고, 시스템 차원의 지속 불가능성이 축적된다고 해서 유리천장이 저절로 깨지지도 않는다. 생활세계를 기반으로 아래로부터 기존의 국가의 정당화 기반 자체를 뒤흔들 수 있는 강력한 도전이 있어야 한다. 지속가능성 위기에 대한 생활세계 차원의 사회운동과 정치 활동이 활성화될 때 유리천장에도 여러 곳에 균열이 나고 결국 깨질 수 있다.(Hausknost, 2020: 24~26)

이와 관련해 하우즈노스트는 '사회-정치운동 전략'과 '담론-문화 전략' 두 가지 차원을 제안한다. 생활세계 내에서 직접적이고 민주적인 실천의 새로운 형태를 발전시키는 것이 전자라면, 후자는 생활세계로부터의 인식론적 전환을 통해 좋은 삶에 대한 기준과 가치 체계를 새롭게 하는 것이

---

17 WHO는 신종 코로나바이러스 감염증(코로나19)이 세계적으로 확산하자 2021년 1월부터 2023년 5월까지 3년 4개월 동안 국제 공중보건 위기 상황을 선포하고 긴급 대응 체제를 유지해 왔다.

다.(Hausknost, 2020: 33) 앞 장에서 다루었듯이 시민사회와 정치의 녹색화로 녹색전환의 주체와 동력을 만들어내는 노력은 아래로부터 녹색전환의 유리천장을 깨는 대표적인 '사회-정치운동 전략'이라 할 수 있다.

한편, '담론-문화 전략'과 관련해 인식론적 전환이 가지는 의미 또한 앞에서 소개한 바 있는데, 여기서는 우리가 세계를 인식하고 의식을 형성하는 데 매우 중요한 언어에 대한 전략의 중요성을 살펴보고자 한다. 즉 녹색전환을 위해서는 언어 선택이 중요한데, 예를 들어 몬비오(George Monbiot)는 '기후변화'라는 말은 자연적 변화와 인간으로 인한 재앙적 변화를 혼동시키고, '멸종'이란 말 또한 인간의 역할에 대한 감각을 충분히 전달하지 못하는 만큼, 기후변화가 아니라 기후위기 또는 기후붕괴이고, 멸종이 아니라 생태학살(ecocide)이 정확한 표현이라고 말한다. '자연자본'이란 말 또한 자연을 인간 경제에 종속시키고 자연의 가치를 경제적 가치로 환산하는 것으로, 경제적 방식을 통해 문제 해결이 가능하다는 착각을 주거나 또는 경제적 이유로 문제 해결을 뒤로 미루도록 만들 수 있는 만큼, '자연 세계', '생명의 경이로운 장소', '살아있는 행성'이란 말을 통해 인식론적 전환을 이끌어내야 한다고 주장한다.(Monbiot, 2017) 결국 기존의 성장 담론에 도전하고 대체할 수 있는 보다 더 호소력 있는 언어와 생활세계의 비전을 구체화하여 사람들의 눈높이에 맞게 제시할 수 있을 때 녹색전환의 유리천장도 좀 더 수월하게 깨질 수 있을 것이다.

3. 전환의 임계점 넘어서기와 3.5% 법칙과 25% 법칙

녹색전환을 위해서는 이것을 가로막는 유리천장을 깨는 것은 물론, 생태학적 붕괴와 재난으로 가는 임계점을 넘기 전에 사회-정치적 전환의 임계점을 앞당겨야 한다. 전환의 임계점 넘어서기는 변화에 대한 저항보다 동참하는 것이 덜 힘들고 수월해질 때 일어난다.

그런데 지금의 우리 현실을 보면 추격형 개발국가가 남긴 유산과 분단국가의 대결 체제 영향력이 여전히 강하고, 사회·경제·공간적 양극화가 심한 가운데 자립과 사회적 합의 기반은 취약해 전환의 문턱이 높은 데다, 전환 과정에서의 충격과 비용, 저항도 상대적으로 크다. 그렇다고 전환의 문제를 단절적이고 파편적이며 임기응변적이고 사후적인 방식으로 다룰 수는 없다. 비록 아직은 부족하지만 주체와 역량을 효과적 연결하고 모아냄으로써 전환의 시너지 효과를 높이는 일이 그만큼 중요해졌다.

이와 관련해서 명확한 목표와 방향 설정, 소통을 통한 사회적 인식과 지지기반 확대, 다양한 전환 실험과 구체적인 모델 발굴 및 확산 등 다양한 방안들이 이야기되고 있다. 하지만 전환의 임계점을 넘어 현실을 지배하는 거대한 구조와 시스템을 바꿔내는 과정은 그 필요성에도 불구하고 여전히 막막하고 막연한 측면이 있다. 이 점에서 열정적인 소수의 노력이 결국에는 주류의 변화를 만들어내는 것을 다양한 사례를 통해 경험적으로 밝힌 연구가 있어 주목해 봐야 한다.

1) 3.5% 법칙과 저항운동의 임계점 넘어서기

먼저, 저항운동의 임계점을 밝힌 '3.5% 법칙'이 있다. 3.5% 법칙은 1900년부터 2006년까지 3백여 건의 저항운동을 다룬 에리카 체노웨스(Erica Chenoweth)의 연구에서 도출되었다. 체노웨스는 지난 한 세기 동안 일어난 323건의 저항운동 사례를 연구한 결과 비폭력 저항운동이 폭력적 방식보다 성공률이 거의 두 배 더 높았으며, 그 이유로 비폭력 저항운동이 시민참여 확대와 민주주의의 발전을 통해 정치적 변화를 효과적으로 이끌어낸다는

점을 들었다.(에리카 체노웨스 외, 2019: 25~29)

또한 그녀는 비록 적지만 헌신적인 사람들의 지속적인 노력이 거대한 정치적 변화를 만들어낸다는 의미로 '3.5% 법칙'을 제안했다.[18] 변화를 열망하는 사람들이 전체 인구의 3.5%를 넘어서면 세상을 바꿀 수 있다는 주장은 시민사회 운동에 많은 영감을 주었다. 3.5%가 넘는 시민들의 저항운동 참여로 권위주의 정부의 정치적 변화를 만들어낸 사례는 많이 있는데, 우리의 경우 2016년 광화문 촛불 집회가 대표적으로, 대통령 탄핵과 정권 교체로 이어졌다.[19]

물론 체노웨스도 말했듯이 3.5% 숫자 자체가 객관적 기준은 아니며, 실제로 이 수치를 넘었어도 변화에 실패한 사례들도 있다. 또한 사회적 변화를 만들어내는 데는 단순한 참여 규모 못지않게 실질적이고 지속적인 참여가 중요하다. 특히 권위적인 낡은 정치 질서를 저항운동을 통해 바꿔내는 것과 새로운 가치를 기반으로 한 사회를 만들어내는 것은 차원이 다른 문제다. 녹색전환을 통해 지속가능성 위기를 해결하기 위해서는 기존 질서에 대항하는 저항운동은 물론이고, 사회적 가치와 질서를 새롭게 만들어내는 대안운동이 필요한데, 이를 위해서는 시민참여의 성격과 역할도 더 확장되어야 한다.

---

18 체노웨스(Erica Chenoweth)는 2013년 "비폭력 시민 저항의 성공(The success of nonviolent civil resistance)"이란 주제의 TED 강연에서 비폭력 저항운동을 통해 대중의 참여가 전체 인구의 3.5%를 넘어설 때 변화를 성공적으로 이끌어냈음을 대중적으로 밝힌 바 있다.

19 2016년 12월 3일의 6차 촛불 집회 당일 주최 측 추산 232만 명(경찰 추산 42만 명)의 시민들이 참가했으며, 2016년 말까지 연인원 참석자가 1천만 명을 넘었다. 당시 우리나라 인구가 5,120만 명으로, 3.5% 법칙을 적용한 규모(179만 명)를 초과한 숫자다.

2) 25% 법칙과 심층 권력구조의 변화

우리가 익숙한 다수결 체제하에서 사회, 정치적 변화를 만들어내려면 적어도 과반수의 동참자가 있어야 한다. 그런데 실제 현실에서는 이보다 더 적은 수의 사람들의 힘으로 새로운 사회를 향한 변화를 만들어낼 수 있다는 주장이 있다. 새로운 변화를 열망하는 사람들의 수가 25%에 이르자 사회적 관계 체계에 급작스런 변화가 일어나 결국 대다수 사람들도 새로운 가치와 질서를 채택한다는 '25%' 법칙이 그것이다. 사회학자 데이먼 센톨라(Damon Centola) 교수는 「사이언스」지에 발표한 논문을 통해, 대규모 사회 변화가 일어나려면 새로운 변화를 지향하는 약 25%의 사람들이 필요하다고 밝혔다.(Centola, 2018) 즉 사회 구성원들의 약 4분의 1의 생각이 바뀌면 임계점을 넘어서 다수의 사람들도 공감하고 수용하게 됨으로써 급격한 사회 변화가 일어나게 된다는 것이다.

이처럼 3.5% 법칙과 25% 법칙을 통한 전환의 임계점 넘어서기 논의는 사회 변화를 지향하는 소수의 활동가들이 좌절하지 않고 열정과 희망을 갖도록 하는데 의미 있는 역할을 한다. 비록 지금 현재 함께 하는 사람들은 소수이고, 적지 않은 노력에도 사회 전체적인 변화의 조짐은 잘 보이지 않는 거대한 벽을 마주한 느낌이지만, 올바르게 방향을 잡고 신념을 갖고 열심히 활동하다 보면 어느 순간 거대하고 총체적인 변화가 순식간에 일어나는 것을 목격하게 될 것이라는 기대감을 준다. 이런 전환의 임계점 논의는 기후위기 문제를 다루는 데서도 자주 나타난다. 물론 임계점 논의가 잘못 적용되면 막연한 낙관주의에 빠져 자기 성찰을 소홀하게 만듦으로써 오히려 전환 자체를 방해할 수도 있다는 점은 경계해야 할 것이다.

4. 전환 역량 축적과 확장을 위한 공론장과 숙의 기구 운영

가치와 제도, 시스템 전반의 전환을 위해서는 다양한 영역에서 전환 역량이 축적되고 유기적으로 연결되어야 한다. 단기적 이윤을 추구하는 자본주의 시장경제 체제와 경쟁적 정치 집단들의 수평적 권력 교체를 위해 주기적으로 치러지는 선거정치는 전환 역량의 축적과 연계 및 확장을 오히려 방해한다. 시민사회로부터 여론 형성과 숙성이 효과적으로 일어날 수 있도록 다양한 영역에서 공론의 장을 만들고 제도적 연결을 통해 사회 전체적인 전환이 효과적으로 일어날 수 있도록 해야 한다.

1) 참여 확대를 넘어 녹색 공론장 활성화로

무수히 많은 가치와 이해관계들이 경쟁하고 있는 시민사회 현실에서 참여의 기회와 폭을 확장하는 것만으로는 지속가능성 실현을 보장하기 어려울 뿐만 아니라, 참여의 제도화 자체가 시민사회의 다양성과 활력을 흡수하고 침식시킬 수도 있다.(Melo-Escrihuela, 2015: 335) 그렇다고 민주주의의 가치를 부정하고 권위주의 방식을 옹호할 수는 없는 일이다. 시민사회의 참여에 대한 양적, 질적 역량을 높여 바람직한 방향으로 민주주의를 책임있게 운영할 수 있도록 해야 한다.

특히 지속가능성 위기를 해결하기 위해서는 시민사회의 정치-사회적 영향력 강화 못지않게 시민사회 자체의 의식의 확장과 성숙이 중요하다. 녹색 공론장(green public-sphere)을 통한 생태시민 의식의 활성화가 강조되는 대목이다. 녹색 공론장과 시민사회와의 관계는 상호 보완적이다. 녹색운동과 생태시민들이 녹색 공론장을 뒷받침하고, 동시에 녹색 공론장이 녹색운동과 생태시민의 활성화를 돕는다. 여기서 중요한 것은 숙의민주주의와 국가의 역할이다. 자유민주주의가 개인의 주어진 선호를 결집하여 집합적 선택과 연결시킨다면, 숙의민주주의는 숙의 과정을 통해 개인의 선호를 성찰적으로 전환시키고 이것을 진정성 있게 반영하는 것이다. 물론 숙의 과정을 통한 논쟁과 토론이 사람들의 가치와 선호 및 행동을 생태적인 방향으로 바꾸고 의사결정과정에 지속가능성을 담아내는 것을 자동으로 보장하지는 않는다. 개방적이고 포용적인 소통 과정이 생태시민 의식의 향상과 현실의 변화로 이어지도록 하는 녹색국가의 역할이 강조되는 이유다.

녹색 공론장은 생태민주주의의 숙의 기구를 통해 국가와 시민사회를 이어주는 역할을 한다. 이때 녹색국가 전략에서 녹색 공론장을 어디에 둘 것인가는 중요한 과제다. 국가 제도 및 기구 내에, 국가와 시민사회 사이, 또는 시민사회 내부 등 공론장 위치는 다양할 수 있는 만큼, 녹색국가 차원에서 녹색 공론의 장의 전략적 배치와 유기적 연계가 중요하다. 여기에는 두 가지 차원이 있다. 시민사회 일상생활 영역과 긴밀히 연결된 녹색 공론장을 운영하고 활성화하는 것과 국가 차원의 숙의 기구 및 제도를 마련하여 녹색 공론장의 활성화를 뒷받침하는 것으로, 이중 전략이 함께 추진되어야 할 것이다.

먼저, 시민들의 생활세계와 긴밀히 연결된 녹색 공론장에서 생태시민 의식이 형성되는 경로는 다양하다. 먹고, 걷고, 정원을 가꾸고, 소비하고, 여행하고, 노동하는 일상적 삶 속에서 자연과의 상호작용을 생생하게 체험하고, 생태적인 지식 및 기술의 습득과 함께 생태적 시민성을 기반으로 한 생활양식 정치(lifestyle politics)가 이루어지는 것을 말한다.(Melo-Escrihuela, 2015: 332)

이와 함께, 제도적 차원의 숙의 기구를 통한 공론화 역할도 중요한데, 전문가들의 자문과 집중적 학습 및 토의를 통해 숙의된 결과를 정부와 정치의 의사결정 영역에 제안하고, 시민사회 공론장과 연결해 시민들의 의식과 태도 형성에 영향을 주도록 하는 것이다. 여기에는 영역 및 차원별로 다양한 제도적 형태가 있을 수 있는데, 녹색국가를 설계하는 데 중요한 부분이다.

2) 제도 설계를 통한 숙의 기구 운영

녹색국가를 향한 전환의 역량을 축적하고 확장해 가기 위해서는 핵심 의제에 대한 집중적인 논의와 활발한 사회적 소통이 있어야 한다. 집중적이고 지속적인 공론화 과정을 제도화하여 다양한 차원에서 숙의 기구를 만들고 서로 긴밀하게 연결시켜 사회 전체적으로 녹색전환이 효과적으로 이루어지도록 해야 한다. 한국의 녹색국가 실현을 위해 현실에 적용할 수 있는 숙의 기구 형태로 다음과 같은 것을 들 수 있다.

〈표 27〉 녹색전환을 위한 숙의 기구 체계

구분	위상 및 성격	역할
지속가능미래위원회	헌법상 기구 (국가 차원)	국가의 지속가능한 미래에 대한 방향과 전략, 핵심 과제의 도출 및 제안
녹색전환위원회	대통령 직속기구 (국가 차원)	정부 정책 방향과 내용에 대한 자문 또는 심의, 정책 실행에 대한 평가와 정책 조정 역할
녹색전환지원센터	중간지원 조직 (지역 차원)	지역사회 다양한 주체 및 영역들 간 협력 촉진과 전환 역량 강화를 위한 체계적 지원
녹색전환 공론화위원회	민회 조직 (지역 및 국가 차원)	시민참여를 통한 집중 숙의 과정을 기획, 운영해 전환에 대한 사회적 인식과 합의 기반 확장

① 헌법 기구로서 '지속가능미래위원회' 설치 및 운영

헌법 개정을 통해 통일주체국민회의와 같이 '지속가능미래위원회'를 헌법에 의해 보장된 독립된 기구로 설치해 운영함으로써, 중장기적 전망하에서 대한민국의 지속가능한 미래에 대한 방향과 전략, 핵심 과제를 찾아내고 제안하도록 하는 것이다. 녹색전환을 위한 녹색국가로서 중장기적 비전과 목표, 이행 전략도 여기서 다룰 수 있다. 구성 및 운영 방안으로 다음과 같은 제안을 해본다.

첫째, 국민투표를 통해 도덕성과 전문성을 갖춘 사회 인사들을 위원으로 선출하며, 임기 보장을 통해 정치적 당파성과 이해관계로부터 자유롭게 함으로써, 4~5년 주기의 선거정치와 정권 교체에 따른 영향력을 최소화한다.

둘째, 각 분야별 전문가로 구성된 조사 및 실행팀을 두고, 국책 연구기관들의 협조를 명문화하며, 별도 예산 편성과 조사 및 연구 기능을 부여해 국가의 지속가능한 미래를 위한 기본 방향과 전략 및 과제를 구체적으로 제안할 수 있도록 한다.

셋째, 위원회에서 조사 정리된 내용은 사회적 공론화 과정과 연계해서 국민적 지지와 공감대를 형성해 낸다. 교육과 홍보 등 다양한 소통 체널을 통해 국민들과 소통하고 피드백을 받음으로써, 국가 차원의 미래지향적 발전 방안에 대한 사회적 합의 기반을 만들어가는 역할을 한다.

넷째, 지속가능미래위원회는 국가 녹색전환위원회와 녹색전환 공론화위원회 등과의 역할 분담을 바탕으로 긴밀히 연계해서 운영해 간다.

② 대통령 직속 기구로서 국가 '녹색전환위원회' 설치 및 운영

녹색전환기본법 제정을 통해 대통령 직속 기구로 '녹색전환위원회'를 둬서 녹색전환의 측면에서 정부의 정책 방향과 내용에 대해 자문 또는 심의하고, 정책 실행 과정에 대한 평가와 각 부처들의 정책을 조정하는 역할을 하도록 하는 것이다. 녹색전환위원회의 구체적 역할은 다음과 같다.

첫째, 환경부 등 일부 부처의 권한 및 역할 조정의 차원을 넘어서 환경, 국토, 에너지, 식량 및 자원 이용 등을 아우르는 정부 조직 체계 전반의 개편

으로 가는 과정에서, 정부의 제도적 성찰성과 책임성을 높이고 녹색전환을 체계적으로 조정, 관리하는 역할을 한다.

둘째, 중앙정부는 물론 지방정부(광역 또는 기초자치단체 포함)의 녹색전환 기본계획 수립 및 평가를 제도화하고, 위원회 내에 분과별 상임위원회를 둬서 전문가 및 각 영역별 주체들의 참여 및 소통을 활성화한다. 여건에 따라 지역별 녹색전환위원회를 둘 수도 있다.

셋째, 녹색전환위원회는 기존 지속가능발전위원회를 확대 개편하면서, 저탄소녹색성장위원회를 내용적으로 포괄하는 방식으로 구성해 볼 수 있다.

③ 지역 중간지원조직으로서 '녹색전환지원센터' 설치 및 운영

'녹색전환지원센터'는 지역 차원에서 지방정부와 지방의회, 시민사회와 기업 간 연결과 교류는 물론, 녹색전환 관련 다양한 영역 간 상호 협력을 매개, 촉진하는 중간지원조직을 말한다.

김도균 등은 시민들의 지속가능한 전환 활동을 발굴, 지원하고 활성화함으로써 지역사회의 녹색전환 역량 강화를 체계적으로 지원하는 방안으로 '지속가능전환센터'의 설립을 제안한 바 있는데,(김도균 외, 2023: 136~138) 이러한 문제의식을 이어받으면서 녹색전환의 의미를 강조하고자 '녹색전환지원센터'로 명명해 보았다. 김도균 등은 전환센터의 역할을 크게, 지원자와 연결자, 생태계 조성자로 구분해 설명한다. 전환 주체의 역량을 강화하기 위해 인적·물적·기술적·지적 자원과 재정 및 공간을 지원하고, 교육 및 훈련 기회 제공과 컨설팅을 해주는 것이 '지원자 역할'이라면, 지역사회 다양한 구성원들 간의 연결과 협력을 촉진하는 것이 '연결자 역할'에 해당한다. '생태계 조성자 역할'은 체계적 연구와 정보 수집, 포럼 조직, 제도 개선

등을 통해 전환에 우호적인 환경을 조성하는 것을 말한다.

④ 민회 조직으로서 '녹색전환 공론화위원회' 설치 및 운영

녹색전환과 관련한 핵심 의제를 선정해서 시민참여를 통한 집중 숙의 과정을 통해 다룸으로써 지속가능한 미래에 대한 사회적 인식과 합의 기반을 확장해 나가는 과정을 기획하고 추진하는 단위로 '녹색전환 공론화위원회'를 설치, 운영할 필요가 있다. 그동안 공론화위원회는 논의할 의제가 생겼을 때 한시적으로 구성해서 운영하는 경우가 많았는데, 개별 의제를 넘어서 사회 전체 차원의 녹색전환에 실질적으로 기여하기 위해서는 상설 기구로 운영하면서 아래로부터의 의견 수렴과 함께 국가 지속가능미래위원회의 제안 내용을 사회적으로 공론화하는 역할을 해나가야 한다. 구체적 운영 방안은 다음과 같다.

첫째, 녹색전환을 가로막는 심각한 중독 현상에서 벗어나 의식의 비약적 발전(Quantum Jump)을 이루기 위해서는, 적어도 1년에 한 번은 특정 시기를 '녹색전환 공론 기간'(1주일 등)으로 정해 대한민국의 지속가능한 미래 방향과 핵심 과제에 대해 사회 전체가 집중해서 함께 고민하고 집단적 지혜를 모으는 시간을 가질 필요가 있다.

둘째, 공론 기간에 학교, 직장, 종교기관, 군부대 등 다양한 영역에서 공통의 주제에 대해 함께 논의하도록 하고, 각종 언론 매체(방송, 신문, SNS, 출판물 등)를 통해 세대 및 영역별 맞춤형 자료가 제공됨으로써 사회적 성찰과 학습을 체계적으로 뒷받침하도록 한다.

셋째, 녹색전환을 위해 중요 하지만 현실에서 인식과 이해관계의 차이로 갈등적 성격을 내포하고 있는 의제들은 다수결 방식보다는 공론화 과정을 통해 인식론적 전환을 이끌어내도록 한다.

넷째, 공론화위원회의 구성 및 운영에 대해서는 앞의 8장에서 소개한 민회(民會) 방식을 적용해 볼 수 있다. 녹색전환 공론화위원회는 지역과 국가 차원에서 함께 운영하는 것이 바람직하며, 공론 기간 운영은 국가 전체 차원에서 바로 시행하기 어렵다면 특정 지역을 모델로 시작해서 경험을 축적하면서 확장해 가는 것도 가능하다.

5. 위기로부터 기회를 창출하는 전환 리더십

전환은 비주류 영역의 창조적 소수로부터 시작해서 결국 주류 시스템 전체의 변화를 만들어내는 것이다. 따라서 전환을 위해서는 위기관리를 통해 기회와 가능성을 포착하고, 자원과 권력을 다수 점유하고 있는 기득권층의 동참을 이끌어내며, 전환의 방향을 제도와 시스템 속에 명확히 담아내야 한다. 이런 과정을 통해 전환의 리더십이 효과적으로 작동할 때 시행착오를 최소화하면서 전환의 임계점도 더 앞당길 수 있을 것이다.

1) 위기로부터 전환의 가능성 이끌어내기

위기 상황은 해당 사회 구성원들의 흩어져 있던 생각과 힘을 하나로 모아내는 계기가 되기도 한다. 위기 상황에 대한 직접 경험은 물론 심리적으로 위기감이 높아져도 비슷하다. 하지만 현실에서 위기 상황은 사회적 역량을 결집시키기 보다 오히려 성찰을 가로막고 근시안적이고 자기 파괴적인 선택을 강요할 수도 있다. 위기에 직면해서 패닉(panic) 상태에 빠지게 되면 인식과 대응능력이 마비되고, 각자도생의 제 살길 찾기에 바빠 협력과 연대의 기반이 허물어지거나, 또는 책임 전가와 혐오, 불신, 갈등의 파국적 상태 속에서 초월적 문제해결자로서 메시아의 출현을 갈망하기도 한다.

결국 위기 상황에서 부정적 경로를 선택하지 않고 전환의 기회를 창출하고 확장해 갈 수 있도록 하는 리더십이 중요하다. 위기 인식은 생존을 위한 정상적 반응이기도 한데, 이것을 새로운 연대와 결속, 창조와 혁신으로 승화시켜 전환의 길을 넓혀나가야 한다. 이 점에서 전환 리더십은 전환 과정이 동반하는 불확실성으로 동참에 주저하는 사람들에게 희망과 자신감을 불어넣어 줄 뿐 아니라, 다양한 영역에서의 전환 실험과 역량을 유기적으로 연결시켜 전환의 임계점을 앞당기는 역할을 한다.

2) 기득권 영역의 자발적 참여 유도

기후 위기와 대량 멸종 사태는 정도와 선후의 차이는 있지만 결국에는 국경, 민족, 인종, 계급을 초월한 '공멸'(共滅)의 상황을 만들어낸다. 따라서 문제의 원인 진단에서 책임의 소재와 경중을 가리는 것은 중요하나, 문제 해결을 위해서는 모두의 책임 있는 참여가 필요하다. 문제의 원인 제공자에 대한 증오와 혐오를 유발하는 공격과 비난은 이들로 하여금 자기 성찰에 따른 책임 의식보다 자기 보호의 방어기제를 강화시킬 가능성이 높다.

녹색전환을 위해서는 운동과 정치가 대립과 분열의 경계를 확장해가는 '뺄셈'의 방식이 아니라, 사회 전체적 지혜와 역량을 모아가는 '덧셈'의 방식, 나아가 유기적 관계와 역할 분담을 통해 시너지 효과를 만들어내는 '곱셈'의 방식으로 나아가야 한다. 이 점에서 해당 사회의 자본과 권력을 상당 부분 점유한 채 영향력을 행사하는 기득권 집단의 역할이 중요하다. 이들 기득권 집단이 녹색전환의 과정에 적극적으로 함께 할 때 전환에 따른 저항과 충격을 줄이면서 전환 이행 과정을 촉진시킬 수 있을 것이다. 특히 우리의 경우 정부를 중심으로 한 공공조직과 함께 경제의 중심을 차지하고 있는 대기업들이 지속가능성 위기에 대한 책임이 큰 만큼, 이들이 녹색전환을 위해 필요한 역할을 저극 해나갈 수 있도록 해야 한다. 이 점에서 기존의 계급론적 접근이나 시장주의적 접근으로는 한계가 있다. 대기업을 포함한 기득권 집단들이 전환의 책임 있는 당사자로 함께 할 수 있도록 국가 차원에서 필요한 가이드라인과 조건을 만드는 등 리더십을 발휘할 필요가 있다.

3) 개헌을 통한 녹색국가 리더십의 제도적 확보

한국 사회가 녹색전환으로 가는 길을 제도와 시스템 속에 가장 분명하고 효과적으로 담아내는 방법은 녹색국가에 대한 비전과 방향을 국가의 최고 규범인 헌법의 전문과 조문 속에 담아내는 것이다. 이렇게 될 때 녹색국가는 국가 운영의 중심 가치로 자리잡게 되어 제도적 리더십과 안정성을 확보하게 되고, 녹색전환과 관련된 정책들이 우선순위로 다뤄지게 된다. 녹색전환과 헌법과의 관계에 대한 구체적인 내용은 앞의 6장을 참고하기 바란다.

그동안 87년 체제 이후를 향한 개헌 논의는 다양하게 있어 왔다. 최근에는 2024년 7월 제헌절을 맞아 국회의장이 2026년 지방선거에 맞춰 개헌을 위한 국민투표를 실시하자고 대통령에게 제안하고, 국회에 헌법개정특별위원회를 설치할 것을 여야에 권고하기도 했다. 이런 가운데 지난 2024년 12월 3일 최고 권력자인 현직 대통령의 느닷없는 비상계엄 선포는 우리 사회 전체를 혼란의 소용돌이 속에 빠트렸다. 국민 대다수가 바쁜 일상을 살아가는 틈을 타 권력자들이 무력을 동원해 민주주의의 토대를 무너뜨리고 헌정질서를 파괴하는 음모를 꾸미고 실행에 옮겼다는 사실이 밝혀지면서 정치권은 물론 국민이 받은 충격은 상상을 초월했다. 주목할 점은 이번 비상계엄을 통한 내란 사태가 역설적으로 국민으로 하여금 '헌법'의 가치와 역할을 온몸으로 체감하는 계기가 되었으며, 개헌 논의 또한 급물살을 타게 될 것이라는 점이다. 문제는 비상한 시국을 반영해서 개헌 논의의 초점이

제왕적 대통령의 권력을 견제하는 방향에서 대통령 4년 중임제, 의원내각제 등 권력구조 개편에 자연스레 맞춰지게 될 텐데, 이것으로는 기후 문제를 비롯한 지속가능성 위기라는 시대적 과제를 해결하기에 턱없이 부족하다는 점이다.

권력구조의 변화는 수단이지 그 자체가 목적일 수는 없다. 우리가 지향하고 만들어가야 할 제7공화국으로서 대한민국의 지속가능한 미래상과 비전에 대한 사회적 합의를 바탕으로 이것을 가장 잘 실현할 수 있는 국가 형태와 권력구조가 무엇인지를 찾아서 개정 헌법에 담아내는 것이 바람직한 순서일 것이다. 물론 정치적 격동기에는 중요성보다 시급성이 우선할 가능성이 크다. 그러나 지난 2016년 당시 대통령 탄핵을 이끌어낸 광화문 광장의 촛불 시민들의 열망을 우리 사회의 질적 전환의 계기로 만들어내지 못한 채 선거를 통한 정치권력 교체 수준으로 제한하고 소비해 버렸던 과오를 다시 반복해서는 안 될 것이다. 따라서 필자는 개헌을 통한 제7공화국의 비전으로서 녹색국가를 제안하며, 대한민국의 지속가능한 미래와 직결된 녹색전환을 위한 녹색국가에 대한 구상과 구체화 방안을 개헌 논의 과정과 연결시켜 각 지역과 부문, 영역별로 집단적 지혜를 모아나갈 수 있기를 희망하며 글을 마무리하고자 한다.

녹색국가, 꿈을 현실로

기후위기를 비롯해 경제, 사회, 생태계 전반에서 지속가능성이 위기를 맞고 있는 가운데, 사람들은 점점 더 각자도생(各自圖生)의 삶으로 내몰리고 있다. 살기 위해 목숨을 걸어야 하는 역설적 상황이 만들어낼 비극적 결과가 심히 우려된다. 엄혹한 생존 경쟁에서 비롯된 불안감과 공허함으로는 지속가능한 미래로 한 발짝도 나아가기 어렵다. 게다가 우리가 익숙한 채 의지해 온 기존의 경험과 관성은 미래로 가는 디딤돌이 아닌 걸림돌이 될 수도 있다.

시간이 지날수록 '더 빨리, 더 크게, 더 많이, 더 높게'를 외쳐온 '성장주의 시대'의 한계는 더욱 분명해지고 있다. 지속적인 성장과 축적을 통해 과거보다 더 나은 현재와 미래를 기대하도록 한 진화론적 발전 논리는 더 이상 설득력을 얻기 어렵다. 더불어 함께 지속가능한 삶을 실현하기 위해서는 복잡한 현실 이면의 본질을 꿰뚫고 부분을 꿰어 전체를 아우르는 통찰력이 정말 필요한 시대다.

다가올 미래의 운명은 지금 시대를 살아가는 우리의 선택에 달려 있다.

세계의 많은 과학자들이 기후위기를 비롯한 생태적 재난을 경고하면서 '준전시 상황'에 버금가는 총력 대응의 필요성을 이야기하고 있다. 거대한 변화의 흐름에 정직하게 대면해서 기존과 차원이 다른 새로운 삶을 선택함으로써, 예견된 위기 상황과 다른 미래를 맞이할 노력을 해야 한다는 것이다. 그런데 지금 우리가 처한 현실을 보면 인류 전체의 지혜와 역량을 모아내기는커녕, 거꾸로 가는 듯하다. 대다수 사람들의 관심은 여전히 다른 곳에 쏠려 있고, 지속가능한 미래를 향한 실천도 파편화된 채 각개약진 하는 모습이다. 게다가 현실의 정치는 서로 편을 갈라 갈등하고 싸우느라 지속가능한 미래를 위한 천금 같은 시간을 허투루 낭비하고 있고, 숙의 기능을 상실한 민주주의는 이른바 팬덤정치에 사로잡혀 권리 투쟁을 확대시키면서 사회적 신뢰와 합의 기반을 훼손시키고 있다. 지속가능성 위기의 시대에 이런 모습은 심각한 퇴행에 가깝다. 문제 해결을 위해 우리에게 주어진 시간이 그리 넉넉지 않은데도 말이다. 기존 체제의 낡은 장막을 확 거둬내고 지속가능한 미래를 향한 길을 선명하게 밝히는 일이 정말 중요한 때다. 이 책에서 녹색전환을 통한 지속가능성 위기의 해결 방안으로 '녹색국가'에 주목한 이유도 여기에 있다.

'녹색국가'라는, 필자로서는 다소 벅찬 주제로 책을 쓰게 된 데는 우리 사회가 지속가능한 미래로 가는 데 필요한 문제의식을 함께 나누고 싶은 마음과 함께 개인적인 이유도 크게 작용했다. '녹색국가'는 사실 필자가 20년 전에 관심을 갖고 집중했던 주제였다. 2002년 당시 대학원을 졸업하자마자 대화문화아카데미 바람과물연구소에서 일하게 되었는데, 그때 문순홍 박사가 연구책임자로, 필자와 오용선 박사는 전임연구원으로 해서 민간연구소로서는 드물게 학술진흥재단(현 한국연구재단)의 지원을 받아 2년간 '녹색국가' 연구를 진행한 바 있다. 당시만 해도 녹색국가는 매우 생소한 주제였고 관련 자료도 별로 없어서 많은 고민과 토의를 통해 연구를 진행했고, 그 결과를 두 권의 책으로 발간했다. 하지만 대화문화아카데미 강대인 원장의 적극적인 관심과 지원으로 시작했던 '녹색화 10년 프로젝트'는 연구를 함께 했던 문순홍, 오용선 박사 모두 너무 일찍 세상을 떠나면서 녹색국가에 대한 어렴풋한 밑그림 정도만 그려놓고 지속하지 못했다.

이후 필자는 생태사회연구소 시절부터 가졌던 대안적 민간연구소에 대한 꿈을 이어가기 위해 한양대 제3섹터연구소, 한살림 모심과살림연구소 등을 통해 환경운동과 풀뿌리 지역 공동체, 민주주의, 협동조합, 친환경농업 등 여러 분야의 현장 가까이서 활동하고 연구해 왔다. 그동안 녹색국가는 필자에게 오랜 기간 묵혀둔 꿈이자 미뤄놓은 숙제 같은 것이 되었다. 그러다가 2023년 초부터 녹색국가 주제를 다시 다뤄야겠다고 마음을 먹었다. 갈수록 심각해지는 기후위기 문제와 함께 다양한 전환 담론이 나오고 있는 만큼, 새로운 돌파구가 필요하다는 생각이 간절해졌다. 이런 생각을 실행에 옮길 수 있게 된 데는 개인의 신상 변화가 크게 작용했다. 2022년 말로 그동안 하던 일을 모두 내려놓고 몸과 마음을 돌보는 시간을 갖게 되면서, 녹색국가와 관련한 자료를 다시 찾아보고 정리하는 데 집중할 수 있었다.

처음에 녹색국가를 다시 정리해 보겠다고 마음먹었을 때는 예전에 정리했던 것을 참고해서 보완하면 될 것이라는 생각도 있었다. 하지만 관련 자료를 찾아 살펴보면서 이내 생각을 바꿔야 했다. 지난 20여 년 사이에 녹색국가와 관련한 이론과 실천 영역 모두 상당한 변화가 있었음을 확인했기 때문이다.

가장 주목할 만한 변화는 바로 기후위기 문제다. 당시에도 기후 문제는 대표적인 글로벌 환경문제로 다뤄지긴 했다. 하지만 지금은 전 인류가 온몸으로 위기적 상황을 체감할 만큼 기후 문제는 시대의 핵심 과제가 되었고, 국제사회에서는 '탄소중립 2050' 등 구체적 실천 방안을 다루고 있다.

또 다른 변화로 저성장의 고착화와 양극화의 확대 속에 자본주의 성장경제 시스템의 지속 불가능성에 대한 인식이 크게 확산된 가운데, 대안 담론으로 지속가능발전론을 넘어 탈성장론이 주요하게 등장했다. 또한 근본적이고 총체적인 변화를 강조하는 '전환'에 대한 논의가 활발해지면서 대안 담론은 물론 국가 정책을 포함한 주류의 영역에도 전환이란 말을 자주 발견하게 된다.

국가의 역할에 대한 인식에도 많은 변화가 있었는데, 국가의 성격과 역할을 둘러싼 오랜 논쟁을 뒤로하고 국가의 존재를 더 이상 부정하거나 외면할 것이 아니라 문제 해결자로서 역할이 더욱 강조되어야 한다는 인식이 확산되었다. 특히 코로나19 팬데믹 상황은 국가의 존재감을 더욱 키웠는데, 앞으로 국가가 어떤 역할을 어떻게 할지는 전적으로 우리의 판단과 역량에 달린 문제가 되었다.

이 책에서 다룬 녹색국가에 대한 연구자와 관련 자료가 상당히 많아진 점도 주목할 만하다. 지금도 녹색국가 관련 연구가 필요성에 비해 여전히 부족하기는 하기는 하나, 참고 자료 자체가 별로 없고 개념 또한 생소했던 20년 전과 비교하면 상당한 변화다. 결국 이런 변화들은 필자가 녹색국가에 대한 기본 문제의식은 살려 나가되 예전에 정리했던 내용은 모두 폐기하고 다시 새롭게 접근하기로 마음먹도록 하였다.

이 책에서 다룬 녹색국가의 개념 및 특성과 녹색전환을 위한 역할, 우리 한국 현실에 적용시키기 위한 방향과 방안에 대한 내용은 '전환의 시대'에 대한 문제의식을 바탕으로 하고 있다. 지속가능성 위기에 대응하기 위해서는 국가에 대한 인식과 접근도 새롭게 해야 한다는 것이다. 다가올 불확실한 미래를 충분히 '예측'하기는 어려워도 마음껏 '상상'할 수는 있다는 점에서, 녹색국가의 핵심 역할 또한 지속가능한 미래를 향한 꿈과 열망을 바탕으로 가능성의 영역을 확장하고 차원 변화를 만들어내는 데 두고 있다. 이 책 또한 지속가능한 미래를 꿈꾸는 사람들에게 의미 있는 논의 거리가 되기를 기대하면서, 내용의 초점도 분석적 예측을 통한 구체적 해결책 제시보다는 관점의 전환과 발견된 새로운 가능성을 현실로 연결하는 데 맞추고자 했다.

필자는 지속가능성을 위한 녹색전환이 가능하려면 단절과 파편화를 극복하고 연속성과 연계성을 높이는 것이 중요하다고 생각한다. 따라서 기존에 없던 새로운 무언가를 만들어내는 것도 필요할 수 있으나, 보다 중요한 것은 우리 현실에서 각 수준 및 영역별로 흩어져 있는 가능성에 새롭게 의미를 부여하고 관계의 재설정과 위치의 재배치를 통해 전체적으로 지속가능성을 높이는 방향으로 전환의 힘을 증폭시키는 것이다. 이것은 생태학적 임계점을 앞둔 상황에서 전환의 임계점을 앞당기는 비결이기도 하다. 이 점에서 녹색국가는 다양한 대안의 영역들을 연결시켜 '전환의 시너지 효과'를 높이는 데 매우 중요하다. 필자가 녹색전환과 녹색국가 논의를 통해 국가-시장-시민사회-정치사회, 시장경제-시민경제(사회적경제, 공동체경제, 자급경제)-공공경제, 대의민주주의-참여민주주의-숙의민주주의 등 다양하고 심지어 이질적인 영역들의 유기적이고 입체적인 연계와 맞춤형 접근을 강조한 이유도 이 때문이다.

지금 우리나라는 합의된 국가발전 모델이 없는 상태에서 다양한 전환 논의를 현실의 구체적인 전환 전략과 연결하지 못하고 있다. 탈성장, 탈계급, 탈물질, 탈탄소 등 다양한 탈(脫) 담론들 또한 함께 나아갈 방향이 모호한 상태에서는 공허한 구호에 그칠 우려도 있다. 이 점에서 지속가능성 위기 시대를 맞아 미래지향적인 국가 모델로서 녹색국가의 의미는 크다. 이 책이 기후위기 시대가 요구하는 국가론 논의를 활성화하고 녹색전환 전략을 구체화하는데 참고가 되기를 바라는 마음에서 집필에 참고한 문헌들도 가급적 상세히 소개하고자 했다.

책에서 다룬 녹색국가에 대한 논의가 담론 차원에 머물지 않고 현실에서 영향력을 가지려면 이에 대한 사회적 공감과 지지가 중요하다. 녹색국가를 통해 우리 사회가 가야 할 방향과 비전, 우선순위와 핵심 과제에 대한 사회적 논의가 활발하게 이루어지고, 이것이 선거 등 정치적 과정을 통해서도 영향력을 가질 수 있기를 바란다. 우리 사회 최고의 가치 규범이자 국가 운영 및 정책 방향을 다루는 헌법 개정 논의 역시 마찬가지다. 헌법 개정 논의가 정치권력 교체나 구조 개편 차원에 머물지 않고 대한민국의 지속가능한 미래를 함께 고민하고 핵심 가치와 내용을 담아내는 데 녹색국가 논의가 의미 있게 활용되었으면 한다. 필자 또한 이 책을 매개로 다양하게 소통하고 피드백을 받을 계획이다.

한편, 녹색국가 주제 자체가 방대한 만큼, 중요하지만 지면의 용량과 필자 역량의 한계로 충분히 다루지 못한 영역들이 있다. 특히 인공지능 등 신기술의 발달이 사회-생태적으로 미치는 영향이 매우 크고 앞으로 더 그럴 것인데, 이 책에서는 간략히 언급만 했다. 녹색전환과 녹색국가 측면에서 후속 연구가 필요하다.

이 책이 나오기까지 많은 이들의 도움을 받았다. 먼저 책 집필 과정에서 직간접적으로 활용한 많은 귀한 자료들을 앞서 연구하고 정리해 준 선행 연구자들에게 감사의 마음을 전한다. 녹색국가의 관점에서 기존 자료를 참고하고 재해석한 필자의 작업이 앞선 연구자들의 노력에 누가 되지 않고 조금이라도 의미가 있기를 바란다. 필자가 건강관리와 농사일을 돌보며 남은 시간은 책 집필에 집중하고자 외부 활동은 최대한 자제하면서도 빠지지 않고 참여했던 모임이 생명학연구회다. 연구회 회원들의 다양한 경험과 시선은 관성적인 사고에 머물지 않도록 하는 데 좋은 자극이 되었다. 집필을 마무리하기 전에 전문가의 자문을 구하는 자리를 마련하였는데, 흔쾌히 시간을 내어주고 초고를 꼼꼼히 읽고 귀한 의견을 준 이나미 박사와 오수길 교수에게도 감사드린다. 그리고 책의 주제와 내용이 일반 대중 서적 성격과는 다소 거리가 있을 수 있음에도 흔쾌히 출간을 허락하고 책 발간까지 꼼꼼히 살펴준 도서출판 모시는사람들의 박길수 대표에게도 감사드린다. 마지막으로 경제활동을 내려놓고 책을 집필하는 데 집중할 수 있도록 이해하고 적극 지지해 준 사랑하는 가족 아내 이주희와 아들 세훈, 성훈에게도 이 자리를 빌려 고마운 마음을 전한다.

2025년 1월
정규호

참고문헌
찾아보기

참고문헌

〈국문 논문 자료〉

강우진, 2015, 「사람들은 왜 성장주의를 지지하는가?: 성장주의 결정요인에 대한 경험분석」, 『한국과 국제정치』, 31(3): 25~55.

강진연, 2015, 「국가성의 지역화: 한국의 토건국가 형성과정과 성장연합의 역사적 구성」, 한국사회학회, 『사회와 역사』, 105: 319~353.

강희원, 1994, 「법의 녹색화와 녹색법학: 인간중심적 법이론의 반성과 환경법철학의 기초정립을 위하여」, 『경희법학』, 29(1)

곽노현, 2024, 「지금 왜 시민의회인가?」, 시민의회입법추진100인위원회, 『시민의회 국제 심포지움』 자료집.

구갑우, 2010, 「녹색 평화국가론과 한반도 평화 체계: 국가형태와 남북관계」, 『통일과 평화』, 2(1): 3~44.

구도완, 2003, 「발전국가에서 녹색국가로」, 『시민과세계』, 3: 274~293.

구도완·여형범, 2008, 「대안적 발전-생태적 공동체와 어소시에이션을 넘어서」, 『경제와 사회』, 6: 83~106.

구은정, 2020, 「돌봄 가치를 반영하는 개헌을 위하여: 개인의 권리와 의무로서의 돌봄」, 『경제와 사회』, 127: 134~169.

김근세·조규진, 2015, 「녹색국가의 유형과 국가기능에 관한 비교연구」, 『행정논총』, 53(1): 35~69.

김동택, 2002, 「근대 국민과 국가개념의 수용에 관한 연구」, 『대동문화연구』, 41: 357~388.

김병일·심영, 2017, 「친환경기술의 기술이전 촉진을 위한 '패러다임' 전환」, 『정보법학』, 21(2): 79~110.

김비환, 2006, 「현대자유주의에서 법의 지배와 민주주의의 관계: 입헌민주주의의 스펙트럼」, 『법철학연구』, 9(2): 113~144.

김상준, 2024, 「시민의회, 세계와 한국의 흐름」, 시민의회입법추진100인위원회, 『시민의회 국제 심포지움』 자료집.

김성배, 2012, 「한국의 근대국가 개념 형성사 연구: 개화기를 중심으로」, 『국제정치논총』, 52(2): 7~35.

김수진, 2020, 「환경국가의 발전과정과 녹색전환」, 『공간과사회』, 30(1): 48~78.

김영호, 2008, 「국가론의 관점에서 본 대한민국 건국의 특징과 의의」, 『한국정치외교사논총』, 30(1): 5~26.

김완구, 2017, 「자본주의 소비문화에서 비롯한 생태위기 억제와 극복을 위한 '자발적 소박함'의 덕」, 『환경철학』, 24: 115~153.

김은혜, 2015, 「전후 일본 발전국가의 구조전환: 토건국가에서 신자유주의까지」, 『일본학보』, 105: 77~90.

김인영, 2013, 「발전국가에서 포스트 발전국가로: 이명박 정부 저탄소 녹색성장을 중심으로」, 『세계지역연구논총』, 31(1): 29~52.

김인춘·최정원, 2013, 「생태적 근대화 모델과 생태복지국가의 구성」, 『OUGHTOPIA』, 28(2): 73~108.

김일수, 2023, 「세계 인구 문제와 구명정 윤리」, 『윤리교육연구』, 67: 523~544.

김재훈, 2022, 「지역균형발전 이론과 정책의 패러다임 대전환」, 『지역사회연구』, 30(3): 23~60.

김종철, 2013, 「선거와 상상력, 녹색국가의 가능성」, 『녹색평론』, 128호.

김종호, 2021, 「구조기능주의와 역사사회학에서 국가론 논쟁의 고찰」, 『유럽헌법연구』, 35: 235~291.

김주형·서현수, 2024, 「한국에서 시민의회 제도화를 위한 고려사항: 역동적 민주주의를 위한 방향과 과제」, 시민의회입법추진100인위원회, 『시민의회 국제 심포지움』 자료집.

김지하·문순홍, 1995, 「생명가치를 찾는 민초들의 모임(생명민회)을 제안한다(I)」, 『생명가치를 찾는 민초들의 모임(생명민회) 토론자료집』.

김지민, 2021, 「복지국가 담론과 새로운 국가모델에 관한 시론」, 『한국과 국제사회』, 5(1): 183~213.

김진석, 2007, 「소비주의의 이중적 성격: 이데올로기인가, 생활양식인가」, 『사회과학연구』, 46(1): 31~61.

김학택, 2017, 「생태중심윤리와 인구문제」, 『철학·사상·문화』, 23: 108~127.

김형성, 2004, 「헌법상 환경규정의 규범적 의의」, 『환경법연구』, 26(4): 45~76.

문순홍, 2002, 「녹색국가 논의의 구조와 과정」, 『현상과인식』, 봄·여름호: 94~123.

문태훈·김희석, 2022, 「기후위기 대응 환경정책과 환경거버넌스 정합성 제고를 위한 발전방향」, 『한국행정연구』, 31(1): 27~57.

박근형, 2017, 「지역민주주의(Local Democracy) 시대로의 전환」 KDF REPORT: Issue & Review on Democracy, 한국민주주의연구소.

박명수, 2015, 「위험사회와 통일한반도의 녹색비전」, 『시대와 철학』, 26(1): 163~194.

박민철, 2017, 「한반도 분단극복과 생태주의의 결합」, 『서강인문논총』, 48: 187~219.

박배균, 2009, 「한국에서 토건국가 출현의 배경: 정치적 영역화가 토건지향성에 미친 영향에 대한 시론적 연구」, 『공간과사회』, 31: 49~87.

박상섭, 2008, 「한국 국가 개념의 전통 연구: 동서양 국가 개념사와의 연계를 중심으로」, 『개념과 소통』 창간호: 121~174.

박상영, 2012, 「90년대 이후 한국 발전국가 연구 경향과 향후 연구 과제」, 『현대정치연구』, 5(1): 63~89.

박찬승, 2002, 「20세기 한국 국가주의의 기원」, 『한국사연구』, 117: 199~246.

박태현, 2018, 「생태적으로 지속가능한 사회와 헌법」, 『ECO』, 22(1): 7~45.

박형준, 2016, 「한국의 국가모델과 민주주의: 발전국가에서 공진국가로!」, 한국사회학회, 『한국사회학회 심포지움 논문집』, 39~55.

박희제, 2002, 「환경보호에서 사회발전론으로: 녹색국가의 이론적 탐색」, 『ECO』, 3호: 215~220.

법무연수원, 2010, 『지방자치단체 비리의 현황분석 및 지방행정의 투명성강화 방안』.

서신혜·이선희, 2022, 「전통적 개념어 '나라'(國)의 의미와 성경 어휘 '천국'으로의 적용」, 『한국기독교신학논총』, 126: 111~140.

서희경·박명림, 2007, 「민주공화주의와 대한민국 헌법 이념의 형성」, 『정신문화연구』, 30(1): 77~111.

설한, 2015, 「다원주의 사회의 민주적 시민권: 권리와 의무」, 『21세기정치학회보』, 25(4), 87~110.

성경륭, 2016, 「성장문명의 종언과 사회생태국가로의 전환: 공생과 평화의 신국가론 모색」, 『세계지역연구논총』, 34(1): 145~176.

성지은·조예진, 2013, 「시스템 전환과 지역 기반 전환 실험」, 『과학기술정책』, 23(4): 27~45.

소래섭, 2013, 「1930년대 문학에 나타난 '나라'의 의미」, 『현대문학의 연구』, 49: 85~112.

송인주, 2015, 「소비주의 식생활양식의 형성: 미국의 대량육식문화를 중심으로」, 『사회와 역사』, 106: 315~353.

신명화, 2016, 「게리 스나이더의 생물지역주의: 장소성을 통한 생태적 민주주의의 실현」, 『새한영어영문학』, 58(4): 39~61.

신진욱·정보영, 2022, 「한국 시민사회의 확장, 위기, 혁신의 삼중과정: 전략적 행위장 이론에 기초한 구조변동 분석」, 『시민과 세계』, 40: 97~140.

안상훈, 2006, 「사회서비스투자국가로의 전환논리」, 한국사회복지학회, 『한국사회복지학회 학술발표대회지』, 21~49.

양병기, 1990, 「한국전쟁의 국내적 의의」, 『국제정치논총』, 320~332.

양재진, 2005, 「발전이후 발전주의론: 한국 발전모델의 성장, 위기, 그리고 미래」, 『한국행정학보』, 39(1): 1~18.

오성철, 2020, 「한국전쟁의 교육적 영향에 대한 시론」, 『한국초등교육』, 31(1): 1~18.

유재국·박선권, 2023, 「인구감소 적시 대응을 위한 출산율·이동률별 인구변화 (2023~2123)」, 국회입법조사처, 『NARS 입법·정책』, 146: 1~95.

윤병선, 2021, 「지역 푸드플랜과 농민 농가공」, 전국여성농민총연합, 『소규모농가부업법 제정을 위한 정책토론회』 자료집.

윤상우, 2009, 「외환위기 이후 한국의 발전주의적 신자유주의화: 국가의 성격변화와 정책 대응을 중심으로」, 『경제와사회』, 83: 40~68.

이국운, 2001, 「공화주의 헌법이론의 구상」, 『법과 사회』, 20: 129~152.

이규홍, 2021, 「생태전환기의 환경권, 과학기술 및 특허제도의 재조명: 기후위기에 대한 대응을 중심으로」, 『성균관법학』, 33(3): 65~128.

이다솜, 2023, 「다양한 소송 운동과 권리를 지키기 위한 노력들」, 한국환경회의, 『자연의 권리 인정과 제도화를 위한 징검다리』, 한국환경회의 제6차 환경포럼 자료집.

이병천, 1999, 「발전국가체제와 발전딜레마: 국가주의적 발전동원체제의 재조명」, 『경제사학』, 28: 105~138.

이병천, 2003, 「개발국가론 딛고 넘어서기」, 『경제와 사회』, 57: 99~124.

이병천, 2021, 「거대한 위기와 전환의 정치: 지속가능한 생태복지국가로 가는길」, 『공공사회연구』, 11(1): 249~267.

이상헌, 2020, 「한국사회의 지속가능성 제고를 위한 녹색전환 정책」, 『공간과사회』, 30(1): 79~117.

이상헌·정태석, 2010, 「생태담론의 지역화와 지역담론의 생태화」, 『공간과사회』, 33: 111~142.

이상호, 2013, 「노령화와 지속가능성: 인구문제의 딜레마를 중심으로」, 『동향과 전망』, 78: 194~223.

이세주, 2016, 「헌법상 환경국가원리에 관한 고찰」, 『세계법학연구』, 22(2): 65~107.

이철희, 2013, 「인류를 위협하는 인구문제: 어제와 오늘」, 『지식의 지평』, 15: 68~85.

이충한, 2022, 「소비사회의 무능과 반성적 삶의 복원: 자본주의와 소비주의에 대한 철학적 성찰」, 『철학논총』, 107(1): 349~378.

임성재, 2020, 「한국전쟁의 기원과 성격규정의 함의에 관한 연구」, 『북한학연구』, 16(2): 143~170.

임지봉, 2017, 「지역민회와 시민의회의 헌법원리적 검토」, 『법과 사회』, 55: 99~121.

임진철, 2013, 「전환의 시민정치와 민회(民會)운동」, 『전환의 시민정치와 민회 운동』, 대한민국 '민회' 조직위원회.

임진철, 2014, 「생태 민주주의의 확대를 위하여: 녹색 통일을 위한 새로운 상상력 녹색 문명을 꿈꾸다」, 『민주』, 10: 115~35.

장영수, 2006, 「환경국가의 헌법적 기초」, 『헌법학연구』, 12(1): 369~396.

전영수, 2021, 「인구문제를 둘러싼 시선과 해석, 그리고 대안」, 『철학과 현실』, 129: 89~116.

정규호, 2012, 「협동조합과 지역사회의 창조적 결합을 위한 모색」, 생명운동이론지 『모심과 살림』, 0: 63~86.

정규호, 2013a, 「유기농(운동)의 개념과 역할 탐색을 통한 정체성 찾기」, 『유기농 정체성 연구 자료집』, 모심과살림연구소, 1~15.

정규호, 2013b, 「녹색통일사회: 자연을 보전하며 미래세대와 생명을 소중히 하는 사회를 이룬다」, 『생명평화미래구상』 토론회 자료집.

정규호, 2021a, 「원점에서 생각하는 도농상생 협동운동」, 『녹색평론』, 181: 21~31.

정규호, 2021b, 「한살림의 참깨 논의에 대한 숙의민주주의의 적용과 의미」, 『모심과살림』, 17: 50~69.

정규호, 2023, 「소비사회의 극복과 녹색사회」, 『기후위기, 탈성장 전환시대, 회색경제에서 생태경제로』, 전환사회포럼 발표자료집.

정규호, 2024, 「'생명민회'가 꿨던 꿈, 돌아보고 내다보기」, 『생명민회 30주년 대화모임 자료집』.

정재요, 2020, 「공공성의 정치이념적 스펙트럼과 헌법상 공공복리」, 『21세기정치학회보』, 30(1): 1~24.

조명래, 2002, 「국가론의 녹색화를 위한 시론」, 『한국정치학회보』, 36(2): 47~68.

조명래, 2003a, 「개발주의 정부의 반녹색성」, 『계간 사상』, 겨울호: 127~155.

조명래, 2003b, 「한국 개발주의의 역사와 현주소」, 『환경과 생명』, 37: 31~53.

조명래, 2023c, 「녹색 ODA의 미래: 탄소중립을 위한 ODA」, 기후행동연구소 홈페이지 (https://climateaction.re.kr/news01/1693036)

조배준, 「생태민주주의 사회와 통일한반도의 탈핵화」, 『통일인문학』, 69: 146~8.

조영호, 2022, 「초록통일: 기후위기 시대 생태 가치와 통일의 문제」, 『기독교 철학』, 34: 67~100.

조홍식, 2021, 「국가와 상징적 지배: 부르디외의 정치학」, 『통합유럽연구』, 12(3): 31~53.

주요섭, 2013, 「왜 민회인가? : 삶/생명의 위기와 민주주의」, 『전환의 시민정치와 민회 운동』, 대한민국 '민회'조직위원회.

지주형, 2009, 「한국 국가형태와 권력행사방식의 전환: 권위주의 개발국가에서 신자유주의 국가권력으로」, 『한국정치학회보』, 43(4): 175~203.

지주형, 2021, 「한국의 성장주의 이데올로기, 그 내면화의 역사」, 『월간 참여사회』.

최병두 · 신혜란, 2013, 「영국의 탄소규제와 환경정책: 녹색국가 전략의 재평가」, 『한국지역지리학회지』, 19(2): 301~323.

최선, 2018, 「1948년 헌법 경제조항 형성의 동학과 의미」, 『한국정치학회보』, 52(4), 61~79.

최현, 2003, 「시민권, 민주주의, 국민국가 그리고 한국사회」, 『시민과 세계』, 4:, 347~367.

한상수, 2011, 「녹색법학의 모색」, 『법철학연구』, 14(1): 125~154.

한상운, 2020, 「녹색전환을 위한 헌법개정과 입법과제」, 『헌법학연구』, 26(4): 255~287.

한상운, 2022, 「대전환의 시대: 지속가능사회를 향한 새로운 출발」, 『KEI 포커스』, 10(3): 1~11.

한승연, 2010, 「일제시대 근대 '국가' 개념 형성과정 연구」, 『한국행정학보』, 44(4): 1~27.

한승연 · 신충식, 2011, 「해방공간의 '국가' 개념사 연구: 이승만의 국가 개념을 중심으로」, 『정치사상연구』, 17(2): 36~73.

한재각, 2024, 「한국 정치 위기 속에서 위치한 녹색당의 위기는 무엇인가?」, 녹색당 비상대책위원회, 『녹색당은 어떤 위기에 직면했는가』, 녹색당 비상대책위원회 1차 토론회 자료집.

허성우, 2011, 「포스트 발전국가론과 여성주의적 개입」, 『한국여성학』, 27(1): 117~154.

홍성민, 2021, 「사회적 공감과 담론국가: 국가론에 대한 구성주의적 접근」, 『비평과 이론』, 26(2): 143~174.

홍성태, 2007, 「토건국가는 미래를 잠식한다」, 『인물과사상』, 111: 33~38.

홍성태, 2019, 「지역의 생태적 전환: 법적 제도의 전개와 공동자원의 관점」, 『시민사회와 NGO』, 17(1): 73~104.

황진태, 2022, 「녹색전환을 위한 인간 너머의 국가론 모색」, 비판사회학회, 『비판사회학회 2022년도 가을국제학술대회 자료집』, 164~166.

황해동, 2021, 「지방자치단체장의 부패 실태 분석과 개선방안」, 『한국지방자치학회보』, 33(4): 115~147.

황현진, 2023, 「남방큰돌고래의 권리는 왜 보장되어야 하나」, 한국환경회의, 『자연의 권리 인정과 제도화를 위한 징검다리』, 한국환경회의 제6차 환경포럼 자료집.

〈국문 단행본 자료〉

강준만, 2008, 『지방은 식민지다』, 개마고원.

개번 매코맥 저, 한경구 외 역, 1998, 『일본, 허울뿐인 풍요』, 창작과비평사.

구도완, 2018, 『생태민주주의: 모두의 평화를 위한 정치적 상상력』, 한티재.

권범철, 2023, "커먼즈와 돌봄: 생태 위기와 돌봄의 조건", 권범철 외, 『돌봄의 시간들: 돌봄에 관한 9가지 정동적 시선』, 모시는사람들.

김문현 외, 2016, 『대화문화아카데미 2016 새헌법안』, 대화문화아카데미.

김성균, 2013, "생태적 재지역화", 『녹색당과 녹색정치』, 아르케.

김일방, 2012, 『환경윤리의 실천』, 한국학술정보(주).

김종철, 2019, 『근대문명에서 생태문명으로』, 녹색평론사.

김지하, 2005, "모심과 살림의 미학", 『모심 侍』, 모심과살림연구소.

김태창 구술, 정지욱 옮김, 2012, 『한삶과 한마음과 한얼의 공공철학 이야기』, 도서출판 모
    시는사람들.

다다 마헤슈와라난다 저, 다다 칫따란잔아난다 역, 2014, 『자본주의를 넘어: 프라우트-지역
    공동체, 협동조합, 경제민주주의, 그리고 영성』, 한살림.

더 케어 컬렉티브 저, 정소영 역, 2021, 『돌봄 선언: 상호의존의 정치학』, 니케북스.

데이비드 보이드 저, 이지원 역, 2020, 『자연의 권리: 세계의 운명이 걸린 법률 혁명』, 교유
    서가.

리카르도 페트렐라, 2021, "발전 신화", 리카르도 페트렐라 외 저, 안성현 역, 『탈성장: 경제
    체제 연구』, 대장간.

마루야마 슌이치, NHK다큐멘터리 제작팀 지음, 김윤경 역, 2018, 『자본주의 미래보고서』,
    다산북스.

마커스 브루너마이어 저, 임경은 역, 2022, 『회복탄력 사회』, 어크로스.

마티아스 슈멜처, 안드레아 베터, 아론 반신티안 저, 김현우, 이보아 역, 2023, 『미래는 탈성
    장』, 나름북스.

막스 베버 저, 박성환 역, 2009, 『경제와 사회: 공동체들』, 나남.

매슈 커츠 저, 박수철 역, 2018, 『맥락 지능』, 현암사.

맬서스 저, 이서행 역, 2016, 『인구론』, 세계사상전집 26, 동서문화사.

문순홍 편, 2006, 『개발국가의 녹색성찰』, 아르케.

문순홍 편, 2006, 『녹색국가의 탐색』, 아르케.

박상훈, 2023, 『혐오하는 민주주의: 팬덤정치란 무엇이고 왜 문제인가』, 후마니타스.

복지국가소사이어티 엮음, 2011, 『역동적 복지국가의 길』, 도서출판 밈.

브뤼노 라투르 · 니콜라이 슐츠 저, 이규현 역, 2022, 『녹색 계급의 출현』, 이음.

사이토 고헤이 저, 김영현 역, 2021, 『지속불가능 자본주의: 기후 위기 시대의 자본론』, 다다
    서재.

송태수, 2002, "한반도 '녹색 통일 경제체제의 모색", 바람과물연구소 편, 『한국에서의 녹색
    정치, 녹색국가』, 당대.

스테파노 자마니, 루지이노 브루니 저, 제현주 역, 2015, 『21세기 시민경제학의 탄생』, 북돋
    움.

스티븐 룩스 저, 서규환 역, 1992, 『3차원적 권력론』,. 나남.

신승철, 2023, "탈성장 전환에서의 토지개혁과 토지공유제", 생태적지혜연구소협동조합 기
    획, 『탈성장을 상상하라』, 도서출판 모시는사람들.

에리카 체노웨스, 마리아 J. 스티븐 저, 강미경 역, 2019, 『비폭력 시민운동은 왜 성공을 거

두나?』, 두레.

에릭 올린 라이트 저, 권화현 역, 2012, 『리얼 유토피아: 좋은 사회를 향한 진지한 대화』, 들녘.

에릭 올린 라이트 저, 유강은 역, 2020, 『21세기를 살아가는 반자본주의자를 위한 안내서』, 이매진.

엔리케 두셀, 2021, "새 문명의 여명", 리카르도 페트렐라 외 저, 안성현 역, 『탈성장: 경제 체제 연구』, 대장간.

올리비에 시보니 저, 안종희 역, 2019, 『선택 설계자들』, 인플루엔셜.

우치다 다쓰루 외 저, 김영주 역, 2020, 『인구감소 사회는 위험하다는 착각』, 위즈덤하우스.

이기상, 2010, 『글로벌생명학』, 자음과모음.

이나미, 2023, 『생태시민으로 살아가기: 에코크라시를 향하여』, 알렙.

이무열, 2022, 『지역의 발명』, 착한책가게.

이택선, 2020, 『취약국가 대한민국의 탄생: 국가건설의 시대 1945~1950』. 서울: 미지북스.

전상인, 2001, 『고개숙인 수정주의: 한국 현대사의 역사사회학』, 전통과현대.

정규호, 2006, "녹색국가에 대한 이론적 함의", 문순홍 편, 『녹색국가의 탐색』, 아르케.

정진상, 2000, "해방직후 사회신분제 유제의 해체", 지승종 외, 『근대사회변동과 양반』, 아세아문화사.

제이슨 히켈 저, 김현우·민정희 역, 2021, 『적을수록 풍요롭다: 지구를 구하는 탈성장』, 창비.

젬 벤델 외 저, 김현우 외 역, 2022, 『심층적응: 기후대혼란, 피할 수 없는 붕괴에 어떻게 적응할 것인가?』, 착한책가게.

조희연, 2010, 『동원된 근대화: 박정희 개발동원체제의 정치사회적 이중성』, 서울: 후마니타스.

최장집, 1995, 『한국 민주주의의 이론』, 한길사.

최현, 2010, "한국 사회와 시민성", 민주화운동기념사업회 교육사업국 기획, 『시민교육 현장 지침서』, 민주화운동기념사업회.

칼 슈미트 저, 김도균 역, 2015, 『합법성과 정당성』, 도서출판 길.

캐러린 머천트 저, 우석영 역, 2022, 『인류세의 인문학: 기후변화 시대에서 지속가능성의 시대로』, 동아시아.

클라이브 해밀턴 저, 김홍식 역, 2011, 『성장숭배: 우리는 왜 경제성장의 노예가 되었는가』, 바오출판사.

키스 E. 스타노비치 저, 김홍옥 역, 2022, 『우리편 편향』, 바다출판사.

폴 메이슨 저, 안진이 역, 2017, 『포스트 자본주의: 새로운 시작』, 더퀘스트.

풀란차스, 니코스, 임영일·이성형 편역, 1985, 『국가란 무엇인가: 자본주의와 그 국가이론』, 까치.

프리쵸프 카프라 저, 강주헌 역, 2003, 『히든 커넥션』, 휘슬러.

한병철 저, 이재영 역, 2021, 『고통 없는 사회』, 김영사.

한상진, 2018, 『한국형 제3의 길을 통한 생태복지국가의 탐색』, 한국문화사.

홍기빈, 2012, 『살림/살이 경제학을 위하여』, 출판문화원.

홍성태, 2021, 『생태복지국가를 향하여』, 진인진.

홍일립, 2021, 『국가의 딜레마: 국가는 정당한가』, 사무사책방.

히로이 요시노리 저, 박제이 역, 2017, 『포스트 자본주의: 과학 · 인간 · 사회의 미래』, 주)
AK커뮤니케이션즈.

〈영문 논문 자료〉

Abson, D.J., et. al., 2017, "Leverage Points for Sustainability Transformation", *Ambio*, 46:
30~39.

Alcott, B., 2012, "Population Matters in Ecological Economics", *Ecological Economics*, 80:
109~120.

Akbulut, B., 2019, "The 'state' of degrowth: Economic growth and the making of state
hegemony in Turkey", *Environment and Planning E: Nature and Space*, 2(3):
491~505.

Asara, Viviana., 2021, "Democracy, Degrowth and the Politics of Limits", *Green European
Journal* (www.greeneuropeanjournal.eu)

Asara, Viviana., et al., 2015, "Socially Sustainable Degrowth as a Social-ecological
Transformation: Repoliticizing Sustainability", *Sustainability Science*, 10: 375~384.

Bailey, Dan., 2020, "Re-thinking the Fiscal and Monetary Political Economy of the Green
State", *New Political Economy*, 25(1): 5~17.

Bailey, Daniel., 2015, "The Environmental Paradox of the Welfare State: The Dynamics of
Sustainability", New Political Economy, 20(6): 793~811.

Barry, J., 1994, "The Limits of the Shallow and the Deep: Green Politics, Philosophy, and
Praxis", *Environmental Politics*, 3(3): 369~394.

Barry, J., 2019, "Green Republicanism and a 'Just Transition' from the Tyranny of Economic
Growth", *Critical Review of International Social and Political Philosophy*, 24(5):
725~742.

Barry, John., 2007, "Towards a Model of Green Political Economy: From Ecological
Modernisation to Economic Security", *International Journal of Green Economics*,

3(4):. 446~464.

Barry, John., 2008, "Towards a Green Republicanism: Constitutionalism, Political Economy, and the Green State", *A PEGS Journal The Good Society*, 17(2): 1~11.

Barry, John., 2019, "Green Republicanism and a 'Just Transition' from the Tyranny of Economic Growth", *Critical Review of International Social and Political Philosophy,* 24(5): 725~742.

Barry, John., 2020, "Green Republican Political Economy: Towards the Liberation from Economic Growth and Work as Disutility", *The Ecological Citizen*, 3: 67~76.

Becchetti, Leonardo. and Cermelli, Massimo., 2017, "Civil Economics: Definition and Strategies for Sustainable Well-living", Working Paper 162, AICCON.

Bennett, N. J., et al., 2019, "Just Transformations to Sustainability", *Sustainability*, 11(3881): 1~18.

Blue, G., 2015, "Public Deliberation with Climate Change: Opening Up or Closing Down Policy Options?", *Review of European Comparative & International Environmental Law*, 24(2), 152~159.

Blühdorn, I., 2017, "Post-capitalism, post-growth, post-consumerism? Eco-political Hopes beyond Sustainability", *Global Discourse*, 7: 42~61.

Blühdorn, I., 2020, "The Legitimation Crisis of Democracy: Emancipatory Politics, the Environmental State and the Glass Ceiling to Socio-ecological Transformation", *Environmental Politics*, 29(1): 38~57.

Brand, Ulrich., et. al., 2020, "Overcoming Neoliberal Globalization: Social-ecological Transformation from a Polanyian Perspective and Beyond", *Globalizations,* 17(1): 161~176.

Brondizio, E. S., et. al., 2016, "Re-conceptualizing the Anthropocene: A Call for Collaboration", *Global Environmental Change*, 39: 318~327.

Brossmann, Johannes. and Islar, Mine., 2020, "Living Degrowth? Investigating Degrowth Practices through Performative Methods", *Sustainability Science*, 15: 917~930.

Brown, K.W., Kasser, T., 2005, "Are Psychological and Ecological Wellbeing Compatible? The Role of Values, Mindfulness, and Lifestyle", *Social Indicators Research,* 74(2): 349~368.

Brown, M. B., 2006, "Survey Article: Citizen Panels and the Concept of Representation", *Journal of Political Philosophy*, 14(2), 203~225.

Bruns, A., 2007, "Produsage: Towards a Broader Framework for User-led Content Creation", *Creativity and Cognition: Proceedings of the 6th ACM SIGCHI Conference on Creativity & Cognition*, Washington, DC: ACM.

Buch-Hansen, H., 2014, "Capitalist Diversity and De-growth Trajectories to Steady-state Economies", Ecological Economics, 106: 173~179.

Buch-Hansen, H., 2018, "The Prerequisites for a Degrowth Paradigm Shift: Insights from Critical Political Economy", *Ecological Economics*, 146: 157~163.

Buch-Hansen, Hubert. and Nesterova, Iana., 2023, "Less and More: Conceptualising Degrowth Transformations", *Ecological Economics*, 205: 1~9.

Büchs, Milena. and Koch, Max., 2019, "Challenges for the Degrowth Transition: The Debate about Wellbeing", *Futures*, 105: 155~165.

Centola, Damon., et. al., 2018, "Experimental Evidence for Tipping Points in Social Convention", *Science*, 360: 1116~1119.

Chen, G.C. and Lees, C., 2018, "The New, Green, Urbanization in China: Between Authoritarian Environmentalism and Decentralization", *Chinese Political Science Review*, 3(2): 212~231.

Christoff P., 1996, "Ecological Modernisation, Ecological Modernities", *Environmental Politics*, 5: 476~500.

Cosme, Inês., et al., 2017, "Assessing the Degrowth Discourse: a Review and Analysis of Academic Degrowth Policy Proposals", *Journal of Cleaner Production*, 149: 321~334.

Crippa, M., et al., 2021, "Food Systems are Responsible for a Third of Global Anthropogenic GHG emissions", *Nature Food*, 2: 198~209.

Curry, P., 2020, "Eco-Republicanism", *The Ecological Citizen*, 3: 31~38.

D'Alisa, Giacomo. and Kallis, Giorgos., 2020, "Degrowth and the State", *Ecological Economics*, 169: 1~9.

Demaria, F, et. al., 2013, "What is Degrowth? From an Activist Slogan to a Social Movement", *Environmental Values*, 22(2): 191~215.

Demaria, F., et al., 2019, "Geographies of Degrowth: Nowtopias, Resurgences and the Decolonization of Imaginaries and Places", *Environment and Planning E: Nature and Space*, 2(3): 431~450.

Divrik, B., 2022, "Critical Approaches to the Concept of Sustainable Development", *International Journal of Rural Development, Environment and Health Research*, 6(3): 26~29.

Doğaner G, F., 2002, "What Kind of Sustainable Development in a Globalizing World?", *Birikim Journal,* 58: 72~80.

Dryzek, John., 1995, "Political and Ecological Communication", *Environmental Politics,* 4(4): 13~30.

Duit, A., 2016, "The Four Faces of the Environmental State: Environmental Governance Regimes in 28 Countries", *Environmental Politics,* 25(1), 69~91.

Duit, Andreas., Feindt, Peter H. and Meadowcroft, James., 2016, "Greening Leviathan: the Rise of the Environmental State?", Environmental Politics, 25(1): 1~23.

Eckersley, Robyn., 2016, "National Identities, International Roles, and the Legitimation of Climate Leadership: Germany and Norway compared", Environmental Politics, 25(1): 180~201.

Eckersley, Robyn., 2020, "Ecological Democracy and the Rise and Decline of Liberal Democracy: Looking Back, Looking Forward", Environmental Politics, 29(2), 214~234.

Eckersley, Robyn., 2021, "Greening States and Societies: From Transitions to Great Transformations", Environmental Politics, 30(1-2): 245~265.

Ericson, T., et. al., 2014, "Mindfulness and Sustainability", *Ecological Economics,* 104: 73~79.

Esposito, Fernando and Becker, Tobias., 2023, "The Time of Politics, Politics of Time, and Politicized Time: an Introduction to Chronopolitics", *History and Theory*, 62(4): 3~23.

Feola, Giuseppe., 2020, "Capitalism in Sustainability Transitions Research: Time for a Critical Turn?", *Environmental Innovation and Societal Transitions*, 35: 241~250.

Few, R., et al., 2017, "Transformation, Adaptation and Development: Relating Concepts to Practice", *Palgrave Communications*, 3: 1~9.

Fischer-Kowalski, M., et. al., 2014, "A Sociometabolic Reading of the Anthropocene: Modes of Subsistence, Population Size and Human Impact on Earth", *The Anthropocene Review*, 1(1): 8~33.

Flipo, F., Schneider, F., 2008, "Final Declaration of the Conference", in Proceedings of the First International Conference on Economic De-Growth for Ecological Sustainability and Social Equity (Paris, 18-19 April 2008). 317~318

Fredriksson, P. G., and Neumayer, E., 2013, "Democracy and Climate Change Policies: Is History Important?", *Ecological Economics*, 95(0), 11~19.

Fragnière, Augustin., 2016, "Ecological Limits and the Meaning of Freedom: A Defense of Liberty as Non-Domination", *A Journal of Philosophical, Theological and Applied Ethics* 3(3): 33~49.

Freitag, C., et al., 2021, "The Real Climate and Transformative Impact of ICT: A Critique of Estimates, Trends, and Regulations", *Patterns*, 2(9): 1~18.

Georgescu-Roegen, N., 1975. "Energy and Economic Myths", *Southern Economic Journal*, 41(3): 347~381.

Gibson-Graham, J. K., 2008, "Diverse Economies: Performative Practices for Other Worlds", *Progress in Human Geography*, 32(5), 613~632.

Goodin, R. E. and Dryzek, J. S., 2006, "Deliberative Impacts: The Macropolitical Uptake of Mini-publics", *Politics & Society*, 34(2), 219~244.

Gore, Tim., 2020, "Confronting Carbon Inequality: Putting Climate Justice at the Heart of the COVID-19 recovery", Oxfam Media Briefing, Oxfam.

Görg, C., et al, 2020, "Scrutinizing the Great Acceleration: The Anthropocene and its Analytic Challenges for Social-ecological Transformations", *The Anthropocene Review*, 7(1): 42~61.

Görg, C., et. al., 2017, "Challenges for Social-Ecological Transformations: Contributions from Social and Political Ecology", *Sustainability*, 9(1045): 1~21.

Gough, Ian., 2015, "Climate Change and Sustainable Welfare: the Centrality of Human Needs", *Cambridge Journal of Economics,* 39: 1191~1214

Gough, Ian., 2016, "Welfare States and Environmental States: a Comparative Analysis", Environmental Politics, 25(1): 24~47.

Gupta, G. S., 2017, "The Paradox of Sustainable Development: A Critical Overview of the Term and the Institutionalization Process", *Periodica Polytechnica Social and Management Sciences,* 25(1): 1~7.

Haberl, Helmut., et. al., 2006, "Ecological Embeddedness of the Economy: A Socioecological Perspective on Humanity's Economic Activities 1700-2000", *Economic and Political Weekly*, XLI(47): 4896~4904.

Haberl, Helmut., et. al., 2011, "A Sociometabolic Transition Towards Sustainability? Challenges for Another Great Transformation", *Sustainable Development*, 19(1): 1~21.

Hammond, M. and Smith, G., 2017, "Sustainable Prosperity and Democracy: A Research Agenda", *CUSP Working Paper*, 8. Guildford: University of Surrey.

Haugaard, M., 2012, "Rethinking the Four Dimensions of Power: Domination and Empowerment", *Journal of Political Power*, 5(1), 33~54.

Hausknost, D., 2020, "The Environmental State and the Glass Ceiling of Transformation", Environmental Politics, 29 (1), 17~37.

Hausknost, D., Hammond, M., 2020, "Beyond the Environmental State? The Political Prospects of a Sustainability Transformation", Environmental Politics, 29(1), 1~16.

Hausknost, Daniel., 2020, "The Environmental State and the Glass Ceiling of Transformation", Environmental Politics, 29(1): 17~37.

Heidenreich, Felix., 2018, "How Will Sustainability Transform Democracy? Reflections on an Important Dimension of Transformation Sciences", GAIAEA, 27(4): 337~408.

Heinrichs, Harald and Laws, Norman., 2014, ""Sustainability State" in the Making? Institutionalization of Sustainability in German Federal Policy Making", Sustainability, 6: 2623~2641.

Hildingsson, Roger. et. al., 2019, "The Green State and Industrial Decarbonisation", Environmental Politics, 28(5): 909~928.

Hirvilammi, T. and Helne, T., 2014, "Changing Paradigms: A sketch for Sustainable Wellbeing and Ecosocial Policy", Sustainability, 6(4), 2160~2175.

Hoggett, Paul., 2001, "Democracy, Social Relations and Ecowelfare", Social Policy and Administraton, 35(5): 608~626.

Hornborg, A. and Martinez-Alier, J., 2016, "Ecologically Unequal Exchange and Ecological DDebt", Special Section of the Journal of Political Ecology, 23: 328~491.

Ironmonger, D., 1996, "Counting Outputs, Capital Inputs and Caring Labor: Estimating Gross Household Product", Feminist Economics, 2(3), 37~64.

Ives, C.D., et. al., 2020, "Inside-out Sustainability: the Neglect of Inner worlds", Ambio, 49(1): 208~217.

Jakobsson, Niklas. et. al., 2017, "Dividing the Pie in the Eco-social State: Exploring the Relationship between Public Support for Environmental and Welfare Policies", Environment and Planning C: Politics and Space, 36(2) 1~27.

Johnstone, P., Newell, P., 2018, "Sustainability Transitions and the State", Environmental Innovation and Societal Transitions, 27: 72~82.

Jorgenson, A.K., 2016, "the Sociology of Ecologically Unequal Exchange, Foreign Investment Dependence and Environmental Load Displacement: summary of the literature and implications for sustainability", Journal of Political Ecology, 23: 334~349.

Kallis, Giorgos and March, Hug., 2015, "Imaginaries of Hope: The Utopianism of Degrowth", Annals of the Association of American Geographers, 105(2): 360~368.

Kates, et al., 2012, "Transformational Adaptation When Incremental Adaptations to Climate Change are Insufficient", PNAS, 109(19): 7156~7161.

Kerschner, C., 2010, "Economic De-growth vs. Steady-state Economy", *Journal of Cleaner Production*, 18, 544~551.

Khan, Jamil., et al., 2023, "Ecological Ceiling and Social Foor: Public Support for Eco-social Policies in Sweden", *Sustainability Science*, 18: 1519~1532.

Klitgaard, K.A and Krall, L., 2012, "Ecological Economics, Degrowth, and Institutional Change", Ecological Economics, 84: 247~253.

Koch, M., 2020, "The State in the Transformation to a Sustainable Postgrowth Economy", Environmental Politics, 29(1): 115~133.

Koch, M., and Fritz, M., 2014, "Building the Eco-social State: Do Welfare Regimes Matter?", *Journal of Social Policy*, 43(4): 679~703.

Koch, Max., 2022, "State-civil Society Relations in Gramsci, Poulantzas and Bourdieu: Strategic Implications for the Degrowth Movement", *Ecological Economics*, 193: 1~9.

Koch, Max., et. al., 2017, "Shifting Priorities in Degrowth Research: An Argument for the Centrality of Human Needs", Ecological Economics, 138: 74~81.

Langhelle, Oluf., 2000, "Why Ecological Modernization and Sustainable Development Should Not Be Conflated", *Journal of Environmental Policy & Planning*, 2: 303~322.

Larent, Éloi., 2020, "The Four Worlds of the Social-ecological State", (https://www.socialeurope.eu/the-four-worlds-of-the-social-ecological-state)

Leach, M., et al., 2012. "Transforming Innovation for Sustainability". *Ecology and Society,* 17(2): 1~8.

Lotka, A.J., 1922, "Contribution to the Energetics of Evolution", *Proceedings of the National Academy of Sciences of the United States of America*, 4: 409~418.

Lundqvist, L.J., 2001, "A Green Fist in a Velvet Glove: the Ecological State and Sustainable Development", *Environmental Values*, 10(4): 455~472.

Mayer, A. and Haas, W., 2016, "Cumulative Material Flows Provide Indicators to Quantify the Ecological Debt", *Journal of Political Ecology*, 23: 350~363.

Melo-Escrihuela, C., 2015, "Should Ecological Citizenship Advocates Praise the Green State?", *Environmental Values,* 24: 321~344.

Mol, Arthur P.J., 2016, "The Environmental Nation State in Decline", Environmental Politics, 25(1): 48~68.

Monbiot, G., 2017, "Forget 'The Environment': We Need New Words to Convey Life's Wonders", *The Guardian, August 9.*

Mulvale, J. P., 2019, "Social-ecological Transformation and the Necessity If Universal Basic Income", *Social Alternatives,* 38(2): 39~46.

Nalau, J. and Handmer, J., 2015, "When is Transformation a Vviable Policy Alternative?", *Environmental Science and Policy*, 54: 349~356.

Niemeyer, S., 2013, "Democracy and Climate Change: What can Deliberative Democracy Contribute?", *Australian Journal of Politics and History*, 59(3), 429~448.

Patterson, J. et al., 2016, "Exploring the Governance and Politics of Transformations Towards Sustainability", *Environmental Innovation and Societal Transitions*, 24: 1~16.

Payne, R., 1995, "Freedom and the Environment", *Journal of Democracy*, 6(3): 41~55.

Pepper, D., 1993, "Anthropocentrism, Humanism and Eco-Socialism: A Blueprint for the Survival of Ecological Politics", Environmental Politics, 2(3): 428~452.

Pettit, Philip., 2003, "Agency-Freedom and Option-Freedom", *Journal of Theoretical Politics* 15(4): 387~403.

Pichler, M., 2023, "Political Dimensions of Social-ecological Transformations: Polity, Politics, Policy, Sustainability", *Science, Practice and Policy*, 19(1): 1~14.

Pickering, J. et al., 2022, "Democratising Sustainability Transformations: Assessing the Transformative Potential of Democratic Practices in Environmental Governance", *Earth System Governance*, 11: 1~14.

Pickering, J., and Persson, Å., 2020, "Democratising Planetary Boundaries: Experts, Social Values and Deliberative Risk Evaluation in Earth System Governance", *Journal of Environmental Policy & Planning*, 22(1): 59~71.

Poore, Joseph. and Nemecek, Thomas., 2018, "Reducing Food's Environmental Impacts Through Producers and Consumers", *Science*, 360(6392): 987~992.

Rios Osorio, L.A., et al., 2005, "Debates on Sustainable Development: Towards a Holistic View of Reality", *Environment, Development and Sustainability,* 7: 501~518.

Rogers, E. M., 2004, "A Prospective and Retrospective Look at the Diffusion Model", *Journal of Health Communication*, 9: 13~19.

Samir, M. and Amina, A.H., 2023, " Sustainable Development: the History and Evolution of a Concept", *Revue Internationale de la Recherche Scientifique*, 1(4): 497~509.

Schandl, H., et. al., 2017, "Global Material Flows and Resource Productivity: Forty Years of Evidence", Journal of Industrial Ecology, 22(1): 1~17.

Schneider, F. et. al, 2010, "Crisis or Opportunity? Economic Degrowth for Social Equity and Ecological Sustainability", Journal of Cleaner Production, 18(6): 511~518.

Schor, J. B., 2005, "Sustainable Consumption and Worktime Reduction", *Journal of Industrial Ecology*, 9(1-2), 37~50.

Shahar, D. C, 2015, "Rejecting Eco-Authoritarianism, Again", *Environmental Values*, 24(3): 345~366

Sharma, Rajnish., 2018, "Evolving Green State", *International Journal of Research in Social Sciences*, 8(1): 389~404.

Sneddon, C.S., 2000, "'Sustainability' in Ecological Economics, Ecology and Livelihoods: a Review", *Progress in Human Geography,* 24, 4, pp. 521~549.

Sol, J. and Wals, A.E.J., 2015, "Strengthening Ecological Mindfulness through Hybrid Learning in Vital Coalitions", *Cultural Studies of Science Education*, 10(1): 203~214.

Sorman, A.H., Giampietro, M., 2013, "The Energetic Metabolism of Societies and the Degrowth Paradigm: Analyzing Biophysical Constraints and Realities", Journal of Cleaner Production, 38: 80~93.

Springett, D. and Redclift, M., 2019, "Sustainable Development: History and Evolution of the Concept", *The Routledge Companion to Environmental Planning*, Routledge.

Steffen, W., et. al., 2007, "The Anthropocene: Are Humans Now Overwhelming the Great Forces of Nature", Ambio, 36: 614~621.

Steffen, W., et. al., 2015, "The Trajectory of the Anthropocene: The Great Acceleration", *The Anthropocene Review,* 2(1): 1~18.

Sumi, A., 2007, "On Several Issues Regarding Efforts Toward a Sustainable Society", *Sustainability Science,* 2(1): 67~76.

Swyngedouw, E., 2011, "Whose Environment? The End of Nature, Climate Change and the Process of Post-politicization", *Ambiente & Sociedade* , 14(2): 69~87.

Torney, Diarmuid., 2021, "Deliberative Mini-Publics and the European Green Deal in Turbulent Times: The Irish and French Climate Assemblies", *Politics and Governance,* 9(3): 380~390.

Van den Bergh and Kallis, G., 2012, "Growth, A-Growth or Degrowth to Stay within Planetary Boundaries?", *Journal of Economic Issues*, 45(4): 909~919.

Verhoog, Henk., et. al., 2003, "The Role of the Concept of the Natural(naturalness) in Organic Farming", *Journal of Agricultural and Environmental Ethics*, 16(1): 29~49.

Videira, N., Schneider, F., Sekulova, F., Kallis, G., 2014, "Improving Understanding on Degrowth Pathways: An Exploratory Study Using Collaborative Causal Models", *Futures*, 55, 58~77.

Wamsler, C., 2018, "Mindfulness in Sustainability Science, Practice, and Teaching", *Sustainability Science,* 13: 143~162.

Wamsler, C.,J., et al., 2017, "Mindfulness in Sustainability Science, Practice, and Teaching",

Sustainability Science, 13: 143~162.

Wells, J., 2007, "The Green Junta: or, is Democracy Sustainable?", *International Journal of Environment and Sustainable Development*, 6(2): 208~220.

Widuto, A. et. al., 2023, "From Growth to 'Beyond Growth': Concepts and Challenges", European Parliamentary Research Service, Briefing Report, 1~11.

Yates, Luke., 2015, "Rethinking Prefiguration: Alternatives, Micropolitics and Goals in Social Movements," *Social Movement Studies,* 14(1): 1~21.

〈영문 단행본 자료〉

Alexander, S., 2015, "Basic and Maximum Income", in D'Alisa, G., Demaria, F. and Kallis, G.(eds.) *Degrowth. A Vocabulary for a new Era*, New York and London: Routledge, 146~149.

Arnold, D., 2018, "Greening Democracy: A Defence of Critical Political Theory", in Müller, S. L. and Pusse, T-K.(eds), *From Ego to Eco: Mapping Shifts from Anthropocentrism to Ecocentrism*, Brill Rodopi, 158~182.

Backstrand, Karin and Kronsell, Annica., 2015, "The Green State Revisited", in Backstrand, Karin and Kronsell, Annica(ed), *Rethinking the Green State: Environmental governance towards climate and sustainability transition*, Routledge.

Barry, J. and Smith, K., 2008, "Civic Republicanism and Green Politics", in Leighton, D. and White, S.(eds), Building a Citizen Society: *The Emerging Politics of Republican Democracy*, Lawrence & Wishart.

Barry, J., 1994, "Discursive Sustainability: The State (and Citizen) of Green Political Theory", in Dunleavy, P. and Stanyer, J.(eds), *Contemporary Political Studies,* Belfast: Political Studies Association.

Barry, J., 2014, "Green Political Theory", in Geoghegan, V. and Wilford, R.(eds.), *Political Ideologies: An Introduction*(4ed.), Routlege, 153~178.

Barry, J., 2015, "Citizenship and (Un) Sustainability: A Green Republican Perspective", in Gardiner, S.M. and Thompson, A.(eds.), *The Oxford Handbook of Environmental Ethics*, Oxford University Press, 333~343.

Bernstein, S., 2001, *The Compromise of Liberal Environmentalism*, New York, NY: Columbia University Press

Bookchin, M., 1980, *Towards an Ecological Society*, Montreal, Canada: Black Rose Books.

Boserup, E., 1965, T*he Conditions of Agricultural Growth. The Economics of Agrarian*

Change Under Population Pressure, Chicago, IL: Aldine/Earthscan.

Brown, Katrina., et. al., 2013, "Social Science Understandings of Transformation", in ISSC/UNESCO, *World Social Science Report 2013: Changing Global Environments*, OECD Publishing and Unesco Publishing.

Christoff, P., 2005, "Out of Chaos a Shining Star? Towards a Typology of Green States", in Barry, J. and Eckersley, R.(eds.), *The state and the global ecological crisis*. Cambridge, MA: MIT Press, 25~52.

Dobson, A., 1996, "Representative Democracy and the Environment", in Lafferty, W.M. and Meadowcroft, J.(eds) *Democracy and the Environment*, London: Edward Elgar, 124~139.

Dryzek, J.S., 1987, Rational Ecology: *Environment and Political Economy*, Oxford: Basil Blackwell.

Dryzek, J.S., 2002, *Deliberative Democracy and Beyond: Liberals, Critics, Contestations*, Oxford: Oxford University Press.

Dryzek, J.S., 2013, *The politics of the earth: Environmental discourses*, Oxford: Oxford University Press.

Dryzek, J.S., et al., 2003, *Green States and Social Movements: Environmentalism in the United States, United Kingdom, Germany, and Norway*, Oxford: Oxford University Press.

Dryzek, J.S., et. al., 2004, *Green States and Social Movements*, Cambridge University Press.

Duit, A., 2014, *State and Environment the Comparative Study of Environmental Governance,* Cambridge, MA: MIT Press.

Eckersley, Robyn., 2004, *The Green State: Rethinking Democracy and Sovereignty*, The MIT Press

Eskelinen, T. et. al(eds), *Enacting Community economies Within a Welfare State*, Published by Mayfly Books.

Eskelinen, T., 2020, "The Conception of Value in Community Economics", in Eskelinen, T., et. al.(eds), *Enacting Community Economics Within a Welfare State*, Mayfly Books Published.

European Commission, 2002, "Twinning the Green and Digital Transitions in the New Geopolitical Context", *2022 Strategic Foresight Report.*

FAO, IFAD, UNICEF, WFP and WHO., 2018, "The State of Food Security and Nutrition in the World 2018", *Building Climate Resilience for Food Security and Nutrition*, Rome: FAO.

Fians, Guilherme., 2022, "Prefigurative Politics". in Stein, F.(ed), *The Open Encyclopedia of Anthropology,* The Cambridge Encyclopedia of Anthropology.

Fiorino, D.J., 2018, *Can Democracy Handle Climate Change?* Polity, Cambridge, UK.

Frankel, Boris., 2020, *Capitalism versus Democracy?: Rethinking Politics in the Age of Environmental Crisis*, Greenmeadows.

Frankel, Boris., 2021, *Democracy versus Sustainability: Inequality, Material Footprints and Post-Carbon Futures,* Greenmeadows.

Georgescu-Roegen, N., 1971, *The Entropy Law and the Economic Process*, Harvard University Press, Cambridge, MA.

Goodin, R.E., 1992, *Green Political Theory,* Cambridge and Oxford: Polity Press.

Gough, I. and Meadowcroft, J., 2011, "Decarbonising the Welfare State", in Dryzek, J. Norgaard, R. and Schlosberg, D.(eds.) *Oxford Handbook of Climate Change and Society*, Oxford: Oxford University Press.

Gough, I., 2017, *Heat, Greed and Human Need: Climate Change, Capitalism and Sustainable Wellbeing*, Cheltenham: Edward Elgar Publishing.

Herrmann, M., Guzman, J.M. and Schensul, D., 2012, *Population Matters for Sustainable Development*, UNFPA(The United Nations Population Fund).

Hildingsson, Roger. and Khan, Jamil., 2015, "Toward a Decarbonized Green State? the Politics of Low-carbon Governance in Sweden", in Backstrand, Karin and Kronsell, Annica.(ed), *Rethinking the Green State: Environmental governance towards climate and sustainability transition*, Routledge.

Hildingsson, Roger., 2007, *Greening the (Welfare) state: Rethinking Reflexivity in Swedish Sustainability*, Governance, LUND University.

Hirvilammi, T. and Joutsenvirta, M., 2020, "Diverse Work Practices and the Role of Welfare Institutions", in Eskelinen, T. et. al(eds), *Enacting Community economics Within a Welfare State,* Published by Mayfly Books.

Hysing, Erik., 2015, "Lost in Transition? the Green State in Governance for Sustainable Development", in Backstrand, Karin and Kronsell, Annica(ed), *Rethinking the Green State: Environmental governance towards climate and sustainability transition*, Routledge.

Hyvärinen, P., 2020, "Building Upon, Extending Beyond: Small-scale Food Production within a Nordic Welfare State", in Eskelinen, T. et. al(eds), *Enacting Community economies Within a Welfare State*, Published by Mayfly Books.

IGES(Institute for Global Environmental Strategies), Aalto University and D-mat ltd., 2019,

1.5-Degree Lifestyles: Targets and Options for Reducing Lifestyle Carbon Footprints. Institute for Global Environmental Strategies, Hayama, Japan.

Isola, A-M. and Laiho, J., 2020, "Commoning Surplus Food in Finland: Actors and Tensions", in Eskelinen, T. et. al(eds), *Enacting Community economies Within a Welfare State,* Published by Mayfly Books.

Jonas, Hans., 1984, *Imperative of Responsibility*, Chicago: University of Chicago.

Kahan, David., 2014, *The State of Food and Agriculture, Innovation in family farming,* Rome: FAO.

Kallis, G. et. al., 2014, "Introduction: Degrowth", in D'Alisa, G., Demaria, F., Kallis, G.(eds), *Degrowth: A Vocabulary for a New Era*, Routledge, London.

Khan, J. and Clark, E., 2017, "Green Political Economy: Politics for and Obstacles to Sustainable Welfare", in Koch, M. and Mont, O.(eds), *Sustainability and the Political Economy of Welfare*, Routledge.

Koch, M. and Buch-Hansen, H., 2016, "Human Needs, Steady-state Economics and Sustainable Welfare." in Koch, M. and Mont, O.(Eds.), *Sustainability and the Political Economy of Welfare.* London & New York: Routledge.

Koch, M., and Mont, O.(eds), 2016, *Sustainability and the Political Economy of Welfare,* London and New York: Routledge.

LEGATUM Institute, 2023, *The 2023 Legatum Prosperity Index.*

Linnér, B.-O. and Wibeck, V., 2019, *Sustainability Transformations: Agents and Drivers Across Societies.* Cambridge: Cambridge University Press.

Lonsdale, K., et. al., 2015 "Transformational Adaptation: What it is, Why it Matters & What is Needed", *UK Climate Impacts Programme(UKCIP)*, University of Oxford, Oxford.

Lotka, A.J., 1956, *Elements of Mathematical Biology*, Dover Publications, New York, NY.

Meadowcroft, J., 2005, "From Welfare State to Ecostate?", in Barry, J. and Eckersley, R.(eds.), *The state and the global ecological crisis.* Cambridge, MA: MIT Press, 3~23.

Meadowcroft, J., 2012, "Greening the State", in Steinberg, P. and VanDeveer, S.(eds.), *Comparative environmental politics.* Cambridge, MA: MIT Press, 63~88.

Mol, A.P.J. and Spaargaren, G., 2002, "Ecological Modernization and the Environmental State", in Mol, A.P.J. and Buttel, F.H..(ed), *The environmental state under pressure,* Bradford: Emerald, 33~52.

O'Riordan, T., 1996, "Democracy and the Sustainability Transition", in Lafferty, W.M. and Meadowcroft, J.(eds), *Democracy and the Environment*, London: Edward Elgar, 140~156.

Paterson, M., 2016, "Political Economy of Greening the State", in Gabrielson, et. al.,(ed.), *The Oxford handbook of environmental political theory*. Oxford: OUP, 475~490.

Paterson, Matthew., 2001, *Understanding Global Environmental Politics: Domination, Accumulation, Resistance*, Chippenham: Palgrave.

Schmidz, H., 2015, "Green Transformation: is there a fast track?", in Scoones, I. et. al.(eds), *The politics of green transformations, Abingdon*: Routledge.

Sherman, D. and Smith, J. W., 2007, *The Climate Change Challenge and the Failure of Democracy*, Westport, CT: Praeger.

Smith, G., 2003, *Deliberative Democracy and the Environment, Routledge.*

Stevenson, H. and Dryzek, J.S., 2014, *Democratizing Global Climate Governance*, Cambridge University Press.

United Nations, 2022, *World Population Prospects 2022: Summary of Results*: New York: United Nations.

WBGU(German Advisory Council on Global Change), 2011, *World in Transition: A Social Contract for Sustainability*. WBGU Secretariat, Berlin.

WCED, 1987, *Our Common Future, From One Earth to One World,* Oxford University Press.

Wilks-Heeg, Stuart., 2014, "The Politics of Sustainability: Democracy and the Limits of Policy Action", in Atkinson, H. and Wade, R.(eds.), *The Challenge of Sustainability: Linking Politics, Learning and Education*, Bristol: Policy Press, 1~17.

Wissenburg, M., 1998, *Green Liberalism: The Free and the Green Society*, London: Routledge.

World Economic Forum, 2024, *The Global Risks Report 2024.*

WWF, 2016, *Living Planet Report 2016: Risk and Resilience in a New Era,* Switzerland.

Young, Iris Marion., 1996, "Communication and the Other: Beyond Deliberative Democracy", in Benhabib, S.(ed.), *Democracy and Difference: Contesting the Boundaries of the Political,* Princeton: Princeton University Press.

〈기타 언론 기사 및 보고서 자료〉

《경향신문》, "125개국 시민에게 "기후 위기를 위해 소득 1% 내놓겠냐"고 물었더니"(2024. 2. 12.)

《경향신문》, "예비타당성 조사 면제한 국책사업 MB정부, 참여정부보다 8배나 많아"(2013. 11. 7.)

《농민신문》, "인구수 기준 선거구 획정, 서울 8배 면적에 국회의원 1명?"(2024. 1. 4.)

《이코리아》, "청소년에 기후변화 교육 의무화한 선진국, 한국의 교육 상황은"(2024. 1. 23.)

관계부처합동, 2021, 「그린뉴딜 ODA 추진전략」, 제38차 국제개발협력위원회(제38-2호).

국회예산정책처, 2020, 『한국경제의 구조변화와 대응 전략 IV: 지속성장을 위한 기후변화 대응전략』.

권영우, 2018, "정부는 국가인가", 《TPN The Public News》(2018. 9. 24.)

김기태 외, 2022, 『문재인 정부와 복지국가』, 한국보건사회연구원.

김도균 외, 2023, 『Post-코로나19 시대, 뉴노멀을 향한 지역의 지속 가능한 전환 연구(II)』, 한국환경연구원.

김선배 외, 2021, 『경제환경 대전환 시대의 지역산업경제 정밀진단과 정책개편방안』, 산업연구원.

김선우 외, 2019, 『전환시대 지역혁신생태계 분석과 과제』, 과학기술정책연구원.

김종철, 2012, "녹색국가는 실현 가능한가?", 《가톨릭뉴스 지금여기》(2012. 9. 14.)

농림축산식품부, 2022, 「양곡자급률」.

보건복지부, 2023, 「한국의 사회복지지출」(http://www.mohw.go.kr)

사)녹색전환연구소, 2024, 『기후위기 앞에 선 한국은행, 그 역할을 묻다』.

에너지전환포럼, 2022, 『기후위기 해결을 위한 차기 정부의 탄소중립·에너지전환 45개 과제』.

여유진 외, 2018, 『한국형 복지모형 구축: 복지국가의 역사적·철학적 기반 연구』, 한국보건사회연구원.

우병준·정도채·박혜진, 2020, 『농업·농촌에 대한 2020년 국민의식 조사 결과』, 한국농촌경제연구원, 2020.

전경련, 2023, "MZ세대의 기업(인) 인식조사", 전국경제인연합회 보도자료(2023. 4. 10.)

정원각, 2019, "볼로냐에서 배우다: 세계의 불평등한 현황과 이에 대응하는 협동조합2", 《라이프인》(2019. 10. 9.)

주원, 2024, "건설업이 살아야 경제가 산다", 《대한전문건설신문》(2024. 2. 12.)

친환경농업TF, 2021, 『탄소중립 실현에 기여하기 위한 친환경농업 역할 강화 방안』, 대통령 직속 농어업·농어촌특별위원회 연구보고서.

통계청, 2021, 『2020년 농림어업총조사 결과』.

환경부, 2020, 『2020 국가 온실가스 인벤토리 보고서』.

환경부, 2021, 『기후변화 대응을 위한 제도간 정합성 연구』, 한국행정학회 최종보고서.

환경부, 2022, 『환경통계연감』.

Kolasi, Erald., 2021, "The Ecological State", *Monthly Review: an Independent Socialist Magazine*.(Feb 01, 2021).

찾아보기

[용어명]

[ㄱ]

[도서명]

녹색국가

등록 1994.7.1 제1-1071
1쇄 발행 2025년 2월 10일

지은이 정규호
펴낸이 박길수
편집장 소경희
편집·디자인 조영준
관 리 위현정
펴낸곳 도서출판 모시는사람들
        03147 서울시 종로구 삼일대로 457(경운동 수운회관) 1306호
전 화 02-735-7173 / 팩스 02-730-7173
홈페이지 http://www.mosinsaram.com/

인 쇄 (주)네모연구소(02-2633-1308)
배 본 문화유통북스(031-937-6100)

값은 뒤표지에 있습니다.
ISBN   979-11-6629-221-7   93300